O PODER DOS ANIVERSÁRIOS

A influência dos dias, estrelas & números em sua vida

GÊMEOS

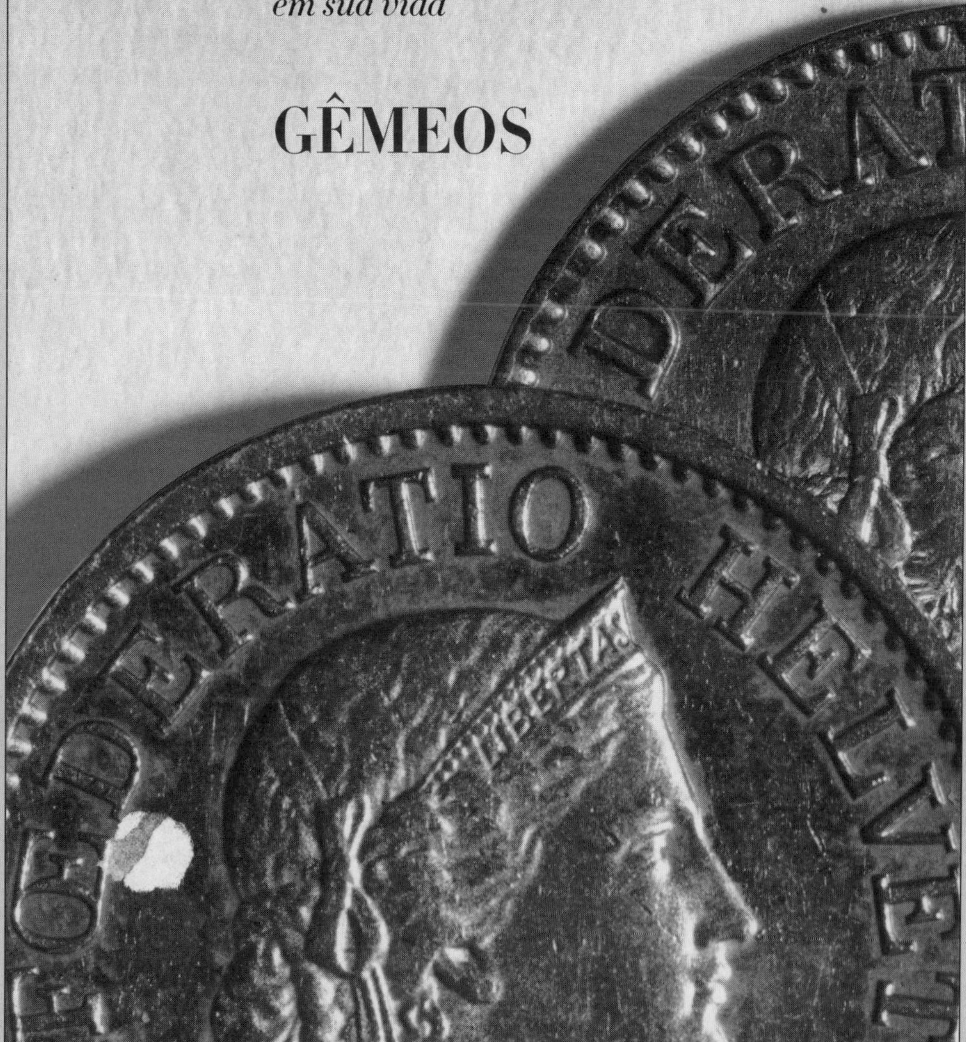

O PODER DOS ANIVERSÁRIOS

A influência dos dias, estrelas & números em sua vida

Saffi Crawford e
Geraldine Sullivan

GÊMEOS

Prestígio editorial

Do original
The power of Birthdays's stars & numbers

ISBN original 0-345-41819-0

Direção Editorial Pedro Almeida
Tradução Walter Agostinho
Preparação de Originais Marcos Marcionilo
Capa W/Brasil / Alexandre Suannes
Imagem da Capa Marcel Valvassori
Projeto Gráfico e Diagramação Osmane Garcia Filho
Revisão Marcia Alves Batista e Elaine Silveira

Dados Internacionais de Catalogação na Publicação (CIP)
(Câmara Brasileira do Livro, SP, Brasil)

Crawford, Saffi
O poder dos aniversários : a influência dos dias, estrelas e números em sua vida / Saffi Crawford e Geraldine Sullivan ; [tradução Walter Agostinho]. — 2. ed. — São Paulo : Ediouro, 2005.

Título original: *The power of birthdays, stars & numbers*
Obra em 12 v. - Conteúdo desta edição: Gêmeos

ISBN: 85-99170-08-2

1. Aniversários 2. Astrologia e Psicologia 3. Numerologia 4. Ocultismo 5. Personalidade 6. Zodíaco I. Sullivan, Geraldine. II. Título.

05-0387 CDD-133.52

Índice para catálogo sistemático:
1. Signos do zodíaco e personalidade : Astrologia : Ocultismo 133.52

Prestígio Editorial
Rua Nova Jerusalém, 345 – CEP 21042-230
Rio de Janeiro — RJ
Tel.: (21) 3882-8200 – Fax: (21) 2260-6522
e-mail: relume@relumedumara.com.br
vendas@ediouro.com.br
internet: www.ediouro.com.br

Para nossas famílias,
que tiveram paciência conosco enquanto
concluíamos este livro e por todo o seu apoio:
nossos pais, Margaret e Michael Sullivan, Leon e
Kristina Grushko, Melissa Crawford, Ricky
Foulcer e Cleo Foulcer.

Agradecimentos

Um agradecimento especial a nosso editor, Ginny Faber; a nossa agente, Julie Castiglia, e a Chuck Wein, pelo apoio que deram a nosso projeto desde o início.
Também queremos agradecer em particular a Jason Zuzga, Huw Davies e Jane Laing, pelo encorajamento e assistência na edição, e a Mark Reiner, pelas contribuições no projeto de arte.
Queremos mencionar outros que possibilitaram este projeto: Pat Foster, Josephine Shannon, Tom Sullivan, Deirdre Edwards, Julianna Doyle, Alexia Beck, Tasha Griffiths e Anne Leman.

Sumário

Introdução

Nas páginas deste livro, você encontrará um perfil completo da personalidade das pessoas nascidas sob o signo de Gêmeos. Este livro vai muito além da astrologia do signo solar, oferecendo uma compreensão profunda das características exclusivas de cada dia. Utilizamos nossos conhecimentos de Astrologia, de Psicologia, de Numerologia e de Estrelas Fixas. Só depois de sintetizar todas essas disciplinas é que criamos os perfis diários abrangentes.

Não há forças cósmicas idênticas para dois dias diferentes — cada dia é singularmente especial. Cada perfil diário fornece informações fascinantes a respeito de você e acerca de seu futuro. Além disso, você também irá adquirir um conhecimento mais profundo das suas próprias habilidades e potenciais, além da compreensão do caráter e da motivação das pessoas à sua volta. A Astrologia e a Numerologia são linguagens de símbolos que exploram a relação entre a humanidade e o Universo. Elas nos dão indicação de nosso lugar no plano maior do Cosmos.

Desde os primórdios da sua história, a humanidade tem consciência das forças e ciclos da natureza. Esses ciclos naturais e ritmos cósmicos exercem influência em todos os organismos vivos. Embora estejam situadas fora do nosso sistema solar, as Estrelas Fixas também exercem influência sobre nós. Elas foram incorporadas pela Astrologia desde a antigüidade. Neste livro, apresentamos interpretações modernas da influência das Estrelas Fixas para cada dia do ciclo solar anual.

A Astrologia e a Numerologia são maneiras de interpretar essas influências, de mostrar como esses ciclos afetam a nossa vida. As diversas facetas do estudo astrológico incluem a Astronomia, o Simbolismo, a Psicologia, a Física e a Geometria, ao passo que a Numerologia sustenta a tese de que os números possuem uma dualidade de qualidade e quantidade. Todos os poderosos métodos interpretativos foram reunidos neste livro para traçar um perfil diário profundo e exclusivo.

O Poder dos Aniversários une duas diferentes maneiras de calcular o ciclo solar anual. O ano astrológico começa no dia 21 de março, a 0 grau de Áries, enquanto o ano numerológico, que se baseia no calendário ocidental, tem início a cada dia 1º de janeiro. Esses dois sistemas solares anuais, quando combinados, revelam a visão holística da Astronumerologia, que pode fornecer uma profunda compreensão psicológica de cada dia de aniversário.

As práticas convincentes de astrologia tomam por base um único momento no tempo e no espaço, fazendo com que cada mapa astrológico seja simbolicamente exclusivo. Embora os astrólogos exijam ano, data, hora e local de nascimento exatos para poder calcular um mapa astrológico pessoal, a Astrologia popular usa apenas os doze signos zodiacais. Essa divisão do ano em doze categorias mensais, juntamente com os planetas, pode ser vista como uma introdução ao estudo astrológico.

O Sol é o centro do nosso sistema solar. Os planetas, incluindo a Terra, orbitam em torno dele. A Terra efetua dois ciclos importantes: gira em torno do seu eixo e em torno do Sol em movimento anti-horário. É a rotação da Terra sobre o próprio eixo que produz o ciclo do dia e da noite. Do ponto de vista geocêntrico (da Terra), o Sol aparece para cruzar o céu do horizonte oriental para o horizonte ocidental. A trajetória aparente do Sol, tendo como pano de fundo as estrelas fixas nas doze constelações, descreve um caminho elíptico em torno da Terra. O eixo da Terra não apenas gira, mas é também inclinado, com o Pólo Norte voltado para o Sol e distante do mesmo em diferentes épocas do ano, o que faz com que haja quatro variações climáticas, as chamadas quatro estações. Esses pontos são comumente denominados equinócios da primavera e do outono e solstícios do verão e do inverno. Na Astrologia, essas quatro divisões do ano são chamadas de quatro pontos cardeais da roda zodiacal de 360 graus.

O ano astrológico tem início na primavera[1] a 0 grau de Áries; o solstício de verão é marcado a 0 grau de Câncer; o outono, a 0 grau de Libra; e o solstício de inverno, a 0 grau de Capricórnio. Como a roda zodiacal é dividida em doze arcos iguais de 30 graus cada, os quatro signos cardeais da roda zodiacal são seguidos dos quatro signos fixos: Touro, Leão, Escorpião e Aquário. Os quatro signos mutáveis, Gêmeos,Virgem, Sagitário e Peixes, completam os doze signos da roda zodiacal.

O zodíaco é dividido em doze signos diferentes. Mas, na prática avançada de Astrologia, esses signos têm outras divisões, associadas a outras forças. Os doze signos são divididos em três partes, chamadas de decanatos. Cada decanato cobre 10 graus do círculo do zodíaco, e os três decanatos de cada signo atuam como uma subinfluência e um complemento das qualidades do próprio signo. Cada decanato é associado a um signo e a um planeta adicionais. Neste livro, você encontrará não apenas o signo sob o qual você nasceu, mas também o seu decanato.

Como o Sol retorna aproximadamente ao mesmo grau a cada ano, os astrólogos se referem à data de nascimento de uma pessoa como o retorno solar. Ao dividir cada um dos doze signos zodiacais em trinta graus individuais, incluindo a Numerologia e as Estrelas Fixas, *O Poder dos Aniversários* cria um elo entre os doze signos zodiacais e a abrangente arte da Astrologia.

Também foi providenciada uma seção especial, que permite ao leitor investigar mais profundamente a própria personalidade e o próprio futuro por meio da Numerologia. Isso inclui o cálculo do número holístico e predições baseadas em números pessoais anuais.

Os perfis dos dias de aniversário

Cada perfil do dia de aniversário contém um discernimento específico das características de cada dia. O perfil fornece um conhecimento geral das configurações planetárias e numerológicas, juntamente com o signo do Sol, grau e decanato, que individualizam ainda mais o signo do Sol, pois adicionam subinfluências de outro signo ou planeta.

Também incluímos a técnica astrológica de predição conhecida como progressão. Os astrólogos usam regularmente as progressões do Sol para indicar importantes anos da vida de uma pessoa. Esses períodos de mudanças no desenvolvimento pessoal ocorrem aproximadamente três vezes na vida de uma pessoa, quando o Sol progredido muda de signo.

Os recursos e fraquezas ocultos em cada pessoa são revelados em "O seu secreto", além das opções profissionais adequadas, juntamente com uma lista de personalidades famosas nascidas naquele dia. Cada perfil vem acompanhado de uma detalhada explicação da numerologia correspondente a cada dia de aniversário. Cada dia descreve as qualidades dos números, e estes números são descritos mediante as qualidades da numerologia do mês. Embora todo dia e mês tenham um papel significativo na compreensão da personalidade, eles são secundários em relação ao número holístico pessoal, que influencia toda a vida e todos os aspectos da personalida-

1. N.T.: As autoras se referem ao Hemisfério Norte.

de. Por isso, para entender a sua personalidade, você precisa ler não apenas a Numerologia do dia e mês do seu aniversário, mas o seu número holístico, descrito na introdução deste livro.

Se quiser conhecer a influência numerológica de cada ano sobre sua vida, você pode calcular o seu número anual pessoal, também fornecido na seção introdutória.

Cada dia de aniversário inclui a seção "Amor e Relacionamentos", que contém as datas e tipos de pessoas com as quais o leitor provavelmente terá ligações cármicas, relacionamentos amorosos, amizades, além dos parceiros ideais. Apesar de termos incluído diversas datas adequadas, essas listas não são conclusivas; assim, você pode ter relacionamentos importantes com pessoas que não estão listadas neste livro.

Cada perfil do dia de aniversário fornece ainda informações relacionadas à especial e poderosa influência das estrelas fixas espalhadas ao longo do caminho do ciclo solar anual sobre cada dia de aniversário. Diversas estrelas podem afetar o seu dia de aniversário, ou pode ser que não haja estrelas brilhantes ou próximas o suficiente ao local do Sol no céu galáctico daquele dia para exercer alguma influência relacionada ao Sol. Estão listadas todas as estrelas que têm influência relacionada ao Sol para cada dia de aniversário. E você também encontrará a influência da sua estrela primária.

No final do livro, há um apêndice de todas as estrelas fixas importantes relacionadas com o seu signo, para que você possa consultar as influências de todas as estrelas da sua lista. Esperamos que todos vocês aprendam mais e investiguem mais profundamente a rica complexidade das Estrelas Fixas.

As explicações especiais a respeito das características de cada dia são também descritas por meio das qualidades do número correspondente a cada dia. Eles são complementados pelas interpretações do número do mês.

Reunimos em um volume os assuntos nos quais nos especializamos, para que você disponha da referência mais abrangente disponível no campo da Personologia. Sintetizamos muitos anos de pesquisa, experiência em mapas astrais complexos e milhares de estudos de casos em perfis personológicos que lhe proporcionarão uma compreensão mais profunda da personalidade, capacidade e potencial de cada pessoa.Vamos agora conhecer todos os dias do seu signo. Cada um deles se inicia como cada pessoa — exclusivo e cheio de promessas.

* * *

Introdução à Astrologia

Desde os primórdios da nossa civilização, observamos os céus para obter uma maior compreensão do relacionamento entre a humanidade e o Universo. Para os primeiros seres humanos, a impermanência da existência na Terra provocava uma sensação de incerteza. Contudo, a recorrência dos fenômenos celestes, como o nascer e o pôr-do-sol em contraste, trazia tranqüilidade. Nossos ancestrais percebiam esse contraste como uma distinção fundamental entre os domínios celestial e terrestre. A Astrologia, portanto, é um estudo da interação significativa entre as estrelas, os ciclos planetários e os acontecimentos na Terra.

Como uma das poucas filosofias remanescentes que mantêm uma perspectiva holística, a Astrologia nos ensina que tudo está interconectado. Nada se mantém como uma lei por si só. Tudo é parte de um relacionamento constantemente mutável e dinâmico com os ciclos do Cosmos. E não estamos fora desse sistema vivo. Nós o afetamos e somos profundamente afetados por ele. Todas as pessoas são parte de um relacionamento mutante e dinâmico com as outras pessoas. O Universo é um jogo complexo de ciclos e forças, pois as polaridades opostas colocam umas às outras em ação, sendo elas mesmas parte de sistemas maiores. Os astrólogos reconhecem esse jogo e tentam compreendê-lo por intermédio do simbolismo.

Nenhuma pessoa está sozinha, já que todas as pessoas são parte de relacionamentos mutáveis e dinâmicos com as outras pessoas, e cada uma está envolvida em relacionamentos mutáveis e dinâmicos com os ciclos do Cosmos. Tudo o que é orgânico pulsa e se distingue pela sua periodicidade. Essa existência cíclica, rítmica, é captada pela hipótese astrológica. A Astrologia abrange a complexidade, a simultaneidade da subjetividade e da objetividade. Objetivamente, a Astrologia mede o tempo pelos ciclos dos planetas, dando uma perspectiva única do sentido da duração. Subjetivamente, a Astrologia opera por meio de um simbolismo profundo, e o seu conhecimento se dá por intermédio do estudo do contexto.

A Astrologia sustenta que o curso da natureza é um círculo ou uma mandala. Nos 360 graus do círculo, experimentamos cada momento, individual e coletivamente. Cada grau é um fragmento separado do círculo, mas o círculo só existe a partir de cada grau. A mandala é um símbolo de toda a criação, uma forma auto-suficiente e perfeita, sem começo nem fim. O círculo representa tanto o Universo como todos os indivíduos humanos, além do universo interior. Todas as atividades da vida estão relacionadas a esse círculo. Sua estrutura também contém os ciclos do tempo.

Ao explorar a Astrologia, podem-se revelar as conexões entre os universos externo e interno e se obter uma maior consciência psicológica e espiritual. As duas maiores luzes da Astrologia são o Sol e a Lua, que correspondem ao ciclo do dia e da noite. No que se refere a esse ritmo, os calendários solar e lunar foram estabelecidos pelas primeiras culturas e interpretados como horas, dias, meses e anos. Em termos psicológicos, a união simbólica do Sol com a Lua é percebida como o "casamento místico", representando a união dos opostos dentro do indivíduo. Segundo a Filosofia oriental, essa união é caracterizada pelo *yin/yang*, ou pelos princípios masculino e feminino.

Um horóscopo pessoal é um "mapa" que mostra a posição precisa dos planetas do nosso sistema solar em relação à Terra, no momento do nascimento do indivíduo. No seu formato básico, o mapa natal consiste em dez planetas e doze signos zodiacais.

Os doze papéis astrológicos do sol

O amor, o ódio, o nascimento, a morte, a infância, a paternidade e a velhice são temas universalmente conhecidos por toda a humanidade. O espectro completo das experiências humanas é simbolizado pela roda Astrológica, à medida que o Sol faz a sua jornada simbólica pelos doze signos zodiacais. Segundo a Astrologia, todos nascemos para nos juntar ao grande ciclo da existência e para assumir um papel dentro do drama divino. Nas palavras de Shakespeare: "O mundo todo é um palco e todos os homens e mulheres são apenas atores".

Na visão do todo, tudo está em relação com tudo o mais, tudo está interconectado. Da mesma forma, na Astrologia, todos os doze signos estão incorporados às psiques dos indivíduos e da humanidade. Embora uma pessoa nasça em um signo em particular, para se integrar ao todo, ela precisa se conectar aos outros onze signos. Na nossa vida diária, experimentamos todas as facetas dos doze signos, mas o nosso signo do Sol pode ser interpretado como o maior papel que temos de aprender a desempenhar. Em termos psicológicos, Carl-Gustav Jung interpretou os papéis universais como arquétipos.

As pessoas normalmente pensam que estão representando os próprios papéis, mas, por meio da auto-realização, elas são levadas a reconhecer que os indivíduos são apenas condutores ou canais do divino e que por meio delas o Universo é visto de acordo com o tempo e espaço dos seus desempenhos. O astrólogo Dane Rudhyar disse em seu livro *Uma mandala astrológica:* "O ego em [um indivíduo] se torna uma lente cristalina por meio da qual a vontade de Deus se concentra no ato individualizado. Ele nada faz, mas A Mente Única o pensa. Sua vida se tornou sagrada porque não é mais a sua vida, mas todo o seu desempenho com e por intermédio do espaço do seu organismo total".

Os arquétipos e os papéis dos doze signos zodiacais

Cada signo zodiacal assume e desempenha os papéis de determinado arquétipo para manifestar o próprio poder de criação.Na lista a seguir, alguns dos maiores arquétipos e papéis estão associados a cada signo:

♈ ÁRIES: o líder, o entusiasta, o pioneiro, o guerreiro, o destemido, o competidor

♉ TOURO: o pragmático, o sensual, o amante da natureza, o cantor, o avaliador

♊ GÊMEOS: o comunicador, o intérprete, o escritor, o orador, o contador de histórias, o educador

♋ CÂNCER: a mãe, o provedor, o psíquico, o conselheiro, o protetor

♌ LEÃO: o performático, o rei ou rainha, a criança, o artista criador, o amante, o ator

♍ VIRGEM: o analista, o perfeccionista, o pesquisador, o servo, o purificador, o crítico

♎ LIBRA: o amante, o diplomata, o parceiro, o socializador, o anfitrião, o equilibrador, o negociador

♏ ESCORPIÃO: o controlador, o hipnotizador, o mágico, o detetive, o transformador

♐ SAGITÁRIO: o viajante, o filósofo, o otimista, o explorador, o estrangeiro

♑ CAPRICÓRNIO: o pai, a figura de autoridade, o trabalhador, o disciplinador, o tradicionalista

♒ AQUÁRIO: o humanista, o observador imparcial, o inventor, o cientista, o amigo, o excêntrico, o revolucionário, o anarquista

♓ PEIXES: o visionário, o romântico, o salvador, o místico, o curador, o sonhador, o poeta

Os doze signos zodiacais

♈ Áries

Cheios de energia e de idéias criativas, os arianos pertencem ao primeiro signo do zodíaco. Áries é um signo de fogo, e o nativo de Áries é altamente vigoroso e entusiasta; ele acredita genuinamente que o mundo está aí para que ele o explore e conquiste. Ardente e assertivo por natureza, o nativo de Áries avança rapidamente com projetos e atividades intermináveis, que gosta de iniciar. Os arianos são pioneiros e líderes do zodíaco. Mesmo os mais calmos desejam secretamente ser o número 1 ou o primeiro em alguma coisa. Regidos pelo planeta Marte, os arianos são agentes ativos e muito raramente ficam inativos. Combinando um corpo ativo com um espírito ousado e empreendedor, os arianos procuram avidamente estar à frente de qualquer atividade. Freqüentemente ousados e apaixonados, eles podem ser altamente idealistas e muito leais às pessoas que amam. Os arianos gostam de conversar longamente com os seus parceiros a respeito dos seus projetos favoritos, mas também sabem apoiá-los.

♈

PRIMEIRO SIGNO
CARDEAL FOGO
PLANETA REGENTE: MARTE
PARTE DO CORPO: CABEÇA
PALAVRAS-CHAVE:
ENERGIA, ATIVIDADE, LIDERANÇA

♈

Como a paciência não é o seu ponto forte, podemos sempre reconhecer os arianos pela abordagem direta, pela ação decisiva e pela falta de sutileza e tato. Essa mesma impaciência pode também torná-los intolerantes, impulsivos e com muita tendência a agir sem prudência. Contudo, sabem reagir às crises e têm habilidade para responder aos desafios de frente e para enfrentar com coragem situações difíceis.

Apesar de se colocarem contra a opinião pública, os arianos, em geral, recusam-se a comprometer seus ideais, mesmo que isso os coloque em situação difícil. À medida que envelhecem, no entanto, a maior parte deles irá aprender a ser humilde, não sem antes passar por muitos confrontos. Os homens deste signo adoram fazer o papel de cavaleiro errante e as mulheres têm uma aparência enérgica e assertiva.

Freqüente e facilmente, os arianos se enraivecem e se mostram ávidos por expressar as próprias opiniões, mas são também muito rápidos em perdoar e esquecer. Estimulados pela adrenalina e sem paciência para detalhes, estão em geral com pressa e trabalham melhor quando são eles que iniciam os projetos. Não obstante, as personalidades de Áries precisam evitar a ingenuidade e o autocentramento ou a tendência a implicar com as outras pessoas.

De modo geral, os arianos são cheios de energia criativa e inspiração e têm muita fé em si mesmos. Isso normalmente se manifesta na sua habilidade de liderança natural. Por isso, não é de surpreender que façam com que os outros os sigam.

Sem nunca se deixar levar pelo desânimo, sempre dinâmico e generoso, o espírito ariano vive para mais um dia de luta.

♉ Touro

Os cordatos taurinos são indivíduos serenamente determinados e muito sensíveis, que nunca desistem. Pacientes e persistentes, eles prosseguem, deixando os outros pelo caminho. Sua maneira calorosa, aparentemente calma e fácil reflete alegria pela simplicidade da vida.

♉

SEGUNDO SIGNO
FIXO TERRA
PLANETA REGENTE: VÊNUS
PARTES DO CORPO:
GARGANTA E PESCOÇO
PALAVRAS-CHAVE:
RESISTÊNCIA, PERSISTÊNCIA
E SENSUALIDADE

♉

Os taurinos não gostam de se apressar — tomam decisões cuidadosa e deliberadamente, colocando em primeiro plano a segurança e as questões de ordem financeira. Por terem Vênus como planeta regente, os taurinos são muitas vezes magnéticos, sensuais e muito atraentes ao sexo oposto. A influência de Vênus também confere amor à beleza, interesse pelas artes e refinamento.

Touro é um prático signo da Terra, e por isso os confortos básicos da vida, como comida e moradia, são muito importantes para os taurinos. Freqüentemente, eles se tornam especialistas em culinária, conhecedores de vinhos e gostam muito de diversão. Os taurinos são também os banqueiros simbólicos do zodíaco — a maioria deles costuma anotar cuidadosamente todas as transações financeiras. Quando chamados de materialistas, os taurinos respondem que são apenas sensatos e que sabem o valor do dinheiro. Eles podem se tornar especialistas na avaliação de tudo: de questões financeiras a si mesmos.

Taurinos costumam ser generosos com as pessoas que amam, mas devem evitar ser muito possessivos. Amigos leais e devotados, freqüentemente sofrem em silêncio para manter a paz, mas tornam-se obstinados e teimosos se forem muito pressionados. As personalidades taurinas precisam sentir que estão com os pés no chão e que têm estabilidade. Por isso preferem manter as coisas do jeito em que estão. Em períodos de mudanças e de instabilidade, podem ter dificuldade para se adaptar a novas situações. Felizmente, sempre podem encontrar conforto no amor que têm pela arte, na criatividade, nas alegrias da natureza ou na música.

Em geral, os taurinos têm uma voz atraente e calma e são, muitas vezes, bons cantores. Contudo, se estão estressados, podem ter problemas na garganta, embora tendam a ser fortes e saudáveis. Personalidades taurinas amam o prazer e o conforto, mas precisam se resguardar da tendência ao excesso de auto-indulgência para com as coisas boas da vida.

Muitas vezes, esses indivíduos são pragmáticos e perseverantes e se esforçam diligentemente por conquistar os seus objetivos. Firmes em suas decisões para construir uma fundação sólida, os taurinos podem atrair e alcançar o sucesso.

♊ Gêmeos

Comunicadores naturais com uma interminável sede de conhecimento, os geminianos são eternos estudantes. Como pertencem a um signo de ar e são muito inteligentes, os nativos de Gêmeos estão sempre em movimento, sempre tentando satisfazer a própria curiosidade mental. Extremamente rápidos para apreender os pontos importantes de qualquer assunto, eles adquirem um conhecimento geral amplo, que adoram dividir com os outros. Os geminianos podem ser inteligentes, multitalentosos e entusiásticos, mas devem se prevenir contra a tendência a desperdiçar energia. Por meio da disciplina e da educação mental, os geminianos podem aprender a desenvolver um pensamento mais profundo.

♊

TERCEIRO SIGNO
MUTÁVEL AR
PLANETA REGENTE: MERCÚRIO
PARTES DO CORPO: PULMÕES, BRAÇOS, MÃOS
PALAVRAS-CHAVE: VERSATILIDADE, LOQUACIDADE, INGENUIDADE

♊

Associados a Mercúrio, os nativos deste signo muitas vezes possuem uma qualidade andrógina e têm um corpo elegante e jovem. Os geminianos costumam ter um rosto brilhante e expressivo e gostam de usar as mãos quando expressam as suas idéias. Como gostam de falar, podem conversar durante horas, o que em geral resulta em contas telefônicas altíssimas. Com uma aparência jovem, os geminianos são muitas vezes comparados à criança eterna — sempre maravilhados.

Uma vez que seu sistema nervoso é sensível, os geminianos acham difícil concentrar toda a sua atenção em uma coisa ou pessoa. Como o seu símbolo, os gêmeos, eles são conhecidos por serem capazes de fazer pelo menos duas coisas ao mesmo tempo, e também por serem flexíveis, versáteis e adaptáveis. Aéreos e sofisticados, os geminianos não gostam de assumir compromissos e não gostam de se chatear ou de chatear os outros. Conhecidos por não serem consistentes, os geminianos parecem ter muitas personalidades e mudanças de humor. Os nativos de Gêmeos são, em geral, intelectuais e normalmente interessam-se mais por desafios mentais do que por paixões terrenas.

Leves e amigáveis, os geminianos têm uma relação fácil com os outros e estão sempre dispostos a compartilhar a verdadeira mina de informações que têm nas mãos. Com o seu charme jovial e espirituosidade natural, ninguém se surpreende ao saber que eles são os mais encantadores amigos e companheiros. Divertidos e cheios de idéias, os nativos de gêmeos são altamente expressivos quando liberam o seu espírito mercurial.

♋ Câncer

Os emotivos e sensíveis cancerianos são regidos pelos sentimentos. Como seu planeta regente, a Lua, eles passam por todo o espectro de emoções ligadas às mudanças da maré. Os nativos de Câncer têm o poder do mais profundo oceano e a vulnerabilidade de um caranguejo solitário em uma praia deserta. Como o caranguejo, eles têm uma concha protetora de timidez ou reserva para ocultar sua grande sensibilidade e cautela. Quando se retiram para recuperar as forças, não se deve jamais interpretar isso como fraqueza.

Solidários e gentis, os cancerianos têm uma grande necessidade de acalentar. Por isso, muitas vezes, assumem o papel de pai ou terapeuta. Podem ter uma inclinação extremamente protetora e defendem os que amam. De tudo! Não é de surpreender que a casa e a família tenham um papel importante na sua necessidade de segurança. Em geral caseiros, os nativos de Câncer são muitas vezes *gourmets* e podem até ficar inseguros se não tiverem a geladeira cheia.

♋

QUARTO SIGNO
CARDEAL ÁGUA
PLANETA REGENTE: LUA
PARTES DO CORPO: SEIOS E ESTÔMAGO
PALAVRAS-CHAVE: SENSIBILIDADE, SOLIDARIEDADE, AFEIÇÃO

♋

Apesar da constante variação de humor, essas personalidades são naturalmente afáveis e podem até precisar evitar sufocar os outros com o seu amor e devoção protetores. Câncer é um signo da água, e os cancerianos são muitas vezes tímidos e sentimentais, com tendência a se prender ao passado e a se tornarem ávidos colecionadores. Os objetos da sua coleção podem incluir desde móveis de família até antigüidades e memórias contidas em fotografias e cartas. Os cancerianos podem também ter tendência a se prender ao dinheiro, que costumam guardar em cadernetas de poupança para períodos difíceis.

Os nativos de câncer muitas vezes possuem uma personalidade complexa. Por um lado, parecem ser uma fortaleza, mas por outro parecem ter a vulnerabilidade de uma criança. Eles são mestres na arte da resistência passiva.

Com a Lua colorindo as suas respostas, os cancerianos são naturalmente intuitivos ou mediúnicos e podem ser facilmente feridos. A sua poderosa imaginação e compreensão sensível podem encontrar uma via de expressão por meio do mundo da criação e da arte. E, acima de tudo, quando confiam suficientemente em alguém para mostrar seus sentimentos, podem ser fortes, leais e protetores.

♌ Leão

Calorosos, amorosos e generosos, os leoninos possuem um grande coração. Seus gestos amáveis e magnânimos vêm do amor que têm ao senso dramático, pois gostam de se exibir e se sentem as pessoas mais felizes do mundo quando conseguem uma platéia que os aprecie. Felizmente, para compensar sua tendência a ser o centro das atenções, os leoninos também são atenciosos com os outros. Eles podem aprovar generosamente os projetos alheios e cumulá-los de elogios.

♌

QUINTO SIGNO
FIXO FOGO
PLANETA REGENTE: SOL
PARTE DO CORPO: CORAÇÃO
PALAVRAS-CHAVE: VITALIDADE, CONFIANÇA, AUTO-EXPRESSÃO

♌

Regidos pelo Sol, os leoninos possuem uma jovialidade divertida e uma grande necessidade de se expressar. Como vêem a si próprios nos papéis principais, e não em papéis coadjuvantes, os nativos de Leão muitas vezes têm problemas com a vaidade e o orgulho. Para eles, é difícil admitir que estão errados e a bajulação os deixa vulneráveis à manipulação. Contudo, os leoninos compensam facilmente as próprias falhas com sua personalidade ensolarada, senso de divertimento e generosidade. Essas pessoas amigáveis e gregárias são as parceiras ideais para eventos sociais, festas, idas ao teatro e longos feriados.

O desejo de brilhar, combinado com o seu ar régio e imponente, leva-o a posições de autoridade, nas quais podem exibir suas formidáveis habilidades de liderança. Os leoninos assumem naturalmente o comando. Como às vezes fazem isso sem que lhes seja pedido, podem ser acusados de muito mandões. Contudo, geralmente trabalham duro para cumprir as responsabilidades e são excelentes gerentes e líderes. Os leoninos que não preencherem seu potencial natural podem ficar preguiçosos e desanimados.

Os nativos deste signo são conhecidos pela coragem e preferem desempenhar um papel forte e protetor em relação aos outros, em vez de se comportarem como fracos e indefesos. Mesmo quando os leoninos mais calmos ocultam o orgulho e a grandeza atrás de uma fachada modesta, deixam entrever a sua dignidade régia. Os leoninos pressupõem que as outras pessoas possuem um senso de integridade similar ao seu e por isso tomam cuidado, no caso de uma desavença, em respeitá-las. Eles gostam de causar uma boa impressão nas pessoas e têm consciência do impacto que causam sobre os outros.

Como são de um signo fixo de fogo, os leoninos podem ser animados e entusiásticos, embora um tanto teimosos. Sua criatividade e teatralidade combinadas os tornam grandes românticos. Os leoninos amam o amor, amam ser amados. Independentemente de onde alguém os conheça, sua personalidade ensolarada causa uma impressão duradoura.

♍ Virgem

Analíticos e eficientes, os virginianos têm um forte senso de ética. Eles precisam de ordem em suas vidas e desejam que as coisas sejam feitas de forma metódica. Os virginianos estão sempre examinando e aperfeiçoando os sistemas existentes, para melhorá-los. Infelizmente, esse perfeccionismo pode se estender às críticas às pessoas ao redor, fazendo com que elas resistam às suas mensagens. Por outro lado, os nativos deste signo não gostam quando você aponta os seus defeitos, pois já têm bastante consciência deles e são os mais ferrenhos críticos de si mesmos. Essa habilidade para avaliar as próprias falhas pode fazer com que os virginianos sejam modestos e moderados. Muitas vezes, eles sempre medem o próprio valor pelo metro da ajuda aos outros.

♍

SEXTO SIGNO
MUTÁVEL TERRA
PLANETA REGENTE: MERCÚRIO
PARTE DO CORPO: INTESTINO
PALAVRAS-CHAVE: DISCERNIMENTO, EFICIÊNCIA, SERVIÇO

♍

Regidos por Mercúrio, os virginianos são inteligentes, articulados e com capacidade de discernimento, e, devido ao elemento Terra, podem ser pessoas práticas, organizadoras capazes, que trabalham duro e prestam atenção aos detalhes. Econômicos e prudentes com o dinheiro, os virginianos às vezes são pães-duros, mas podem ser mais do que generosos com o tempo e o dinheiro quando alguém precisa de ajuda. Contudo, eles esperam que as pessoas a quem ajudam se esforcem para ajudar a si mesmas. Os virginianos, de maneira geral, não gostam de estupidez ou vulgaridade e têm mentes lógicas que instintivamente buscam a ordem no meio da confusão. Eles usualmente analisam os mínimos detalhes, mas devem evitar a tendência a avaliar repetidas vezes as mesmas questões, sob risco de deixar de ver a situação como um todo.

Com padrões extremamente altos, os nativos de Virgem podem ser altamente discriminadores e cansativos em certas áreas. Eles muitas vezes se interessam por limpeza e alimentação, acreditam na importância dos exercícios e de um estilo de vida saudável. Apesar disso, podem, às vezes, sofrer de tensão mental, com risco de se tornarem superansiosos e neuróticos. Isso freqüentemente é decorrência da pressão do trabalho: devido ao forte senso de obrigação e dever, os virginianos muitas vezes assumem mais do que podem fazer. Geralmente funcionários maravilhosos, os virginianos não gostam de desordem e são defensores da meticulosidade e da eficiência.

Confiáveis e sinceros, com uma maneira metódica de encarar a vida, os virginianos serão sempre os pilares do apoio prático e sensato. Na verdade, eles sempre oferecem ajuda antes de serem requisitados.

♎ Libra

Os nativos de Libra são os diplomatas do zodíaco. Para evitar a desarmonia, usam o charme, dão o sorriso mais encantador do mundo e fazem o possível para manter a paz. Afetuosos, graciosos e refinados, os librianos têm necessidade de ser populares. Como pertencem a um signo de ar, eles possuem leveza, são amigáveis, inteligentes e sociáveis.

Regidos por Vênus e com uma consciência aguçada dos relacionamentos, os librianos são sempre capazes de ver as coisas do ponto de vista do outro. Esse princípio de equilíbrio muitas vezes faz com que precisem de um parceiro que aja como espelho para que possam se entender melhor. Especialistas quando se trata de justiça e de imparcialidade, os librianos pesam tudo cuidadosamente antes de tomar uma decisão. Discutem os prós e os contras de qualquer situação ou problema com uma lógica e discernimento impressionantes. Essa habilidade garante a sua excelência na arte de ceder e negociar. Infelizmente, isso pode causar indecisão e uma falta de habilidade para chegar a uma conclusão final.

SÉTIMO SIGNO
CARDEAL AR
PLANETA REGENTE: VÊNUS
PARTE DO CORPO: RINS
PALAVRAS-CHAVE: EQUILÍBRIO, DIPLOMACIA, RELACIONAMENTO

Equilíbrio é uma palavra-chave poderosa para os librianos. Embora desejem genuinamente a harmonia, eles estão sujeitos a períodos difíceis quando um dos pratos de suas balanças pesa muito para um dos lados. Contudo, à medida que desenvolvem a própria autoconsciência e ajustamento interno, eles se tornam mais confiáveis. Isso diminui a sua tendência a se tornar dependentes de outras pessoas. Os librianos precisam aprender a defender as suas crenças, mesmo que elas provoquem desavenças.

Regidos por Vênus, os nativos deste signo são sociáveis, elegantes e grandes amantes da beleza e do luxo. Em geral, têm uma casa atraente e têm alguma forma de expressão artística. Com um dom natural para apreciar as cores, precisam estar rodeados por ambientes de bom gosto e harmoniosos, senão podem se sentir infelizes. Esse amor pela beleza pode também ser percebido em sua aparência, pois inevitavelmente se esforçam para ficar atraentes.

Excelentes anfitriões, os librianos gostam de atividades amorosas que combinem sociabilidade e amor, como casamentos ou pequenas festas de amigos e familiares. Na verdade, eles são grandes românticos que gostam de ser presenteados com chocolates ou flores, pois isso preenche a sua necessidade de beleza e a sua fraqueza por qualquer coisa doce. Com um pouco de amor e afeição, você sempre pode conquistar o coração de um libriano.

♏ Escorpião

Os magnéticos escorpianos pertencem ao mais apaixonado signo do zodíaco. Qualquer coisa que façam, fazem-na poderosa e intensamente. Com os escorpianos, nada é pela metade: eles são criaturas de poder, vontade e de extremos.

♏

OITAVO SIGNO
FIXO ÁGUA
PLANETA REGENTE: PLUTÃO
PARTE DO CORPO: ÓRGÃOS SEXUAIS
PALAVRAS-CHAVE: REGENERAÇÃO, MISTÉRIO, PODER

♏

Como pertencem a um signo de água, os escorpianos preferem investigar a vida em um nível emocional mais profundo. A linguagem frívola de um diletante não é para eles; os escorpianos querem a história verdadeira e investigam a verdade. Eles são especialistas em receber sinais subliminares, como o seu planeta regente, Plutão, o senhor do submundo. Assim, os escorpianos percebem psiquicamente o que as outras pessoas inconscientemente sentem e o que dizem. Como um detetive ou psicólogo, eles perguntam tudo a seu respeito, mas raramente dizem coisas acerca de si mesmos. Esse sigilo é, usualmente, um manto de poder. Como têm sentimentos profundos, os nativos de Escorpião podem ser dolorosamente feridos e por isso preferem manter o controle.

Uma grande lição de vida para os escorpianos envolve a superação do desejo mediante o uso criativo da vontade. Como o seu signo está conectado às raízes do impulso sexual, os seus sentimentos são fortes e intensos, levando-os, algumas vezes, ao ciúme e à possessividade.

A morte simbólica ou a transformação é uma experiência poderosa pela qual os escorpianos não têm medo de passar. Há momentos em que eles desejam se afastar de tudo para avaliar os seus sentimentos intensos. Não conseguem ser falsos, mesmo que isso signifique uma perda total. Esse traço, naturalmente, dá-lhes uma enorme força, pois não têm medo de se desfazer e de renunciar. Depois que se decidem a fazer algo, sua força de vontade é enorme. Como são de um signo fixo, têm uma resistência extraordinária e mantêm a perseverança até o final.

Os escorpianos são em geral competitivos e não gostam de perder. Quando são derrotados, muitas vezes querem provar que estão certos ou se vingar, não importa quanto tempo tenham de esperar. Por outro lado, quando estão do lado de alguém, são apaixonadamente leais e amorosos, entregando-se totalmente, independentemente de esforço ou sacrifício.

Escorpião é um signo de regeneração. Os nativos deste signo têm potencial para uma tremenda força que emana da sua conexão com as forças criativas fundamentais da natureza. O símbolo mágico da fênix renascendo das cinzas representa a sua habilidade de renascer, para subir novamente das profundezas às alturas com uma nova compreensão e poder. Para os escorpianos é tudo ou nada; eles não querem viver em um nível superficial e precisam de desafios para trazer à tona o poder e sentirem-se vivos.

♐ Sagitário

Os sagitarianos são espíritos livres, com um estilo amigável e independente. Não gostam de ser amarrados e são idealistas incuráveis, sempre procurando expandir horizontes e melhorar a própria situação. Otimistas e despreocupados, eles têm amor à verdade, à honestidade e à justiça, o que faz com que tenham uma maneira muito filosófica de abordar a vida.

Indivíduos animados, os nativos deste signo pensam em larga escala e têm grande visão. Sua habilidade para perceber o "grande plano" significa que estão sempre trabalhando em algum projeto para o futuro. Adoram explorar e são viajantes inveterados, da mente e do mundo. Como dão muito valor ao conhecimento e à sabedoria, eles procuram inspiração para si mesmos e para os outros, desejando, genuinamente, animar as pessoas com suas palavras divertidas e inteligentes ou com um sorriso. Infelizmente, muitas vezes alcançam o efeito oposto, pois se esquecem de pensar antes de falar. Diretos e francos, os sagitarianos dizem qualquer coisa que vem à mente com uma honestidade e uma franqueza que espantam. Contudo, depois de dar um fora, os sagitarianos se desculpam animadamente, o que faz parte do seu charme, pois assim eles podem, genuinamente, garantir que não tinham intenção de ofender e acabam sempre sendo perdoados.

♐

NONO SIGNO
MUTÁVEL FOGO
PARTE DO CORPO: QUADRIS E COXAS
PALAVRAS-CHAVE: HONESTIDADE, EXPLORAÇÃO, IDEALISMO

♐

Por meio de sua constante necessidade de expansão, os sagitarianos freqüentemente se dedicam ao aprendizado mais elevado e gostam de explorar assuntos como filosofia, religião, viagens e direito. Alguns sagitarianos são mais esportivos do que intelectuais e se divertem com jogos. Geralmente afortunados, eles adoram correr riscos de uma forma ou de outra, e podem ser levados ao jogo ou à especulação.

O que quer que os sagitarianos façam, fazem-no com estilo. Diante de sua necessidade de desfrutar as coisas boas da vida, eles muitas vezes querem o melhor. Mas é importante que tomem cuidado para não levar o gosto por extravagâncias longe demais e se tornar ávidos ou auto-indulgentes. Para compensar, os sagitarianos são bem-humorados e sinceros. Adoram a liberdade de se movimentar e por isso preferem deixar todas as opções abertas.

Entusiásticos, calorosos e generosos, os nativos de Sagitário são como os arqueiros, que miram com suas flechas à distância. Eles sabem como se divertir e são ávidos por aventuras.

♑ Capricórnio

Por serem os mais realistas, os capricornianos sabem muito bem que nada se ganha sem trabalho árduo. Eles têm um forte senso de dever e esperam com paciência a realização das próprias ambições. Como a cabra, eles no final subirão ao topo da montanha, mesmo que isso demore a vida inteira.

Trabalhadores árduos, diligentes e determinados, os capricornianos precisam ter um propósito, pois sem objetivo preciso sentem-se perdidos. Eles desejam ordem e estrutura para se sentir completos e geralmente fazem listas de tarefas diárias. A segurança é importante para eles e, influenciados por seu planeta regente, Saturno, encaram a vida de forma cautelosa e conservadora. Nutrem um grande respeito pela autoridade e admiram a sabedoria da idade e a experiência. Isso se estende ao trabalho que fazem, pois os nativos de Capricórnio são muito conscienciosos. Contudo, podem também ser teimosos, frios e calculistas, usando sua dureza saturnina para alcançar metas egoístas, em vez de usá-la para se autodisciplinar, normalmente uma das suas maiores qualidades.

♑

DÉCIMO SIGNO
CARDINAL TERRA
PARTE DO CORPO: OSSOS
PALAVRAS-CHAVE: AMBIÇÃO, CONSCIÊNCIA, DILIGÊNCIA

♑

As características de economia, praticidade e parcimônia do elemento terra do capricorniano se misturam bem com o seu desejo de *status* e prestígio, permitindo que eles conquistem posições de poder sem desperdiçar esforços. Não são frívolos nem volúveis — assumem as responsabilidades seriamente e colocam a casa e a família no topo de suas prioridades. Infelizmente, os capricornianos podem também ser pessimistas, sentindo que nunca são bons o suficiente, e devem se proteger da depressão. Quando têm dúvidas quanto a si próprios e quanto às suas habilidades, eles podem desistir antes mesmo de tentar, mas quando têm a segurança proporcionada por uma sólida base, podem ser incansáveis no impulso para o sucesso. Mais do que qualquer outra coisa, os nativos deste signo precisam desenvolver uma perspectiva otimista e positiva.

Lembre-se de que sob o exterior ligeiramente tímido e reservado dos capricornianos, há um maravilhoso senso de humor e uma tenacidade que deriva da disciplina interior. Quando as pessoas precisam de ajuda, sabem que sempre podem contar com um capricorniano confiável e sólido.

♒ Aquário

Originais e anticonvencionais, os aquarianos são progressistas e independentes. O interesse dos aquarianos pela raça humana é como um exercício intelectual. Sempre agindo como observadores imparciais, eles são capazes de um ponto de vista impessoal e não emocional. Essa tendência significa que eles podem pensar em termos de consciência de grupo, percebendo que as pessoas são indivíduos separados que operam dentro de um todo maior. Essa consciência humanitária é uma forte característica dos aquarianos, que sempre trabalham por objetivos universais e filantrópicos e fazem campanhas por causas justas. A falta de separatismo faz dos aquarianos pessoas amigáveis e úteis, permitindo que falem a estranhos como se os conhecessem.

DÉCIMO-PRIMEIRO SIGNO
FIXO AR
PARTE DO CORPO: TORNOZELOS E PANTURRILHAS
PALAVRAS-CHAVE: DESAPEGO, HUMANITARISMO, INDEPENDÊNCIA

A inclinação à rebeldia dos nativos de Aquário se origina do seu planeta regente, Urano, que é conhecido pela habilidade de perceber tendências futuras, como também pela grande necessidade de liberdade. Aquarianos não gostam de receber ordens e gostam de pensar independentemente e de fazer as coisas do seu jeito único. A insistência em seguir um determinado caminho certamente faz com que eles muitas vezes sigam exatamente o caminho oposto. A combinação da grande necessidade de ser do contra com o seu signo fixo pode torná-los pessoas teimosas. Felizmente, eles sempre estão abertos a ouvir pontos de vista diferentes, contanto que sejam apresentados com objetividade. A perspectiva futurista dos aquarianos permite-lhes abraçar os avanços tecnológicos sem se sentir intimidados. Como Urano, os aquarianos têm uma qualidade excêntrica, que pode se manifestar na forma de uma intuição mental. Isso pode sempre produzir o "efeito eureca", quando subitamente descobrem que alguma coisa é verdadeira. Essa genialidade burlesca pode torná-los voláteis e imprevisíveis, mas também altamente inventivos.

Embora cada aquariano tenha uma aparência individual, todos sabem que são parte de um grupo unido que defendem os direitos humanos e as causas sociais. Mesmo que o resto do mundo não possa compreendê-los atualmente, os aquarianos serão compreendidos no futuro.

♓ Peixes

Os piscianos possuem uma natureza sentimental altamente desenvolvida. Os sensíveis piscianos constantemente recebem impressões do ambiente exterior, embora estejam sempre aguçadamente conscientes das próprias motivações interiores. Eles sempre se retiram para o mundo privado dos sonhos para desfrutar os devaneios da sua poderosa e extraordinária imaginação e, às vezes, para escapar da realidade mais dura da vida. O símbolo de Peixes é representado por dois peixes nadando em direções opostas, indicando uma personalidade dual de extremos. Às vezes, os nativos de Peixes podem se sentir cansados e letárgicos, ou apenas erráticos, e, em outros momentos, podem ser eficientes, precisos e extremamente trabalhadores.

> ♓
> *DÉCIMO-SEGUNDO SIGNO*
> *MUTÁVEL ÁGUA*
> *PARTE DO CORPO: PÉS*
> *PALAVRAS-CHAVE: COMPAIXÃO, RECEPTIVIDADE, IMAGINAÇÃO*
> ♓

Espiritualmente abertos a todas as emoções mais sutis, piscianos podem demonstrar generosidade e compaixão. Como nem sempre possuem fronteiras bem demarcadas, podem muitas vezes se dissolver nas necessidades de outras pessoas. Por isso, os piscianos precisam ser cuidadosos para não perder o próprio senso de autovalorização ou até mesmo para não se martirizar. Em geral, precisam ser sempre animados como forma de estimular sua confiança e, às vezes, podem ser bastante obstinados, não permitindo que ninguém os influencie. O signo menos egoísta do zodíaco, Peixes pode ser extremamente paciente, mas se for provocado pode se tornar surpreendentemente agressivo.

Sentimentais, amáveis e emotivos, os piscianos são muito receptivos ao meio ambiente ou aos sentimentos dos outros. Combinada com a sua impressionante imaginação, essa qualidade faz com que os piscianos sejam excelentes em qualquer tipo de cura, música, arte, teatro ou fotografia, e, em particular, em assuntos de natureza espiritual. Assim como os peixes que nadam em direções opostas, os piscianos também podem sofrer oscilações de humor. Às vezes, são extremamente otimistas e em outras ocasiões podem se tornar vagos ou sofrer de falta de impulso e desistir facilmente. Nesses momentos, eles devem se resguardar do escapismo ou do desânimo. É especialmente fácil para os piscianos idealistas projetarem as próprias expectativas elevadas e seus sonhos em outras pessoas e acabarem desiludidos.

Felizmente, eles podem usar essa habilidade psíquica natural para se conectar diretamente com a consciência de toda a humanidade. São os visionários que podem levantar os ânimos dos que estão à sua volta com humor, charme e simpatia.

Os dez planetas

Cada um dos planetas representa uma função psicológica e corresponde aos diversos aspectos da nossa personalidade. Os traços de caráter são sugeridos pelas posições dos planetas e pela relação que eles mantêm entre si. Na Astrologia, o Sol e a Lua, tecnicamente chamados de *luminares*, estão incluídos nos dez planetas que compõem o nosso sistema solar. Os assuntos-chave associados a cada planeta estão listados a seguir.

☉ O sol

Como centro de energia do nosso sistema solar, o Sol irradia o poder da luz e da vitalidade e está relacionado à força doadora da vida. Na Astrologia, ele representa a fonte de energia de cada criatura viva e fornece uma afirmação vigorosa de individualidade. O Sol significa o centro do nosso ser, nosso senso de identidade e ego. O glifo do Sol é um círculo com um ponto no centro, indicando o coração do nosso universo físico. No simbolismo esotérico, esse círculo representa a totalidade do infinito ou da eternidade; o ponto no meio significa um ponto particular no tempo e no espaço dentro dessa totalidade. Força de vontade, energia, força e auto-expressão são apenas alguns dos atributos do Sol. Ele também representa a ambição e o orgulho, a consciência e a autoconfiança e é uma metáfora do pai e do arquétipo masculino. Na mitologia, os reis e os heróis são freqüentemente associados a Hélio ou ao Sol, que é o planeta que rege Leão.

- **Positivo**: vitalidade, individualidade, criatividade, vigor, força de vontade, inspiração, autoconsciência, o ego, identidade
- **Negativo**: egoísmo, autocentramento, orgulho, arrogância, dominação

☾ A lua

A Lua recebe a luz refletida do Sol e é o único satélite que orbita em torno da Terra. A influência da Lua é essencialmente receptiva e não-racional. A Lua simboliza as nossas necessidades emocionais e instintos e governa o elemento água, incluindo os oceanos e as marés, além da vida noturna. Na Mitologia, Ísis, Ártemis e Diana representam as diversas faces da deusa Lua. Tradicionalmente, a Lua está associada ao feminino e à antiga concepção grega de Gaia. Geralmente associada às intuições e à habilidade psíquica, a Lua é também muito retratada no folclore, na poesia e na mitologia. Sua divindade é particularmente expressa por meio da feminilidade e do ciclo de fertilidade, concepção, nascimento, maternidade e abundância da natureza.

Na Astrologia Psicológica, a Lua representa as nossas reações inconscientes e experiências subjetivas. Ela também corresponde ao ímpeto inconsciente de satisfazer as nossas necessidades básicas. A Lua reflete as nossas diferentes tensões e nos força a expressar esses sentimentos. A Lua também influencia as flutuações desses sentimentos ou humores e governa o signo de Câncer.

- **Positivo**: sensibilidade, nutrição, receptividade, intuição, habilidade psíquica
- **Negativo**: humor instável, supersensibilidade, excesso de emotividade

☿ Mercúrio

Na Mitologia, Mercúrio é o mensageiro dos deuses, que deu ao homem a linguagem e a capacidade de se comunicar e de aprender. Entre os gregos, Mercúrio era conhecido como Hermes, que deu de presente à humanidade a escrita e a linguagem.

Mercúrio tem um talento para a retórica e para a impostura mental, um reflexo da habilidade de desenvolver a mente consciente até que nos tornemos bastante inteligentes para o nosso próprio bem. Embora seja muitas vezes retratado como uma figura masculina jovem, Mercúrio não é feminino nem masculino. Isso simboliza o seu papel como um meio neutro de troca de informações. Mercúrio reflete o pensamento intelectual e racional e os poderes de discriminação e está associado ao comércio.

Psicologicamente, Mercúrio representa a habilidade mental e a necessidade de compreender e se comunicar, seja por meio do discurso, da escrita, do ensino, ou de qualquer outra forma de expressão mental.

Mercúrio rege os signos de Gêmeos e Virgem.

⬆ **Positivo**: inteligência, agilidade mental, capacidade de comunicação, intelectualidade

⬇ **Negativo**: impostura, intelecto fraco ou desenvolvimento excessivo do intelecto, falta de lógica

♀ Vênus

Na Mitologia, Vênus é a deusa do amor e da beleza, a mãe de Eros. Para os gregos, ela era conhecida como Afrodite. Simbolizando o princípio feminino, Vênus harmoniza e cria a unidade, além de também conferir o apreço pela natureza e pela arte.

Na área da Psicologia, Vênus representa o impulso para se relacionar com os outros, a expressão das necessidades amorosas e aquilo que traz prazer. Vênus é popular, charmosa e sedutora, embora possa ser um tanto indulgente e despreocupada.

Por tentar evitar confrontos a todo custo, Vênus procura neutralizar as ameaças, cativando ou seduzindo os seus opositores. Como a função de Vênus é promover a união, a atração exerce um papel importante. Vênus confere ênfase à aparência externa, à sociabilidade, ao amor romântico e ao sexo oposto. O planeta Vênus confere ainda um caráter doce, apreço pela natureza e desejos fortes. Vênus também 'suaviza' tudo o que toca e dota de senso estético e bom gosto, refinamento natural e talento para a arte e a música. Vênus governa tudo o que você valoriza e revela as suas atitudes em relação ao dinheiro e posses, além da autovalorização.

Vênus rege os signos de Touro e Libra.

⬆ **Positivo**: amor à beleza e à arte, calor humano, sociabilidade, senso de valor, cooperação

⬇ **Negativo**: busca do prazer, indulgência excessiva, preguiça, luxúria

♂ Marte

Na Mitologia, Marte é o deus da guerra.

Marte governa o nosso instinto de sobrevivência, seja nas ocasiões em que lutamos, seja nas ocasiões em que fugimos. Por ser a antítese de Vênus, Marte representa o princípio masculino e é competitivo, assertivo e pronto para a ação. Marte é cheio de energia e impulso e dá prova de coragem e vigor dinâmico quando enfrenta os adversários.

Marte também é associado ao arquétipo do herói. As qualidades marcianas são freqüentemente associadas a atos de bravura e indicam uma mentalidade destemida. Na vida moderna, podemos usar a energia de Marte para impulsionar a nossa carreira, realizar os nossos objetivos ou defender as nossas convicções.

Como a função de Marte diz respeito à nossa vontade de sobrevivência, ela é relacionada à liberação de adrenalina nos nossos corpos e à habilidade de reagir rapidamente. Em excesso, essas mesmas energias que geram assertividade e nos ajudam a lutar também podem se manifestar em um temperamento difícil, na raiva, na agressão e na impaciência. No entanto, sem Marte nós não teríamos dinamismo, vigor, iniciativa ou impulso para alcançar as nossas ambições pelo esforço.

Marte governa o signo de Áries.

⬆ **Positivo**: assertividade, coragem, dinamismo, ação, vigor

⬇ **Negativo**: agressividade, violência, comportamento grosseiro, raiva, inquietude

♃ Júpiter

Júpiter é o maior planeta do nosso sistema solar. Com o mesmo nome do deus do panteão romano (conhecido como Zeus entre os gregos), na Mitologia, Júpiter era associado à sabedoria, à vitória e à justiça. Em consonância com o seu grande tamanho, Júpiter expande ou exagera. Ele representa a nossa habilidade de ir além dos nossos horizontes atuais e buscar um plano ou visão maior, com otimismo e confiança.

O desejo de descobrir o sentido e a verdade maiores significa que Júpiter aborda a vida de forma filosófica. O desejo por um conhecimento mais amplo inspira um maior aprendizado e está ligado às universidades ou professores espirituais.

Além disso, como Senhor da Verdade, Júpiter é, com freqüência, associado ao sistema judicial, aos tribunais, à lei e à ordem.

Juntamente com o impulso de expansão mental, a sorte e abundância estão muitas vezes ligadas a Júpiter. Júpiter estimula o anseio por experiências e viagens a lugares distantes e exóticos. A expansão excessiva, contudo, pode levar à avidez, ao falso otimismo, à insinceridade e ao ego inflado. No melhor dos casos, Júpiter simboliza o idealista generoso e bem-humorado, que tem fé e sabedoria para tornar os próprios planos realidade.

Júpiter rege Sagitário.

⬆ **Positivo**: desejo de verdade, generosidade, idealismo, otimismo, viagens longas, aprendizado elevado

⬇ **Negativo**: exagero, excesso de expansão, falso otimismo, avidez

♄ Saturno

Na Mitologia, Saturno é o Velho Senhor, o Tempo, o Ceifador. Nos períodos grego e romano, Saturno era o deus da ordem social e era reproduzido como o colhedor, com uma foice simbolizando o princípio de que colhemos o que plantamos. Saturno representa a justiça perfeita ou a lei da causa e do efeito.

Psicologicamente, Saturno é o arquétipo do velho homem sábio, do professor. Aceitando a responsabilidade e a disciplina para atingirmos a auto-realização, nós nos tornamos mais velhos e mais sábios. O trabalho e o treinamento árduos sugeridos pela influência restritiva de Saturno, em última análise, valem a pena, porque são a única maneira de aprendizado. Para equilibrar a expansividade de Júpiter, temos a influência restritiva de Saturno, que pode conter o excesso de presunção e manter a ordem. A influência restritiva de Saturno, no entanto, pode gerar pessimismo, medo e seriedade excessiva.

Saturno quer definição, forma e estrutura. Ele cria fronteiras para manter controle, regulação e segurança. Saturno representa qualquer coisa dura, desde os nossos ossos e dentes até as situações em que precisamos ser duros com nós mesmos.

Como este planeta requer que enfrentemos as nossas responsabilidades e deveres, as suas lições são às vezes pouco confortáveis. Saturno é totalmente justo e imparcial: o trabalho dedicado é recompensado. Com Saturno, você não pode esperar algo do nada. Ele fornece determinação e perseverança para sermos bem-sucedidos.

Saturno governa o signo de Capricórnio.

Positivo: disciplina, ordem, autoridade, sabedoria, realismo, paciência, perseverança

Negativo: pessimismo, medo, excesso de severidade

♅ Urano

O antigo nome de Urano era Céu Noturno e, na Mitologia, Urano era o pai de Saturno.

A vastidão dos céus simboliza a nossa habilidade de abrir as mentes para o universal. Urano traz iluminação e liberdade de espírito, rompendo com a restrição e a segurança de Saturno. Esse tipo de liberdade requer que deixemos espaço em nossa vida para o inesperado, ou que ousemos expressar a nossa individualidade, apesar das pressões do conformismo. Mas se forçarmos muito, corremos o risco de nos tornar rebeldes sem causa.

Por uma análise psicológica, por intermédio de Urano nós podemos ampliar o nosso ponto de vista para ter uma visão universal e compreender a humanidade como uma família de irmãos e de irmãs. Urano nos leva a lutar pelos direitos humanos e pela liberdade de expressar o nosso eu. Urano governa a energia elétrica de todos os tipos: ondas de televisão e de rádio, campos magnéticos, *lasers*, computadores e a nova tecnologia eletrônica.

Sempre olhando para o futuro e com capacidade de pensar de forma simbólica e abstrata, Urano representa a intuição e a inventividade. Isso de uma forma geral significa estar à frente da sociedade como um todo e se expressar de maneira individualista e não-convencional.

Urano rege o signo zodiacal Aquário.

Positivo: liberdade, humanitarismo, desapego, objetividade

Negativo: rebelião, excentricidade, tendências revolucionárias, teimosia

♆ Netuno

Na Mitologia, Netuno é o rei do mar, profundo, insondável e misterioso. Assim como o oceano pode dissolver as rochas em areia, Netuno pode, lenta e sutilmente, dissolver as barreiras criadas pelo ego, levando-nos à experiência mística. A névoa que paira sobre o mar é análoga à névoa que circunda este planeta, onde nada é sólido e tudo é ilusório e enigmático.

Psicologicamente, a função de Netuno é nos ajudar a transcender as nossas limitações, por meio do refinamento e da purificação de nossa natureza emocional. Diferentemente de Saturno, ele não tem fronteiras, mas sim um senso de unidade com todas as coisas. Contudo, essa habilidade para se misturar com tudo pode gerar uma sensação de incerteza. A extrema sensibilidade a tudo, indicada pela influência de Netuno, pode conferir uma grande compaixão pelo sofrimento da humanidade.

Ele ainda oferece a habilidade de se perder na inspiração criativa da arte, da música ou do teatro. Netuno pode dar ao artista a inspiração e a imaginação para tudo o que é possível. Com uma percepção e imaginação elevadas, pode ser fácil escapar para um mundo de fantasia, para o excesso de drogas ou de álcool, ou enganar a si mesmo e entrar em confusão. O trabalho positivo com Netuno envolve uma visão do nosso ideal que nos leva a alcançar os nossos sonhos.

Netuno rege o signo zodiacal de Peixes.

Positivo: sensibilidade, visão, compaixão, inspiração, transcendência

Negativo: ilusão, engano, escapismo, confusão, incerteza

♇ Plutão

Mitologicamente, Plutão, o rei do submundo, representa transformação, morte e renascimento. Plutão significa mudança profunda, e sua energia é intensa e poderosa. Sob a influência de Plutão, podemos ter a habilidade de penetrar ou ler o subconsciente a partir de sinais subliminares que ele gera, especialmente por meio da linguagem corporal. Isso pode ser usado positivamente em áreas como a Psicologia Profunda, mas também pode ser usado para controlar os outros.

A descoberta do planeta Plutão aconteceu na mesma época da descoberta das partículas subatômicas e da publicação da teoria do inconsciente de Jung. Seja governando personagens sombrias do submundo, fanáticos ou terroristas, ou grandes transformadores que trabalham para o bem da sociedade, a energia de Plutão pode ser extrema. Ele também pode provocar esse mesmo nível de reação intensa dentro de nós. Plutão freqüentemente simboliza a reação do tudo ou nada. Como parte de nossos esforços em direção ao auto-aperfeiçoamento, há sempre momentos em que devemos deixar para trás o velho sem garantias para o futuro. A energia da morte e do renascimento é poderosamente simbolizada por Plutão. Com a ajuda de Plutão, aceitamos as mudanças da nossa vida e aprendemos a deixar para trás, na hora certa, o passado ou qualquer coisa que tenhamos de superar. Plutão nos ensina que todo fim é um novo começo e que a vida continua. Esse conhecimento nos ajuda em todo o processo de reconstrução.

Plutão governa o signo de Escorpião.

Positivo: poder, transformação, regeneração, revelação do oculto

Negativo: abuso do poder, obsessão, compulsão

Decanatos

Um decanato consiste em 10 dos 360 graus do círculo zodiacal. Cada signo tem 30 graus daquele círculo, e assim cada signo contém três decanatos espacialmente equivalentes, embora simbolicamente diferentes. Lembre-se de que 30 graus do zodíaco equivalem a uma porção de 30 graus do caminho da Terra em volta do céu. À medida que o Sol passa pelo signo zodiacal (a constelação zodiacal no céu celestial oposta à posição da Terra em relação ao Sol) no curso de um mês astrológico, o Sol passa por três decanatos, um após o outro. O Sol se move para um novo decanato a cada dez dias, aproximadamente. Cada um dos três decanatos adiciona as influências do próprio planeta e signo às influências básicas gerais do signo do Sol.

Considerando o decanato, além do signo do Sol, podemos apurar a leitura da data de nascimento individual. Por exemplo, um capricorniano nascido no segundo decanato estará sob a influência do signo de Touro. Os egípcios antigos consideravam os significados dos decanatos tão importantes quanto os do signo do Sol.

As influências dos decanatos são determinadas pelo elemento associado ao signo que os contém. Cada signo se associa simbolicamente a um dos quatro elementos fundamentais:

- O elemento **fogo** rege: Áries, Leão, Sagitário
  Regentes planetários: Marte, Sol, Júpiter
- O elemento **terra** rege: Touro,Virgem, Capricórnio
  Regentes planetários: Vênus, Mercúrio, Saturno
- O elemento **ar** rege: Gêmeos, Libra, Aquário
  Regentes planetários: Mercúrio, Vênus, Urano
- O elemento **água** rege: Câncer, Escorpião, Peixes
  Regentes planetários: Lua, Plutão, Netuno

A seqüência dos três decanatos obedece ao mesmo padrão de cada um dos doze signos solares. Os decanatos de cada signo do Sol estão associados aos três signos associados ao elemento ligado ao do signo do Sol. Por exemplo, como você pôde ver anteriormente, Áries está ligado ao elemento fogo. Todas as pessoas nascidas sob o signo de Áries pertencem ao elemento fogo. Todos os três decanatos de Áries estão associados a signos correspondentes ao fogo. O primeiro decanato de Áries está associado ao signo do Sol mais próximo de Áries e ligado ao fogo, nomeadamente, o próprio signo de Áries. Em seguida, viajando em direção oposta ao do relógio ao longo do círculo do zodíaco, o próximo elemento fogo será Leão. Leão está, por isso, associado ao segundo decanato. Continuando o percurso pelo círculo, alcançamos o terceiro signo relacionado ao elemento fogo: Sagitário. O terceiro decanato de Áries está associado a Sagitário. Acontece o mesmo para todos os decanatos de todos os signos do Sol.

Cada signo, indo além, está associado a um planeta. Assim como o signo do Sol tem um regente planetário, o mesmo acontece para cada signo do decanato. O decanato de Áries é regido pelo planeta Marte e o decanato de Sagitário é regido pelo planeta Júpiter.

No diagrama a seguir, você poderá ver claramente como os decanatos operam dentro dos diferentes signos. Apresentamos uma lista dos signos do Sol e as influências dos decanatos localizados dentro de cada um deles, juntamente com os dias associados a cada decanato.

ÁRIES, 21 DE MARÇO A 20 DE ABRIL

Áries-Áries	Decanato de Marte: 20-21 de março a 30 de março
Áries-Leão	Decanato do Sol: 31 de março a 9 de abril
Áries-Sagitário	Decanato de Júpiter: 10 de abril a 20-21 de abril

TOURO, 21 DE ABRIL A 21 DE MAIO

Touro-Touro	Decanato de Vênus: 20-21 de abril a 30 de abril
Touro-Virgem	Decanato de Mercúrio: 1 de maio a 10 de maio
Touro-Capricórnio	Decanato de Saturno: 11 de maio a 21-22 de maio

GÊMEOS, 22 de MAIO A 21 DE JUNHO

Gêmeos-Gêmeos	Decanato de Mercúrio: 21-22 de maio a 31 de maio
Gêmeos-Libra	Decanato de Vênus: 1 de junho a 10 de junho
Gêmeos-Aquário	Decanato de Urano: 11 de junho a 21-22 de junho

CÂNCER, 22 DE JUNHO A 22 DE JULHO

Câncer-Câncer	Decanato da Lua: 21-22 de junho a 1 de julho
Câncer-Escorpião	Decanato de Plutão: 2 de julho a 11 de julho
Câncer-Peixes	Decanato de Netuno: 12 de julho a 22-23 de julho

LEÃO, 23 DE JULHO A 22 DE AGOSTO

Leão-Leão	Decanato do Sol: 23-24 de julho a 2 de agosto
Leão-Sagitário	Decanato de Júpiter: 3 de agosto a 12 de agosto
Leão-Áries	Decanato de Marte: 13 de agosto a 22-23 de agosto

VIRGEM, 23 DE AGOSTO A 22 DE SETEMBRO

Virgem-Virgem	Decanato de Mercúrio: 22-23 de agosto a 2 de setembro
Virgem-Capricórnio	Decanato de Saturno: 3 de setembro a 12 de setembro
Virgem-Touro	Decanato de Vênus: 13 de setembro a 22-23 de setembro

LIBRA, 23 DE SETEMBRO A 21 DE OUTUBRO

Libra-Libra	Decanato de Vênus: 22-23 de setembro a 3 de outubro
Libra-Aquário	Decanato de Urano: 4 de outubro a 13 de outubro
Libra-Gêmeos	Decanato de Mercúrio: 14 de outubro a 22-23 de outubro

ESCORPIÃO, 23 DE OUTUBRO A 21 DE NOVEMBRO

Escorpião-Escorpião	Decanato de Plutão: 22-23 de outubro a 2 de novembro
Escorpião-Peixes	Decanato de Netuno: 3 de novembro a 12 de novembro
Escorpião-Câncer	Decanato da Lua: 13 de novembro a 21-22 de novembro

SAGITÁRIO, 22 DE NOVEMBRO A 21 DE DEZEMBRO

Sagitário-Sagitário	Decanato de Júpiter: 21-22 de novembro a 2 de dezembro
Sagitário-Áries	Decanato de Marte: 3 de dezembro a 12 de dezembro
Sagitário-Leão	Decanato do Sol: 13 de dezembro a 21-22 de dezembro

CAPRICÓRNIO, 22 DE DEZEMBRO A 20 DE JANEIRO

Capricor.-Capricor.	Decanato de Saturno: 21-22 de dezembro a 31 de dezembro
Capricórnio-Touro	Decanato de Vênus: 1 de janeiro a 10 de janeiro
Capricórnio-Virgem	Decanato de Mercúrio: 11 de janeiro a 20-21 de janeiro

AQUÁRIO, 21 DE JANEIRO A 19 DE FEVEREIRO

Aquário-Aquário	Decanato de Urano: 20-21 de janeiro a 30 de janeiro
Aquário-Gêmeos	Decanato de Mercúrio: 31 de janeiro a 9 de fevereiro
Aquário-Libra	Decanato de Vênus: 10 de fevereiro a 19-20 de fevereiro

PEIXES, 20 DE FEVEREIRO A 20 DE MARÇO

Peixes-Peixes	Decanato de Netuno: 19-20 de fevereiro a 1 de março
Peixes-Câncer	Decanato da Lua: 2 de março a 11 de março
Peixes-Escorpião	Decanato de Plutão: 12 de março a 20-21 de março

Progressões

As progressões astrológicas são muito usadas como uma técnica do sistema de predições. O mais conhecido método de progressão se faz pela substituição de "um dia por um ano" como modo de mostrar simbolicamente as nossas vidas em câmera lenta. Nesse sistema simbólico de interpretação, os movimentos planetários ao longo de um dia são traduzidos como o movimento de planetas ao longo de um ano. Por exemplo, as posições dos corpos celestiais nos 24 dias depois do nascimento correspondem ao 24º ano da vida da pessoa.

O Sol é o signo do grande círculo estelar do zodíaco oposto à posição da Terra em relação ao Sol. Como a Terra orbita em torno do Sol, este se move através dos diversos signos localizados nos intervalos de 30 graus deste grande círculo estelar.

Neste livro, seguimos essa jornada do Sol através dos vários signos e interpretamos como isto afeta cada indivíduo. Com o sistema de progressão de "um dia por um ano", o Sol demora aproximadamente trinta anos, e não trinta dias, para viajar por cada signo zodiacal. Por exemplo, se você nasceu na cúspide entre dois signos, no sistema "um dia por um ano" o seu Sol progredido chega à próxima cúspide depois de trinta anos, no seu 30º aniversário. Se você nasceu no décimo quinto dia de um determinado signo do Sol, o seu Sol progredido se move até o próximo signo do Sol depois de quinze anos; no seu 30º aniversário, você terá alcançado a metade deste signo.

Se você nasceu perto do final do signo zodiacal ou em uma cúspide, o seu Sol progride até o próximo signo zodiacal em poucos anos. Nessas ocasiões, você pode sentir uma afinidade maior com o signo seguinte do que com o seu signo solar. Colocamos abaixo três exemplos e um mapa correspondente das progressões do Sol; os períodos de mudança estão assinalados com um X.

EXEMPLO 1: Se você nasceu no início do signo de Gêmeos, isto é, no dia 23 de maio, o seu Sol progride através de Gêmeos durante vinte e oito anos. Ele se move para o signo de Câncer quando você tem cerca de 29 anos. Em seguida, o Sol demora mais trinta anos para completar a jornada através do signo de Câncer e se mover para Leão, quando você completa 59 anos.

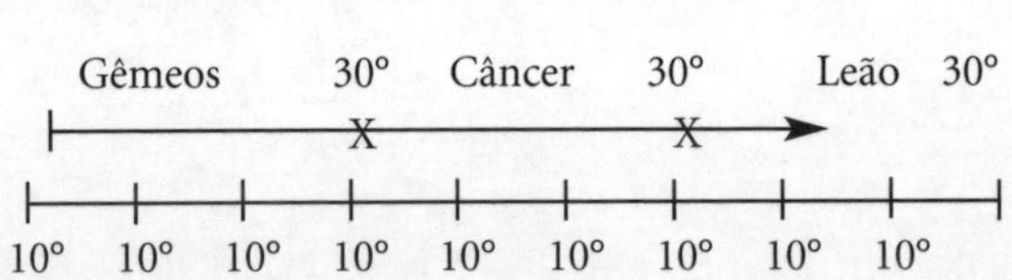

EXEMPLO 2: Se você nasceu no meio do signo de Virgem, isto é, no dia 7 de setembro, o seu Sol progredido irá mudar de signo zodiacal e entrar em Libra quando você tiver 15 anos. O Sol precisará então de mais trinta anos para atravessar o signo de Libra, antes de entrar no signo de Escorpião, quando você tiver aproximadamente 45 anos. Outra mudança ocorrerá aos 75 anos, quando o seu Sol progredido entrar no signo de Sagitário.

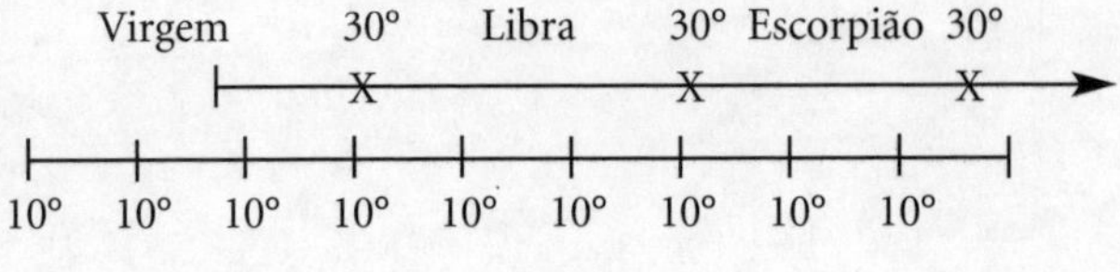

EXEMPLO 3: Se você nasceu nos últimos dias de Sagitário, o seu Sol progride até Capricórnio quando você ainda é bebê. O Sol precisa então de trinta anos para atravessar Capricórnio. Outra mudança ocorrerá aos 31 anos, quando o seu Sol progredido entrar no signo de Aquário. Quando você completar 61 anos, o seu Sol progredido mudará novamente de signo e entrará em Peixes.

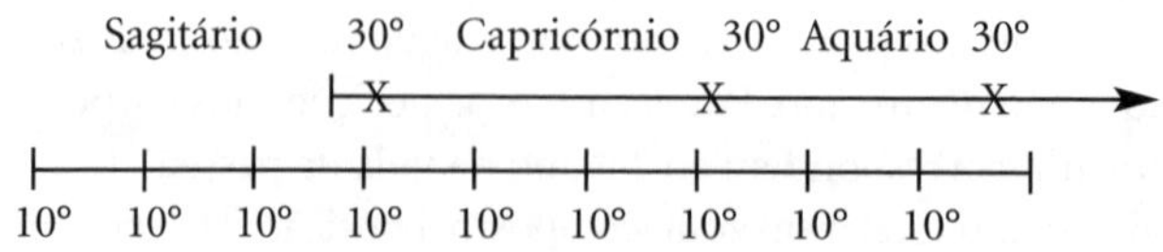

Introdução às Estrelas Fixas

As Estrelas Fixas pertencem ao grande Cosmos e não ao nosso sistema solar. Diferentemente dos planetas que orbitam o nosso Sol, as estrelas fixas também são sóis; de fato, dependendo da sua magnitude, algumas estrelas fixas são muito maiores e mais brilhantes do que o nosso Sol. Quando falamos a respeito de estrelas fixas, usamos o termo "anos-luz" para descrever as vastas distâncias que são difíceis de calcular ou entender. Devido à distância que essas estrelas estão da Terra, para nós elas parecem estacionárias e são, por isso, chamadas de estrelas "fixas". A influência das Estrelas Fixas é referente à sua força, que é calculada pelo seu brilho.

Embora haja milhões de Estrelas Fixas no Universo, na prática astrológica, relativamente poucas delas são consideradas — propriamente, as que estão localizadas perto do anel zodiacal. A observação e a relação das Estrelas Fixas com os eventos do mundo tiveram início milhares de anos atrás. Os nomes delas foram dados nas eras mesopotâmica e babilônica. As Estrelas Fixas foram mencionadas na Epopéia de Gilgamesh e, juntamente com os cometas, eclipses e planetas, desempenhavam um importante papel na interpretação dos fenômenos do tempo. Além dos babilônicos, os egípcios acreditavam na poderosa influência das Estrelas Fixas. Como conheciam o poder da natureza e eram dependentes do rio Nilo para a sobrevivência, os egípcios celebravam o solstício de verão do calendário agrícola com ritos de fertilidade e associavam o nascer da estrela Sirius à inundação do rio Nilo. Recentemente, surgiram muitos indícios de que os egípcios alinharam as majestosas pirâmides de Giza ao Cinturão Oriental. Embora muitos historiadores ainda achem que as grandes pirâmides são uma testemunha dos grandes reis do Egito, diversas novas descobertas arqueológicas revelam uma nítida conexão entre o projeto da Pirâmide de Queóps e as estrelas circumpolares.

Na história do nascimento de Jesus, uma estrela guiou os três homens sábios ao estábulo de Belém. Na Grécia, em torno do ano 250 a.C., foram registrados catálogos de Estrelas Fixas. A observação das Estrelas Fixas continuou por toda a História e foi incorporada à compreensão celestial dos antigos. As Estrelas Fixas eram associadas a diferentes aspectos da vida; a origem da sua interpretação deriva dos símbolos com os quais as constelações eram associadas. Por exemplo, na constelação de *Alpha Leonis*, ou Leão, a estrela fixa mais brilhante é *Regulus* (também chamada de Coração do Leão), que simboliza força, poder e autoridade. Ela é uma das Estrelas Fixas mais importantes do céu e está associada à realeza e às honrarias. Usualmente, ela aparece nos mapas de reis, rainhas, regentes e altos funcionários de governo. Essa estrela está também associada às pessoas que são favorecidas pelo público e confere autoridade.

A importância das estrelas fixas deriva do fato de que os corpos materiais do Cosmos estão em estado de corrente elétrica e são circundados por um campo magnético. Mesmo a emissão mais fraca pode influenciar a Terra. Isso é incrivelmente semelhante ao termo "efeito borboleta", usado pela moderna teoria do caos, que acredita que até mesmo uma asa de borboleta batendo no ar pode criar um efeito ondular que leva a uma transformação do sistema meteorológico em outra parte do mundo.

Como as Estrelas Fixas são essencialmente as mesmas que o nosso próprio Sol, elas têm campos de força similares. O efeito das estrelas é medido por sua magnitude e brilho.

As Estrelas Fixas proporcionam uma compreensão fascinante do subconsciente e do potencial ou problemas que um indivíduo pode ter. Essa interpretação, contudo, deve ser analisada cuidadosamente em relação ao horóscopo natal completo; as Estrelas Fixas não são interpretadas separadamente, mas sempre tomadas como uma subinfluência nas qualidades celestiais dos planetas. As Estrelas Fixas devem ser entendidas como uma força que amplia ou diminui as forças dos planetas com os quais mantêm contato.

Listamos nas páginas dos dias de aniversário as Estrelas Fixas mais influentes para cada dia. Freqüentemente, outras Estrelas Fixas exercem influências adicionais, e nós incluímos as suas interpretações no apêndice acerca de Estrelas Fixas no final deste livro.

Observe que nem todos os dias deste livro estão associados a uma estrela fixa. Discutimos apenas as estrelas associadas ao Sol, e quando não há estrelas de grande influência próxima ao Sol em um determinado dia, esse dia de aniversário não tem estrelas fixas. É provável, no entanto, que haja outras estrelas fixas associadas às posições dos planetas naquele dia. Com um mapa natal, você poderá usar o apêndice deste livro para entender as influências que as Estrelas Fixas associadas ao seu planeta exercem sobre você. Nossa discussão a respeito das Estrelas Fixas neste livro pretende ser somente uma introdução ao seu intrincado e fascinante reino.

Estrelas Fixas: regras básicas de interpretação

Em um ano, o Sol viaja através dos 360 graus do círculo zodiacal. Os doze signos astrológicos ocupam, cada um, 30 graus deste círculo. As estrelas fixas ocupam pontos de graus únicos, mas as suas órbitas, ou espectro de influência, podem ter muitos graus. A magnitude da estrela afeta a potência da sua influência. Tanto o espectro quanto a potência devem ser calculados para a determinação do potencial de duração e força da influência exercidos pela Estrela Fixa. Quando o Sol ou um planeta estão dentro da órbita de uma estrela fixa, a influência da estrela é nitidamente sentida, mais poderosamente no momento da conjunção e com uma intensidade menor à medida que o Sol ou o planeta se movem para fora da órbita.

Magnitude da Estrela Fixa

O poder de uma estrela é julgado por sua magnitude.

A maior magnitude: entre 0 e -1.

Magnitude 1: orb de 2° 30'
Magnitude 2: orb de 2° 10'
Magnitude 3: orb de 1° 40'
Magnitude 4: orb de 1° 30'
Magnitude 5: estrelas, agrupamentos e nebulosa: orb menor que 1°

Neste livro, ilustramos as influências positivas e negativas dessas estrelas sobre o dia de aniversário individual. Tentamos não apenas fornecer as interpretações clássicas, mas também sugerir os seus efeitos vistos à luz das interpretações da Psicologia Moderna.

Demos uma classificação de força para cada estrela, que corresponde a sua magnitude. Uma magnitude de -1, a maior, recebe uma classificação de força correspondente a dez estrelas. Uma magnitude de 5, a mais fraca, recebe uma classificação de duas estrelas.

Lista das estrelas fixas de Gêmeos

♊	
Alcyone	★★★★★★
Prima Hyadum	★★★★
Ain	★★★★
Aldebaran	★★★★★★★★★★
Rigel	★★★★★★★★★★
Bellatrix	★★★★★★★★★
Capella	★★★★★★★★★★
Phact	★★★★★★★
Mintaka	★★★★★★★
El Nath	★★★★
Ensis	★★★
Alnilam	★★★★★★★★
Al Hecka	★★★★★★★★
Polaris	★★★★★★★★
Betelgeuze	★★★★★★★★★★
Menkalinan	★★★★★★★★

Introdução à Numerologia

A crença de que os números possuem poderes sagrados é compartilhada não apenas pelas culturas arcaicas e pelos filósofos gregos, mas também pelos estudiosos renascentistas e muitos matemáticos contemporâneos.

Os entalhes gravados em ossos encontrados no Zaire, que datam entre 9000 e 750 a.C., correspondem às marcas das fases lunares e são um dos primeiros sinais da adiantada atividade matemática.

A Numerologia é tão Antiga quanto a Astrologia e tem a sua origem nas culturas mesopotâmica, judaica e grega antigas. Por exemplo, acreditava-se que os números e cartas do Antigo Testamento estavam relacionados a significados ocultos relativos a mensagens, sonhos e nomes de pessoas. Cada cultura desenvolveu o seu próprio sistema de interpretação de números para dar sentido ao Universo e à natureza humana. Os mais respeitados sistemas que contêm a Numerologia são as teorias de Pitágoras, da cabalística, do I Ching e dos maias.

Muitos filósofos gregos ficavam intrigados com o mistério dos números. Um dos mais extraordinários pensadores da antiga época grega foi Pitágoras, que dizia que os números eram sagrados e que "todas as coisas são números". Ele era um líder religioso, místico e estudioso de matemática pura. Diferentemente de muitos matemáticos modernos, ele unia a teologia ao pensamento racional. Pitágoras deixou um legado único à cultura ocidental e um início para a identificação dos números. Ao descobrir a importância da ligação entre a música e os números, ele estabeleceu uma conexão harmônica entre as notas musicais e a Matemática. Ao perceber que os números correspondiam às formas, ele foi o primeiro a descrever as figuras oblongas, o quadrado e o triângulo como um conjunto de pontos ou números. Seus seguidores, os pitagóricos, foram também os primeiros a acreditar que os princípios da Matemática eram a base de todas as coisas existentes e, desde então, entre esses princípios, os números são por natureza arquétipos primários, pois eles, acima de qualquer outra coisa, estabelecem a ordem na natureza e no Universo.

Alguns matemáticos contemporâneos dão eco a essas crenças e argumentam que quanto mais profundamente se percebe a maneira como o Universo funciona, mais se percebe que o Cosmos tem uma essência matemática. Os números e a Matemática salientam o modo mais preciso pelo qual o Universo se comporta.

Há três padrões básicos de números. Podemos ver os números por meio de teorias matemáticas, de definições filosóficas e de simbolismo numérico. No início do século XX, Jung interpretou o número como um arquétipo de ordem que se tornou consciente e afirmou que os números são instrumentos para a criação da ordem. Ele acreditava que um número tem uma natureza qualitativa e quantitativa. De fato, mesmo as investigações da física das partículas sugerem que as mudanças na quantidade atômica resultam em diferenças qualitativas perceptíveis no mundo macroscópico.

A Numerologia, da mesma maneira que a Astrologia, é um sistema simbólico, uma das diversas ferramentas que podemos usar para entender a nós mesmos e a nossa vida. Os números possuem uma natureza dual e podem representar tanto uma força negativa quanto uma força positiva. A exploração do seu significado pode nos ajudar a descobrir e desenvolver o nosso potencial pessoal e nos guiar na nossa vida.

Neste livro, nós nos concentramos particularmente nas interpretações qualitativas dos números em relação ao dia e mês de nascimento de uma pessoa e mostramos nas páginas a seguir como é simples descobrir o seu número holístico.

Como calcular o seu número holístico

O seu número holístico é simbolizado pela soma total dos números do dia, ano e mês do seu aniversário. Esse número revela o propósito da sua vida ou desafio, com os atributos positivos e negativos. Entendendo o seu número holístico, você pode atingir um nível mais alto de autoconsciência. Tudo o que você precisa é somar todos os dígitos, um por um. Por exemplo:

28 de junho de 1956 (28/6/1956) = 2 + 8 + 6 + 1 + 9 + 5 + 6 = 37 = 3 + 7 = 10 = 1 + 0 = 1.
O seu número holístico é 1, que também pode ser lido como 37/1
20 de outubro de 1961 (20/10/1961) = 2 + 0 + 1 + 0 + 1 + 9 + 6 + 1 + 20 = 2 + 0 = 2.
O seu número holístico é 2, que também pode ser lido como 20/2.

Os nove números básicos

A qualidade de cada um dos nove números básicos pode ter uma expressão positiva ou negativa na personalidade da pessoa, dependendo de como ela aborda os desafios da vida.

Número 1

A dinâmica do número 1 é consciente. Os atributos positivos do número 1 são assertividade, criatividade, singularidade e independência. Se o seu número holístico é 1, isso sugere que você é uma pessoa inventiva e cheia de vitalidade, ambição e impulso. Pioneiro e com um espírito ousado, você gosta de assumir um papel de liderança e de expressar a própria originalidade. À medida que conhece a própria força criativa e individualidade, você passa a ter mais necessidade de se expressar e de estar preparado para enfrentar a vida. Freqüentemente, isso pode significar pensar de forma diferente ou agir por conta própria. Às vezes, você pode se sentir isolado do seu ambiente imediato, principalmente se está dando início a novas idéias. A inspiração é a chave para a sua motivação, e o desenvolvimento da sua intuição irá ajudá-lo a decidir o que fazer quando confrontado com diversas escolhas. A sua grande força de vontade e determinação levam-no a liderar e não a ser liderado. Por toda a sua vida, você está propenso a ter experiências que irão ensiná-lo a superar as suas inseguranças, sejam elas de ordem emocional, física ou mental. Assumir a responsabilidade sobre as suas ações também faz parte da sua lição de vida. No melhor dos casos, você é uma pessoa confiante e confiável, que inspira os outros de uma forma positiva. O desenvolvimento da tolerância, da compaixão e da paciência irá ajudá-lo a alcançar os seus objetivos. Quando pode aperfeiçoar as suas habilidades, sente-se encorajado para exibir um pouco da sua originalidade. Os desafios que se colocam para as pessoas de número 1 incluem oscilações entre a falta de confiança e o excesso de confiança, ser uma pessoa exigente, arrogante, egoísta e um tanto ditatorial.

Número 2

A dinâmica do número 2 é sensorial. Os atributos positivos são sociabilidade, receptividade e habilidade para equilibrar as suas necessidades com as necessidades dos outros. Os indivíduos de número 2 têm jeito para lidar com as pessoas e muitas vezes aprendem por meio do trabalho cooperativo. Se o seu número holístico é 2, você é uma pessoa atenciosa e sensível aos sentimentos dos outros e tem uma natureza cortês e romântica.Você é também diplomático, amigável e sociável, com interesse por relações públicas. Intuitivo e adaptável, prospera quando é encorajado, mas pode ser suscetível à bajulação. Você precisa aprender a distinguir entre ser cooperativo e ajudar os outros e ser subserviente e se martirizar devido a inseguranças emocionais. A sua confiança pode ser abalada caso se torne excessivamente dependente; por isso, você precisa dar e receber em medidas iguais. Se você for uma pessoa carente ou vulnerável, outras pessoas podem facilmente se aproveitar da sua natureza gentil. O indivíduo número 2 precisa aprender a lidar com confrontos sem agressividade e aprender a dizer não sem se sentir culpado.Você também se beneficia ao receber ajuda alheia sem parecer fraco. A auto-aceitação é o caminho certo para as pessoas número 2. As suas realizações positivas são alcançar harmonia interior, desenvolver objetivos com propósito e estabelecer limites.

Os desafios para as pessoas número 2 são dependência, inquietude, insegurança, sensibilidade excessiva, ser facilmente desencorajado, desconfiança habitual das pessoas e baixa auto-estima.

Número 3

A dinâmica do número 3 é expressiva ou emocional. Os atributos positivos são a auto-expressão criativa, à sensibilidade, à imaginação e à versatilidade. Se o seu número holístico é 3, isso sugere que você é uma pessoa entusiástica, que gosta de se divertir, é sociável e amigável. Você pode exibir a sua natureza multitalentosa por meio de diversas atividades artísticas. Contudo, fazer escolhas pode ser um de seus desafios. Como uma pessoa número 3, você gosta de interagir com os outros, por intermédio de diversões, de reuniões sociais e de conversas íntimas. Amante da liberdade e emotivo, você precisa expressar a alegria de viver. Você também sabe sintetizar bem o seu conhecimento e transmitir as suas idéias. As pessoas número 3 costumam evitar conflitos, mantendo-se animadas e otimistas. Como o seu aprendizado se relaciona ao crescimento emocional e à auto-expressão, talvez você precise desenvolver uma compreensão mais profunda dos seus sentimentos, e, em vez de manipular as situações, deve expressar aberta e diretamente os seus sentimentos.

Os indivíduos número 3 podem também ter instabilidade emocional ou sentimentos negativos, como inveja e ódio. Embora sejam espirituosos e saibam lidar com as palavras, se se sentirem tímidos e inseguros podem se isolar ou ficar inibidos, achando difícil expressar os sentimentos. A realização e a satisfação emocional normalmente derivam da alegria de compartilhar e aprender a respeito do amor e da compaixão.

Os desafios para o número 3 são a preocupação e a dúvida quanto a si mesmos, a tendência para desperdiçar energia, exagero, intolerância, sentir-se despreparado, indecisão e irresponsabilidade.

Número 4

A dinâmica do número 4 é física. Os atributos positivos do número 4 são praticidade, capacidade de organização e autodisciplina. Se o seu número holístico é 4, você é uma pessoa honesta, direta e trabalhadora, que deseja ter estabilidade. Os indivíduos número 4 são pacientes, meticulosos e sabem que a metodologia e a preparação são essenciais. Qualquer coisa que fizerem na vida precisa ter um propósito e uma aplicação prática. Embora sejam indivíduos severos e que não demonstram as emoções, são leais e confiáveis.

Como número 4, você tem habilidades ligadas à forma, técnica e mecânica. Astutas e preocupadas com a própria segurança, as pessoas de número 4 são atraídas pelo mundo financeiro ou de negócios em geral. Você tende à teimosia e à rigidez e seria bom aprender a ser mais flexível e adaptável. A sua ambição e vitalidade geralmente o ajudam a resistir, enquanto outros desistem por falta de energia. No entanto, talvez seja necessário aprender a não assumir mais do que pode. Embora proteja as pessoas de quem cuida, você precisa superar a tendência a controlar as situações e a ser dominador.

Os indivíduos número 4 são, em geral, conhecidos como construtores e, de fato, podem muitas vezes ser os fundadores de projetos e empreendimentos.

Os desafios para o número 4 são dogmatismo, obstinação, falta de confiabilidade, oscilações entre ser muito preguiçoso ou trabalhar em excesso, dificuldade para deixar o passado para trás e dar em excesso.

Número 5

A dinâmica do número 5 é instintiva. Os atributos positivos do número 5 são engenhosidade, reações rápidas e ação decisiva. Os indivíduos número 5 são entusiásticos e amantes da liberdade. Se tiver uma disposição positiva, você é uma pessoa autodisciplinada e concentrada, com uma mente alerta e astuta. Embora possa ser uma pessoa responsável, você precisa de autonomia para se movimentar livremente.

Geralmente versátil e empreendedor, você gosta de conhecer novas pessoas e de ter experiências diferentes. Liberal e mentalmente aberto, você pode facilmente se adaptar a novas situações ou ter uma atitude progressista. Muitas vezes habilidoso e eficiente, você pode aprender rapidamente e captar as situações com a sua abordagem realista. As viagens e mudanças são parte do estilo de vida do número 5.

Como é provável que seja uma pessoa que segue o fluxo da vida, você aceita bem as mudanças e se adapta a novos ambientes com pouca resistência. Os traços negativos do número 5 são muitas vezes a inquietude, a impaciência e a falta de consistência. Sem propósito e sem perseverança, o número 5 pode vagar pela vida sem objetivos, procurando uma vocação verdadeira; assim, o melhor é não deixar as coisas ao acaso.

Profundidade de entendimento e maior conhecimento podem ajudá-lo a utilizar o seu grande potencial. Se aprender a combinar o seu pensamento rápido com os seus fortes instintos, você pode facilmente se destacar com as suas reações rápidas. Espirituoso e audacioso, você tem uma personalidade cortês e ousada.

Os desafios para o número 5 são comportamento impetuoso e errático, conduta irresponsável, impaciência, falta de consideração, rudeza e tendência a desperdiçar a própria energia.

Número 6

A dinâmica do número 6 é emocional e universal. Os atributos positivos do número 6 são idealismo, criatividade, humanitarismo, compaixão e visão. Os indivíduos número 6 são sensíveis e responsáveis, e muitas vezes julgam a vida de acordo com os próprios sentimentos.

Direto em suas reações, você espelha o seu ambiente imediato e o comportamento das pessoas. Você tanto pode ter amor à casa como ser mundano e pode se envolver com a sua comunidade. Com fortes laços familiares, você pode ser um bom pai, apoiando e animando os seus filhos. Como um indivíduo que age como conselheiro confiável e prático, você tem amigos que sempre o procuram em épocas difíceis. Muitas vezes perfeccionista, você gosta de atividades criativas ou artísticas. Com bom gosto e estilo, senso de beleza e forma, você gosta de decorar a sua casa. Se tem ideais elevados, sabe separar a realidade mundana da vida comum. No entanto, para tornar o mundo um lugar melhor, você deveria se ater aos seus ideais utópicos e tentar viver de acordo com o seu elevado padrão moral. Seria bom, todavia, aprender a superar a tendência a ser crítico e a julgar. Aprendendo a equilibrar os seus sentimentos e pensamentos, você pode criar com as suas limitações. Como uma pessoa número 6, você precisa superar a tendência a se preocupar ou a ficar frustrado. Quanto mais dá, mais recebe.

Os desafios do número 6 são insatisfação, esnobismo, falta de compaixão, criticismo excessivo, dominação e interferência na vida alheia.

Número 7

A dinâmica do número 7 é a intuição e a capacidade mental e racional. Alguns dos atributos positivos do número 7 são honestidade e confiabilidade, capacidade de discernimento, atenção aos detalhes, metodologia e engenhosidade. Analíticos e ponderados, os indivíduos de número 7 são autocentrados e reflexivos e têm habilidade para a perfeição e a precisão. A sua perspectiva autônoma indica que você também é autoconfiante e assertivo. Como prefere tomar as próprias decisões, muitas vezes aprende melhor por meio da experiência pessoal. Se tem tendência a ser excessivamente sensível e inseguro, pode se tornar distante e reservado. Quando não consegue expressar os seus sentimentos, você pode se sentir mal-interpretado.

A habilidade para diferenciar e refinar sugere que, embora possa se tornar uma pessoa que vive procurando defeitos, você pode ser excelente no aperfeiçoamento dos sistemas existentes. Você é bem-informado e meticuloso, o que significa que gosta de reunir informações e tem uma memória excelente. Você sabe analisar a si mesmo e busca uma maior autoconsciência, porque ficar sozinho é muitas vezes importante para a sua introspecção; contudo, tome o cuidado de evitar o isolamento.

O seu interesse em ler, em escrever ou em assuntos espirituais é, muitas vezes, uma fonte de inspiração e de ampliação dos seus horizontes. O desejo de obter uma maior compreensão pode incluir a educação e o mundo acadêmico ou da pesquisa em um campo especializado. Embora intuitivos, os indivíduos número 7 podem se deixar levar pelo excesso de racionalização, o que pode levá-los a se perder em detalhes. Isso, contudo, muitas vezes traz uma falta de fé ou cria uma sensação de dúvida quanto a si próprio e de insegurança. Embora tenha a tendência a ser reservado, enigmático ou retraído, você é curioso e muitas vezes faz perguntas sutis, sem deixar que ninguém saiba o que realmente pensa.

Os desafios a serem superados pelo número 7 são desconfiança, insinceridade, retraimento, ceticismo, confusão, criticismo exagerado, desapego e insensibilidade.

Número 8

A dinâmica do número 8 é emocional e de poder material. Os atributos positivos do número 8 são a força e as convicções fortes. Motivados e determinados, são trabalhadores e autoritários. A força ou o poder sugeridos pelo número 8 mostram um caráter com valores fortes, habilidade de execução e capacidade de julgamento.

Como número 8, você procura a segurança e a consistência em situações permanentes. Autoritário e desejoso de dominação e de sucesso material, o número 8 muitas vezes aspira a grandes realizações e possui uma natureza ambiciosa. Muitas vezes, assume posições de responsabilidade e liderança devido à sua dedicação e perseverança. Como uma pessoa número 8, você tem um senso natural para os negócios e irá se beneficiar muito desenvolvendo as suas habilidades organizacionais e executivas inatas. Talvez você precise aprender a delegar a sua autoridade ou a administrar de forma justa. Se estiver em posição de influência, você pode fornecer aos outros conselhos práticos e proteção. Como um indivíduo número 8, você precisa lidar com poder, paciência e tolerância, aprender a perdoar, a compreender e a considerar as fraquezas das pessoas quando fizer um julgamento. A pessoa de número 8 procura segurança por meio de planos em longo prazo e investimentos para o futuro. Em geral, você tem poder de curar a si e aos outros e se beneficia mais quando aprende a canalizar essas forças em prol das pessoas que estão à sua volta.

Os desafios colocados para o número 8 são impaciência, intolerância, excesso de trabalho, sede de poder, dominação e falta de planejamento.

Número 9

A dinâmica do número 9 é o coletivo ou o universal. Os atributos positivos do número 9 são a compaixão, a tolerância, a paciência, a integridade, a sensibilidade e o humanitarismo. Os indivíduos de número 9 são usualmente magnéticos e carismáticos, com mentes preceptivas e habilidade psíquica que apontam para uma receptividade universal.

Se o seu número holístico é 9, você é, muitas vezes, generoso e intuitivo e tem fortes premonições. Idealista e impressionável, como número 9 você muitas vezes tem visão e julga a vida de acordo com os seus sentimentos e sua receptividade. Esse senso de sabedoria profética implica que, como número 9, você possui sabedoria interior e uma elevada conscientização. Embora possa ser uma pessoa generosa e compassiva, com uma grande imaginação, você pode se iludir ou ficar emocionalmente frustrado quando percebe que as outras pessoas não correspondem às suas expectativas elevadas. Isso pode resultar em oscilações de humor ou em uma tendência para se deixar levar pelo escapismo.

Como número 9, você precisa encontrar a satisfação interior e evitar o desânimo ou a melancolia. Você também deve desenvolver a compreensão, a tolerância e a paciência, bem como aprender a exercer a impessoalidade. Além disso pode ser destinado a servir aos outros ou a contribuir para o bem-estar da humanidade. Sendo universal, você provavelmente irá se beneficiar muito de viagens pelo mundo e com a interação com outras pessoas de outros círculos sociais. A necessidade de superar os desafios e a tendência a ser excessivamente sensível indicam que você se beneficia quando mantém o equilíbrio e evita ter sonhos irreais. A combinação de inspiração e idealismo com uma vida interior intensa e sonhos vívidos sugere que você pode ser a pessoa mais feliz do mundo se procurar um caminho espiritual.

Os desafios que se colocam para o número 9 são nervosismo, egoísmo, teimosia, falta de senso prático, deixar-se levar facilmente, complexo de inferioridade e preocupação.

Como calcular o seu número pessoal anual

Para calcular o seu número pessoal para um determinado ano, simplesmente some o seu mês pessoal com o dia do seu aniversário e o ano em questão. Por exemplo, se você nasceu no dia 28 de junho de 1956 e quer saber como será o ano de 2001, simplesmente substitua o ano do seu nascimento por 2001. Por exemplo:

Substitua o ano do seu nascimento (1956) por 2001.
28 de junho de 2001 = 2 + 8 + 6 + 2 + 0 + 0 + 1 = 19
A vibração será sentida por apenas um ano, de 1° de janeiro de 2001 a 31 de dezembro de 2001.

Interpretações dos nove anos pessoais

Os números pessoais anuais têm ciclos de nove anos.As palavras-chave a seguir descrevem a qualidade da vibração de cada ano pessoal.

Ano 1

É tempo de novos começos.Você terá numerosas oportunidades para a expansão de projetos que já foram estabelecidos ou para o início de programas que têm a marca da sua própria individualidade. Embora haja a possibilidade de você vir a tomar uma nova direção, fazer as escolhas certas exige coragem e confiança. Por isso, ouça a sua voz interior e evite ser desencorajado pelos outros. Se as mudanças estão no ar, esta é a hora de agir. O auto-aperfeiçoamento é verdadeiramente importante para você e é importante que neste ano você seja independente, positivo e ambicioso; se não o for, poderá perder oportunidades que o ano número 1 tem a oferecer. Qualquer tentativa de retrocesso será negada ou é desaconselhável. Na busca para realizar os seus sonhos, evite a preguiça ou a insegurança. A experiência mais gratificante para as pessoas número 1 é criar uma nova idéia ou invenção que beneficie os outros.

Ano 2

Este é um ano de relacionamentos, cooperação e paciência. Você provavelmente irá expandir o seu círculo social e conhecerá pessoas novas. Ao desenvolver a sua capacidade de agir como um apaziguador, você aumenta as suas chances de estabelecer relacionamentos ou parcerias duradouras. Pode ser que você se depare com alguém que represente um verdadeiro desafio e o melhor é enfrentar a situação, pois, se mantiver a mente aberta e positiva, terá muito a aprender com essa pessoa.

Aprender a fazer acordos, manter o equilíbrio, ser diplomático e desenvolver a sua habilidade de comunicação são possibilidades oferecidas a você este ano.

Este é, de forma geral, um ano para o aperfeiçoamento por meio da autoconscientização. Lembre-se de que a maneira pela qual você se relaciona com as pessoas pode ensinar-lhe muitas coisas acerca de si mesmo. O ano número 2 lhe oferece a experiência de estar em boa companhia e de formar novas parcerias baseadas em sinceridade, que lhe permitirão manter a liberdade e a independência.

Ajude os outros enquanto ajuda a si mesmo.

Ano 3

Este é um ano de auto-expressão emocional mediante atividades criativas, diversão e amor. É também uma época para comemorações, e é provável que você sinta necessidade de se divertir mais. As suas energias criativas irão fluir, permitindo que se expresse mais completa e livremente. É um período em que você pode se apaixonar e o seu otimismo jovial irá ajudá-lo a satisfazer a sua necessidade de amor e alegria. Você pode também expandir o seu círculo social, mas evite a tendência ao ciúme, à preocupação, à indecisão e ao desperdício de energia. O número 3 indica também um ano de criatividade e de expansão: ter um filho, viajar por prazer, levar a arte, a música e a cultura para a sua casa, tornando-a mais agradável. Programas sociais, cinema, exibições artísticas e reuniões com os amigos na sua casa são coisas que você quer ou precisa fazer este ano.

Se quiser se expressar artisticamente, esta é uma época excelente para adotar um *hobby* ou uma atividade criativa que sempre tenha sonhado iniciar, como atuar em teatro amador, pintar, dançar, cantar ou escrever.

Tenha confiança em si mesmo, experimente novos projetos e lembre-se de se divertir. As experiências mais gratificantes que o ano número 3 tem a oferecer são o aprendizado das coisas boas da vida e a experiência do crescimento emocional.

Ano 4

Em um ano número 4, a chave é ter uma boa estrutura. Neste ano, a organização, a ordem, a paciência e a aplicação prática irão ajudá-lo a estabelecer uma base mais firme. Neste ano, você pode realizar muitas coisas e terá oportunidades para isso. A necessidade de ter uma perspectiva pragmática sugere que desafios financeiros ou materiais também podem ocorrer, especialmente se os seus recursos forem mal-administrados. Contudo, qualquer que seja a sua situação, esta é a época para fazer uma revisão nas suas finanças e nas questões legais ou ligadas a seguros, bem como fazer os arranjos necessários para que tudo fique mais simples ou eficiente.

Os anos número 4 são bons para os negócios, construção e reformas em propriedades, ou simplesmente para se mudar para um local melhor. No entanto, tome cuidado para não tomar decisões pouco práticas em relação ao seu patrimônio ou apólice de seguro, pois mais tarde você pode se arrepender. O desafio mais importante para este ano é construir uma base sólida e não se deixar levar pela rebeldia ou pela preguiça. A experiência mais gratificante pode ser a conquista de algo de que você venha a se orgulhar.

Ano 5

Este é um ano de mudanças, o que muitas vezes indica que a sua situação, profissional ou pessoal, está em processo de transformação. Oportunidades de viagem (pequenas viagens ou longas jornadas) ou de mudança de emprego podem dar vez a muita atividade. Os seus instintos são poderosos e a necessidade de mudança pode tornar-se crucial. Você pode procurar novas pessoas e novas experiências.

Espere o inesperado e surpresas agradáveis.

Em um ano número 5, é vital fazer ajustes para as mudanças. Tente manter a perspectiva e evite a impaciência, a agitação e o tédio; seja também cuidadoso para não agir no calor do momento e depois se arrepender. Esta é uma época para agir com propósito e determinação, por isso renove a sua aparência ou faça alterações na sua rotina regular para evitar a mesmice. Os elementos mais gratificantes de um ano de número 5 são as experiências de novos aprendizados, novos rostos e novos lugares, bem como saber que você pode conquistar muito em um curto período de tempo.

Ano 6

Este é um ano para assumir responsabilidades, em casa ou no mundo. Como o número 6 é universal, você precisa se interessar mais pelo mundo de modo geral, sem se restringir ao próprio meio. Esta é a época para você se estabelecer em um novo ambiente. As novas responsabilidades muitas vezes dizem respeito aos seus familiares ou à vontade de tornar a sua casa confortável e bonita. Servir aos outros, como por exemplo participar de um trabalho comunitário, faz deste ano uma época de dedicação. Contudo, se trabalhar arduamente durante este ano, você irá colher recompensas positivas posteriormente, pois as oportunidades e os ganhos inesperados vêm da ajuda que dá aos outros. Procure dispor de tempo para estar com seus amigos e entes queridos, pois, neste ano, eles podem precisar de seu apoio. Por ser uma época de incorporação da harmonia e da beleza em sua vida, o ano número 6 oferece uma boa oportunidade para fazer melhorias na sua casa e torná-la mais confortável e luxuosa.

Ano 7

Este é um ano para o auto-aperfeiçoamento, a obtenção de novos conhecimentos e o desenvolvimento mental. O desejo de ter uma nova compreensão ou aprendizado pode encabeçar a sua lista de prioridades, sugerindo que vale a pena fazer uma avaliação de sua vida, refletir acerca dos seus esforços e realizações passados e planejar o futuro. É também um bom ano para aprimorar as suas habilidades ou para dedicar-se ao estudo de um novo assunto. Novas oportunidades podem vir por meio de seu trabalho, como, por exemplo, um aprendizado que pode melhorar a sua posição profissional ou o seu desempenho. Você terá necessidade de passar mais tempo sozinho ou, se estiver sozinho, desejará conhecer novas pessoas com as quais possa compartilhar seus interesses e se comunicar com facilidade. Um livro ou artigo poderão influenciá-lo de maneira profunda ou levá-lo a compreender as coisas sob novos aspectos. Escrever, ler ou se juntar a um grupo intelectualmente estimulante podem ser experiências interessantes. Evite isolar-se do mundo ou criticar excessivamente os que estão à sua volta, pois, em um ano número 7, mal-entendidos têm mais probabilidade de ocorrer. O mais gratificante este ano será procurar alcançar uma compreensão mais profunda da vida e expressar as suas idéias de uma nova maneira.

Ano 8

Este é um ano para agir com decisão, estabelecer e atualizar todos os esforços feitos nos últimos sete anos. Se quiser ser bem-sucedido, este não é o ano para sonhar acordado — você precisará se esforçar e seguir adiante. É provável que surjam oportunidades por intermédio de promoções ou de ganhos financeiros. Planos ou investimentos feitos no passado darão frutos. Este é também um ano de trabalho árduo e de responsabilidades adicionais. Por isso, evite o excesso de trabalho.

Pode ser que você se interesse em fazer investimentos em longo prazo, como, por exemplo, comprar uma propriedade, pois sentirá a necessidade de criar raízes e controlar a sua vida ou ter segurança duradoura. Boas oportunidades de negócios poderão surgir este ano e você terá sorte. Entretanto, é essencial que saiba gerenciar as suas finanças para garantir um bom retorno. Neste ano, procure ter consideração pelos outros e desfrutar o que a vida tem a oferecer, sem querer dominar os outros ou se concentrar somente nos seus ganhos pessoais.

Ano 9

Este é o ano mais importante e espiritual do ciclo numerológico. É um ano de completude, de buscar amarrar o que está solto. Um novo ciclo ainda não nasceu, mas o anterior está se acabando. O fundamental é que no ano número 9 você colhe o que planta. Esta é também uma época para avaliar a sua posição e descartar tudo o que não é essencial. Evite agarrar-se ao passado; se você tiver superado certas situações ou mesmo pessoas, esta é a época de dizer adeus e de planejar o futuro, especialmente no final do ano.

O simbolismo universal do número 9 também indica a conquista da maturidade e a compreensão dos princípios fundamentais da vida — do ciclo de morte e renascimento, do término e do recomeço. O número 9 representa a base do movimento eterno da vida, de mudança e de continuidade. As experiências mais gratificantes para o ano de número 9 são compaixão e perdão. Os seus bons atos não serão vãos: sua caridade para com os outros irá torná-lo uma pessoa melhor e lhe dará coragem para seguir adiante.

Interpretação dos 31 dias pessoais

O número do dia pessoal corresponde ao dia do mês que você nasceu. Ele nunca muda.

Dia 1

O grande desejo de ser o primeiro e independente é sugerido pelo dia do seu aniversário. Como número 1, você tem inclinação para ser original, inovador e corajoso, além de dispor de muita energia. Muitas vezes, há a necessidade de estabelecer uma identidade marcante e de desenvolver a autoconfiança e a assertividade. O espírito pioneiro aqui indicado o encoraja a tomar as suas decisões ou a agir por conta própria, o que o estimula a desenvolver habilidades executivas ou de liderança.

Cheio de entusiasmo e de idéias originais, você freqüentemente mostra aos outros o caminho a seguir. Contudo, a necessidade de ser admirado e popular pode minar a sua confiança, e a tendência a depender dos outros pode surgir da falta de confiança. Com o dia de aniversário número 1, pode ser que você precise aprender que o mundo não gira ao seu redor e tenha de evitar o autocentramento e o autoritarismo.

A vitória e o sucesso são possíveis por meio de novas idéias ou empreendimentos.

- **Positivo**: liderança, criatividade, progressão, vigor, otimismo, forte convicção, competitividade, independência, espírito gregário
- **Negativo**: arrogância, ciúme, egocentrismo, orgulho, antagonismo, falta de controle, egoísmo, fraqueza, instabilidade, impaciência

Dia 2

Sensibilidade e uma grande necessidade de pertencer a um grupo são sugeridos pelo dia de aniversário número 2. Você é, na maioria das vezes, uma pessoa adaptável e compreensiva, que tem prazer em participar de atividades cooperativas, nas quais possa interagir com os outros. Receptivo e influenciado pelo seu ambiente, você possui uma personalidade amigável e calorosa, tem boas habilidades sociais e uma abordagem diplomática. O amor pela harmonia e a inclinação para trabalhar melhor com os outros podem inspirá-lo a agir como mediador em assuntos familiares ou a atuar como apaziguador. Na sua tentativa de agradar os outros, você corre o risco de se tornar excessivamente dependente. Quando desenvolve a autoconfiança, você pode superar a tendência a se magoar com facilidade com as ações e críticas alheias. Nas suas relações amorosas e sociedades, aprenda a confiar na sua intuição. Evite a inclinação à manipulação.

Positivo: boas parcerias, gentileza, tato, receptividade, intuição, consideração, harmonia, boa vontade extrema, agradável

Negativo: desconfiança, subserviência, timidez, hipersensibilidade, egoísmo, facilmente magoável, ardiloso, mentiroso

Dia 3

Necessidade de amor, criatividade e expressão emocional são indicados pelo dia de nascimento número 3. Uma pessoa que gosta de se divertir, de fácil trato e boa companhia, você gosta de atividades sociais amigáveis e tem muitos interesses. A sua versatilidade e necessidade de auto-expressão podem levá-lo a ter numerosas experiências. A sua inclinação para se entediar facilmente pode levá-lo a se tornar indeciso ou a querer abraçar o mundo com as pernas. Mas como uma pessoa com o dia de aniversário número 3, você é em geral artístico e charmoso e tem senso de humor.

Talvez seja preciso desenvolver a auto-estima e evitar a tendência a se preocupar, a sentir ciúmes e outras manifestações de insegurança emocional. As relações pessoais e uma atmosfera amorosa são de importância vital para você, pois lhe dão entusiasmo e inspiração.

Positivo: humor, felicidade, amizade, produtividade, criatividade, habilidade artística, poder de desejar, amor à liberdade, talento com as palavras

Negativo: tédio, vaidade, exagero, extravagância, auto-indulgência, preguiça, hipocrisia, preocupação, indecisão, insegurança

Dia 4

A sólida estrutura e o poder de organização sugeridos pelo dia de aniversário número 4 indicam que você, muitas vezes, precisa de estabilidade e de ordem. Dotado de energia, habilidades práticas e muita determinação, você pode ser bem-sucedido se trabalhar firmemente. Com dia de nascimento número 4, você é uma pessoa sensível à forma e à composição e é capaz de criar sistemas práticos. Preocupado com a própria segurança, você quer construir uma base sólida para si e para sua família. Confiável mas retraído, você acredita que as ações falam mais alto do que as palavras. A maneira pragmática com que encara a vida lhe confere senso para negócios e habilidade para alcançar o sucesso material na vida. Como uma pessoa número 4, você, em geral, é honesto, franco e justo. No entanto, talvez precise aprender a expressar os seus sentimentos e evitar a teimosia e a falta de tato.

Os desafios postos ao indivíduo de número 4 podem incluir a superação de períodos de instabilidade, preocupação financeira ou de crueldade.

Positivo: organização, autodisciplina, firmeza, trabalho árduo, engenhosidade, habilidade manual, pragmatismo, confiabilidade, precisão

Negativo: comportamento destrutivo, falta de comunicação, repressão, rigidez, preguiça, pãodurismo, autoritarismo, severidade

Dia 5

Fortes instintos, natureza aventureira e desejo de liberdade são indicados pelo dia de aniversário número 5. Sua disposição para explorar ou experimentar qualquer novidade e a sua abordagem animada sugerem que a vida tem muito a lhe oferecer. Viagens e muitas oportunidades de mudança, algumas inesperadas, podem levá-lo a passar por uma verdadeira transformação de pontos de vista e crenças. Com o dia de aniversário número 5, você precisa sentir que a vida é empolgante; no entanto, talvez precise desenvolver uma atitude responsável e evitar a tendência à imprevisibilidade, a excessos e à agitação.

Muitas vezes, o dia de aniversário número 5 significa que você precisa aprender a ser paciente e a prestar atenção aos pormenores. Você pode alcançar o sucesso se evitar ações precipitadas ou especulativas. O talento natural do indivíduo número 5 é saber como seguir o fluxo da vida e ser desapegado.

Positivo: versatilidade, capacidade de adaptação, progressão, instinto forte, magnetismo, sorte, ousadia, amor à liberdade, rapidez, inteligência, curiosidade, misticismo, sociabilidade

Negativo: falta de confiabilidade, instabilidade, procrastinação, inconsistência, excesso de confiança, obstinação

Dia 6

Compaixão, idealismo e natureza atenciosa são alguns dos atributos sugeridos pelo dia de aniversário número 6. Este é o número da amizade universal e indica que você, muitas vezes, é um visionário ou humanitário, que pode ser responsável, amoroso e prestativo.

Embora possa ser, em muitas ocasiões, uma pessoa mundana e voltada para a sua vida profissional, com o dia de aniversário número 6, você é uma pessoa caseira e um pai de família dedicado. As suas intensas emoções e o desejo de promover a harmonia universal muitas vezes o encorajam a trabalhar arduamente pelo que acredita, seja mediante atividades na sua comunidade ou outro tipo de trabalho voluntário.

Os tipos mais sensíveis precisam encontrar uma forma de expressão criativa e são, muitas vezes, atraídos pelo mundo das diversões, da arte ou do *design*. Entre os desafios a ser enfrentados por algumas pessoas com o dia de aniversário número 6, estão o desenvolvimento da autoconfiança e da compaixão pelos amigos e vizinhos, bem como o aprendizado da responsabilidade. Pode ser que você precise superar a tendência a interferir na vida alheia, a preocupação, a insatisfação e a solidariedade com as pessoas erradas.

Positivo: fraternidade universal, compaixão, confiabilidade, compreensão, solidariedade, idealismo, vida doméstica, ideais humanitários, estabilidade, talento artístico, equilíbrio

Negativo: ansiedade, timidez, irracionalidade, teimosia, franqueza, desarmonia, perfeccionismo, comportamento dominador, irresponsabilidade, egoísmo, desconfiança, autocentramento

Dia 7

Analíticos e ponderados, os indivíduos de número 7 são, em geral, perfeccionistas, críticos e egocêntricos. Você, na maioria das vezes, prefere tomar as próprias decisões e sempre aprende melhor com a experiência pessoal. Por sua necessidade de elevar a autoconsciência, você gosta de reunir informações e tem interesse em ler, em escrever ou em assuntos ligados à espiritualidade. O desejo de aprender pode também levá-lo ao mundo acadêmico ou ao aperfeiçoamento constante das próprias habilidades. Como um indivíduo número 7, você muitas vezes pode se deixar levar pelo excesso de racionalização ou se perder em detalhes. Em outros momentos, pode se tornar uma pessoa extremamente sensível à crítica ou se sentir incompreendido. A tendência a ser enigmático ou dissimulado muitas vezes o leva a desenvolver a arte de fazer perguntas sutis sem deixar que ninguém saiba o que você realmente está pensando. Pode ser que o indivíduo número 7 também precise evitar ser excessivamente crítico, dogmático, pouco comunicativo e arrogante.

Positivo: educação, confiabilidade, meticulosidade, idealismo, honestidade, habilidade física, orientação científica e racional, reflexão

Negativo: ilusão, tendência à solidão, dissimulação, ceticismo, confusão, distanciamento, frieza

Dia 8

A força e o poder sugeridos pelo dia de aniversário número 8 mostram uma personalidade com princípios fortes e julgamento sólido. O número 8 muitas vezes indica que você aspira a grandes realizações e possui uma natureza ambiciosa. O desejo de dominação, segurança e sucesso material também é indicado por este dia de aniversário. Como uma pessoa número 8, você tem um senso natural para negócios e irá se beneficiar muito se desenvolver as suas habilidades organizacionais e executivas. Se tiver disposição para trabalhar duro, você sempre poderá arcar com grandes responsabilidades, mas talvez precise aprender a administrar a própria autoridade ou a delegar tarefas de forma justa e imparcial. Muitas pessoas com dia de aniversário número 8 costumam se sentir atraídas por atividades ligadas à justiça, lei e ordem, ou por posições de liderança em gerenciamento administrativo, bancário e financeiro. A forte necessidade de se sentir seguro ou estabelecido pode levá-lo a fazer planos ou investimentos em longo prazo. Muitos indivíduos com o dia de aniversário número 8 também possuem um grande poder de curar a si mesmos e aos outros e podem se beneficiar se aprenderem a canalizar essas forças para o aperfeiçoamento da humanidade.

Positivo: liderança, meticulosidade, capacidade de trabalho, tradição, autoridade, proteção, poder de cura, capacidade de julgamento

Negativo: impaciência, intolerância, avareza, agitação, excesso de trabalho, sede de poder, comportamento dominador, facilidade de ser desencorajado, falta de planejamento, comportamento controlador

Dia 9

Benevolência, compaixão e sensibilidade emocional estão associadas ao dia de aniversário número 9. Criativo e gentil, você é muitas vezes considerado inteligente e generoso. Você tem intuição, habilidades psíquicas e receptividade universal que, se forem positivamente canalizadas, podem inspirá-lo a seguir o caminho espiritual. Com o dia de aniversário número 9, você usualmente sente que a sua vida já está traçada e que não há muito espaço para manobrá-la. Você talvez precise desenvolver a compreensão, a tolerância e a paciência, bem como aprender a se tornar impessoal.

Este dia de aniversário sugere uma necessidade de superar desafios e uma tendência a ser excessivamente sensível e a sofrer de instabilidade emocional. Mesmo assim, as pessoas com o dia de aniversário número 9 estão destinadas a conquistar na vida e a servir à humanidade.

É provável que você se beneficie muito de viagens pelo mundo e da interação com pessoas dos mais diversos círculos sociais. Talvez precise evitar a tendência a ter sonhos irrealistas ou a inclinação ao escapismo.

Positivo: idealismo, humanitarismo, criatividade, sensibilidade, generosidade, magnetismo, natureza poética, caridade, distanciamento, sorte, popularidade

Negativo: frustração, nervosismo, incerteza, egoísmo, falta de senso prático, amargura, falta de personalidade, complexo de inferioridade, medo, preocupação, isolamento

Dia 10

Como as pessoas de dia de aniversário número 1, você provavelmente se esforça para alcançar as suas realizações e conquistas. Não obstante, talvez precise superar diversos obstáculos antes de conquistar as suas metas. Em geral, há uma forte necessidade de estabelecer uma identidade única, e o dia de aniversário número 10 indica que você pode ser inovador, autoconfiante e ambicioso. Você pensa grande e é em geral mundano. Muitas vezes vigoroso e original, você defende as próprias crenças, mesmo quando elas são diferentes das dos outros. Às vezes, pode se sentir sozinho ou pouco popular. A sua habilidade para iniciar as coisas sozinho e o seu espírito pioneiro freqüentemente o encorajam a viajar para locais distantes ou a se aventurar por conta própria. A sua tendência a depender dos outros muitas vezes deriva da falta de confiança, do medo, ou da necessidade de ser admirado e reconhecido. Com o dia de aniversário número 10, você talvez precise aprender que o mundo não gira ao seu redor e deve evitar o egoísmo e o autoritarismo. O sucesso e a realização são importantes para todas as pessoas que têm o dia de aniversário número 10, e muitas vezes você chegará ao topo da sua profissão. Como isso muitas vezes implica o envolvimento com questões mais amplas, pode ser que você não tenha inclinação para a vida doméstica.

Positivo: liderança, criatividade, progressão, vigor, otimismo, fortes convicções, competitividade, independência, senso gregário

Negativo: arrogância, ciúme, orgulho, antagonismo, falta de controle, egoísmo, fraqueza, instabilidade, impaciência

Dia 11

A vibração especial do dia de aniversário número 11 sugere que o idealismo, a inspiração e a inovação são altamente importantes para você. Um misto de humildade e de confiança geralmente o desafia a trabalhar o próprio autocontrole, tanto material quanto espiritual. Mediante a experiência, você pode aprender a lidar com os dois lados da sua natureza e a desenvolver uma atitude menos radical, quando acredita nos próprios sentimentos. Embora tenha intuição, você pode desperdiçar as suas energias e muitas vezes precisa encontrar um objetivo sobre o qual possa concentrar a sua atenção. Usualmente, você é altamente enérgico e vigoroso, mas deve evitar se tornar excessivamente ansioso ou perder o senso prático.

Com o dia de aniversário número 11, você, na pior das hipóteses, pode ter dificuldade em separar os seus sentimentos do que deseja realizar. Na melhor, pode ter características geniais que podem gerar benefícios para as outras pessoas.

Positivo: equilíbrio, foco, objetividade, entusiasmo, inspiração, espiritualidade, idealismo, intuição, inteligência, natureza expansiva, inventividade, natureza artística, disposição para servir, habilidade de cura, humanitarismo, fé, habilidade psíquica

Negativo: complexo de superioridade, emotividade excessiva, desonestidade, falta de objetivos, facilidade para ser magoado, tensão, egoísmo, falta de clareza, dominação, mesquinhez

Dia 12

O desejo de estabelecer uma verdadeira individualidade é muitas vezes sugerido pelo dia de aniversário número 12. Em geral intuitivo, prestativo e amigável, você tem boa capacidade de raciocínio. Inovador, compreensivo e sensível, você também sabe usar o tato e métodos cooperativos para alcançar os seus objetivos e metas. Para os outros, você muitas vezes parece ser confiante, embora a dúvida quanto a si mesmo e a desconfiança possam minar a sua personalidade naturalmente expansiva e sua perspectiva positiva. Quando alcança o equilíbrio entre a necessidade de auto-expressão e a inclinação natural para apoiar as outras pessoas, você pode encontrar a satisfação emocional e a realização pessoal. No entanto, talvez precise desenvolver a autoconfiança ou aprender a não ser facilmente desencorajado pelas outras pessoas.

Positivo: criatividade, atração, iniciativa, disciplina, promoção dos outros

Negativo: reclusão, excentricidade, falta de cooperação, excesso de sensibilidade, falta de auto-estima

Dia 13

Sensibilidade, entusiasmo e inspiração são muitas vezes identificados com o dia de aniversário número 13. Numericamente, você está associado à ambição e ao trabalho árduo e pode conquistar muito por meio da auto-expressão criativa. Pode ser, contudo, que você precise desenvolver uma perspectiva pragmática, se quiser transformar os seus talentos criativos em resultado concreto. A sua abordagem original e inovadora inspira novas e excitantes idéias que, freqüentemente, resultam em trabalhos que impressionam as pessoas.

Com o dia de aniversário número 13, você é sério, romântico, charmoso e amante das diversões, e com dedicação pode prosperar na vida. As suas poderosas emoções e desejo de liberdade e de auto-expressão emocional podem ser os seus grandes trunfos. Porém, quando aprende a importância das parcerias e da cooperação, você tem mais oportunidades de compartilhar o seu grande talento com as outras pessoas. Como muitos outros que fazem aniversário no dia 13, você talvez queira viajar ou se estabelecer em um novo ambiente, em busca de uma vida melhor. Os idealistas podem escolher uma carreira no mundo do entretenimento e procurar caminhos para expressar seu talento criativo.

Positivo: ambição, criatividade, amor à liberdade, auto-expressão, iniciativa

Negativo: impulsividade, indecisão, autoritarismo, natureza pouco emotiva, rebeldia

Dia 14

Potencial intelectual, perspectiva pragmática e forte determinação são algumas das qualidades das pessoas nascidas no dia 14. Muitas vezes, você possui um forte desejo de estabelecer uma sólida base e de alcançar o sucesso por meio do trabalho árduo. De fato, com o dia de aniversário número 14, você normalmente prioriza o trabalho e julga a si próprio e aos outros tomando como base a realização profissional.

Embora você precise de estabilidade, a agitação indicada pelo número 14 impele-o a seguir adiante e a assumir novos desafios, em uma constante tentativa de aperfeiçoamento. Essa insatisfação inata também pode inspirá-lo a passar por grandes mudanças na vida, especialmente se não estiver satisfeito com sua situação profissional e com sua condição financeira. Como muitas pessoas associadas a este dia de aniversário, você pode muitas vezes chegar ao topo da sua profissão.

As características ocultas indicadas pelo dia de aniversário número 14 sugerem que você sempre será beneficiado se explorar os seus talentos criativos e se aprender a expressar os seus sentimentos mais abertamente. O amor pode, em algumas ocasiões, apresentar-se como um verdadeiro desafio, embora a sua versatilidade, senso prático e grande intuição possam atropelar a sua tendência à teimosia. Com a sua mente perceptiva, você reage rapidamente aos problemas e gosta de resolvê-los. Tendo o dia de aniversário 14, você gosta de jogos e de correr riscos, e pode ter bastante sorte.

Positivo: ações decisivas, trabalho árduo, sorte, criatividade, pragmatismo, imaginação, diligência

Negativo: cautela excessiva ou impulsividade excessiva, instabilidade, imprevidência, teimosia

Dia 15

Versatilidade, generosidade e inquietude são qualidades sugeridas pelo dia de aniversário número 15. Geralmente, você é uma pessoa rápida e animada e tem uma personalidade carismática. Os seus grandes trunfos são a sua grande intuição e a habilidade para aprender rapidamente mediante a combinação entre prática e teoria. Em muitas ocasiões, você consegue conciliar o ganho financeiro com o aprendizado de novas habilidades. Muitas vezes, você pode utilizar a sua intuição e perceber rapidamente as oportunidades que surgem. Com o aniversário número 15, você possui talento para atrair dinheiro e receber ajuda de outros. Habitualmente despreocupado e animado, você saúda o inesperado. Embora seja naturalmente aventureiro, você precisa ter uma base verdadeira, ou algum local que considere a sua verdadeira casa. Embora tenha muito vigor e ambição, às vezes você pode se tornar teimoso ou obstinado. Evite a mesmice. Se combinar as suas habilidades práticas com suas idéias originais e superar a tendência a ser agitado e a se sentir insatisfeito, você pode ser mais bem-sucedido nos seus empreendimentos.

Positivo: disposição, generosidade, responsabilidade, amabilidade, cooperação, apreço, idéias criativas

Negativo: destrutividade, agitação, irresponsabilidade, egocentrismo, medo de mudanças, perda da fé, preocupação, indecisão, materialismo, mau uso do poder

Dia 16

O dia de aniversário número 16 sugere que você é uma pessoa ambiciosa, mas emotiva, cuidadosa e amigável. O seu grande desejo de se realizar e a necessidade de conhecer o mundo podem encorajá-lo a se afastar da sua família. Muitas vezes, você julga a vida de acordo com os seus sentimentos e tem a capacidade de compreender profundamente as pessoas e as situações. Como uma personalidade de número 16, no entanto, você pode sofrer tensões interiores quando se defronta com a necessidade de conciliar a sua auto-expressão com a responsabilidade para com os outros.

Com o dia de aniversário número 16, você pode se interessar por assuntos mundanos e trabalhar em corporações internacionais ou ligadas a meios de comunicação internacionais. Mas você pode também se envolver com organizações de caridade e trabalhar em prol de causas justas. Os que são criativos podem ter talento para escrever e receber súbitos rasgos de inspiração. A inquietude interior indicada pelo dia de aniversário 16 freqüentemente indica um despertar espiritual do "eu", especialmente nos períodos de instabilidade ou de mudança. Se você fizer aniversário no dia 16, precisa aprender a equilibrar o excesso de confiança com a insegurança. Embora muitos de vocês venham de famílias unidas, sempre preferem viver sozinhos ou viajar muito.

Positivo: educação elevada, responsabilidade para com a casa e a família, intuição, sociabilidade, cooperação, discernimento

Negativo: preocupação, inabilidade para se sentir satisfeito, irresponsabilidade, autopromoção, dogmatismo, ceticismo, alvoroço, irritabilidade, egoísmo, falta de solidariedade

Dia 17

Com o dia de aniversário número 17, você é muitas vezes uma pessoa arguta, de natureza reservada e dotada de habilidade analítica. Com capacidade para pensar de forma independente, você é uma pessoa culta ou cheia de habilidades e confia em sua experiência pessoal. Usualmente, você se vale de seu conhecimento de forma específica para se desenvolver na sua especialização e tem capacidade para o sucesso material ou para ocupar uma posição proeminente, como especialista ou pesquisador. Reservado, retrospectivo e distante, com um grande interesse por fatos e números, você, em geral, tem um comportamento sério e ponderado e gosta de fazer as coisas em um ritmo próprio. Mas se desenvolver a sua capacidade de comunicação, você pode descobrir muito mais acerca de si mesmo com o auxílio das outras pessoas. Contudo, depois de optar por um curso de ação, pode ser bastante determinado e não dar ouvidos ao conselho dos outros. Freqüentemente capaz de longos períodos de concentração e de resistência, você pode aprender muito mais com a experiência. Não obstante, você pode aprender mais rapidamente se deixar o ceticismo de lado.

⬆ **Positivo**: ponderação, capacidade para se tornar um especialista, planejamento, aptidão para os negócios, habilidade para atrair dinheiro, pensamento independente, natureza trabalhadora, precisão, habilidade para o trabalho de pesquisa, habilidade científica

⬇ **Negativo**: distanciamento, solidão, teimosia, falta de cuidado, mudanças de humor, excesso de sensibilidade, estreiteza mental, criticismo, tendência à solidão, preocupação, desconfiança

Dia 18

Determinação, assertividade e ambição são alguns dos atributos associados ao dia de aniversário número 18. Dinâmico e ativo, você muitas vezes deseja o poder e precisa de desafios constantes. Muitas vezes uma pessoa capaz, trabalhadora e responsável, você alcança posições de autoridade e tem inclinação para carreiras ligadas à justiça, à organização social e ao governo. Mas o seu grande senso para os negócios e sua capacidade de organização podem levá-lo ao mundo do comércio. Com o aniversário no dia 18, você pode ser uma pessoa com tendência a discussões, uma pessoa crítica ou difícil de contentar. Há também uma inclinação ao excesso de trabalho. Por isso talvez você precise aprender a relaxar ou a diminuir o ritmo de vez em quando.

Como uma personalidade número 18, você tem poder de curar, aconselhar ou resolver problemas dos outros. Contudo, talvez precise aprender a distinguir entre o bom e mau uso do poder, aprendendo a viver com os outros.

⬆ **Positivo**: evolução, assertividade, intuição, coragem, resolução, capacidade de cura, eficiência, habilidade para aconselhar

⬇ **Negativo**: descontrole das emoções, preguiça, falta de ordem, egoísmo, insensibilidade, incapacidade de concluir trabalhos ou projetos, engano

Dia 19

Criativo, radiante, ambicioso e dinâmico, embora humanitário e sensível, com o dia de aniversário número 19, você é uma pessoa decidida e cheia de recursos. Você tem profundidade de visão, mas o lado sonhador da sua natureza é compassivo, idealista e sensível. A necessidade de se tornar alguém pode ser a força que o leva a ser uma pessoa dramática e a querer ocupar o centro das atenções. Muitas vezes, há um grande desejo de criar uma identidade individual. Contudo, para tanto, você precisa primeiro superar a influência exercida pela pressão dos outros.

Somente por meio de diversas experiências, você poderá desenvolver a sua autoconfiança e capacidade de liderança. Para os outros, você pode aparentar ser uma pessoa confiante, resistente e cheia de recursos, mas as suas tensões internas podem causar instabilidade emocional. Embora seja orgulhoso e sinta necessidade de achar que as outras pessoas apreciam os seus esforços, você precisa também aprender que o mundo não gira ao seu redor. Isso muitas vezes indica que a sua tendência a ser egoísta e arrogante deve ser superada. É provável que você precise aprender algo acerca de coragem, planejamento e estrutura, bem como a superar o medo de ficar sozinho. Criativo e carismático, você sente que o mundo está aí para ser explorado e terá mais possibilidade de ser bem-sucedido se trabalhar sozinho ou em grandes corporações.

Positivo: dinamismo, centramento, criatividade, liderança, sorte, progressão, otimismo, fortes convicções, competitividade, independência, espírito gregário

Negativo: autocentramento, depressão, preocupação, medo de rejeição, instabilidade, materialismo, egoísmo, impaciência

Dia 20

Com o dia de aniversário número 20, você é uma pessoa intuitiva, sensível, adaptável e compreensiva, e muitas vezes se vê fazendo parte de um grupo maior. Em geral, você gosta de atividades cooperativas nas quais possa interagir, compartilhar experiências ou aprender com os outros. Influenciado pelo seu ambiente, você pode ser artístico ou musical. Normalmente charmoso e gracioso, você tem habilidades diplomáticas e sociais e pode freqüentar com facilidade diversos círculos sociais. Todavia, talvez precise desenvolver a autoconfiança ou superar a tendência a ser facilmente magoado pelas atitudes e críticas alheias. Em relacionamentos e sociedades em geral, você deve evitar a inclinação a se martirizar, a ser desconfiado ou a ser excessivamente dependente dos outros. Você é um mestre quando se trata de criar uma atmosfera agradável e harmônica e pode ser chamado a atuar como mediador em assuntos familiares ou apaziguador no trabalho, onde freqüentemente assiste aos outros.

Positivo: boas parcerias, gentileza, tato, receptividade, intuição, consideração, harmonia, agradável, amigável, boa vontade extrema

Negativo: desconfiança, subserviência, timidez, excesso de sensibilidade, egoísmo, tendência a ser facilmente magoado, ilusão

Dia 21

Vigor dinâmico e personalidade expansiva estão sempre presentes nas pessoas nascidas no dia 21. Com inclinação social, você tem muitos interesses e contatos e costuma ter sorte. Geralmente, você mostra aos outros a sua personalidade gregária e amigável. Altamente original e intuitivo, você possui um espírito independente.

Se você nasceu no dia 21, pode ser amante das diversões, magnético, criativo e dotado de charme social. Mas pode ser que você seja tímido e reservado, com necessidade de desenvolver a assertividade, especialmente nas relações mais próximas.Você tem muitas oportunidades e alcança o sucesso com as outras pessoas. Embora possa ter inclinação para relacionamentos cooperativos ou para o casamento, sempre quer ser reconhecido pelos próprios talentos e habilidades. As personalidades de número 21, contudo, devem evitar ser muito egoístas ou procurar a própria identidade nos sonhos de outras pessoas. Você pode também despender muito tempo com os seus relacionamentos e, assim, acabar se tornando uma pessoa dependente.

- **Positivo**: inspiração, criatividade, amor a uniões, relacionamentos duradouros
- **Negativo**: dependência, nervosismo, emotivo ao extremo, falta de visão, desapontamento, medo de mudança

Dia 22

Com o dia de aniversário 22, você é uma pessoa orgulhosa, prática, disciplinada e altamente intuitiva. Este é um número mestre, que pode vibrar tanto como número 22 quanto como número 4. Muitas vezes honesto, trabalhador, com capacidade natural de liderança, você tem uma personalidade carismática e uma capacidade de compreender profundamente as pessoas e suas motivações. Embora seja reservado, você sempre mostra uma preocupação cuidadosa e protetora com o bem-estar das pessoas. No entanto, você nunca perde de vista a sua posição pragmática ou realista. Freqüentemente culto e mundano, você tem muitos amigos e admiradores. Seus atributos mais evidentes são as suas habilidades práticas e executivas. A sua personalidade direta, mas tranqüila, ajuda-o a conquistar cargos gerenciais. Os que são mais competitivos alcançam o sucesso e prosperidade com a ajuda e o encorajamento de outros. Muitas pessoas nascidas neste dia têm fortes vínculos com irmãos e irmãs e muitas vezes os apóiam e protegem.

- **Positivo**: universalidade, intuição, pragmatismo, habilidade manual e construtora, organização, realismo, resolução de problemas, realização
- **Negativo**: vontade de enriquecimento rápido, nervosismo, complexo de inferioridade, autoritarismo, materialismo, falta de visão, preguiça, egoísmo, autopromoção

Dia 23

Intuição, sensibilidade emocional e criatividade são alguns dos atributos do dia de aniversário 23. Você é versátil, apaixonado, tem rapidez de raciocínio, atitude profissional e mente cheia de idéias criativas. Com a influência do número 23, você pode aprender novos assuntos facilmente, mas prefere a prática à teoria. Você precisa, contudo, superar a tendência a criticar os outros e desenvolver uma atitude menos egoísta. Amante das viagens, aventuras e desejoso de conhecer novas pessoas, sua inquietude leva-o a ter diversas experiências, às quais você se adapta para tirar o melhor proveito da situação. Em geral amigável e amante das diversões, dotado de coragem e vigor, você precisa levar uma vida ativa para realizar o seu verdadeiro potencial. Embora goste de ajudar os outros, se tiver propensão à indecisão e a mudar de idéia, pode aparentar ser uma pessoa irresponsável. Algumas pessoas de número 23 podem ter diversos relacionamentos curtos antes de encontrar a felicidade e o parceiro ideal.

- **Positivo**: lealdade, responsabilidade, viagens, comunicação, intuição, criatividade, versatilidade, confiabilidade, fama
- **Negativo**: egoísmo, insegurança, teimosia, natureza inflexível, criticismo, ciúme, retraimento, agitação

Dia 24

Percepção, responsabilidade e empreendimento são algumas das qualidades encontradas nas pessoas nascidas no dia 24. Embora você possa não gostar da rotina, é, na maioria das vezes, uma pessoa trabalhadora, dotada de senso prático e de boa capacidade de julgamento. A sensibilidade emocional do número 24 indica que você precisa de estabilidade, lei e ordem. Você também é sensível à forma e à estrutura e pode facilmente criar um sistema complexo, mas eficiente. Muitas vezes honesto, confiável e preocupado com a própria segurança, você precisa do amor e do apoio de um parceiro e deseja construir uma sólida base para si e para sua família. Confiável e justo, mas reservado, você se inclina a acreditar que as ações falam mais alto do que as palavras. A sua maneira pragmática de encarar a vida também lhe confere aptidão para os negócios e habilidade para ser materialmente bem-sucedido na vida. Com o dia de aniversário 24, você talvez precise superar períodos de instabilidade e a tendência a ser teimoso ou a ter idéias fixas. Aprendendo a confiar na sua intuição e a desenvolver habilidades sociais, você pode adquirir autodisciplina. Você deve, no entanto, evitar se comportar de forma destrutiva, pois isso pode ser interpretado pelos outros como rudeza e materialismo. O maior desafio para o dia de aniversário número 24 é aprender a conviver com as pessoas e superar a tendência à desconfiança, bem como construir uma base segura.

- **Positivo**: energia, idealismo, habilidades práticas, determinação, honestidade, franqueza, imparcialidade, generosidade, amor à casa, atividade
- **Negativo**: rudeza, materialismo, avareza, aversão à rotina, preguiça, infidelidade, dominação, teimosia, vingança

Dia 25

Intuitivo e ponderado, embora rápido e vigoroso, você precisa se expressar mediante experiências diferentes, como, por exemplo, idéias, pessoas ou lugares novos e empolgantes. O desejo de perfeição associado ao dia de aniversário 25 muitas vezes leva ao trabalho árduo e à produtividade. Porém, quando as coisas não acontecem conforme o planejado, você precisa ser menos impaciente ou crítico.

A sensibilidade emocional e o talento artístico e criativo são apenas alguns dos seus atributos ocultos. Talvez você precise evitar se subestimar, pois isso pode levar à frustração ou a um comportamento destrutivo. A sua grande necessidade de ter relacionamentos pessoais próximos duradouros, amor e afeição pode ser minada pela vibração agitada do número 25. Você, em geral, é uma pessoa instintiva e alerta, que pode ampliar o seu conhecimento por meio da aplicação prática, mais do que pela teoria. Sua capacidade de julgamento e a atenção que dispensa aos detalhes garantem o seu sucesso. Talvez seja importante desenvolver uma atitude menos cética e superar a tendência a tomar decisões impulsivas. Você pode sentir-se emocionalmente tenso ou mal-humorado devido ao medo que tem de mudanças. Como número 25, você possui uma grande energia mental; quando se concentra, ela o ajuda a considerar todos os fatos e a chegar a uma conclusão mais rapidamente do que qualquer outra pessoa. O sucesso e a felicidade serão seus quando aprender a confiar na própria intuição e quando desenvolver a perseverança e a paciência.

Positivo: intuição, busca da perfeição, percepção, criatividade, habilidade em lidar com as pessoas

Negativo: impulsividade, impaciência, irresponsabilidade, emotividade excessiva, ciúme, hermetismo, criticismo, mau humor, nervosismo

Dia 26

O dia de aniversário 26, freqüentemente, sugere que você aspira a grandes realizações e possui uma natureza ambiciosa. Muitas vezes, você tem uma maneira pragmática de encarar a vida, habilidade executiva e aptidão para os negócios. A força e o poder sugeridos pelo número 26 mostram que você tem uma personalidade cautelosa, princípios e boa capacidade de julgamento. Se você nasceu no dia 26 é, normalmente, uma pessoa responsável, com senso estético inato. O amor à vida doméstica e o forte instinto paternal podem também sugerir que você tem uma grande necessidade de construir uma sólida base ou uma estabilidade genuína. Mas, devido à teimosia ou à falta de autoconfiança, você pode, às vezes, desistir muito facilmente. Não obstante, com autocontrole e planejamento cuidadoso, você pode alcançar o sucesso.

A sua inclinação para causas idealistas e humanitárias pode levá-lo a se envolver em atividades educacionais ou comunitárias. Muitas vezes, você é um manancial de força para outras pessoas, apóia os amigos e familiares que o procuram em momentos de dificuldade. Você deve, no entanto, evitar as tendências materialistas e o desejo de controlar as situações e as pessoas.

Positivo: criatividade, praticidade, cuidado, responsabilidade, orgulho da família, entusiasmo, coragem

Negativo: teimosia, rebeldia, falta de entusiasmo, falta de persistência, instabilidade, dominação

Dia 27

O dia de aniversário 27 indica que você pode ter uma maior profundidade de pensamento se desenvolver a paciência e o autocontrole. Intuitivo, mas analítico, você é muitas vezes vigoroso, determinado e observador e presta muitas atenção aos detalhes. Muitas vezes idealista e sensível, dotado de uma mente fértil e criativa, você pode impressionar os outros com os seus pensamentos e idéias originais. Embora às vezes possa aparentar ser uma pessoa reservada, racional ou distante, na verdade, você pode estar escondendo uma tensão interna, que pode se manifestar como uma tendência à impulsividade, à indecisão, à confusão ou à desconfiança em face de mudanças iminentes. Se desenvolver a sua capacidade de se comunicar, você pode superar a relutância em expressar seus sentimentos mais profundos. Muitas vezes, a inspiração é a chave para o sucesso. Quando desenvolve uma perspectiva mais universal, você consegue controlar rompantes ou evitar se preocupar com o que os outros possam pensar ou dizer. A educação e a cultura são essenciais para as pessoas nascidas no dia 27 e, com as devidas qualificações, você pode ser bem-sucedido se escrever, pesquisar ou trabalhar em grandes organizações. Naturalmente versátil e imaginativo, dotado de grande intuição ou habilidade psíquica, você pode ser uma pessoa ambiciosa e cheia de idéias. No entanto, a inquietação pode levá-lo a se comportar de forma instável e impulsiva. Talvez você precise aprender a converter as suas idéias em resultados concretos. Embora seja muitas vezes afetivo e tenha consideração pelos outros, você pode, ocasionalmente, dar a impressão de ser uma pessoa excessivamente sensível e distante. Se desenvolver uma perspectiva mais neutra, você será capaz de ouvir e de aceitar as críticas ou idéias alheias.

Positivo: versatilidade, imaginação, criatividade, decisão, coragem, boa compreensão, capacidade mental, espiritualidade, inventividade, força mental

Negativo: mau humor, facilidade de se ofender, tendência a discutir com os outros, inquietação, nervosismo, desconfiança, sentimentalismo excessivo, tensão

Dia 28

Independente, idealista e anticonvencional, embora pragmático e determinado, você é, muitas vezes, a sua própria lei. O conflito interno entre o desejo de ser independente e o de querer pertencer a um grupo também é patente. Como o indivíduo número 1, você é ambicioso, direto e empreendedor. Sempre pronto para a ação e para se lançar em novos empreendimentos, você assume corajosamente os desafios da vida e, com o seu entusiasmo, pode facilmente inspirar os outros — se não a juntar-se a você, pelo menos a apoiá-lo no seu empreendimento mais recente. Entre as suas diversas qualidades incluem-se fortes convicções, abundância de recursos, bom juízo e habilidade para acumular conhecimento e usá-lo na solução dos problemas. Com o dia de aniversário 28, você normalmente tem capacidade de liderança e confia no seu senso comum, lógica e clareza de pensamento. Embora se preocupe com o sucesso e seja ambicioso, a sua família e a vida doméstica são muito importantes para você. Encontrar a estabilidade e cuidar dos entes queridos pode às vezes ser um desafio para você. Muitas vezes, você assume responsabilidades, mas pode também se tornar uma pessoa excessivamente entusiasmada, impaciente ou intolerante. Você deve também evitar o autoritarismo, o dogmatismo ou a rebeldia.

Positivo: compaixão, progressão, audácia, habilidade artística, criatividade, idealismo, ambição, capacidade para o trabalho árduo, vida familiar estável, força de vontade

Negativo: sonhador, sem compaixão, pouco sensato, autoritarismo, mau juízo, agressividade, falta de cooperativismo, falta de confiança, dependência de outras pessoas, orgulho

Dia 29

Visionários idealistas, dotados de uma natureza vigorosa, os indivíduos número 29 possuem uma personalidade poderosa e um extraordinário potencial. Você é muitas vezes altamente intuitivo, sensível e emotivo. Sua natureza compassiva e compreensiva inspira um sentimento humanitário e pode encorajar os outros a realizar as suas esperanças e sonhos. De fato, a inspiração é a chave para o seu sucesso... sem ela você pode experimentar uma falta de sentido na vida. Embora seja um verdadeiro sonhador, com freqüência, os aspectos extremos da sua natureza indicam que você tem de se resguardar contra a instabilidade emocional. Você pode oscilar entre ser muito amigável e caloroso e ser frio e indiferente com os outros; ou pode oscilar entre o otimismo e o pessimismo. Embora quem nasce no dia 29 seja uma pessoa competitiva e ambiciosa, você tem necessidade de ser popular e se interessa pelo que os outros pensam a seu respeito. No entanto, você precisa aprender a ser menos crítico, desconfiado, tímido ou distante e a ter mais consideração com os que estão ao seu redor. Se confiar nos seus sentimentos mais íntimos e se abrir o seu coração para os outros, você pode superar a tendência a se preocupar ou a usar a sua mente como escudo protetor. Use os seus pensamentos criativos para realizar alguma coisa de especial e única, que possa inspirar ou servir aos outros.

- **Positivo**: inspiração, equilíbrio, paz interior, generosidade, sucesso, criatividade, intuição, misticismo, sonhos poderosos, interesse pelo mundo, fé
- **Negativo**: falta de concentração, insegurança, nervosismo, temperamental, pessoa difícil, extremismo, isolamento, sensibilidade excessiva

Dia 30

Artístico e criativo, amigável e sociável são apenas alguns dos adjetivos usados para caracterizar as pessoas que fazem aniversário no dia 30. Você gosta de levar uma vida confortável e de se socializar e pode ser excepcionalmente carismático, leal e amigável. Emotivo e ambicioso, dotado de potencial criativo, você apreende as idéias e as expande no seu próprio estilo dramático. Com temperamento estável e espírito gregário, dotado de bom gosto e talento estético, você pode ser bem-sucedido em todos os tipos de trabalho relativos à arte, ao *design* e à música. O orgulho e a ambição, combinados com boas oportunidades, muitas vezes permitem que você chegue ao topo da sua profissão. Se você nasceu no dia 30, possui sentimentos fortes: estar apaixonado ou sentir-se contente é um requisito vital. Na sua busca de felicidade, evite ser preguiçoso, excessivamente indulgente, impaciente ou invejoso, pois isso pode provocar uma instabilidade emocional. Entre as pessoas que nasceram no dia 30, muitas têm reconhecimento ou fama, especialmente os músicos, atores e comediantes, mas talvez precisem fazer ainda alguns sacrifícios pelas pessoas que amam.

- **Positivo**: amor à diversão, lealdade, amizade, capacidade de síntese, talento com as palavras, criatividade, sorte
- **Negativo**: preguiça, obstinação, comportamento errático, impaciência, indulgência excessiva, indiferença, indecisão, inveja

Dia 31

Forte força de vontade, determinação e ênfase na auto-expressão são indicados pelo dia de aniversário 31. Você, muitas vezes, combina a sua intuição com a capacidade prática de tomar as decisões certas. Geralmente, você é incansável e determinado e tem necessidade de progredir materialmente; contudo, talvez você precise aprender a aceitar as limitações da vida e, por isso, precise construir uma sólida base. Se você nasceu no dia 31, é uma pessoa com idéias originais, dotada de senso estético e habilidade para ser bem-sucedida nos negócios, se não se precipitar e se seguir um plano de ação prático. Boa sorte e oportunidades também são sugeridas pelo número 31, além da capacidade de transformar passatempos em empreendimentos lucrativos. Contudo, talvez você precise aprender a não se desencorajar facilmente e a ter mais consideração pelos outros. Para você, é crucial ter tempo para o amor e para as diversões, dado que tende a ser uma pessoa muito trabalhadora. No entanto, precisa evitar a tendência a ser excessivamente indulgente ou egoísta, ou ser excessivamente otimista. Os indivíduos mais fracos associados ao dia de aniversário 31 são inseguros e desistem muito facilmente dos seus sonhos ou se deixam levar pelo mundo da fantasia.

Positivo: sorte, criatividade, originalidade, capacidade para construir e ser construtivo, persistência, praticidade, capacidade de comunicação, responsabilidade

Negativo: insegurança, impaciência, desconfiança, tendência a se desencorajar facilmente, falta de ambição, egoísmo, teimosia, materialismo

Os 31 dias de GÊMEOS

22 de maio a 21 de junho

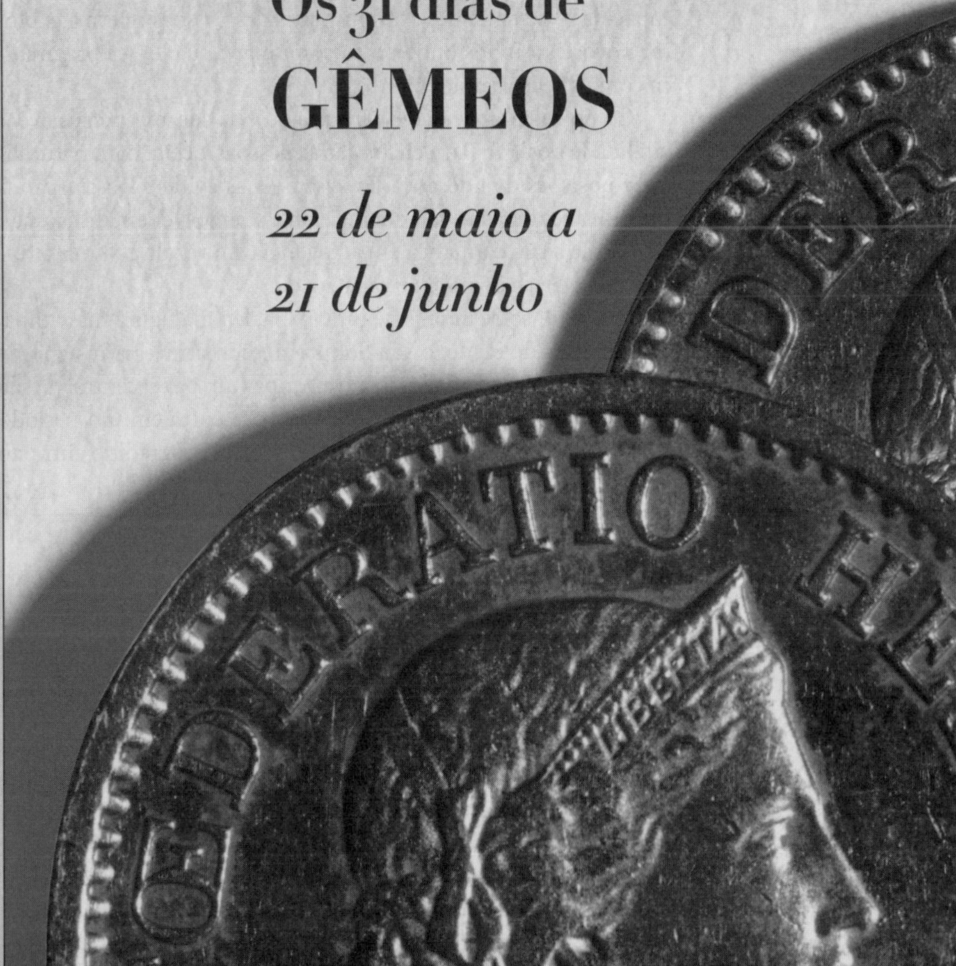

22 de Maio

O grande potencial do seu dia de aniversário é enfatizado pela sua inteligência rápida, ambição e carisma para lidar com as pessoas. Em geral franco e aberto, você tem amplitude mental, pontos de vista liberais e um senso comum refinado. Como também pode ser um tanto rebelde e se entediar com facilidade, é vital que os seus fantásticos talentos sejam canalizados para projetos.

Quando se envolve com um novo projeto, você desenvolve tanto entusiasmo que isto garante o seu sucesso. Como também é o tipo de pessoa que não sabe mentir, é absolutamente essencial para a sua felicidade encontrar a maneira correta de se expressar.

SOL: CÚSPIDE DE GÊMEOS/TOURO
DECANATO: GÊMEOS/MERCÚRIO
GRAU: 0°- 1°30' GÊMEOS
MODO: MUTÁVEL
ELEMENTO: AR

Nascido na cúspide de Touro e Gêmeos, você tem a vantagem especial da influência de dois decanatos importantes. Saturno e Mercúrio, que acentuam uma inclinação prática da mente bem como o desejo se informar. A capacidade de entender as motivações das pessoas o leva a explorar novos caminhos onde possa combinar a sua lógica pragmática com os seus grandes planos.

Como tem capacidade para usar o seu charme persuasivo e vitalidade positiva para encorajar as pessoas, aceita com naturalidade posições de liderança. Precisa apenas evitar a obstinação, a pressa e a tendência a falar demais ou a se envolver em discussões. Isso pode ocorrer quando transforma a sua confiança em arrogância em vez de assumir a responsabilidade para desenvolver o seu incrível *insight* e capacidade.

Nos seus primeiros anos de vida você sofre uma forte influência de uma figura masculina, em geral o seu pai. Depois dos 30 anos de idade, o seu Sol progredido atravessa o signo de Câncer, a casa, a família e as necessidades emocionais passam a ocupar um papel central na sua vida. Essa influência prossegue até os 60 e poucos anos, quando você entra em um período associado à autoridade, à confiança e à auto-assertividade, pois o seu Sol progredido entra no signo de Leão.

O Seu Eu Secreto

Você tem uma força interna que não gosta de ser associada ao fracasso. Você não aceita mentiras. Essa força de caráter lhe dá o potencial para se realizar na vida. Quando combina a sua determinação, poder de persuasão e excelente habilidade social, o mundo fica aos seus pés.

Você pode, às vezes, sentir que a sua inquietude inerente deriva do seu desejo de querer realizar mais do que pode realmente. Quando ouve o seu eu superior ou confia na sua sabedoria interior, descobre que os seus primeiros instintos são muito mais precisos do que a sua retórica intelectual. Como precisa sentir orgulho das suas realizações, deve sempre atualizar o seu conhecimento e habilidades.

Trabalho & Vocação

Prático e comunicativo, você prospera em carreiras como vendas, promoções, relações públicas ou ligadas à escrita. A sua mente rápida e capacidade de liderança também indicam o sucesso no mundo dos negócios, especialmente como analista ou encarregado de solucionar problemas; você pode também sentir atração pelo mundo acadêmico e trabalhar em pesquisa ou Psicologia. O seu amor pela sabedoria pode encorajá-lo a explorar o mundo da Metafísica. Você deve evitar posições de subserviência, pois não gosta de receber ordens. A sua criatividade natural e espírito aventureiro pode levá-lo a seguir carreiras no mundo do entretenimento. Como você tem jeito com as mãos e possui capacidade de cura, pode trabalhar no mundo da saúde alternativa.

Numerologia

Este é um número mestre e pode vibrar tanto como número 22 quanto como número 4. Freqüentemente honesto e trabalhador, com capacidade natural de liderança, você possui uma personalidade carismática e uma compreensão profunda das pessoas e de suas motivações. Embora seja reservado, você muitas vezes tem uma preocupação atenciosa e protetora com o bem-estar das pessoas, mas nunca perde de vista a sua posição realista e pragmática. Em geral, culto e mundano, você tem muitos amigos e admiradores. Os que são mais competitivos podem alcançar o sucesso e a fortuna com a ajuda e encorajamento de outros. Muitas pessoas nascidas neste dia têm fortes laços com irmãos e irmãs e em geral os protegem e ajudam. A subinfluência do mês número 5 indica que você é altamente intuitivo, embora nervoso, com habilidade criativa e imaginação. Você sabe afirmar o seu estilo individual sem parecer uma pessoa excêntrica. Realista, você pode resolver problemas com muita tranqüilidade. Contudo, não se exceda na sua reação com as pessoas e situações. Quando fica mais velho, torna-se mais ambicioso.

♊

ESTRELA FIXA

Nome da estrela:
Alcyone

Posição:
29° de Touro - 0°6' de Gêmeos, entre os anos de 1930 e 2000

Magnitude:
3

Força:
★★★

Órb:
1°40'

Constelação:
Eta Taurus

Dias:
19, 20, 21 e 22 de maio

Qualidades da estrela:
Lua/Marte

Descrição:
estrela principal verde e amarela no agrupamento das Plêiades, localizada no ombro do Touro (é a estrela mais brilhante de Plêiades)

♊

Positivo: universalidade, direção, intuição elevada, pragmatismo, praticidade, talento manual, habilidades, empreendimento, capacidade de organização, realismo, capacidade de resolução de problemas, realização

Negativo: esquemas de enriquecimento rápido, nervosismo, complexo de inferioridade, autoritarismo, materialismo, falta de visão, preguiça, egotismo

Amor & Relacionamentos

A sua natureza independente e forte intuição sugerem que você se atrai por pessoas poderosas que são determinadas ou autodisciplinadas. Um homem mais velho e autoritário, que é sempre associado à sua data de nascimento, pode ter um forte impacto nos seus pontos de vista e convicções. Você precisa encontrar um parceiro que seja trabalhador ou que você respeite. Por outro lado, deve evitar, no trato com amigos e parceiros, confundir o comportamento autoritário com autodomínio. Adquirindo sabedoria e compaixão, é possível realizar os desejos do coração.

INFLUÊNCIA DA ESTRELA PRIMÁRIA

Alcyone confere abertura e franqueza, honestidade e sinceridade. Inquietude e ações impulsivas também são associadas a esta estrela. Por natureza, estas pessoas são enérgicas e resolutas, mas podem ter inclinação a agir de forma impulsiva quando seus sentimentos são tensos. Isso pode provocar turbulências e transformar as situações. Esta estrela adverte contra febres e problemas com a visão.
Ligada ao grau do seu Sol, Alcyone confere amor, eminência e capacidade de liderança. Esta estrela freqüentemente indica que você pode obter o sucesso em questões públicas ou legais ou usar a sua mente criativa para desenvolver o seu talento para escrever.

- **Positivo**: mente criativa, honestidade, entusiasmo
- **Negativo**: perversidade, oscilações de humor, comportamento temperamental

ALGUÉM ESPECIAL

Se estiver procurando um parceiro, pode encontrar a estabilidade com alguém nascido em uma das seguintes datas:

Amor & amizade: jan: 1, 8, 14, 28, 31; fev: 12, 26, 29; mar: 10, 24, 27; abr: 8, 22, 25, 26; mai: 6, 20, 23; jun: 4, 18, 21; jul: 2, 16, 19, 30; ago: 14, 17, 28, 30; set: 12, 15, 16, 26, 28, 30; out: 10, 13, 24, 26, 28; nov: 8, 11, 22, 24, 26; dez: 6, 9, 20, 22, 24

Relacionamentos benéficos: jan: 26; fev: 24; mar: 22; abr: 20; mai: 18; jun: 16; jul: 14; ago: 12; set: 10; out: 8; nov: 6; dez: 4

Atrações fatais: nov: 22, 23, 24

Relacionamentos desafiantes: jan: 3, 25; fev: 1, 23; mar: 21; abr: 19; mai: 17; jun: 15; jul: 13; ago: 11; set: 9; out: 7; nov: 5; dez: 3

Alma gêmea: jan: 3, 10; fev: 1, 8; mar: 6; abr: 4; mai: 2

23 de Maio

Amável e inteligente, você gosta de expressar as suas idéias e compartilhar o seu conhecimento. Você é uma pessoa jovial, com uma mente ágil que lhe permite entender as idéias com muita rapidez. Embora seja versátil, deve tomar cuidado para que a vontade de fazer as coisas muito rapidamente não se transforme em inquietação e impaciência.

Com a dupla influência de Gêmeos no primeiro decanato de Gêmeos, você está interessado em assuntos mundanos e gosta de estar sempre em movimento. A sua perspectiva mental geral é ampla, gentil, universal e sincera. Você considera importante falar a verdade e ser direto e honesto com as pessoas.

Às vezes, você pode ter uma tendência a crises de ansiedade que podem deprimi-lo ou desencorajá-lo. Nesses momentos, é essencial se distanciar e não se deixar ficar excessivamente susceptível a dificuldades comuns. Concentre-se nos seus brilhantes e otimistas planos para o futuro. Com a sua abordagem caridosa e altruísta da vida, você muitas vezes defende os oprimidos ou ajuda e aconselha as pessoas. Embora possa ser parcimonioso e econômico, você é extremamente generoso com os entes queridos.

♊

SOL: CÚSPIDE DE GÊMEOS
DECANATO: GÊMEOS/MERCÚRIO
GRAU: 1°-2° GÊMEOS
MODO: MUTÁVEL
ELEMENTO: AR

♊

Com o seu desejo inato de harmonia, a sua casa tem muita importância — ela é a fundação da sua segurança, e você está disposto a fazer sacrifícios para manter tudo seguro. Contudo, você pode ser tentado a fazer explorações espirituais e psíquicas e pode ter sonhos vívidos por meio de um contato próximo com o subconsciente. Você precisa estar cercado de pessoas inteligentes que lhe estimulem mentalmente, pois se interessa por muitos assuntos. Com uma conversa inteligente, você se entusiasma quando fala acerca de seu assunto preferido e pode ter um interesse especial por Filosofia, Religião, Literatura, viagens ou lei.

Depois dos 29 anos de idade, quando o seu Sol progredido entra no signo de Câncer, você fica mais sensível e orientado para conquistar a sua segurança, e dá uma importância especial à sua vida doméstica. Quando o seu Sol progredido entra no signo de Leão, por volta dos 59 anos de idade, há uma forte necessidade de auto-expressão e assertividade, que pode inspirá-lo a se tornar mais sociável e aventureiro.

O Seu Eu Secreto

Um senso dramático interior aponta a forte necessidade de expressar a sua criatividade e suas idéias. Se essa necessidade não for satisfeita, você pode ficar frustrado ou desapontado. Uma filosofia de vida positiva ou algo em que acreditar garante que você não vai ficar à deriva e permite que você se concentre nos seus objetivos. A disciplina mental e prática é fundamental; a educação, do tipo convencional ou independente, dá-lhe confiança e o encoraja a aproveitar ao máximo o seu potencial, e isto é a chave do seu sucesso.

Para você, é importante ser justo, agir com responsabilidade e pagar as suas dívidas, principalmente porque possui um forte senso de justiça e quer viver em um ambiente o mais harmonioso possível. Apenas tome cuidado para que esse desejo de manter a paz não permita que as situações não caiam em uma rotina previsível. Felizmente, você tem a capacidade de querer sempre se aperfeiçoar.

Trabalho & Vocação

ESTRELAS FIXAS

Embora o grau do seu Sol não esteja associado a nenhuma estrela fixa, alguns de seus outros planetas certamente estão. Por meio do seu mapa astrológico, você pode encontrar a posição exata dos planetas na sua data de nascimento e poderá saber quais das estrelas fixas relacionadas neste livro são relevantes para você.

Uma inclinação natural para os negócios, combinada com uma capacidade de organização, ajuda-o a ser bem-sucedido em qualquer carreira. Com o seu amor pelo conhecimento e talento para se comunicar, você pode se sobressair como professor ou trabalhando nas áreas de lingüística, ciência ou jornalismo. É provável que você tenha habilidade com as mãos para trabalhos artísticos e criativos; as ocupações ligadas a assuntos no estrangeiro ou ao trato com as pessoas podem satisfazer o seu amor pela novidade e variedade, evitando que se entedie. As carreiras na área da justiça, aconselhamento ou psicologia fornecem uma saída para o seu talento em dar conselhos e informações. As pessoas que nascem neste dia podem também ser bem-sucedidas no *show business* ou na música.

Numerologia

Intuição, sensibilidade emocional e criatividade são algumas das qualidades de uma pessoa com o dia de aniversário número 23. Você, em geral, é versátil, passional e de pensamento rápido, com uma atitude profissional e uma mente cheia de idéias criativas. Com a influência do número 23, você pode aprender novos assuntos facilmente, mas prefere a prática à teoria. Você gosta de viagens, aventuras e de conhecer pessoas novas, e a inquietação típica da influência do número 23 o impele a ter diversos tipos de experiências, das quais aproveita ao máximo. Em geral, uma pessoa amável e que gosta de se divertir, você tem coragem e impulso, e precisa de uma vida ativa para atualizar o seu verdadeiro potencial. A subinfluência do mês número 5 indica que você é uma pessoa com muitos talentos e de natureza ambiciosa e inquieta. Você precisa desenvolver a assertividade e a determinação, aprendendo a se concentrar em um objetivo específico. Descubra a sua individualidade por meio do trabalho e do empreendimento e transforme seus sonhos em realidade convertendo os seus pensamentos criativos em ação. Você precisa de reconhecimento e gosta que as pessoas apreciem os seus esforços.

Positivo: lealdade, responsabilidade, amor às viagens, facilidade de comunicação, intuição, versatilidade, confiabilidade, fama

Negativo: egoísmo, insegurança, teimosia, inflexibilidade, criticismo, reserva, parcialidade

Amor & Relacionamentos

A sua vida doméstica e o desejo de encontrar um parceiro ou a sua alma gêmea são fundamentais para você. Contudo, você precisa evitar se tornar excessivamente dependente nos seus relacionamentos. Embora seja leal e afetuoso, as uniões amorosas nem sempre se desdobram de acordo com os seus planos. Você precisa aprender a se adaptar às circunstâncias. Desenvolvendo a paciência, a autodisciplina e o desapego, você será capaz de enfrentar os desafios da vida e de superar a tendência a desistir muito facilmente. Quando encontra o seu verdadeiro amor cedo na vida, você se sente mais contente, pois não gosta de ficar sozinho.

ALGUÉM ESPECIAL

Você pode encontrar a realização emocional e aquele alguém especial entre as pessoas nascidas em uma das seguintes datas:

Amor & amizade: jan: 1, 5, 6, 15, 26, 29, 30; fev: 13, 24, 27, 28; mar: 11, 22, 25, 26, 29; abr: 9, 20, 23, 24; mai: 7, 18, 21, 22; jun: 5, 16, 19, 20; jul: 3, 14, 17, 18, 31; ago: 1, 12, 15, 16, 29, 31; set: 10, 13, 14, 17, 27, 29; out: 8, 11, 12, 25, 27; nov: 6, 9, 10, 23, 25; dez: 4, 7, 8, 21, 23, 29

Relacionamentos benéficos: jan: 1, 2, 10, 14, 27; fev: 8, 12, 25; mar: 6, 23; abr: 4, 8, 21; mai: 2, 6, 19, 30; jun: 4, 17, 28; jul: 2, 15, 26; ago: 13, 24; set: 11, 22; out: 9, 20; nov: 7, 18; dez: 5, 16

Atrações fatais: nov: 24, 25, 26

Relacionamentos desafiantes: jan: 17, 26; fev: 15, 24; mar: 13, 22; abr: 11, 20; mai: 9, 18; jun: 7, 16; jul: 5, 14; ago: 3, 12, 30; set: 1, 10, 28; out: 8, 26, 29; nov: 6, 24, 27; dez: 4, 22, 25

Alma gêmea: jan: 21; fev: 19; mar: 17; abr: 15; mai: 13; jun: 11; jul: 9, 29; ago: 7, 27; set: 5, 25; out: 3, 23; nov: 1, 21; dez: 19

24 de Maio

Inteligência e sensibilidade emocional fazem deste dia de nascimento um dia especial. Com muito talento, você é curioso e mentalmente expressivo, com a habilidade de entender extremamente rápido a essência de qualquer assunto. Isso sugere que você pode se entediar com facilidade; precisa desenvolver a perseverança. A sua natural vitalidade, impulso e inteligência, no entanto, fazem com que você se mantenha constantemente buscando entender novas idéias.

A dupla influência de Mercúrio no primeiro decanato de Gêmeos sugere sensibilidade e talento para escrever ou falar. Quando combina a sua eloqüência e excepcional imaginação, você tem o potencial para ser e fazer o que quiser. Como você é o tipo de pessoa que gosta de experimentar coisas novas, pode explorar muitos caminhos na sua busca pela sua verdadeira vocação. Tudo o que é preciso para aproveitar a sua genialidade adormecida é usar a sua autodisciplina, educação e paciência.

SOL: GÊMEOS
DECANATO: GÊMEOS/MERCÚRIO
GRAU: 2°-3° GÊMEOS
MODO: MUTÁVEL
ELEMENTO: AR

A compreensão de que o conhecimento é poder garante que você tem avidez por aprender coisas novas. A sensibilidade associada a esta data de nascimento implica que você busca a sabedoria. O lado altamente intuitivo da sua natureza pode encorajá-lo a se interessar por misticismo ou espiritualidade e pode ajudá-lo a lidar com as pessoas. Previna-se contra o mau uso da sua sensibilidade, seja por meio do engano, da manipulação ou crises de mau humor ou por mecanismos escapistas.

A influência cerebral de Gêmeos é enfatizada até os 28 anos de idade, quando o seu Sol progredido entra no signo de Câncer. Essa fase marca uma virada e você passa a dar mais valor às questões emocionais, especialmente as relacionadas à sua vida doméstica e familiar. Essa influência prossegue até os 58 anos de idade, quando o seu Sol progredido entra no signo de Leão e você entra em um período de crescente autoridade, força e confiança.

O Seu Eu Secreto

Você, em geral, é capaz de entender as motivações das pessoas e é rápido para perceber a falta de sinceridade. Como o poder mental é o seu grande dom, você percebe rapidamente as oportunidades de qualquer situação e transforma as suas excelentes idéias em empreendimentos. Como é inteligente e espirituoso, pode confiar na sua sorte natural. Contudo, isso não o ajuda a ter a responsabilidade necessária para a sua realização. Embora possa ter uma vida social ativa, não permita que isto desperdice as suas energias e seja um obstáculo na sua realização.

Como possui uma perspectiva expansiva, você pode ser tentado a se arriscar em jogos certo de que vai ganhar. Esse ponto de vista positivo pode ajudá-lo em muito na sua vida, contanto que você possa se expressar por intermédio de alguma atividade criativa ou se dedicar a um ideal. Você é também uma pessoa muito sensível ao ambiente que o cerca, por isto é importante que a sua casa e local de trabalho sejam agradáveis, senão você pode se sentir insatisfeito ou se envolver em jogos de poder mental com as outras pessoas.

Trabalho & Vocação

Com o seu excelente senso para formas e estruturas e habilidade para organização, você pode liderar em qualquer campo escolhido. Quando está inspirado e positivo, você possui um forte senso de visão, que pode ajudá-lo em carreiras como arte e *design*, fotografia ou cinema. A sua capacidade de comunicação e consciência social podem levá-lo a trabalhar em educação ou advocacia, mas também indicam a realização em ocupações que envolvam o contato com as pessoas; o seu senso natural para os negócios pode ajudá-lo a ser bem-sucedido na área do comércio, embora seja provável que você se saia melhor quando pode trabalhar do jeito que quiser. Como é sensível e possui *insight* psicológico, pode trabalhar em atividades que estimulem a sua habilidade natural de cura, na área médica ou de medicina alternativa. Com a sua energia e idéias, você pode passar a sua inspiração para outras pessoas por meio de ocupações mais criativas, seja atuando, dirigindo, escrevendo, cantando ou compondo.

ESTRELA FIXA

Nome da estrela:
Prima Hyadum

Posição:
4°41'-5°46' de Gêmeos, entre os anos de 1930 e 2000

Magnitude:
4

Força:
★★★★

Órb:
1° 30'

Constelação:
Gamma Taurus

Dias:
24, 25, 26, 27 e 28 de maio

Qualidades da estrela:
diversas interpretações: Saturno/Mercúrio ou Marte/Netuno

Descrição:
estrela laranja, a estrela mais importante das Hyades, que consiste em 132 estrelas, localizada no olho norte e marcando a testa de Touro

Numerologia

Com o dia de aniversário número 24, você tem aversão à rotina; contudo, você é uma pessoa trabalhadora e tem habilidades práticas e sólido julgamento. A sensibilidade emocional do dia de aniversário número 24 sugere que você precisa ter estabilidade e ordem. Leal e justo, embora às vezes possa ser reservado, você acha que as ações falam mais alto do que as palavras. Com esta maneira prática de ver a vida, você desenvolve um bom senso para os negócios e habilidade para superar obstáculos e ser bem-sucedido. Com o dia de aniversário número 24, você precisa superar a tendência à teimosia ou a ter idéias fixas. A subinfluência do mês número 5 indica que você é uma pessoa receptiva e compreensiva, com *insight* espiritual. Você procura a verdade e pode ser idealista e visionário, embora seja cético e queira sempre uma prova material. Quando está inspirado, você fala com o coração, com muita sinceridade e convicção. Como não gosta de ficar sozinho, as atividades sociais tomam grande parte do seu tempo. Confie na sua intuição e aprenda a se concentrar nas suas metas.

Positivo: energia, idealismo, habilidades práticas, forte determinação, honestidade, franqueza, justiça, generosidade, amor à casa, atividade, energia

Negativo: crueldade, materialismo, parcimônia excessiva, instabilidade, aversão à rotina, preguiça, deslealdade, dominação e teimosia, vingança

Amor & Relacionamentos

Encontrar alguém com quem possa compartilhar os mesmos valores e compreensão da vida é um pré-requisito nos seus relacionamentos. O trabalho e a vida doméstica são muito importantes para você e os relacionamentos têm mais chances de serem duradouros em um ambiente estável. Os seus relacionamentos sociais e emocionais mais bem-sucedidos são com pessoas que o estimulem intelectualmente. A sua curiosidade quanto às pessoas e o que as motiva sugere que às vezes você gosta de discutir, especialmente a respeito de assuntos ligados à política, à filosofia ou à espiritualidade. Contudo, você gosta de ter relacionamentos amorosos e calmos com pessoas do sexo oposto.

INFLUÊNCIA DA ESTRELA PRIMÁRIA

Prima Hyadum dá energia, ambição e desejo de prestígio, levando à realização ou a grande sucesso. Esta estrela sugere a necessidade de estudo ou educação para que um pensamento claro seja desenvolvido. Prima Hyadum, contudo, também tem uma influência que implica contradições na fortuna ou tempos difíceis. Ligada ao grau do seu Sol, esta estrela confere o talento para a escrita, os negócios, os esportes, a Astrologia e sucesso por meio do trabalho com o público. Há também a chance de fama e fortuna e oportunidades de popularidade e notoriedade. Prima Hyadum adverte contra a tendência à avidez e à exploração dos outros e sugere a necessidade de evitar decisões precipitadas que podem trazer problemas.

Positivo: escrita, educação, comunicação
Negativo: inquietude, falta de conhecimento, avidez

ALGUÉM ESPECIAL

Para ter uma felicidade duradoura, segurança e viver em um ambiente harmonioso, você pode começar procurando entre as pessoas nascidas em uma das seguintes datas:

Amor & amizade: jan: 3, 10, 13, 20, 25, 30; fev: 8, 11, 18, 28; mar: 6, 9, 16, 26; abr: 4, 7, 14, 24, 28; mai: 2, 5, 12, 22; jun: 3, 10, 20; jul: 1, 8, 18; ago: 6, 16, 30; set: 4, 14, 18, 28; out: 2, 12, 26, 28, 30; nov: 10, 24, 26, 28; dez: 8, 22, 24, 26

Relacionamentos benéficos: jan: 12, 16, 17, 28; fev: 10, 14, 15, 26; mar: 8, 12, 13, 24; abr: 6, 10, 11, 22; mai: 4, 8, 9, 20, 29; jun: 2, 6, 7, 18, 27; jul: 4, 5, 16, 25; ago: 2, 3, 14, 23; set: 1, 12, 21; out: 10, 19; nov: 8, 17; dez: 6, 14

Atrações fatais: mar: 31; abr: 29; mai: 27; jun: 25; jul: 23; ago: 21; set: 19; out: 17; nov: 15, 25, 26, 27; dez: 17

Relacionamentos desafiantes: jan: 6, 18, 22, 27; fev: 4, 16, 20, 25; mar: 2, 14, 18, 23; abr: 12, 16, 21; mai: 10, 14, 19; jun: 8, 12, 17; jul: 6, 10, 15; ago: 4, 8, 13; set: 2, 6, 11; out: 4, 9; nov: 2, 7; dez: 5

Alma gêmea: mar: 28; abr: 26; mai: 24; jun: 22; jul: 20; ago: 18; set: 16; out: 14; nov: 12; dez: 10

25 de Maio

O excelente poder mental indicado por este dia de aniversário é a chave do seu sucesso. Inteligente e perspicaz, você capta rapidamente as idéias e pode ser inovador e trabalhador. Você precisa de independência e reage espontaneamente às situações, com força de vontade e determinação. Porém, a tendência à duvida e perda de fé pode paralisá-lo quando está em plena atividade e pode negar a você maravilhosas possibilidades.

Com a dupla influência de Gêmeos, o regente do seu decanato, você gosta de se manter bem informado e de excursões mentais de diversos tipos. Você tem dom para escrever ou debater e precisa assumir a responsabilidade de desenvolver a sua mente. Quando está com uma disposição positiva, você responde rápida e espirtuosamente aos desafios intelectuais. Isso é especialmente importante para lhe fornecer *flashes* de inspiração e animação e permitir que você sinta que está progredindo na vida. Você precisa apenas evitar a irritação e a obstinação e se deixar afligir por tensões nervosas. Felizmente, você também pode ter admiráveis ímpetos de energia, que podem ajudá-lo a atingir as suas metas e a inspirar as outras pessoas a atitudes positivas.

♊

SOL: GÊMEOS
DECANATO: GÊMEOS/MERCÚRIO
GRAU: 3°-4° GÊMEOS
MODO: MUTÁVEL
ELEMENTO: AR

♊

Você considera estimulantes novos e interessantes desenvolvimentos e possui o potencial para ser uma pessoa tanto inventiva quanto analítica. Você possui grande influência profissional produtiva e será ótimo se puder combinar isso com o ideal humanitário.

Depois de 27 anos de idade, quando o seu Sol progredido entra no signo de Câncer, você se concentra mais na sua vida emocional e nas pessoas mais ligadas a ela – a sua família. Você se conscientiza da necessidade de estabelecer uma fundação ou centro, em geral, a sua casa. Quando o seu Sol progredido entra no signo de Leão, por volta dos seus 57 anos, você se torna mais ousado e gregário.

O Seu Eu Secreto

Você pode ser muito bem-sucedido em questões financeiras. No entanto, o dinheiro nunca o satisfaz completamente. Você precisa descobrir uma maneira de explorar, desenvolver e expressar a sua capacidade para o entendimento profundo das coisas. Se reservar regularmente um tempo e um espaço para si mesmo, pode usar melhor esta parte perceptiva da sua personalidade. Com um talento natural para a compreensão do valor das coisas, você possui também um poder interior que, aliado à sua tenacidade e determinação, pode exercer uma influência dinâmica no seu sucesso.

Para superar a tendência a ser excessivamente sério, você precisa de maneiras de expressar o seu espírito aventureiro e jovial. Para evitar ataques súbitos de raiva ou rebeldia, você precisa de tempo para relaxar e refletir, garantindo que o seu trabalho lhe permita expressar algumas de suas influências mais criativas. Se acredita em um projeto, você trabalha duro para que ele se transforme em realidade.

Trabalho & Vocação

Como é inteligente e eloqüente e gosta de conversar e debater, você prefere uma carreira em que possa aproveitar ao máximo a sua habilidade de comunicação, como vendas, advocacia ou agenciamento. Como também é analítico, você possui habilidades técnicas que precisam encontrar uma saída por meio do trabalho com computadores, metais, máquinas ou diversas áreas da Engenharia. A sua veia humanitária pode levá-lo a seguir carreiras como trabalho social, psicologia ou na área terapêutica. Por intermédio da educação você pode desenvolver a sua mente estudando diversos temas de uma maneira mais profunda, e pode se envolver em Psicologia, Metafísica ou em assuntos mais profundos. Este dia de aniversário enfatiza um talento potencial para a música ou a escrita.

♊

ESTRELA FIXA

Nome da estrela:
Prima Hyadum

Posição:
4°41'-5°46' de Gêmeos, entre os anos de 1930 e 2000

Magnitude:
4

Força:
★★★★

Órb:
1° 30'

Constelação:
Gamma Taurus

Dias:
24, 25, 26, 27 e 28 de maio

Qualidades da estrela:
diversas interpretações: Saturno/Mercúrio ou Marte/Netuno

Descrição:
estrela laranja, estrela mais importante das Hyades, que consiste em 132 estrelas, localizada no olho norte e marcando a testa de Touro

♊

Numerologia

Rápido e energético, embora intuitivo e ponderado, como uma pessoa com o dia de aniversário número 25, você precisa se expressar por meio de diferentes experiências, entre elas idéias, pessoas e locais novos e interessantes. O desejo de perfeição o impele a trabalhar duro e a ser produtivo. Todavia, você precisa ser menos impaciente ou crítico quando as coisas não acontecem de acordo com os seus planos. Com o dia de aniversário número 25, você possui uma forte energia mental que, quando concentrada, ajuda-o a ver todos os fatos e a chegar a uma conclusão mais rapidamente do que qualquer outra pessoa. Você obtém o sucesso e a felicidade quando aprende a confiar nos próprios instintos e a desenvolver a perseverança e a paciência. A subinfluência do mês número 5 indica que você pode ser uma pessoa ambiciosa, equilibrada e confiante. Contudo, o nervosismo e a impaciência indicam que você não está disposto a se estabelecer ou que possui uma certa insatisfação. Apesar de entusiástico, você pode se tornar excessivamente confiante ou ansioso e cometer erros. Evite a preocupação sendo criativo e adaptável. Emocionalmente sensível, você precisa encontrar maneiras de se expressar livremente.

Positivo: intuição elevada, perfeccionismo, percepção, mente criativa, habilidade para lidar com as pessoas

Negativo: impulsividade, impaciência, irresponsabilidade, excesso de emoção, ciúme, dissimulação, criticismo, oscilações de humor, nervosismo

Amor & Relacionamentos

Perceptivo e sagaz, mas reticente e reservado, você gosta de falar a respeito de tudo menos acerca dos seus verdadeiros sentimentos. Devido ao seu ceticismo, você precisa desenvolver um relacionamento duradouro. Entretanto, você pode ser compassivo e afetuoso, e o seu comportamento tranqüilo atrai o sexo oposto. Você sente atração por pessoas empreendedoras, especialmente as que são determinadas, astutas e inventivas. Quando encontra uma pessoa que o inspira e em quem pode confiar, você é um parceiro leal e confiável.

INFLUÊNCIA DA ESTRELA PRIMÁRIA

Prima Hyadum dá energia, ambição e desejo de prestígio, levando à realização ou a grande sucesso. Esta estrela sugere a necessidade de estudo ou educação para que um pensamento claro seja desenvolvido. Prima Hyadum, contudo, também tem uma influência que implica contradições na fortuna ou tempos difíceis. Ligada ao grau do seu Sol, esta estrela confere o talento para a escrita, os negócios, os esportes, a Astrologia e sucesso por meio do trabalho com o público. Há também a chance de fama e fortuna e oportunidades de popularidade e notoriedade. Prima Hyadum adverte contra a tendência à avidez e à exploração dos outros e sugere a necessidade de evitar decisões precipitadas que podem trazer problemas.

- **Positivo**: escrita, educação, comunicação
- **Negativo**: inquietude, falta de conhecimento, avidez

ALGUÉM ESPECIAL

Para segurança, estímulo mental e amor, comece procurando entre as pessoas nascidas em uma das seguintes datas:

Amor & amizade: jan: 2, 21, 28, 31; fev: 19, 26, 29; mar: 17, 24, 27; abr: 15, 22, 25, 29; mai: 13, 20, 23, 27; jun: 11, 18, 21; jul: 9, 16, 19; ago: 7, 14, 17, 31; set: 5, 12, 15, 19, 29; out: 3, 10, 13, 27, 29, 31; nov: 1, 8, 11, 25, 27, 29; dez: 6, 9, 23, 25, 27

Relacionamentos benéficos: jan: 9, 12, 18, 24, 29; fev: 7, 10, 16, 22, 27; mar: 5, 8, 14, 20, 25; abr: 3, 6, 12, 18, 23; mai: 1, 10, 16, 21, 31 ; jun: 2, 8, 14, 19, 29; jul: 6, 12, 17, 27; ago: 4, 10, 15, 25; set: 2, 8, 13, 23; out: 6, 11, 21; nov: 4, 9, 19; dez: 2, 7, 17

Atrações fatais: jan: 3; fev: 1; nov: 26, 27, 28

Relacionamentos desafiantes: jan: 7, 8, 19, 28; fev: 5, 6, 17, 26; mar: 3, 4, 15, 24; abr: 1, 2, 13, 22; mai: 11, 20; jun: 9, 18; jul: 7, 16; ago: 5, 14; set: 3, 12; out: 1, 10; nov: 8; dez: 6

Alma gêmea: jan: 3, 19; fev: 1, 17; mar: 15; abr: 13; mai: 11; jun: 9; jul: 7; ago: 5; set: 3; out: 1

26 de Maio

A sua mente perceptiva e o charme da sua natureza tranqüila são ingredientes adicionais na sua personalidade multitalentosa. Você gosta de se familiarizar com as situações antes de se comprometer, mas depois que dá a sua palavra assume seriamente a responsabilidade. Uma vez já tendo uma meta, é importante encontrar pessoas que possam encorajá-lo e ajudá-lo na sua ascensão gradual para o sucesso.

Com a influência de Mercúrio no primeiro decanato de gêmeos, você gosta de compartilhar as suas idéias e visão original com as outras pessoas e tem curiosidade com muitos assuntos. Como você vai direto à essência das questões e gosta de se comunicar, tem um potencial para desenvolver a sua habilidade inata para escrever bem assim como os seus prováveis talentos musicais e criativos. Quando sintetiza a sua abordagem imaginativa e realista da vida, você pode transformar os seus sonhos em realidade.

♊

SOL: GÊMEOS
DECANATO: GÊMEOS/MERCÚRIO
GRAU: 3°30'-5° GÊMEOS
MODO: MUTÁVEL
ELEMENTO: AR

♊

A sua casa desempenha um papel importante na sua segurança, e você está disposto a fazer grandes sacrifícios pelos entes queridos. Enredado pelo amor às facilidades e confortos da vida, você deve tomar cuidado para não perder de vista os seus ideais ou desistir sob a pressão do estresse. No outro extremo, depois que se decide a usar o seu senso de estratégia e autodisciplina, você pode ser uma pessoa muito determinada, trabalhadora e tenaz. É aconselhável que você faça regularmente alguma modalidade de exercício físico para evitar qualquer tendência para a inércia ou a irritação.

Depois dos 26 anos de idade, quando o seu Sol progredido entra no signo de Câncer, há uma importância crescente na construção de uma sólida fundação. Isso acentua as suas necessidades emocionais pessoais, uma tendência que prossegue até cerca dos 56 anos de idade, quando o seu Sol progredido entra no signo de Leão. Isso aumentará a sua confiança e força e permitirá que você se torne mais poderoso em situações públicas.

O Seu Eu Secreto

A necessidade de reconhecimento pode levá-lo a desenvolver os seus talentos por intermédio da educação. Isso é excelente para que você construa uma base para a sua missão e aumente a sua autoconfiança. É importante ter um plano de ação para comercializar as suas habilidades e você pode se beneficiar com o trabalho cooperativo e de parcerias. Não permita que uma atitude apreensiva quanto ao dinheiro destrua a sua determinação usual. Caso se sinta frustrado, não abandone as coisas pela metade, pois poderá perder excelentes oportunidades.

O seu senso dramático e a necessidade para estar no controle sugerem que você gosta de poder ou influência. Caso ocupe uma posição de autoridade, aprenda a ser justo e imparcial e evite ser manipulador. Se quiser que outras pessoas o ajudem, você pode usar o seu poder natural de cura, especialmente para aliviar o *stress* mental ou a ansiedade emocional das pessoas.

Trabalho & Vocação

Embora não aparente ser uma pessoa especialmente ambiciosa, a sua mente rápida permite que você compreenda rapidamente as situações ajudando-o em qualquer carreira que escolha. Talvez seja necessário se disciplinar para evitar desperdiçar suas energias; quando está concentrado você pode ser bem-sucedido em carreiras que aproveitem ao máximo o seu potencial mental, como ensinar ou escrever. Se trabalhar no mundo dos negócios, a sua capacidade de comunicação pode ajudá-lo em profissões como vendas ou serviço de atendimento ao cliente; você também pode seguir uma carreira no mundo das artes, do teatro ou da música. Como tem jeito com as mãos, você pode usar essa habilidade de uma forma criativa ou prática. A compaixão e a compreensão inatas da natureza humana podem levá-lo a seguir carreiras como consultor ou supervisor e ajudá-lo a levantar fundos para boas causas.

Numerologia

Com o dia de aniversário número 26, você tem uma maneira pragmática de abordar a vida, habilidade executiva e um bom senso para negócios. Normalmente responsável, com senso estético natural e amor à vida doméstica, você precisa construir uma base sólida ou encontrar uma estabilidade verdadeira. Muitas vezes o manancial de força para as outras pessoas, você está disposto a apoiar os amigos e familiares que o procuram quando precisam. Todavia, você precisa tomar cuidado com as tendências materialistas e a vontade de controlar situações ou pessoas. A subinfluência do mês número 5 indica que você precisa de estabilidade e segurança. No entanto, você deve não se prender ao passado e rejeitar aquilo que não tem valor. Você precisa expressar os seus pensamentos e idéias criativas de uma maneira individual. Se mantiver os seus padrões e o senso de responsabilidade, sem perder a flexibilidade, ficará mais fácil superar os obstáculos e a tendência à preocupação. A necessidade de ser popular sugere que você tem muitos amigos.

♊

ESTRELA FIXA

Nome da estrela:
Prima Hyadum

Posição:
4°41'-5°46' de Gêmeos, entre os anos de 1930 e 2000

Magnitude:
4

Força:
★★★★

Órb:
1° 30'

Constelação:
Gamma Taurus

Dias:
24, 25, 26, 27 e 28 de maio

Qualidades da estrela:
diversas interpretações: Saturno/Mercúrio ou Marte/Netuno

Descrição:
estrela laranja, a estrela mais importante das Hyades, que consiste em 132 estrelas, localizada no olho norte e marcando a testa de Touro

♊

Positivo: criatividade, praticidade, cuidado, responsabilidade, orgulho da família, entusiasmo, coragem

Negativo: teimosia, rebeldia, instabilidade nos relacionamentos, falta de entusiasmo, falta de persistência, instabilidade

Amor & Relacionamentos

Idealista e sensível, com poder emocional dramático, você é uma pessoa romântica com fortes sentimentos. Mesmo que precise de amor e afeição, a estabilidade e a segurança são pré-requisitos dos quais você não abre mão. Muitas vezes charmoso e amável, você gosta de atividades sociais e criativas que possam despertar a sua imaginação. Contudo, evite a tendência a ser excessivamente emotivo, inseguro ou exigente quando as coisas não respondem aos seus critérios de aprovação. Você tem atração por pessoas inteligentes que o inspiram a usar o seu senso natural de empreendimento para realizar as suas metas. As atividades criativas aliviam a sua tensão e o fazem encontrar pessoas semelhantes a você.

INFLUÊNCIA DA ESTRELA PRIMÁRIA

Prima Hyadum dá energia, ambição e desejo de prestígio, levando à realização ou a grande sucesso. Esta estrela sugere a necessidade de estudo ou educação para que um pensamento claro seja desenvolvido. Prima Hyadum, contudo, também tem uma influência que implica contradições na fortuna ou tempos difíceis. Ligada ao grau do seu Sol, esta estrela confere o talento para a escrita, os negócios, os esportes, a Astrologia e sucesso por meio do trabalho com o público. Há também a chance de fama e fortuna e oportunidades de popularidade e notoriedade. Prima Hyadum adverte contra a tendência à avidez e à exploração dos outros e sugere a necessidade de evitar decisões precipitadas que podem trazer problemas.

- **Positivo**: escrita, educação, comunicação
- **Negativo**: inquietude, falta de conhecimento, avidez

ALGUÉM ESPECIAL

Você pode encontrar a sua realização emocional e aquele alguém especial entre as pessoas nascidas em uma das seguintes datas:

Amor & amizade: jan: 8, 18, 22; fev: 16, 20; mar: 14, 18, 28; abr: 12, 16, 26; mai: 10, 14, 24; jun: 8, 12, 22; jul: 6, 10, 20, 29; ago: 4, 8, 18, 27; set: 2, 6, 16, 20, 25, 28; out: 4, 14, 23, 26, 30; nov: 2, 12, 21, 24, 28; dez: 10, 19, 22, 26, 28

Relacionamentos benéficos: jan: 6, 10, 25, 30; fev: 4, 8, 23, 28; mar: 2, 6, 21, 26; abr: 4, 19, 24; mai: 2, 17, 22 ; jun: 15, 20, 30; jul: 13, 18, 28; ago: 11, 16, 26; set: 9, 14, 24; out: 7, 12, 22; nov: 5, 10, 20; dez: 3, 8, 18

Atrações fatais: mai: 29; jun: 27; jul: 25; ago: 23; set: 21; out: 19; nov: 17, 26, 27, 28; dez: 15

Relacionamentos desafiantes: jan: 13, 29, 31; fev: 11, 27, 29; mar: 9, 25, 27; abr: 7, 23, 25; mai: 5, 21, 23; jun: 3, 19, 21; jul: 1, 17, 19; ago: 15, 17; set: 13, 15; out: 11, 13; nov: 9, 11; dez: 7, 9

Alma gêmea: jan: 6, 25; fev: 4, 23; mar: 2, 21; abr: 19; mai: 17; jun: 15; jul: 13; ago: 11; set: 9; nov: 7; dez: 5

27 de Maio

A natureza brilhante e individual sugerida pelo seu dia de aniversário indica que você está constantemente buscando aventuras novas e animadas para manter o interesse da sua mente ativa. O fascínio pelas pessoas e pela mudança pode levá-lo a viver diversas experiências diferentes na sua busca por novidades e desafios mentais. Isso o mantém ativo e pode até fazer com que faça viagens para vários locais do mundo.

Nascido no primeiro decanato de Gêmeos, você tem a dupla influência de Mercúrio, o planeta da comunicação. Isso indica uma habilidade para entender rapidamente as idéias e conceitos e lhe dá uma rapidez de pensamento, mas sugere uma certa impaciência. Muitas vezes eloqüente, você precisa desenvolver a capacidade de ouvir mais e falar menos. Versátil e multitalentoso, você deve desenvolver o seu grande potencial mental por meio da concentração e do cuidado. Quando sente curiosidade em relação a um assunto, entretanto, você usa a sua lógica séria e prática para resolver os problemas. Ainda que possua profundidade de pensamento, evite a rigidez mental, pois pode, como resultado, ficar teimoso, cínico ou com dificuldade de comunicação; quando se comporta de forma assertiva, você tem a habilidade de ser verbalmente direto e muitas vezes chegar à essência da questão.

♊

SOL: GÊMEOS
DECANATO: GÊMEOS/MERCÚRIO
GRAU: 4°30'-6° GÊMEOS
MODO: MUTÁVEL
ELEMENTO: AR

♊

Como possui um forte espírito empreendedor, você é em geral entusiasmado, otimista e aventureiro e possui uma maneira dinâmica de ganhar dinheiro e satisfazer as suas necessidades materiais. Você pode transformar a sua espiritualidade e forças criativas potenciais escrevendo ou fazendo das suas idéias algo tangível.

Depois dos 25 anos de idade, quando o seu Sol progredido entra no signo de Câncer, as questões acerca da segurança emocional, da casa e da família passam a desempenhar um papel mais importante na sua vida. Essa influência prossegue até cerca dos 55 anos de idade, quando você entra em um período de autoridade, força e crescente sociabilidade, quando o seu Sol entra no signo de Leão.

O Seu Eu Secreto

Embora a sua inquietação possa impedi-lo de expressar o amor dinâmico que é uma parte vital da sua constituição emocional, é importante canalizar qualquer tendência a se entediar com facilidade para a sua própria auto-expressão. Isso pode manter a vida animada e movimentada, bem como impedi-lo de desperdiçar o seu enorme potencial em diversões bobas. Sendo instintivo ou psíquico, você possui uma boa compreensão das pessoas e, quando isto se combina com o seu espírito de empreendimento, pode garantir o seu sucesso.

Além da sensibilidade interior que pode não ser perceptível na sua fachada mental brilhante, você possui uma perspectiva pragmática que o ajuda a manter os pés no chão. O amor pelo mistério o atrai ao mundo da metafísica, e você pode achar interessante explorar o desconhecido. Por meio do conhecimento e do desenvolvimento da própria filosofia ou sistema de crenças, você pode adquirir a estabilidade e se sentir interiormente seguro. A concentração pode evitar o desperdício das suas energias.

Trabalho & Vocação

Como é provável que você fique entediado se o seu trabalho for muito rotineiro, a variedade é um ingrediente fundamental em qualquer carreira. A inteligência permite que você aprenda rapidamente, por isso você precisa de um trabalho que seja mentalmente estimulante. A sua natureza irrequieta e a vontade de explorar as coisas da vida podem levá-lo a mudar de profissão algumas vezes antes de se fixar em alguma coisa que realmente o interessa. Essa influência sugere a possibilidade de ter uma segunda carreira, mais tarde na vida, ou ainda de viagens na sua busca pelo conhecimento e oportunidades. O seu jeito com as palavras e sagacidade para entender as pessoas podem ajudá-lo em carreiras ligadas a vendas, escrita, promoção, *performing* ou política. Com perspicácia para tratar de questões materiais, você pode se sair bem no mundo do comércio.

♊

ESTRELAS FIXAS

Prima Hyadum; Ain

ESTRELA PRIMÁRIA

Nome da estrela:
Prima Hyadum

Posição:
4°41'-5°46' de Gêmeos, entre os anos de 1930 e 2000

Magnitude:
4

Força:
★★★★

Órb:
1° 30'

Constelação:
Gamma Taurus

Dias:
24, 25, 26, 27 e 28 de maio

Qualidades da estrela:
diversas interpretações: Saturno/Mercúrio ou Marte/Netuno

Descrição:
estrela laranja, a estrela mais importante das Hyades, que consiste em 132 estrelas, localizada no olho norte e marcando a testa de Touro

♊

Numerologia

O dia de aniversário número 27 indica que você é uma pessoa idealista e sensível. Intuitivo e analítico, com uma mente fértil e criativa, você pode impressionar as outras pessoas com os seus pensamentos originais. Mesmo que às vezes possa parecer dissimulado, racional ou distante, você, na verdade, pode estar ocultando tensões internas. Essas tensões podem incluir tendências à impulsividade, à indecisão ou à desconfiança quanto a mudanças. Se desenvolver a sua capacidade de comunicação, você pode superar a resistência a expressar os seus sentimentos mais profundos. A educação é um elemento fundamental para as pessoas número 27 e, se aprofundar o seu conhecimento, você pode se tornar mais paciente e autodisciplinado. A subinfluência do mês número 5 indica que você é naturalmente versátil e imaginativo, com fortes instintos ou habilidades psíquicas. Supere a falta de cuidado aprendendo a prestar atenção aos detalhes, procure dar substância aos seus pensamentos e pensar antes de falar.

- **Positivo**: versátil, imaginativo, criativo, resoluto, corajoso, boa compreensão, capacidade mental, espiritual, inventivo, força mental
- **Negativo**: desagradável, briguento, ofende-se facilmente, propenso a discussões, inquieto, nervoso, desconfiado, emotivo ao extremo, tenso

Amor & Relacionamentos

Apesar de normalmente ser articulado e franco, você é também uma pessoa sensível e reservada e prefere observar e não se abrir muito acerca dos seus relacionamentos pessoais. Essa influência sugere que a falta de comunicação pode provocar tensão ou preocupação nos seus relacionamentos. Com paciência, você pode se aproximar de cada relacionamento como uma experiência de aprendizado e descobrir quem poderá amar e confiar. Novos inícios muitas vezes desempenham um papel importante na sua vida pessoal e, com novas oportunidades e experiências pessoais, você aprende a esquecer o passado.

INFLUÊNCIA DA ESTRELA PRIMÁRIA

Prima Hyadum dá energia, ambição e desejo de prestígio, levando à realização ou a grande sucesso. Esta estrela sugere a necessidade de estudo ou educação para que um pensamento claro seja desenvolvido. Prima Hyadum, contudo, também tem uma influência que implica contradições na fortuna ou tempos difíceis. Ligada ao grau do seu Sol, esta estrela confere o talento para a escrita, os negócios, os esportes, a Astrologia e sucesso por meio do trabalho com o público. Há também a chance de fama e fortuna e oportunidades de popularidade e notoriedade. Prima Hyadum adverte contra a tendência à avidez e à exploração dos outros e sugere a necessidade de evitar decisões precipitadas que podem trazer problemas.

- **Positivo**: escrita, educação, comunicação
- **Negativo**: inquietude, falta de conhecimento, avidez

Consulte o Apêndice para obter mais informações a respeito das estrelas fixas.

ALGUÉM ESPECIAL

Para ter segurança, confiança e amor, comece procurando entre as pessoas nascidas em uma das seguintes datas:

Amor & amizade: jan: 4, 13, 19, 23; fev: 11, 17, 21; mar: 9, 15, 19, 28, 29, 30; abr: 7, 13, 17, 26, 27; mai: 5, 11, 15, 24, 25, 26; jun: 3, 9, 13, 22, 23, 24; jul: 1, 7, 11, 20, 21, 22; ago: 5, 9, 18, 19, 20; set: 3, 7, 16, 17, 18; out: 1, 5, 14, 15, 16, 29, 31; nov: 3, 12, 13, 14, 27, 29; dez: 1, 10, 11, 12, 25, 27, 29

Relacionamentos benéficos: jan: 7, 15, 27, 31; fev: 5, 13, 18, 29; mar: 3, 11, 16, 27; abr: 1, 9, 14, 25; mai: 7, 12, 23 ; jun: 5, 10, 21; jul: 3, 8, 19; ago: 1, 6, 17, 30; set: 4, 15, 28; out: 2, 13, 26; nov: 11, 24; dez: 9, 22

Atrações fatais: nov: 28, 29, 30

Relacionamentos desafiantes: jan: 6, 14, 30; fev: 4, 12, 28; mar: 2, 10, 26; abr: 8, 24; mai: 6, 22; jun: 4, 20; jul: 2, 18; ago: 16; set: 14; out: 12; nov: 10; dez: 14, 26

Alma gêmea: abr: 30; mai: 28; jun: 26; jul: 24; ago: 22; set: 20; out: 18, 30; nov: 16, 28; dez: 14, 26

28 de Maio

Com a sua inteligência aguçada, seu idealismo e seu desejo de independência, você se sente a pessoa mais feliz quando tem uma ocupação construtiva ou está expandindo o seu conhecimento. Geralmente honesto e direto, você é sagaz e pragmático e pode ser altamente intuitivo no que diz respeito a situações e motivações das pessoas. Se cultivar esse insight e combiná-lo com o seu senso comum refinado, pode ser um bom conselheiro.

A educação é, em geral, importante para você, seja formal, acadêmica ou autodidata, e é provável que você continue estudando até a idade avançada. Mercúrio, o regente do seu signo e do seu decanato, acentua a sua jovialidade, com uma sexualidade andrógina. Articulado e persuasivo, você possui uma rápida compreensão; a escrita ou outra forma de comunicação podem desempenhar um importante papel no seu sucesso. Embora seja um estrategista cheio de recursos, você pode às vezes ser inteligente demais para o seu próprio bem.

SOL: GÊMEOS
DECANATO: GÊMEOS/MERCÚRIO
GRAU: 5°30'-7°30'GÊMEOS
MODO: MUTÁVEL
ELEMENTO: AR

Como se inspira com as muitas idéias que possui, você muitas vezes tem ímpetos de otimismo e energia que permitem realizar os seus sonhos e ser bem-sucedido em seus empreendimentos. Embora seja idealista, você precisa desenvolver a paciência e a tolerância, especialmente com as pessoas menos capazes que você. Pouco convencional, você pode ter projetos diferentes ou ousados; com habilidade para ver as coisas de uma perspectiva global, você tem capacidade natural para a liderança. Muitas vezes, as viagens são importantes para alimentar o seu espírito aventureiro e inspirá-lo.

A construção de uma base sólida passa a ter uma importância maior na sua vida depois dos 24 anos de idade, quando o seu Sol progredido entra no signo de Câncer. Essa tendência, que também acentua as suas necessidades emocionais pessoais, prossegue até cerca dos 54 anos de idade, quando o seu Sol entra no signo de Leão. Isso amplia a sua confiança e criatividade, permitindo que você tenha mais poder em situações públicas.

O Seu Eu Secreto

Você é ativo e bem-informado, mas o que realmente deseja é uma profunda paz mental. Essa busca pela serenidade interior o levará a explorar muitas formas de conhecimento na vida. Mesmo assim, você acabará descobrindo que o maior sucesso vem por meio da calma e da simplicidade da vida. A reflexão e o aprendizado da concentração o manterão calmo e capaz de lidar com a sua inquietude interna. Interiormente, você é extremamente sensível e vulnerável, embora tenha uma aparência confiante e eficiente. Para integrar os dois lados da sua personalidade, é vital que você procure levar uma vida equilibrada.

É provável que o trabalho cooperativo desempenhe um papel importante na sua vida e você tenha a felicidade de conhecer as pessoas certas. Gradualmente, você descobrirá que os contatos que considera valiosos não têm muito a ver com o sucesso material, mas sim com a sabedoria. Ainda que possa ser muito responsável, você se tornará mais consciente do valor do altruísmo.

Trabalho & Vocação

É provável que a sua mente rápida e sagaz seja inundada por idéias para ganhar dinheiro. Como é muito independente, você precisa de liberdade para trabalhar do jeito que quiser, mas mantém a consciência quanto às vantagens do trabalho cooperativo com as outras pessoas. Isso pode levá-lo a participar de parcerias ou equipes que podem ser muito produtivos para você. Como bom planejador, você pode usar o seu potencial nas áreas de vendas, comércio, trabalhos em agências ou promoções; você pode também prestar serviços às outras pessoas e escolher uma carreira no mundo da lei ou da educação. Por outro lado, você pode se especializar em trabalhos de consultoria, seja em um nível pessoal ou profissional. A habilidade para articular as suas idéias e o seu amor pelo conhecimento ou sabedoria pode levá-lo a buscar carreiras no mundo da literatura, da publicidade ou do editorial. Pode ser que se interesse pelo estudo da Filosofia, da Psicologia ou do pensamento religioso. Em geral, pode encontrar mais satisfação em profissões que requeiram o uso da sua mente, mas deve evitar a tendência à procrastinação ou a não desenvolver profundamente nenhum dos seus interesses.

Numerologia

Independente e idealista, determinado e pragmático, você, muitas vezes, é a lei para si mesmo. Como o indivíduo número 1, você é ambicioso, direto e empreendedor. Um conflito interior entre o desejo de ser independente e a vontade de fazer parte de uma equipe é também indicado. Sempre pronto para a ação e novos empreendimentos, você aceita corajosamente os desafios da vida, e com o seu entusiasmo pode com facilidade inspirar as outras pessoas, se não a se juntar, pelo menos a apoiá-lo nas suas aventuras. Com o dia de aniversário número 28, você tem capacidade de liderança e confia no seu senso comum, lógica e pensamento claro. Apesar de responsável, evite o excesso de entusiasmo, impaciência ou intolerância. A subinfluência do mês número 5 indica que você é uma pessoa sagaz e de instintos fortes. Você se beneficia quando dá o seu apoio e se conscientiza das necessidades das outras pessoas. Não se isole; compartilhe o seu conhecimento, fazendo parte de um grupo ou trabalhando cooperativamente para o bem da sociedade.

♊

ESTRELAS FIXAS

Aldebaran, também chamada de Al Dabbaran (aquela que vem atrás); Prima Hyadum; Ain

ESTRELA PRIMÁRIA

Nome da estrela:
Aldebaran, também chamada de Al Dabbaran (aquela que vem atrás)

Posição:
8°48'-9°45' de Gêmeos, entre os anos de 1930 e 2000

Magnitude:
1

Força:
★★★★★★★★★★

Órb:
2°30'

Constelação:
Alpha Taurus

Dias:
28, 29, 30 e 31 de maio e 1 e 2 de junho

Qualidades da estrela:
Marte/Mercúrio/ Júpiter

Descrição:
estrela gigante rosa-avermelhada, localizada no olho esquerdo da constelação de Touro

♊

Positivo: compassivo, progressista, ousado, artístico, criativo, ambicioso, trabalhador, vida doméstica estável, força de vontade

Negativo: sonhador, falta de motivação, falta de compaixão, irrealidade, autoritarismo, falta de julgamento, agressividade, falta de confiança, dependência excessiva dos outros, orgulho

Amor & Relacionamentos

Idealista e independente, você muitas vezes tem uma idéia nítida quanto ao que deseja dos seus relacionamentos. No entanto, uma certa inquietude ou ousadia podem criar problemas para você, especialmente se for uma pessoa impaciente ou quiser apressar as pessoas. Como deseja algo fora do comum, há também a possibilidade de ser atraído por relacionamentos incomuns, como, por exemplo, com pessoas de outros países. Todavia, você se livra rapidamente de relacionamentos que não lhe são adequados e com o seu senso prático raramente fica com dor de cotovelo. É provável que você expresse mais os seus pensamentos do que sentimentos, mas, depois que encontrar alguém que estimule positivamente a sua mente, torna-se um companheiro amoroso e leal.

INFLUÊNCIA DA ESTRELA PRIMÁRIA

Aldebaran é uma das quatro Estrelas Reais dos Observadores do Céu e por isso é considerada de grande importância. Ela confere aspirações elevadas, honra, inteligência, eloqüência e integridade. Você é, na maioria das vezes, corajoso e pode alcançar posições de responsabilidade e fortuna. Contudo, em muitos casos, o sucesso pode ser de curta duração. Esta estrela confere uma oratória penetrante e que impressiona, além de habilidade para discutir e debater. Ela também dá a tendência à autodestruição e propensão a discussões. Outras advertências desta estrela dizem respeito ao ciúme provocado em outras pessoas, à formação de inimigos e ao perigo de problemas nos olhos. Ligada ao grau do seu Sol, esta estrela confere uma energia mental extraordinária e a possibilidade de seguir vida e alcançar a realização por meio de uma considerável determinação e persistência. Aldebaran também indica sucesso, especialmente no trato com o público. Esta estrela capacita-o a pensar grande e a se concentrar em projetos vultosos. Uma advertência importante acerca de Aldebaran é a possibilidade de que a fama ou o sucesso sejam conquistados com algum sacrifício ou preço a pagar. A influência mais benéfica desta estrela é a predileção pelo estudo, pela escrita e pela reforma educacional.

- **Positivo**: aptidão teológica, amor pela hermenêutica, expressividade, popularidade
- **Negativo**: notoriedade, falta de concentração, ansiedade

Consulte o Apêndice para obter mais informações a respeito das estrelas fixas.

ALGUÉM ESPECIAL

Para aquele alguém especial, procure entre as pessoas nascidas em uma das seguintes datas:

Amor & amizade: jan: 3, 4, 6, 8, 14, 20, 24; fev: 1, 2, 12, 18, 22; mar: 10, 16, 20, 29, 30; abr: 8, 14, 18, 27, 28; mai: 6, 12, 16, 25, 26, 31; jun: 4, 10, 14, 23, 24, 29; jul: 2, 8, 12, 21, 22, 27; ago: 6, 10, 19, 20, 25; set: 4, 8, 17, 18, 23; out: 2, 6, 15, 16, 21, 30; nov: 4, 13, 14, 19, 28, 30; dez: 2, 11, 12, 17, 26, 18, 30

Relacionamentos benéficos: jan: 4, 8, 21; fev: 1, 2, 6, 19; mar: 4, 17, 28; abr: 2, 15, 16; mai: 13, 24; jun: 11, 22; jul: 9, 20; ago: 7, 18, 31; set: 5, 16, 19; out: 3, 14, 27; nov: 1, 12, 25; dez: 10, 23

Atrações fatais: jan: 3; fev: 1; mai: 31; jun: 29; jul: 27; ago: 25; set: 23; out: 21; nov: 19, 28, 29, 30; dez: 1, 11, 17

Relacionamentos desafiantes: jan: 7, 10, 15, 31; fev: 5, 8, 13, 29; mar: 3, 6, 11, 27; abr: 1, 4, 9, 25; mai: 2, 7, 23; jun: 5, 21; jul: 3, 19; ago: 1, 17; set: 15; out: 13; nov: 11; dez: 9

Alma gêmea: mar: 31; abr: 29; mai: 27; jun: 25; jul: 23; ago: 21; set: 19; out: 17, 29; nov: 17, 29; dez: 13, 25

29 de Maio

Você projeta um charme magnético, amável e despreocupado, que atrai as pessoas e é um dos seus maiores bens. Este dia de aniversário implica que você sabe lidar com as pessoas e pode ser muito popular, com a sua espirituosidade e observações astutas. Contudo, o lado indeciso e incerto da sua natureza pode não ser visível para as outras pessoas, que não podem assim perceber a sua vulnerabilidade sensível.

A dupla influência de Mercúrio, o regente do signo do seu Sol e do seu decanato, acentua a sua habilidade de comunicação e indica que você possui uma personalidade versátil e expressiva. Sendo multitalentoso, você tem interesses por diversos assuntos, mas pode se perder, ao tomar várias direções ao mesmo tempo. Entretanto, você pode ser determinado e resoluto quando tem um objetivo definido em que pode usar as suas habilidades estratégicas e capacidade de empreendimento. Você precisa apenas usar a autodisciplina e a persistência conferida por este dia de aniversário para aproveitar todo o seu potencial, embora haja o perigo de se deixar levar por diversões tentadoras. Evite as tentações da auto-indulgência e previna-se contra a tendência a se preocupar desnecessariamente ou desperdiçar as suas energias.

♊

SOL: GÊMEOS
DECANATO: GÊMEOS/MERCÚRIO
GRAU: 6°30'-8° GÊMEOS
MODO: MUTÁVEL
ELEMENTO: AR

♊

Quando está em uma disposição positiva, você é capaz de expressar alegria de viver e isso pode estimular o interesse pelas artes, especialmente a escrita. Um talento dramático natural pode encorajá-lo a ver a vida como um palco no qual você pode encenar as suas diversas personalidades.

Depois dos 23 anos de idade, quando o seu Sol progredido entra no signo de Câncer, você se torna mais sensível e consciente da importância da segurança, e passa a dar muita atenção à sua vida doméstica. Quando o seu Sol entra no signo de Leão, por volta dos seus 53 anos de idade, há uma forte necessidade de auto-expressão e assertividade, que estimulam a sua sociabilidade e habilidades de liderança.

O Seu Eu Secreto

Você possui nobreza e orgulho interior e senso intrínseco para negócios. O dinheiro pode ser uma fonte de incerteza na sua vida, especialmente porque pode passar por instabilidades financeiras. Embora possa ser muito bem-sucedido, você tem tendência a extravagâncias; faça um planejamento financeiro cuidadoso ou tenha uma poupança ou investimentos de longo prazo.

Caso se sinta limitado, pode encontrar melhores oportunidades correndo alguns riscos ou viajando. Isso também sugere que a novidade e a mudança podem estimulá-lo e inspirá-lo a se realizar. Por meio da fé, você pode aprender a depender dos seus recursos e a superar a dúvida e a incerteza. Se confiar nos seus instintos, você pode, ocasionalmente, ter grandes oportunidades de prosperidade. Isso permite que você se arrisque e venha a ganhar.

Trabalho & Vocação

A sua versatilidade e a necessidade de mudança ou estímulo mental indicam que você deve evitar carreiras muito rotineiras. Naturalmente charmoso e sociável, você tem o sucesso garantido em qualquer ocupação relacionada ao trato com as pessoas. A facilidade com as palavras permite que você seja escritor ou professor, ou que se sobressaia em carreiras ligadas a vendas. Se quiser trabalhar na área de negócios, é provável que você tenha uma maneira criativa de atuar e seja bem-sucedido como agente ou no mundo do turismo. O lado mais teatral da sua natureza pode se realizar por meio da política e de várias formas de *performance*, e você pode trabalhar duro para apoiar uma causa que o interessa. Da mesma maneira, a sua originalidade pode ser expressa pela arte e pela música.

♊

ESTRELAS FIXAS

Aldebaran, também chamada de Al Dabbaran (aquela que vem atrás); Prima Hyadum; Ain

ESTRELA PRIMÁRIA

Nome da estrela:
Aldebaran, também chamada de Al Dabbaran (aquela que vem atrás)

Posição:
8°48'-9°45' de Gêmeos, entre os anos de 1930 e 2000

Magnitude:
1

Força:
★★★★★★★★★★

Órb:
2°30'

Constelação:
Alpha Taurus

Dias:
28, 29, 30 e 31 de maio e 1 e 2 de junho

Qualidades da estrela:
Marte/Mercúrio/ Júpiter

Descrição:
estrela gigante rosa-avermelhada, localizada no olho esquerdo da constelação de Touro

♊

Numerologia

Como um indivíduo número 29, você possui uma personalidade poderosa e um potencial extraordinário. Você é uma pessoa altamente intuitiva, sensível e emotiva. A inspiração é a chave do seu sucesso e sem ela você pode experimentar uma falta de propósito na vida. Apesar de ser um verdadeiro sonhador, os lados extremos da sua natureza indicam que você precisa evitar se levar por alterações de humor. Se confiar nos seus sentimentos mais profundos e abrir seu coração para as pessoas, você pode superar a tendência à preocupação ou a usar a sua mente como uma armadura defensiva. Use os seus pensamentos criativos para alcançar algo especial e único que possa motivar ou servir as outras pessoas. A subinfluência do mês número 5 indica que você se beneficia se pensar de modo independente. O conhecimento aumenta a sua autoconfiança e poder de persuasão. Com aptidão para lidar com detalhes, você guarda os seus pensamentos para si mesmo e prefere a posição de observador.

Positivo: inspiração, equilíbrio, paz interior, generosidade, sucesso, criatividade, intuição, misticismo, sonhos poderosos, mundanismo, fé

Negativo: falta de objetivo, insegurança, nervosismo, mau humor, temperamento de difícil trato, extremismo, falta de consideração, excesso de sensibilidade

Amor & Relacionamentos

Sensível e idealista, você é também charmoso e romântico, com um coração poético. Para você é fácil fazer amigos e cativar as pessoas com a sua personalidade amável e talentos criativos. Contudo, você é uma pessoa inquieta e nervosa e pode ficar indeciso quanto aos seus sentimentos. Como é provável que se entedie com facilidade, você pode se interessar por pessoas diferentes ao mesmo tempo. Mesmo capaz de fazer muitos sacrifícios na sua vida amorosa, você pode também ficar frio ou excessivamente sério. No entanto, você é uma pessoa generosa com as pessoas que ama e, quando está com uma disposição positiva, pode ser muito divertido. Você está sempre procurando por um parceiro sensível e compreensivo e que tenha fé nas suas habilidades.

INFLUÊNCIA DA ESTRELA PRIMÁRIA

Aldebaran é uma das quatro Estrelas Reais dos Observadores do Céu e por isso é considerada de grande importância. Ela confere aspirações elevadas, honra, inteligência, eloqüência e integridade. Você é, na maioria das vezes, corajoso e pode alcançar posições de responsabilidade e fortuna. Contudo, em muitos casos, o sucesso pode ser de curta duração. Esta estrela confere uma oratória penetrante e que impressiona, além de habilidade para discutir e debater. Ela também dá a tendência à autodestruição e propensão a discussões. Outras advertências desta estrela dizem respeito ao ciúme provocado em outras pessoas, à formação de inimigos e ao perigo de problemas nos olhos. Ligada ao grau do seu Sol, esta estrela confere uma energia mental extraordinária e a possibilidade de seguir vida e alcançar a realização por meio de uma considerável determinação e persistência. Aldebaran também indica sucesso, especialmente no trato com o público. Esta estrela capacita-o a pensar grande e a se concentrar em projetos vultosos. Uma advertência importante acerca de Aldebaran é a possibilidade de que a fama ou o sucesso sejam conquistados com algum sacrifício ou preço a pagar. A influência mais benéfica desta estrela é a predileção pelo estudo, pela escrita e pela reforma educacional.

Positivo: aptidão teológica, amor pela hermenêutica, expressividade, popularidade

Negativo: notoriedade, falta de concentração, ansiedade

Consulte o Apêndice para obter mais informações a respeito das estrelas fixas.

ALGUÉM ESPECIAL

Você pode encontrar um parceiro amoroso entre as pessoas nascidas em uma das seguintes datas:

Amor & amizade: jan: 21, 25, 30; fev: 19, 23; mar: 17, 21, 30; abr: 15, 19, 28, 29; mai: 13, 17, 26, 27, 31; jun: 11, 15, 24, 25, 30; jul: 9, 13, 22, 23, 28; ago: 7, 11, 20, 21, 26; set: 5, 9, 18, 19, 23, 24, 28; out: 3, 7, 16, 17, 22, 26, 29; nov: 1, 5, 14, 15, 20, 24, 27; dez: 3, 12, 13, 18, 22, 25, 27, 29

Relacionamentos benéficos: jan: 5, 13, 16, 22, 28; fev: 3, 11, 14, 20, 26; mar: 1, 9, 12, 18, 24, 29; abr: 7, 10, 16, 22, 27; mai: 5, 8, 14, 20, 25 ; jun: 3, 6, 12, 18, 23; jul: 1, 4, 10, 16, 21; ago: 2, 8, 14, 19; set: 6, 12, 17; out: 4, 10, 15; nov: 2, 8, 13; dez: 6, 11

Atrações fatais: jun: 30; jul: 28; ago: 26; set: 24; out: 22; nov: 20, 28, 29, 30; dez: 1, 18

Relacionamentos desafiantes: jan: 2, 23, 30; fev: 21, 28; mar: 19, 26, 28; abr: 17, 24, 26; mai: 15, 22, 24; jun: 13, 20, 22; jul: 11, 18, 20; ago: 16, 18, 19; set: 7, 14, 16; out: 5, 12, 14; nov: 3, 10, 12; dez: 1, 8, 10

Alma gêmea: jan: 14, 22; fev: 12, 20; mar: 10, 18; abr: 8, 16; mai: 6, 14; jun: 4, 12; jul: 2, 10; ago: 8; set: 6; out: 4; nov: 2

30 de Maio

O seu aniversário em Gêmeos mostra que você é uma pessoa versátil, falante e sociável, e que tem um senso de humor natural. A sua expressividade e sua mente rápida garantem o seu brilho em situações sociais, com uma ênfase particular em contatos pessoais. Mercúrio, o regente do signo do seu Sol e decanato, dá-lhe uma mente astuta e ágil e o insight para tirar proveito das situações. A sua sede de conhecimento e seu intelecto aguçado podem levá-lo a se envolver em diversos tipos de atividades. Porém, devido ao seu sistema nervoso altamente ativado, evite a inquietude ou desperdiçar as suas energias com diversos interesses.

A confiança no seu bom senso lhe dá a habilidade de lidar com todas as situações e, com resistência, você possui a determinação para ser bem-sucedido. Por intermédio da perseverança você pode superar as dificuldades e se fortalecer. Como tem um sexto sentido para saber quais são as motivações das pessoas, você é um psicólogo nato, que gosta de debates amistosos mas competitivos. Você, em geral, fala com clareza e gosta de uma boa discussão ou debate, mas precisa evitar se tornar muito provocativo ou brigão. Usando a sua habilidade diplomática e percepção, você é capaz de perceber se está pressionando demais as situações ou pessoas, mas pode compensar isso com a sua generosidade.

♊

SOL: GÊMEOS
DECANATO: GÊMEOS/MERCÚRIO
GRAU: 7°30'-9° GÊMEOS
MODO: MUTÁVEL
ELEMENTO: AR

♊

Na sua juventude, há uma influência significativa de uma figura masculina forte, que pode ser o pai ou um tio. Depois dos 22 anos de idade, quando o seu Sol progredido entra no signo de Câncer, você se torna mais interessado na vida doméstica ou em encontrar uma base segura. Essa virada enfatiza também a sua crescente necessidade de amor, compreensão e segurança emocional. A partir dos 52 anos de idade, você receberá uma injeção de autoconfiança, com a realização mais profunda das próprias habilidades pessoais.

O Seu Eu Secreto

O seu senso pessoal nobre e dramático garante que você é uma pessoa amorosa e gentil e que responde bem ao amor e à afeição. Você muitas vezes é uma pessoa orgulhosa e considera importante causar uma boa impressão nos outros. Embora seja generoso com as pessoas que ama, se sentir hostilidade pode ficar irritado e de mau humor. Com a velocidade do seu pensamento e respostas rápidas, você muitas vezes projeta a sua extrema sensibilidade.

Você tem o desejo de ter algo mais profundo e substancial, que possa expressar o lado mais sério e ponderado da sua personalidade. Como é altamente intuitivo, deve aprender a confiar nos seus instintos e desenvolver uma maneira de entrar em contato com a sua grande sabedoria interior. A necessidade de se expressar indica que você possui sentimentos intensos e poderosos e uma grande capacidade criativa. Se essas habilidades forem bem desenvolvidas, você pode não apenas eliminar as suas frustrações emocionais, como também ser altamente criativo.

Trabalho & Vocação

O seu talento com as palavras e seu intelecto agudo fazem de você um excelente candidato a escritor, professor, promotor ou negociador. Da mesma maneira, com o seu jeito para lidar com as pessoas, você pode se sobressair como agente, vendedor ou relações públicas. Um psicólogo natural, você pode ter ocupações que envolvam o contato pessoal, como terapia ou medicina, que podem ser especialmente gratificantes. O mundo do entretenimento e da arte atrai o seu senso de auto-expressão criativa e amor pelo dramático; a sua capacidade de liderança, sua habilidade de organização e seu planejamento estratégico podem também levá-lo ao mundo do comércio. Aqui, você pode se desafiar por meio do envolvimento em grandes projetos e compartilhando o seu conhecimento com as outras pessoas.

Numerologia

Criatividade, amizade e sociabilidade são apenas alguns dos atributos associados ao dia de aniversário número 30. Ambicioso e com potencial criativo, você pode pegar as idéias e expandi-las no seu estilo dramático. Com o dia de aniversário número 30, você gosta de ter uma boa vida e pode ser uma pessoa extremamente carismática e expansiva. Como possui fortes sentimentos, o estar apaixonado é um requisito vital. Na sua busca pela felicidade, evite a preguiça e a auto-indulgência, bem como a tendência a ser impaciente ou ciumento, pois isso pode provocar uma instabilidade emocional. Entre os que têm o dia de aniversário número 30, muitos terão reconhecimento ou fama, especialmente como músicos, atores ou comediantes. A subinfluência do mês número 5 indica que você precisa desenvolver uma perspectiva mais prática. Use a sua inteligência, sua visão e seu poder criativo de modo construtivo e desenvolva uma base sólida. Conclua as suas tarefas e não abandone os projetos no meio. O trabalho duro e a cooperação trazem grandes recompensas. Para conseguir o que quer, use o tato e a diplomacia.

♊

ESTRELA FIXA

Nome da estrela:
Aldebaran, também chamada de Al Dabbaran (aquela que vem atrás)

Posição:
8°48'-9°45' de Gêmeos, entre os anos de 1930 e 2000

Magnitude:
1

Força:
★★★★★★★★★★

Orb:
2°30'

Constelação:
Alpha Taurus

Dias:
28, 29, 30 e 31 de maio e 1 e 2 de junho

Qualidades da estrela:
Marte/Mercúrio/ Júpiter

Descrição:
estrela gigante rosa-avermelhada, localizada no olho esquerdo da constelação de Touro

♊

Positivo: amante das diversões, leal, amistoso, boa capacidade de síntese, talento com as palavras, criatividade, sorte

Negativo: preguiça, obstinação, comportamento errático, impaciência, insegurança, indiferença, desperdício de energia

Amor & Relacionamentos

Jovial e expansivo, você tem um lado irrequieto que o mantém constantemente interessado em conhecer pessoas e lugares novos. Sendo naturalmente sociável e tendo poder de discernimento, você não tem problemas para atrair amigos e admiradores. A sua necessidade de diversão o faz conhecer todo o tipo de pessoas. Muitas vezes impulsivo no amor, você pode experimentar atrações fortes. Entretanto, a tendência a oscilações de humor indica que você precisa desenvolver uma perspectiva mais madura para superar as dificuldades nos seus relacionamentos. Você pode se sentir atraído por pessoas que inspirem a sua criatividade ou o ajudem a se conectar com a sua visão interior.

INFLUÊNCIA DA ESTRELA PRIMÁRIA

Aldebaran é uma das quatro Estrelas Reais dos Observadores do Céu e por isso é considerada de grande importância. Ela confere aspirações elevadas, honra, inteligência, eloqüência e integridade. Você é, na maioria das vezes, corajoso e pode alcançar posições de responsabilidade e fortuna. Contudo, em muitos casos, o sucesso pode ser de curta duração. Esta estrela confere uma oratória penetrante e que impressiona, além de habilidade para discutir e debater. Ela também dá a tendência à autodestruição e propensão a discussões. Outras advertências desta estrela dizem respeito ao ciúme provocado em outras pessoas, à formação de inimigos e ao perigo de problemas nos olhos. Ligada ao grau do seu Sol, esta estrela confere uma energia mental extraordinária e a possibilidade de seguir vida e alcançar a realização por meio de uma considerável determinação e persistência. Aldebaran também indica sucesso, especialmente no trato com o público. Esta estrela capacita-o a pensar grande e a se concentrar em projetos vultosos. Uma advertência importante acerca de Aldebaran é a possibilidade de que a fama ou o sucesso sejam conquistados com algum sacrifício ou preço a pagar. A influência mais benéfica desta estrela é a predileção pelo estudo, pela escrita e pela reforma educacional.

- **Positivo**: aptidão teológica, amor pela hermenêutica, expressividade, popularidade
- **Negativo**: notoriedade, falta de concentração, ansiedade

ALGUÉM ESPECIAL

Para encontrar o amor e relacionamentos duradouros, procure por alguém nascido em uma das seguintes datas:

Amor & amizade: jan: 6, 7, 16, 18, 22, 26; fev: 4, 14, 20, 24; mar: 2, 12, 18, 22; abr: 10, 16, 20, 30; mai: 8, 14, 18, 28; jun: 6, 12, 16, 26; jul: 4, 10, 14, 24, 31; ago: 2, 4, 8, 12, 22, 29; set: 6, 10, 20, 27; out: 4, 8, 18, 25; nov: 2, 6, 16, 23, 30; dez: 4, 14, 18, 21, 28, 30

Relacionamentos benéficos: jan: 6, 17, 23, 31; fev: 4, 15, 21, 29; mar: 2, 13, 19, 27, 30; abr: 11, 17, 25, 28; mai: 9, 15, 23, 26; jun: 7, 13, 21, 24; jul: 5, 11, 19, 22; ago: 3, 9, 17, 20; set: 1, 7, 15, 18, 30; out: 5, 13, 16, 28; nov: 3, 11, 14, 26; dez: 1, 9, 12, 24

Atrações fatais: nov: 29, 30; dez: 1, 2

Relacionamentos desafiantes: jan: 24; fev: 22; mar: 20, 29; abr: 18, 27, 29; mai: 6, 16, 25, 27, 30; jun: 14, 22, 25, 28; jul: 12, 21, 23, 26; ago: 10, 19, 21, 24; set: 8, 17, 19, 22; out: 6, 15, 17, 20; nov: 4, 13, 15, 18; dez: 2, 11, 13, 16

Alma gêmea: jan: 13; fev: 11; mar: 9; abr: 7; mai: 5; jun: 3, 30; jul: 1, 28; ago: 26; set: 24; out: 22; nov: 20, dez: 18

31 de Maio

Força de vontade, charme e inteligência são qualidades do seu dia de aniversário em Gêmeos. Ser idealista e prático o ajuda a transformar suas diversas idéias e visões em realidade. Você é abençoado com a habilidade de saber trabalhar com as pessoas e em geral é quem inicia ou lidera as idéias.

O impacto duplo de Mercúrio, que é o regente do seu Sol e decanato, enfatiza a sua mente ágil e aponta a importância da educação, formal ou autodidata, para desenvolver as suas extraordinárias capacidades mentais. Com habilidade natural para ensinar, você é normalmente uma pessoa informada em questões práticas ou intelectuais e pode iluminar as outras pessoas com o seu conhecimento. Além de ser um pensador criativo, você possui habilidade para escrever, para a diplomacia e interesse por línguas e literatura.

Embora seja idealista, você pode ter bastante consciência da importância do dinheiro e gosta da beleza e do luxo. No entanto, precisa se prevenir contra o excesso de vaidade e extravagâncias. O uso da sua boa capacidade intelectual tem um papel importante no seu sucesso, por isto o ideal é que você trabalhe ou tenha atividades que o desafiem mentalmente. Como deve ser uma pessoa trabalhadora, charmosa e muito inteligente, você precisa apenas ter disciplina para aproveitar ao máximo o seu extraordinário potencial.

> ♊
> *SOL: GÊMEOS*
> *DECANATO: GÊMEOS/MERCÚRIO*
> *GRAU: 8°30'-10° GÊMEOS*
> *MODO: MUTÁVEL*
> *ELEMENTO: AR*
> ♊

Depois dos 21 anos de idade, quando o seu Sol progredido entra no signo de Câncer, há uma forte ênfase na vida doméstica, familiar e na construção de uma base sólida. É provável que você experimente uma necessidade crescente de intimidade pessoal e segurança emocional. Essa influência prossegue até os 51 anos de idade, quando o seu Sol progredido entra no signo de Leão, e dá início a um período que acentua a sua criatividade, confiança, autoridade e força.

O Seu Eu Secreto

Embora pareça ser uma pessoa independente, a sua necessidade de ter relacionamentos próximos sugere que você pode se sentir incompleto sem um bom parceiro. Um bom amigo, você muitas vezes está disposto a fazer sacrifícios pelas outras pessoas. Embora possa dar o seu amor, seu tempo e se comprometer, é importante também que você tenha consciência de um equilíbrio entre dar e receber. Se fizer muitas concessões em nome da segurança, há o perigo de cair em uma posição de dependência.

A sua sensibilidade interior e seus ideais elevados podem ser inspirados pela paz, e para você é muitas vezes difícil viver em um ambiente de discórdia ou tensão. O seu desejo de amor pode ser expresso pela dedicação a um ideal, arte ou música, ou você pode se sentir atraído por experiências místicas. As pessoas naturalmente vêm a você em busca de sua competência e sua compreensão.

Trabalho & Vocação

Jovial e com uma inteligência rápida, você possui uma memória excepcional que sugere que você pode dar uma valiosa contribuição em qualquer carreira profissional. O amor pelos fatos e o talento com as palavras podem levá-lo a escrever, a trabalhar em bibliotecas ou estatísticas. Com a sua habilidade para liderar e o seu amor pelo conhecimento, você pode ser levado ao magistério, seja em salas de aula ou no mundo dos negócios. A atração pelas ocupações relacionadas ao trato pessoal pode levá-lo a uma carreira em relações públicas, como promotor ou publicitário. Como é possível que seja uma pessoa criativa, você pode se realizar como agente no campo artístico, na indústria da beleza ou em carreiras musicais ou artísticas.

ESTRELA FIXA

Nome da estrela:
Aldebaran, também chamada de Al Dabbaran (aquela que vem atrás)

Posição:
8°48'-9°45' de Gêmeos, entre os anos de 1930 e 2000

Magnitude:
1

Força:
★★★★★★★★★★

Órb:
2°30'

Constelação:
Alpha Taurus

Dias:
28, 29, 30 e 31 de maio e 1 e 2 de junho

Qualidades da estrela:
Marte/Mercúrio/ Júpiter

Descrição:
estrela gigante rosa-avermelhada, localizada no olho esquerdo da constelação de Touro

Numerologia

Muita força de vontade, determinação e ênfase na auto-expressão são indicados pelo dia de aniversário número 31. Você muitas vezes combina a sua intuição e a habilidade prática para tomar as decisões certas. Com o dia de aniversário número 31, você possui idéias originais, um bom senso de forma e habilidade para ser bem-sucedido nos negócios, se seguir o próprio ritmo e um plano de ação prático. Boa sorte e oportunidades felizes também são sugeridas por este dia de aniversário, e você pode ser bem-sucedido se transformar os seus passatempos em empreendimentos lucrativos. Como é provável que seja uma pessoa trabalhadora, é vital que tenha tempo para namorar e se divertir. A subinfluência do mês número 5 indica que você é uma pessoa idealista e corajosa. Embora em geral seja despreocupado, você possui fortes convicções. Você aparenta ser tranqüilo e distante, mas pode ser sensível e nervoso. Ser paciente e concentrado nos seus objetivos pode ajudá-lo a evitar o desperdício das suas energias. Não desista no meio de um projeto ou curso.

Positivo: sortudo, criativo, original, construtivo, nunca desiste, prático, bom papo, responsável

Negativo: insegurança, impaciência, desconfiança, facilmente desencorajado, falta de ambição, egoísmo, teimosia

Amor & Relacionamentos

Expansivo e prático, com uma disposição vigorosa, você é uma pessoa dominadora mas sedutora. Muitas vezes a sua habilidade diplomática mantém a harmonia dos seus relacionamentos. O sucesso freqüentemente vem como resultado do seu esforço e trabalho e você prefere a companhia de pessoas trabalhadoras e bem-sucedidas. Sempre procurando pela sua alma gêmea, você acredita na união e é leal com o seu parceiro. Às vezes, quando não recebe a atenção ou afeição de que precisa, pode se mostrar mal-humorado ou ciumento.

INFLUÊNCIA DA ESTRELA PRIMÁRIA

Aldebaran é uma das quatro Estrelas Reais dos Observadores do Céu e por isso é considerada de grande importância. Ela confere aspirações elevadas, honra, inteligência, eloqüência e integridade. Você é, na maioria das vezes, corajoso e pode alcançar posições de responsabilidade e fortuna. Contudo, em muitos casos, o sucesso pode ser de curta duração. Esta estrela confere uma oratória penetrante e que impressiona, além de habilidade para discutir e debater. Ela também dá a tendência à autodestruição e propensão a discussões. Outras advertências desta estrela dizem respeito ao ciúme provocado em outras pessoas, à formação de inimigos e ao perigo de problemas nos olhos. Ligada ao grau do seu Sol, esta estrela confere uma energia mental extraordinária e a possibilidade de seguir vida e alcançar a realização por meio de uma considerável determinação e persistência. Aldebaran também indica sucesso, especialmente no trato com o público. Esta estrela capacita-o a pensar grande e a se concentrar em projetos vultosos. Uma advertência importante acerca de Aldebaran é a possibilidade de que a fama ou o sucesso sejam conquistados com algum sacrifício ou preço a pagar. A influência mais benéfica desta estrela é a predileção pelo estudo, pela escrita e pela reforma educacional.

- **Positivo**: aptidão teológica, amor pela hermenêutica, expressividade, popularidade
- **Negativo**: notoriedade, falta de concentração, ansiedade

ALGUÉM ESPECIAL

Você pode encontrar um parceiro que irá compreender a sua sensibilidade e a necessidade de amor entre as pessoas nascidas em uma das seguintes datas:

Amor & amizade: jan: 1, 4, 9, 27, 29; fev: 2, 25, 27; mar: 23, 25; abr: 21, 23; mai: 19, 21, 29; jun: 17, 19, 27; jul: 15, 17, 25; ago: 13, 15, 23; set: 11, 13, 21; out: 9, 11, 19; nov: 7, 9, 17; dez: 5, 7, 15, 19

Relacionamentos benéficos: jan: 3, 10, 15, 18; fev: 1, 8, 13, 16; mar: 6, 11, 14, 29, 31; abr: 4, 9, 12, 27, 29; mai: 2, 7, 10, 25, 27; jun: 5, 8, 23, 25; jul: 3, 6, 21, 23; ago: 1, 4, 19, 21; set: 2, 17, 19; out: 15, 17; nov: 13, 15; dez: 11, 13

Atrações fatais: abr: 30; mai: 28; jun: 26; jul: 24; ago: 22; set: 20; out: 18; nov: 16; dez: 1, 2, 3, 14

Relacionamentos desafiantes: jan: 9, 14, 16, 25; fev: 7, 12, 14, 23; mar: 5, 10, 12, 21, 28, 30; abr: 3, 8, 10, 19, 26, 28; mai: 1, 6, 8, 17, 24, 26; jun: 4, 6, 15, 22, 24; jul: 2, 4, 13, 20, 22; ago: 2, 11, 18, 20; set: 9, 16, 18; out: 7, 14, 16; nov: 5, 12, 14; dez: 3, 10, 12

Alma gêmea: dez: 29

1º de Junho

O seu dia de aniversário em Gêmeos mostra que você pode ser mentalmente rápido e intuitivo, versátil e ter uma disposição jovial. Como o seu planeta regente, Mercúrio, é o mensageiro dos deuses, ele lhe dá capacidade de comunicação e um sistema nervoso sensível. Com a subinfluência do regente do seu decanato, Libra, você é uma pessoa carismática, com habilidade para ser persuasivo e charmoso. Isso amplia as suas habilidades sociais e artísticas e mostra que você gosta de um toque de *glamour* e é uma pessoa atraente.

O seu magnetismo pessoal e a necessidade de constante variedade irão atrair muitas pessoas e experiências diferentes na sua vida, com a possibilidade de contatos no exterior. Embora tenha muitos interesses e talentos, às vezes você pode ser extremamente concentrado nos seus objetivos. A sua capacidade para trabalhar duro, combinada com a sua fé no resultado dos seus esforços, é a garantia do seu sucesso. Sendo desapegado e distante e aprendendo a trabalhar com um criticismo construtivo, você pode superar qualquer tendência ao excesso de sensibilidade ou dogmatismo. É especialmente importante que você tenha um plano de ação e conclua as suas tarefas e atividades. As mulheres podem muitas vezes apoiá-lo nos seus esforços e dar uma ajuda considerável nos seus empreendimentos.

♊

SOL: GÊMEOS
DECANATO: LIBRA/VÊNUS
GRAU: 9°30'-11° GÊMEOS
MODO: MUTÁVEL
ELEMENTO: AR

♊

Freqüentemente dotado de percepção e sensibilidade, você pode usar a sua imaginação na área musical ou artística ou manifestar os seus sonhos idealistas; você pode também desenvolver os seus poderes psíquicos e se interessar por assuntos espirituais.

A sua mente ágil e receptiva permite que você apreenda idéias e informações muito rapidamente, mas depois dos 20 anos de idade, quando o seu Sol progredido entra no signo de Câncer, você dará mais importância à segurança emocional, à vida doméstica e familiar. Você pode estabelecer uma base a partir da qual pode se aventurar em outras áreas. Aos 50 anos de idade, há uma outra grande mudança na sua vida, quando o seu Sol progredido entra no signo de Leão. Isso faz com que você se sinta mais forte, mais assertivo e confiante.

O Seu Eu Secreto

Embora deseje harmonia em um nível interior, os seus testes podem se relacionar com a sua atitude em relação a dinheiro e questões materiais. Você pode oscilar entre sentir dúvida em relação a si mesmo e correr grandes riscos. Enfrentando os seus medos, você pode realmente encontrar a fé e aproveitar o que a vida tem a lhe oferecer. Apesar de despreocupado e aventureiro, com a maturidade há uma ênfase na responsabilidade. Ao ser responsável pelas suas ações e lidar com as situações de maneira justa, a vida lhe trará muitas recompensas.

Você sempre terá um traço jovial que se manifestará por meio da criatividade e da diversão. No entanto, às vezes você pode ficar desapontado pelas suas expectativas em relação aos outros e deve tomar cuidado para não cair em excessos para compensar. O seu crescimento espiritual deve vir por meio do aprendizado do distanciamento e do desapego e quando aprender a compartilhar ou trabalhar com os outros em um espírito de cooperação.

Trabalho & Vocação

A sua auto-expressão pioneira e agilidade mental podem ser a base da sua carreira profissional. Com a sua capacidade natural de comunicação, você tem a habilidade para ser um vendedor ou promotor persuasivo. Da mesma maneira, você pode se interessar por jornalismo, magistério, escrita, música ou teatro. A influência deste dia de aniversário também sugere que você pode se interessar ou trabalhar em outros países. Como está sempre antenado com o inconsciente coletivo da sua geração, você pode expressar isso por meio de alguma forma artística. Todavia, circunstâncias instáveis no seu ambiente de trabalho indicam mudanças na sua vida profissional.

♊

ESTRELA FIXA

Nome da estrela:
Aldebaran, também chamada de Al Dabbaran (aquela que vem atrás)

Posição:
8°48'-9°45' de Gêmeos, entre os anos de 1930 e 2000

Magnitude:
1

Força:
★★★★★★★★★★

Órb:
2°30'

Constelação:
Alpha Taurus

Dias:
28, 29, 30 e 31 de maio e 1 e 2 de junho

Qualidades da estrela:
Marte/Mercúrio/ Júpiter

Descrição:
estrela gigante rosa-avermelhada, localizada no olho esquerdo da constelação de Touro

♊

Numerologia

Como um indivíduo número 1, você tem inclinação a ser individualista, inovador e corajoso, com muita energia. Freqüentemente, há a necessidade de estabelecer uma forte identidade e desenvolver a assertividade. O espírito pioneiro aqui indicado o encoraja a se aventurar sozinho nos seus empreendimentos. Essa força pode também estimulá-lo a desenvolver habilidades executivas e de organização. Cheio de entusiasmo e idéias originais, você pode mostrar às pessoas o caminho a seguir. Com o dia de aniversário número 1, você precisa também aprender que o mundo não gira ao seu redor e evitar a inclinação a ser autocentrado e ditatorial. A subinfluência do mês número 6 indica que você precisa ser mais flexível e receptivo às necessidades dos outros. Embora seja autoconfiante, você não deve ser negligente com as responsabilidades familiares. Com perseverança e determinação, você pode desenvolver a paciência e a tolerância. Com força de vontade e disciplina, você pode ser honesto e verdadeiro consigo mesmo e com os outros. Encontre a segurança na sabedoria e conhecimento por meio dos estudos e da educação.

⬆ **Positivo**: liderança, criatividade, progressista, vigoroso, otimista, fortes convicções, competitivo, independente, gregário

⬇ **Negativo**: arrogante, egotista, muito orgulhoso, hostil, falta de controle, egoísta, fraco, hesitante, impaciente

Amor & Relacionamentos

Ainda que possa atrair muitos tipos de pessoas, você precisa selecionar os seus amigos. Muitas vezes você alterna entre expressar muito os seus pensamentos e sentimentos e ser emocionalmente frio e isolado. Como é provável que o charme seja um dos seus bens mais valiosos, a sua personalidade carismática garante que você atrairá muito amigos e amantes. Pode haver um certo clima de incerteza quanto ao que você realmente deseja e muitas vezes o seu desafio é manter relacionamentos harmônicos e independentes. Como você se interessa por pessoas intelectualizadas, é uma política positiva compartilhar informações e interesses comuns com os seus amigos.

INFLUÊNCIA DA ESTRELA PRIMÁRIA

Aldebaran é uma das quatro Estrelas Reais dos Observadores do Céu e por isso é considerada de grande importância. Ela confere aspirações elevadas, honra, inteligência, eloqüência e integridade. Você é, na maioria das vezes, corajoso e pode alcançar posições de responsabilidade e fortuna. Contudo, em muitos casos, o sucesso pode ser de curta duração. Esta estrela confere uma oratória penetrante e que impressiona, além de habilidade para discutir e debater. Ela também dá a tendência à autodestruição e propensão a discussões. Outras advertências desta estrela dizem respeito ao ciúme provocado em outras pessoas, à formação de inimigos e ao perigo de problemas nos olhos. Ligada ao grau do seu Sol, esta estrela confere uma energia mental extraordinária e a possibilidade de seguir vida e alcançar a realização por meio de uma considerável determinação e persistência. Aldebaran também indica sucesso, especialmente no trato com o público. Esta estrela capacita-o a pensar grande e a se concentrar em projetos vultosos. Uma advertência importante acerca de Aldebaran é a possibilidade de que a fama ou o sucesso sejam conquistados com algum sacrifício ou preço a pagar. A influência mais benéfica desta estrela é a predileção pelo estudo, pela escrita e pela reforma educacional.

- **Positivo**: aptidão teológica, amor pela hermenêutica, expressividade, popularidade
- **Negativo**: notoriedade, falta de concentração, ansiedade

ALGUÉM ESPECIAL

Você terá mais sorte com alguém que tenha nascido em uma das seguintes datas:

Amor & amizade: jan: 9, 13, 23, 25, 27; fev: 7, 21, 23, 25; mar: 5, 19, 21, 23, 29; abr: 3, 17, 19, 21, 27, 30; mai: 1, 15, 17, 19, 25; jun: 13, 15, 17, 23, 26; jul: 11, 13, 15, 21, 24; ago: 9, 11, 13, 19, 22; set: 7, 9, 11, 17, 20; out: 5, 7, 9, 15, 18; nov: 3, 5, 7, 13, 16; dez: 1, 3, 5, 11, 14

Relacionamentos benéficos: jan: 2, 4, 7; fev: 2, 5; mar: 3; abr: 1; mai: 31; jun: 29; jul: 27, 31; ago: 25, 29; set: 23, 27; out: 21, 25; nov: 19, 23; dez: 17, 21

Atrações fatais: jan: 8, 14; fev: 6, 12; mar: 4, 10; abr: 2, 8; mai: 6; jun: 4; jul: 2; dez: 2, 3, 4

Relacionamentos desafiantes: jan: 6, 19, 29; fev: 14, 19; mar: 12, 17; abr: 10, 15; mai: 8, 13; jun: 6, 11; jul: 4, 9; ago: 2, 7; set: 5; out: 3; nov: 9, 26; dez: 7, 24, 29

Alma gêmea: jan: 16, 21; fev: 14, 19; mar: 12, 17; abr: 10, 15; mai: 8, 13; jun: 6, 11; jul: 4, 9; ago: 2, 7; set: 5; out: 3; nov: 1

2 de Junho

O seu dia de aniversário o distingue como uma pessoa trabalhadora, amigável e popular que pode ser bem-sucedida. Embora seja independente, com o seu charme e seu poder de percepção você se sai muito bem no trabalho com outras pessoas em um nível pessoal ou em equipes. Como possui habilidades de organização superiores, isso pode contribuir para a combinação de negócios e prazer.

A subinfluência do seu decanato de Libra confere um talento artístico inato e amor pela beleza e pelo luxo. As habilidades diplomáticas que essa influência também confere certamente o ajudam nos seus relacionamentos e aumentam o seu dom para ser um negociador articulado. Porém, você deve evitar o mau uso do poder de oratória, como fazer comentários ríspidos quando está irritado, obstinado e voluntarioso. Esse lado mais obstinado e rebelde da sua personalidade contrasta com o elemento sensível e compassivo da sua natureza. Como gosta de manter o controle, você raramente mostra esse seu lado para as outras pessoas.

♊
SOL: GÊMEOS
DECANATO: LIBRA/VÊNUS
GRAU: 10°30'-12° GÊMEOS
MODO: MUTÁVEL
ELEMENTO: AR

Mesmo que possua senso comum e um forte poder de visão para transformar seus sonhos em realidade, tome cuidado com as diversões que podem desviá-lo das suas metas idealistas. Isso sugere que tendências como a preguiça ou os excessos sociais podem minar o seu verdadeiro potencial. Contudo, quando está inspirado, você se dispõe a trabalhar arduamente e certamente possui os talentos e a determinação para alcançar os seus objetivos.

Depois dos 19 anos de idade, quando o seu Sol progredido entra no signo de Câncer, as questões relativas à segurança, à vida doméstica e à familiar se tornam proeminentes na sua vida e sugerem que você ficará mais consciente da sua vida emocional. Esta tendência prossegue até os 49 anos de idade, quando o seu Sol progredido entra no signo de Leão e você entra em uma fase de crescente vitalidade e confiança e desenvolve um interesse maior na sua auto-expressão pessoal.

O Seu Eu Secreto

Inteligente e rápido para avaliar as pessoas e situações, você reconhece o poder do conhecimento. A sua nobreza interior e seu senso dramático lhe dão liderança e confiança. Como você é extremamente capaz, pode se surpreender quando entra em fases em que duvida de si mesmo e tem sentimentos de inferioridade. Felizmente, porque é altamente intuitivo, você percebe em um nível mais profundo as próprias falhas e pode trabalhar para se auto-aperfeiçoar. Portanto, a educação em todas as suas formas o beneficia e o ajuda a alcançar as suas metas e até mais do que isto.

As suas responsabilidades podem incluir a sua casa e família, que, provavelmente, desempenham um importante papel na sua vida. Evite a rotina e se expanda em todas as áreas da sua vida. Embora às vezes pareça ser dogmático ou autoritário, a sua veia humanitária sugere que você muitas vezes pode se oferecer como voluntário para ajudar as outras pessoas com as suas habilidades.

Trabalho & Vocação

A sua compreensão rápida das pessoas e seu charme garantem o seu sucesso em carreiras como vendas, promoções e relações públicas. Se estiver no mundo do comércio, você prefere trabalhar em atividades que envolvam o dinheiro de outras pessoas ou, de forma semelhante, pode ser um excelente comprador, agente ou negociador. A sua veia humanitária também pode levá-lo a profissões como consultoria e outras ocupações de responsabilidade social. Com uma mente inventiva e inovadora você pode se interessar por ciência ou tecnologia; a sua imaginação e seu talento visual podem se manifestar por meio da fotografia, do teatro ou da música. O trabalho em parceria ou em grupo pode ser especialmente benéfico para você.

♊

ESTRELA FIXA

Nome da estrela:
Aldebaran, também chamada de Al Dabbaran (aquela que vem atrás)

Posição:
8°48'-9°45' de Gêmeos, entre os anos de 1930 e 2000

Magnitude:
1

Força:
★★★★★★★★★★

Órb:
2°30'

Constelação:
Alpha Taurus

Dias:
28, 29, 30 e 31 de maio e 1 e 2 de junho

Qualidades da estrela:
Marte/Mercúrio/ Júpiter

Descrição:
estrela gigante rosa-avermelhada, localizada no olho esquerdo da constelação de Touro

♊

Numerologia

Sensibilidade e uma forte necessidade de pertencer a um grupo são sugeridos pelo dia de aniversário número 2. Adaptável e compreensivo, você gosta de atividades cooperativas nas quais possa interagir com outras pessoas. Quando tenta agradar as pessoas de quem gosta, você corre o risco de se tornar excessivamente dependente. No entanto, desenvolvendo a confiança, você pode superar a tendência a ser facilmente ferido pelas ações e críticas das outras pessoas. A subinfluência do mês número 6 indica que você precisa ser mais responsável pelas suas ações. Tome o controle da sua vida tentando ser autodisciplinado e trabalhador. Economizando e aprendendo a lidar com o dinheiro, você pode construir uma base sólida e se sentir seguro. Ao perdoar ou compreender as fraquezas e falhas das outras pessoas, você pode aumentar o seu poder de curá-las. O sucesso pode ser alcançado se você se mantiver perseverante apesar das dificuldades.

⬆ **Positivo**: boas parcerias, gentileza, tato, receptivo, intuitivo, ágil, consideração, harmonioso, agradável, embaixador da boa vontade

⬇ **Negativo**: desconfiança, timidez, excesso de sensibilidade, emotivo, egoísta, magoa-se facilmente, engano

Amor & Relacionamentos

Apesar de a sua casa ter um papel importante na sua vida, você deve evitar que os seus relacionamentos caiam em uma rotina previsível. Altamente intuitivo, você é sensível à disposição de ânimo dos outros e precisa de um ambiente harmonioso; evite se tornar excessivamente sensível ou mal-humorado. Com a sua compreensão e compaixão, você apóia e encoraja as pessoas que ama e muitas vezes está disposto a ceder para manter a paz. Compartilhar algum interesse criativo com o seu parceiro pode aproximá-los. Você se sente mais animado quando participa de atividades sociais com os seus amigos.

INFLUÊNCIA DA ESTRELA PRIMÁRIA

Aldebaran é uma das quatro Estrelas Reais dos Observadores do Céu e por isso é considerada de grande importância. Ela confere aspirações elevadas, honra, inteligência, eloqüência e integridade. Você é, na maioria das vezes, corajoso e pode alcançar posições de responsabilidade e fortuna. Contudo, em muitos casos, o sucesso pode ser de curta duração. Esta estrela confere uma oratória penetrante e que impressiona, além de habilidade para discutir e debater. Ela também dá a tendência à autodestruição e propensão a discussões. Outras advertências desta estrela dizem respeito ao ciúme provocado em outras pessoas, à formação de inimigos e ao perigo de problemas nos olhos. Ligada ao grau do seu Sol, esta estrela confere uma energia mental extraordinária e a possibilidade de seguir vida e alcançar a realização por meio de uma considerável determinação e persistência. Aldebaran também indica sucesso, especialmente no trato com o público. Esta estrela capacita-o a pensar grande e a se concentrar em projetos vultosos. Uma advertência importante acerca de Aldebaran é a possibilidade de que a fama ou o sucesso sejam conquistados com algum sacrifício ou preço a pagar. A influência mais benéfica desta estrela é a predileção pelo estudo, pela escrita e pela reforma educacional.

- **Positivo**: aptidão teológica, amor pela hermenêutica, expressividade, popularidade
- **Negativo**: notoriedade, falta de concentração, ansiedade

ALGUÉM ESPECIAL

Para encontrar a felicidade duradoura, a segurança e o amor, comece procurando alguém que tenha nascido em uma das seguintes datas:

Amor & amizade: jan:10, 14, 26, 28; fev: 8, 12, 24, 26; mar: 6, 22, 24, 30; abr: 4, 20, 22, 28; mai: 2, 18, 20, 26, 29; jun: 16, 18, 24, 27; jul: 14, 16, 22, 25; ago: 12, 14, 20, 23, 30; set: 10, 12, 18, 21, 28; out: 8, 10, 16, 19, 26; nov: 6, 8, 14, 17, 24; dez: 4, 6, 12, 15, 22

Relacionamentos benéficos: jan: 8; fev: 6; mar: 4, 28; abr: 2, 26; mai: 24; jun: 22, 30; jul: 20, 28, 29; ago: 18, 26, 27, 30; set: 16, 24, 25, 28; out: 14, 22, 23, 26, 29; nov: 12, 20, 21, 24, 27; dez: 10, 18, 19, 22, 25

Atrações fatais: jan: 15; fev: 13; mar: 11; abr: 9; mai: 7; jun: 5; jul: 3; ago: 1; dez: 3, 4, 5

Relacionamentos desafiantes: jan: 7, 9, 30; fev: 5, 7, 28; mar: 3, 5, 26; abr: 1, 3, 24; mai: 1, 22; jun: 20; jul: 18; ago: 16; set: 14; out: 12, 29; nov: 10, 27; dez: 8, 25, 30

Alma gêmea: jan: 8, 27; fev: 6, 25; mar: 4, 23; abr: 2, 21; mai: 19; jun: 17; jul: 15; ago: 13; set: 11; out: 9; nov: 7; dez: 5

3 de Junho

Este dia de aniversário mostra que você possui uma mente penetrante, é uma pessoa determinada, sociável e brilhante, com uma forte necessidade de auto-expressão. Com a sua sensibilidade e sentimentos profundos, você é, na maioria das vezes, uma pessoa idealista. Como pode ter um prazer especial em iniciar novos projetos, é vital manter-se criativamente ocupado ou trabalhar ativamente para aproveitar o seu grande potencial.

A forte influência de Vênus no segundo decanato de Gêmeos intensifica a importância do trato com as pessoas. Você é uma pessoa criativa e tem muitos amigos divertidos, além de possuir uma elevada percepção de beleza, cor e forma. O aspecto leve e espirituoso da sua personalidade sugere que você gosta de se divertir. A influência de Vênus também indica o perigo associado à vaidade, à indecisão ou à auto-indulgência. Contudo, quando está bem, você pode combinar as suas habilidades criativas e sociais com a capacidade inventiva, trabalhadora e persistente para ser bem-sucedido.

SOL: GÊMEOS
DECANATO: LIBRA/VÊNUS
GRAU: 11°30'-13° GÊMEOS
MODO: MUTÁVEL
ELEMENTO: AR

Além do poder de comunicação, você tem o desejo de se conhecer em um nível mais profundo. Essa busca pela sabedoria implica que você, muitas vezes, procura respostas para as questões mais profundas da vida, o que, no final das contas, acaba levando-o a explorar áreas mais espirituais ou místicas. Se essas necessidades forem ignoradas, o lado mais introspectivo da sua natureza pode se tornar mais meditativo, tornando-o uma pessoa excessivamente séria e irritadiça ou mesmo deprimida. No entanto, você pode ser extremamente charmoso e idealista, com uma imaginação fértil e um pensamento inspirador.

Depois dos 18 anos de idade, quando o seu Sol progredido entra no signo de Câncer para ficar pelos trinta anos seguintes, você se torna uma pessoa mais sensível e voltada para a sua segurança, e passa a dar mais atenção à sua vida doméstica e familiar. Quando o seu Sol progredido entra no signo de Leão, por volta dos seus 48 anos de idade, há uma forte necessidade de auto-expressão e assertividade, que podem inspirá-lo a se tornar mais gregário e aventureiro.

O Seu Eu Secreto

Você procura desafios que provoquem profundas transformações interiores. Isso aumenta o seu poder de superar os obstáculos e lhe dá força interior. Usualmente, as suas qualidades positivas de análise e intuição o ajudam nesta tarefa, mas você deve tomar cuidado com o ciúme ou com o medo de ser abandonado. Felizmente, você possui uma disposição de espírito maravilhosa que o ajuda a aliviar qualquer situação difícil na sua vida.

Responsável e dedicado, você pode trabalhar extremamente duro quando realmente está interessado em alguma idéia ou projeto. Com a sua profunda compreensão da natureza humana, você pode ser uma pessoa compreensiva e cuidadosa. Porém, você também precisa de ter espaço e tempo para si mesmo sem que se sinta sozinho. Mas o isolamento excessivo pode fazer com que você fique pouco comunicativo ou mal-humorado. Quando desenvolve a fé e aprende a confiar na sua intuição, você consegue lidar rápida e facilmente com as situações.

Trabalho & Vocação

A vontade de aprender e a aversão à rotina indicam que você pode passar por diversas experiências na sua busca por uma carreira que o desafie mentalmente. Com a maneira persuasiva com que usa as palavras, você pode ser bem-sucedido no mundo de comunicação, vendas, escrita ou na área editorial. As pessoas apreciam a maneira como você aborda as idéias novas e originais e admiram a sua capacidade de manter a calma diante de uma crise e do trabalho árduo. Com a sua atitude independente e habilidade para liderar, você pode se sobressair no mundo do comércio e da indústria. Para se expressar artística ou criativamente, considere a possibilidade de trabalhar no mundo do *show business*, seja no palco ou por meio de algum tipo de expressão musical.

ESTRELA FIXA

Nome da estrela:
Rigel

Posição:
15°50'-16°40' de Gêmeos, entre os anos de 1930 e 2000

Magnitude:
1

Força:
★★★★★★★★★★

Órb:
2°30'

Constelação:
Beta Orionis

Dias:
3, 4, 5, 6, 7, 8 e 9 de junho

Qualidades da estrela:
diversas influências: Marte/Júpiter ou Saturno/Júpiter

Descrição:
dupla estrela brilhante, azul e branca, localizada no pé esquerdo de Orion

Numerologia

Com o dia de aniversário número 3, você é uma pessoa sensível, com necessidade de se expressar criativa e emocionalmente. Você gosta de se divertir e é uma boa companhia, gosta de atividades sociais e tem muitos interesses. Ainda que seja versátil e expressivo, com necessidade de ter experiências diferentes e animadas, a inclinação para se entediar pode torná-lo indeciso ou propenso a querer abarcar o mundo com as pernas. Embora com o dia de aniversário número 3 você seja uma pessoa charmosa, com talento artístico e senso de humor, precisa desenvolver a auto-estima e evitar a tendência à preocupação e à insegurança emocional. A subinfluência do mês número 6 indica que você é uma pessoa idealista e visionária. A curiosidade e o desejo de descobrir o sentido maior da vida sugerem a necessidade de desenvolvimento espiritual. Ao demonstrar compaixão e compreensão, você pode realizar os seus ideais. Expressando os seus sentimentos, você pode evitar a preocupação e a desconfiança.

Positivo: bem-humorado, feliz, amável, produtivo, criativo, artístico, desejos poderosos, amor à liberdade, talento com as palavras

Negativo: entedia-se com facilidade, vaidoso, tendência ao exagero, pouco amoroso, orgulhoso, extravagante, auto-indulgente, preguiçoso, hipócrita, destrutivo

Amor & Relacionamentos

Como é muito sociável, você gosta da companhia de amigos e conhecidos que podem ser muito espirituosos e divertidos, bem como leais e compassivos. Mesmo que possa ser extremamente amoroso e caloroso, você pode passar por conflitos ocasionais entre o amor e o trabalho. Isso pode ser superado por um parceiro que compartilhe os seus elevados ideais e aspirações. Você precisa de intimidade profunda, mas se se sentir inibido ou inseguro, pode se tornar desconfiado ou ciumento e voltar toda a sua atenção para os próprios interesses.

INFLUÊNCIA DA ESTRELA PRIMÁRIA

Rigel proporciona a capacidade de subir rapidamente na vida, dá grande força de vontade, uma natureza ambiciosa e estimula a mente a adquirir um conhecimento geral mais amplo. O amor pela ação e a lances de sorte muitas vezes o estimula a ser uma pessoa competitiva. A habilidade para desenvolver uma mente científica e até mesmo inventiva está associada a esta estrela. Rigel pode conferir honra, riqueza material e sucesso duradouro. Ligada ao grau do seu Sol, esta estrela sugere que você tem uma personalidade corajosa e audaciosa, além de uma perspectiva ampla e liberal. Você também é uma pessoa trabalhadora, com bom senso para os negócios e jeito para lidar com assuntos políticos e públicos. Uma forte preferência por Astrologia, estudos e educação superior é também indicada por Rigel. Esta estrela indica que um grande sucesso pode ser alcançado por meio da assertividade e de uma abordagem direta e franca, mas adverte contra o excesso de sinceridade.

- **Positivo**: fundador de grandes empreendimentos, liberal, educação, senso comum
- **Negativo**: mau humor, insolente ou indisciplinado, exigente, inquieto

ALGUÉM ESPECIAL

Você pode ser uma pessoa extremamente espontânea e delicada e os seus elevados ideais podem ser realizados com alguém que tenha nascido em uma das seguintes datas:

Amor & amizade: jan:7, 11, 20, 25, 27, 29; fev: 9, 18, 23, 25, 27; mar: 7, 16, 21, 23, 25; abr: 5, 14, 19, 21, 23; mai: 3, 12, 17, 19, 21; jun: 1, 10, 15, 17, 19; jul: 8, 13, 15, 17; ago: 6, 11, 13, 15; set: 4, 9, 11, 13; out: 2, 7, 9, 11, 17; nov: 5, 7, 9; dez: 3, 5, 7

Relacionamentos benéficos: jan: 9, 26; fev: 7, 24; mar: 5, 22; abr: 3, 20; mai: 1, 18, 29; jun: 16, 27; jul: 14, 25, 29, 30; ago: 12, 23, 27, 28, 31; set: 10, 21, 25, 26, 29; out: 8, 19, 23, 24, 27; nov: 6, 17, 21, 22, 25; dez: 4, 15, 19, 20, 23

Atrações fatais: jan: 16; fev: 14; mar: 12; abr: 10; mai: 8; jun: 6; jul: 4; ago: 2; dez: 4, 5, 6

Relacionamentos desafiantes: jan: 8, 29, 31; fev: 6, 27, 29; mar: 4, 25, 27, 28; abr: 2, 23, 25, 26; mai: 21, 23, 24; jun: 19, 21, 22; jul: 17, 19, 20; ago: 15, 17, 18; set: 13, 15, 16; out: 11, 13, 14, 30; nov: 9, 11, 12, 28; dez: 7, 9, 10, 26

Alma gêmea: mai: 30; jun: 28; jul: 26; ago: 24; set: 22, 30; out: 20, 28; nov: 18, 26; dez: 16, 24

4 de Junho

Com capacidade de se comunicar de modo inteligente e habilidade social refinada, você conhece a natureza humana e é capaz de se dar com pessoas de diversos círculos. Multitalentoso, você tem a habilidade de liderar em diversas áreas da vida. Contudo, essa grande qualidade pode ser um obstáculo se você quiser abarcar o mundo com as pernas e tomar muitas direções ao mesmo tempo. Uma capacidade inata de julgamento permite que você muitas vezes possa ser um bom conselheiro, seja no que diz respeito a questões psicológicas ou a assuntos materiais.

Com a influência adicional de Vênus no segundo decanato de Gêmeos, você é uma pessoa calorosa e amável e tem atração pela beleza e pelas artes criativas. O seu charme permite que você seja íntegro mas suave e lhe dá o dom da diplomacia. Vênus pode também enfatizar o desejo de ser popular e torná-lo atraente para o sexo oposto.

♊

SOL: GÊMEOS
DECANATO: LIBRA/VÊNUS
GRAU: 12°30'-14° GÊMEOS
MODO: MUTÁVEL
ELEMENTO: AR

♊

Como possui uma mente inventiva e forte individualidade, a sua maior satisfação vem da realização da necessidade de fazer algo diferente e original. Os tropeços que pode dar na sua escalada para o sucesso advêm da tendência à impaciência e à auto-indulgência. Isso também sugere que o excesso de trabalho pode causar nervosismo e tensão. Você valoriza o conhecimento e tem a habilidade para aprender rapidamente, e pode usar estes talentos de forma prática. Muitas vezes é uma pessoa com a mente aberta e um defensor da liberdade, tem interesse em assuntos sociais e direitos humanos.

Aos 17 anos de idade, quando o seu Sol progredido entra no signo de Câncer, você se concentra na importância de viver em um ambiente harmonioso e ter uma base segura e estável. Essa tendência acentua as suas necessidades emocionais e pessoais e prossegue até cerca dos 47 anos de idade, quando o seu Sol progredido entra no signo de Leão. Isso amplia a sua confiança e força e permite que você se torne mais poderoso em situações públicas.

O Seu Eu Secreto

Criativo e mentalmente inquieto, você é uma pessoa inquisitiva, possui diversos interesses e adora experimentar novas idéias. No entanto, pode ser que precise aprender a concentrar construtivamente todas as suas forças e limitar-se a um pequeno número de projetos para que possa aproveitar o seu verdadeiro potencial. A preocupação e a indecisão podem levá-lo à improdutividade e extinguir a sua energia. Embora pareça uma pessoa confiante, sua necessidade de ser popular sugere que você precisa da aprovação dos outros. Se, por outro lado, você se disciplinar para desenvolver suas idéias criativas, pode vir a ser muito bem-sucedido.

Além da sua sensibilidade escondida, você também tem o potencial para a filosofia ou a espiritualidade, que, quando desenvolvidas, levam-no a ter fé nas suas habilidades e na vida em geral. Como muitos que nascem nessa data trabalham subordinadas a pessoas com menos talento e habilidade, é vital que você use essa fé para alcançar os seus objetivos. Períodos de recolhimento para reflexão, contemplação ou meditação ajudam-no a desenvolver a calma interior. Nunca subestime o poder do amor.

Trabalho & Vocação

Ambicioso e determinado, usar o seu senso inato para os negócios pode levá-lo a trabalhar no mundo do comércio. A sua habilidade psicológica natural pode ajudá-lo a seguir carreiras na área de vendas, publicidade ou qualquer forma de terapia. Ainda que as ocupações relacionadas com o trato com pessoas possam satisfazê-lo, ensinar e compartilhar o seu conhecimento com os outros lhe trará recompensas especiais. Usualmente, você pode cooperar e se sair bem em trabalhos de equipe; entretanto, como não gosta de obedecer ordens, você prefere trabalhar por conta própria. A escrita e o jornalismo podem ser saídas positivas para o lado criativo da sua natureza; o seu senso dramático natural pode se extravasar por meio da música, da arte, da dança ou do teatro.

ESTRELA FIXA

Nome da estrela:
Rigel

Posição:
15°50'-16°40' de Gêmeos, entre os anos de 1930 e 2000

Magnitude:
1

Força:
★★★★★★★★★★

Órb:
2°30'

Constelação:
Beta Orionis

Dias:
3, 4, 5, 6, 7, 8 e 9 de junho

Qualidades da estrela:
diversas influências: Marte/Júpiter ou Saturno/Júpiter

Descrição:
dupla estrela brilhante, azul e branca, localizada no pé esquerdo de Orion

Numerologia

A sólida estrutura e o poder de organização sugeridos pelo dia de aniversário número 4 indicam que você precisa de estabilidade e gosta de estabelecer ordem. Agraciado com energia, habilidades práticas e forte determinação, você pode alcançar o sucesso por meio do trabalho duro. Orientado para a segurança, você quer construir uma sólida base para si mesmo e para a sua família. Uma abordagem pragmática da vida confere um bom senso para negócios e habilidade para alcançar o sucesso material. Como número 4, você, em geral, é uma pessoa honesta, franca e justa. Os desafios para o indivíduo número 4 incluem a superação de períodos de instabilidade ou preocupação financeira. A subinfluência do mês número 6 indica que você é uma pessoa protetora e cuidadosa. Para você, é importante ser original, criar as suas próprias idéias e tomar as próprias decisões. Você precisa aprender que ser persuasivo e não vigoroso ou autoritário traz resultados favoráveis. Como você gosta da sua liberdade, evite fazer julgamentos ou criticar demais as pessoas, pois elas podem ficar ressentidas com o seu controle.

Positivo: capacidade de organização, autodisciplinado, firme, trabalhador, habilidade, pragmatismo, confiável, exatidão, habilidade manual

Negativo: comportamento destrutivo, pouco comunicativo, reprimido, rígido, preguiçoso, pouca sensibilidade, procrastinação, muito econômico, autoritário, afeições ocultas, ressentido

Amor & Relacionamentos

A sua necessidade de paz e harmonia atrai pessoas inteligentes que exercitam o pensamento positivo e podem dar-lhe estímulo mental. O seu amor pelo conhecimento também sugere que você gosta de grupos nos quais possa adquirir novas informações ou habilidades. Nos seus relacionamentos, você prefere pessoas diretas e sempre prefere usar métodos diplomáticos que mantenham a situação corrente. Como se interessa pelo auto-aperfeiçoamento, você sempre se envolve com pessoas ambiciosas que estão melhorando de vida. Todavia, nas suas tentativas de alcançar o sucesso, evite o excesso de crítica ou autoritarismo com o seu parceiro ou associados.

INFLUÊNCIA DA ESTRELA PRIMÁRIA

Rigel proporciona a capacidade de subir rapidamente na vida, dá grande força de vontade, uma natureza ambiciosa e estimula a mente a adquirir um conhecimento geral mais amplo. O amor pela ação e a lances de sorte muitas vezes o estimula a ser uma pessoa competitiva. A habilidade para desenvolver uma mente científica e até mesmo inventiva está associada a esta estrela. Rigel pode conferir honra, riqueza material e sucesso duradouro. Ligada ao grau do seu Sol, esta estrela sugere que você tem uma personalidade corajosa e audaciosa, além de uma perspectiva ampla e liberal. Você também é uma pessoa trabalhadora, com bom senso para os negócios e jeito para lidar com assuntos políticos e públicos. Uma forte preferência por Astrologia, estudos e educação superior é também indicada por Rigel. Esta estrela indica que um grande sucesso pode ser alcançado por meio da assertividade e de uma abordagem direta e franca, mas adverte contra o excesso de sinceridade.

- **Positivo**: fundador de grandes empreendimentos, liberal, educação, senso comum
- **Negativo**: mau humor, insolente ou indisciplinado, exigente, inquieto

ALGUÉM ESPECIAL

Para segurança, estímulo mental e amor, comece procurando pelas pessoas nascidas em uma das seguintes datas:

Amor & amizade: jan: 4, 11, 12, 21, 26, 28, 30; fev: 2, 9, 10, 19, 24, 26, 28; mar: 7, 8, 22, 24, 26; abr: 5, 6, 20, 22, 24, 30; mai: 3, 4, 18, 20, 22, 28, 31; jun: 1, 2, 16, 18, 20, 26, 29; jul: 14, 16, 18, 24, 27; ago: 12, 14, 16, 22, 25; set: 10, 12, 14, 20, 23; out: 3, 8, 10, 12, 18, 21; nov: 6, 8, 10, 16, 19; dez: 4, 6, 8, 14, 17

Relacionamentos benéficos: jan: 3, 10, 29; fev: 1, 8, 27; mar: 6, 25; abr: 4, 23; mai: 2, 21; jun: 19; jul: 17, 30; ago: 15, 28; set: 13, 26; out: 11, 24; nov: 9, 22; dez: 7, 20

Atrações fatais: jan: 11; fev: 9; mar: 7; abr: 5; mai: 3; jun: 1; dez: 5, 6, 7, 8

Relacionamentos desafiantes: jan: 9; fev: 7; mar: 5, 28; abr: 3, 26; mai: 1, 24; jun: 22; jul: 20; ago:18; set:16; out:14, 30, 31; nov:12, 28, 29; dez:10, 26, 27

Alma gêmea: jan: 7; fev: 5; mar: 3; abr: 1; mai: 29; jun: 27; jul: 25; ago: 23; set: 21; out: 19; nov: 17; dez: 15

5 de Junho

Voluntarioso, com um caráter forte e determinado, você é uma pessoa independente e autoconfiante. Você pode ser uma pessoa dramática, mas realista e pragmática, uma combinação ideal de negócios e prazer. Como também possui a capacidade de ser persistente e diligente, você terá sucesso se não se permitir ficar excessivamente preocupado com o materialismo.

Libra, o regente do seu decanato, indica que você é uma pessoa refinada e sociável, com amor pela beleza e pelo luxo. Isso pode aumentar a sua capacidade criativa e pode encorajá-lo a se interessar por música, artes ou teatro. Contudo, isso também mostra a importância do dinheiro na sua abordagem da vida e uma excelente habilidade de fazer negociações e barganhas. Você gosta de lidar com as pessoas de forma direta e franca, mas deve evitar o excesso de autoritarismo ou rispidez verbal.

SOL: GÊMEOS
DECANATO: LIBRA/VÊNUS
GRAU: 13°30'- 15° GÊMEOS
MODO: MUTÁVEL
ELEMENTO: AR

Às vezes, você tem surtos extraordinários de energia e coragem que lhe permitem reagir rapidamente a situações e agarrar as oportunidades. Você possui uma mente excelente e precisa e é capaz de ter pensamentos profundos, além de uma inclinação a pensar de forma técnica e analítica. O seu espírito independente o estimula a ver as coisas de uma maneira original e a buscar a liberdade pessoal. Porém, você deve evitar ser voluntarioso ou obstinado e se tornar negativo e pouco comunicativo. Felizmente, você está disposto a trabalhar duro para superar os obstáculos, seja os de natureza interior ou os advindos de circunstâncias exteriores.

Quando o seu Sol progredido entra no signo de Câncer, por volta dos seus 16 anos de idade, a segurança ou as questões domésticas passam a ter um papel mais importante na sua vida. Isso também acentua a sua preocupação quanto às emoções pessoais e senso de segurança, bem como à sua família. Essa tendência prossegue até cerca dos 46 anos de idade, quando o seu Sol progredido entra no signo de Leão e se inicia um período de crescente confiança e força que lhe permitem se tornar mais expansivo e magnânimo.

O Seu Eu Secreto

Os testes pelos quais precisa passar se manifestam na forma de preocupação ou indecisão quanto ao dinheiro e você precisa tomar cuidado para que a necessidade de segurança material não se sobreponha a outros fatores importantes. Se ficar desencorajado ou desiludido, você pode ficar propenso a gestos extravagantes para contrabalançar e se sentir mais feliz. No entanto, o verdadeiro contentamento deve vir da sua disposição em ser generoso, leve de espírito e desapegado.

As aparências são importantes para você e à medida que avança na vida você se sairá especialmente bem em eventos públicos ou em associações em que possa desempenhar um papel importante. A sabedoria inerente a essa data de nascimento mostra que, se você direcionar a sua inquietação para o seu espírito de aventura progressista, a prosperidade será uma conseqüência natural.

Trabalho & Vocação

É importante que tenha domínio absoluto na carreira que escolheu, pois você gosta de desempenhar bem as suas tarefas e tem orgulho do que faz. A sua aptidão natural para tomar o papel de liderança, juntamente com a sua capacidade de administração, pode levá-lo a ser bem-sucedido no mundo dos negócios e da publicidade e propaganda. Da mesma maneira, a sua capacidade verbal pode garantir o seu sucesso como advogado ou no mundo da comunicação. A sua habilidade em realizar reformas pode levá-lo a liderar organizações como sindicatos ou instituições de caridade ou ainda a ser um defensor da liberdade. O seu senso para os negócios e talento artístico podem ser combinados em carreiras como curadoria ou administração artística. Para expressar a sua criatividade e seu talento dramático inato, você pode se aventurar nas carreiras de teatro ou de música. Esse dia de aniversário freqüentemente indica o sucesso no mundo da medicina. Qualquer que seja a carreira escolhida, é importante que haja variedade e mudança no seu ambiente de trabalho para que você se mantenha inspirado e interessado.

♊

ESTRELA FIXA

Nome da estrela:
Rigel

Posição:
15°50'-16°40' de Gêmeos, entre os anos de 1930 e 2000

Magnitude:
1

Força:
★★★★★★★★★★

Órb:
2°30'

Constelação:
Beta Orionis

Dias:
3, 4, 5, 6, 7, 8 e 9 de junho

Qualidades da estrela:
diversas influências: Marte/Júpiter ou Saturno/Júpiter

Descrição:
dupla estrela brilhante, azul e branca, localizada no pé esquerdo de Orion

♊

Numerologia

Instintos fortes e natureza aventureira, além de desejo de liberdade são qualidades indicadas pelo dia de aniversário número 5. A disposição para explorar ou tentar coisas novas, juntamente com uma maneira entusiástica de abordar a vida, sugere que a vida tem muito a lhe oferecer. Viagens e diversas oportunidades de mudança, algumas inesperadas, podem levá-lo a passar por uma verdadeira transformação de pontos de vista e crenças. Com o dia de aniversário número 5, você precisa sentir que a vida é excitante; todavia, você precisa também desenvolver uma atitude responsável e evitar a tendência à imprevisibilidade, ao excesso e à inquietude. O talento natural para o indivíduo número 5 é saber acompanhar o ritmo da vida e manter a perspectiva. A subinfluência do mês número 6 indica que, como é uma pessoa inspirada e idealista, você precisa manter a concentração. Aprenda a confiar na sua intuição e desenvolva uma atitude filosófica diante da vida. Na maior parte das vezes, você está pronto para compartilhar os seus pensamentos com as outras pessoas; você fala com sinceridade e convicção. Seja independente e flexível, mas evite se deixar levar por motivações egoístas e tomar atitudes precipitadas.

Positivo: versátil, adaptável, progressista, instintos fortes, sedutor, sortudo, ousado, amante da liberdade, rápido e espirituoso, curioso, místico, sociável

Negativo: falta de confiabilidade, mutável, procrastinação, inconsistência, libidinoso, confiante ao extremo, cabeça-dura

Amor & Relacionamentos

Amável e gregário, com muitos interesses e passatempos, você gosta de ter uma vida social intensa. Embora possa ser amoroso e cuidadoso, a incerteza ou indecisão quanto a relacionamentos próximos pode ser uma fonte de preocupação ou desapontamento. Às vezes, você pode ser uma pessoa extremamente generosa ou fazer sacrifícios pelas pessoas que ama. Evite entusiasmar-se excessivamente pelas pessoas para depois perder rapidamente o interesse ou ficar inseguro quanto ao que sente. Comunicando-se de maneira diplomática com as pessoas com que se relaciona e deixando clara a sua posição, você pode estabelecer relacionamentos duradouros. Você gosta de reuniões sociais, e pode ser uma pessoa espirituosa e divertida.

INFLUÊNCIA DA ESTRELA PRIMÁRIA

Rigel proporciona a capacidade de subir rapidamente na vida, dá grande força de vontade, uma natureza ambiciosa e estimula a mente a adquirir um conhecimento geral mais amplo. O amor pela ação e a lances de sorte muitas vezes o estimula a ser uma pessoa competitiva. A habilidade para desenvolver uma mente científica e até mesmo inventiva está associada a esta estrela. Rigel pode conferir honra, riqueza material e sucesso duradouro. Ligada ao grau do seu Sol, esta estrela sugere que você tem uma personalidade corajosa e audaciosa, além de uma perspectiva ampla e liberal. Você também é uma pessoa trabalhadora, com bom senso para os negócios e jeito para lidar com assuntos políticos e públicos. Uma forte preferência por Astrologia, estudos e educação superior é também indicada por Rigel. Esta estrela indica que um grande sucesso pode ser alcançado por meio da assertividade e de uma abordagem direta e franca, mas adverte contra o excesso de sinceridade.

- **Positivo**: fundador de grandes empreendimentos, liberal, educação, senso comum
- **Negativo**: mau humor, insolente ou indisciplinado, exigente, inquieto

ALGUÉM ESPECIAL

Você pode encontrar um parceiro que compreenda a sua sensibilidade e a necessidade de ser amado entre as pessoas nascidas em uma das seguintes datas:

Amor & amizade: jan: 13, 22, 29; fev: 11, 20, 27, 29; mar: 9, 25, 27; abr: 7, 23, 25; mai: 5, 21, 23, 29; jun: 3, 19, 21, 27, 30; jul: 1, 17, 19, 25, 28; ago: 15, 17, 23, 26; set: 13, 15, 21, 24; out: 11, 13, 19, 22, 29; nov: 9, 11, 17, 20, 27; dez: 7, 9, 15, 18, 25

Relacionamentos benéficos: jan: 11; fev: 9; mar: 7, 31; abr: 5, 29; mai: 3, 27, 31; jun: 1, 25, 29; jul: 23, 27, 31; ago: 21, 25, 29, 30; set: 19, 23, 27, 28; out: 4, 17, 21, 25, 26; nov: 15, 19, 23, 24, 30; dez: 13, 17, 21, 22, 28

Atrações fatais: jan: 12; fev: 10; mar: 8; abr: 6; mai: 4; jun: 2; dez: 5, 6, 7, 8

Relacionamentos desafiantes: jan: 10; fev: 8; mar: 6, 29; abr: 4, 27; mai: 2, 25; jun: 23; jul: 21; ago: 19; set: 17; out: 15, 31; nov: 13, 29, 30; dez: 11, 27, 28

Alma gêmea: jan: 18, 24; fev: 16, 22; mar: 14, 20; abr: 12, 18; mai: 10, 16; jun: 8, 14; jul: 6, 12; ago: 4, 10; set: 2, 8; out: 6; nov: 4; dez: 2

6 de Junho

Carismático e divertido, você é uma pessoa amorosa, otimista e amável. As qualidades sugeridas pelo seu dia de aniversário indicam que você precisa das pessoas e tem muitas idéias e inspiração. Com uma graça natural, você se comunica de forma expressiva e possui um forte senso da própria individualidade. Embora considere importante causar uma boa impressão, a sinceridade é importante para você e você gosta de ser uma pessoa direta e honesta com os outros.

Com o seu magnetismo natural e a influência adicional do regente do seu decanato, Libra, você se interessa pelos relacionamentos humanos e possui habilidade diplomática. Você domina a arte da conversa e possui um genuíno desejo de paz. Você tem também a habilidade de encantar as pessoas e pode muitas vezes usar este talento em seu benefício.

♊

SOL: GÊMEOS
DECANATO: LIBRA/VÊNUS
GRAU: 14°- 15°30' GÊMEOS
MODO: MUTÁVEL
ELEMENTO: AR

♊

O idealismo e o desejo de transcender o mundano podem lhe dar uma percepção elevada de luz, cor, forma e som, bem como uma compreensão inata dos sonhos e esperanças de toda uma geração. Você pode usar esses talentos em criações artísticas e literárias, inclinações místicas ou espirituais, ou trabalhando em prol do benefício das pessoas. Contudo, se não desenvolver esses talentos, essa mesma energia pode se esvair por meio de mecanismos escapistas, sonhos impossíveis ou desejo de *glamour*.

A sua infância foi uma fase feliz na sua vida e depois dos 15 anos de idade, quando o seu Sol progredido entra no signo de Câncer, você se tornará mais sensível e voltado para a sua segurança. Isso traz uma grande ênfase na sua vida doméstica, familiar e na sua vida íntima. Quando o seu Sol progredido entra no signo de Leão, aos 45 anos de idade, há uma necessidade crescente de auto-expressão e liderança. Isso o encoraja a se tornar mais assertivo e confiante e pode levá-lo a alguma forma de participação pública. Quando você atinge os 75 anos de idade, o seu Sol progredido entra no signo de Virgem, e você passa a desenvolver uma abordagem mais analítica por meio da reflexão.

O Seu Eu Secreto

Apesar das suas qualidades expressivas e brilhantes, você pode ter dificuldades em fazer escolhas e tomar decisões. Como você tem diversos interesses que o levam a diferentes direções, é muito importante ter um senso de propósito. Sem isso, você pode ficar dividido entre os seus ideais e o desejo de satisfação material. Um lado da sua natureza pode ter uma forte atração por dinheiro, luxo e um estilo de vida indolente, mas o outro tem um desejo inspirador que pode levá-lo a trabalhar duro para realizar os seus ideais. Qualquer que seja a sua escolha, você terá muitas oportunidades e a habilidade de driblar as situações difíceis, graças ao seu charme e persuasão. Você tem um jeito jovial e divertido que o acompanhará até o final da vida e sempre terá o poder de encantar e divertir as pessoas. Contanto que aceite as responsabilidades e mantenha a autodisciplina, você com certeza poderá aproveitar ao máximo o seu extraordinário potencial.

Trabalho & Vocação

O seu magnetismo e seu carisma são bens valiosos seja para você promover a si mesmo, um produto ou uma causa. Com uma excelente capacidade de comunicação e social, você prospera em todas as carreiras em que possa usar o seu toque pessoal, seja em educação, jornalismo, publicidade ou vendas. Como possui valores sólidos, isso pode ser uma vantagem para você em ocupações como advocacia ou política. Tendo uma abordagem natural diante da vida, você pode manifestar a sua emoção por meio do teatro ou das artes. Qualquer que seja a carreira escolhida, você pode ter uma satisfação especial em ocupações que envolvam o trato com as pessoas.

ESTRELA FIXA

Nome da estrela:
Rigel

Posição:
15°50'-16°40' de Gêmeos, entre os anos de 1930 e 2000

Magnitude:
1

Força:
★★★★★★★★★★

Órb:
2°30'

Constelação:
Beta Orionis

Dias:
3, 4, 5, 6, 7, 8 e 9 de junho

Qualidades da estrela:
diversas influências: Marte/Júpiter ou Saturno/Júpiter

Descrição:
dupla estrela brilhante, azul e branca, localizada no pé esquerdo de Orion

Numerologia

Compaixão, idealismo e natureza cuidadosa são alguns dos atributos sugeridos pelo dia de aniversário número 6. Esse é o número do perfeccionista ou do amigo universal e que indica que você, muitas vezes, é um humanitarista que pode ser responsável e amoroso. Com o dia de aniversário número 6, você costuma ser um pai dedicado. Os que são mais sensíveis precisam encontrar uma forma de expressão artística e são atraídos pelo mundo do entretenimento ou da arte e *design*. Você precisa desenvolver mais a autoconfiança e superar a tendência à interferência, à preocupação, ou a simpatizar com as pessoas erradas. A subinfluência do mês número 6 indica que você tem compaixão pelos seus amigos e vizinhos, bem como uma atitude responsável. Você precisa desenvolver a sua assertividade ou auto-estima para lidar com situações de confronto. Popular e amável, você precisa da aprovação dos outros. Entretanto, precisa concentrar as suas energias e não se preocupar com o que as outras pessoas dizem ou fazem. Aprenda a dizer não sem medo de ofender os outros.

Positivo: mundanismo, amabilidade, compaixão, confiabilidade, compreensão, solidariedade, idealismo, vida doméstica, humanitarismo, senso artístico, equilíbrio

Negativo: descontentamento, ansiedade, timidez, teimosia, franqueza excessiva, perfeccionismo, dominação, falta de responsabilidade, egoísmo, desconfiança, cinismo, autocentramento

Amor & Relacionamentos

Entusiástico e vivaz, você é uma pessoa gregária e sociável, com habilidade de fazer amigos com facilidade. Contudo, você tem atração por pessoas trabalhadoras e confiáveis ou que possam que lhe transmitir um senso de segurança. Graças ao seu charme, as pessoas estão sempre dispostas a ajudá-lo. Você se sente mais feliz quando tem estabilidade financeira ou pode combinar negócios com prazer e gosta de divertir os seus amigos e associados profissionais. É provável que você faça um bom casamento e se beneficie de parcerias próximas.

INFLUÊNCIA DA ESTRELA PRIMÁRIA

Rigel proporciona a capacidade de subir rapidamente na vida, dá grande força de vontade, uma natureza ambiciosa e estimula a mente a adquirir um conhecimento geral mais amplo. O amor pela ação e a lances de sorte muitas vezes o estimula a ser uma pessoa competitiva. A habilidade para desenvolver uma mente científica e até mesmo inventiva está associada a esta estrela. Rigel pode conferir honra, riqueza material e sucesso duradouro. Ligada ao grau do seu Sol, esta estrela sugere que você tem uma personalidade corajosa e audaciosa, além de uma perspectiva ampla e liberal. Você também é uma pessoa trabalhadora, com bom senso para os negócios e jeito para lidar com assuntos políticos e públicos. Uma forte preferência por Astrologia, estudos e educação superior é também indicada por Rigel. Esta estrela indica que um grande sucesso pode ser alcançado por meio da assertividade e de uma abordagem direta e franca, mas adverte contra o excesso de sinceridade.

- **Positivo**: fundador de grandes empreendimentos, liberal, educação, senso comum
- **Negativo**: mau humor, insolente ou indisciplinado, exigente, inquieto

ALGUÉM ESPECIAL

Para segurança, estímulo mental e amor, comece procurando entre as pessoas nascidas em uma das seguintes datas:

Amor & amizade: jan: 6, 8, 14, 23, 26, 28; fev: 4, 10, 12, 21, 24, 26; mar: 2, 10, 12, 19, 22, 24; abr: 8, 14, 17, 20, 22; mai: 6, 15, 16, 18, 20; jun: 4, 13, 16, 18; jul: 2, 11, 14, 16, 20; ago: 9, 12, 14, 22; set: 7, 10, 12, 24; out: 5, 8, 10, 26; nov: 3, 6, 8, 28; dez: 1, 4, 6, 30

Relacionamentos benéficos: jan: 9, 12; fev: 7, 10; mar: 5, 8; abr: 3, 6; mai: 1, 4; jun: 2, 30; jul: 28; ago: 26, 30, 31; set: 24, 28, 29; out: 22, 26, 27; nov: 20, 24, 25; dez: 18, 22, 23, 29

Atrações fatais: dez: 6, 7, 8, 9

Relacionamentos desafiantes: jan: 11, 13, 29; fev: 9.11; mar: 7, 9, 30; abr: 5, 7, 28; mai: 3, 5, 26, 31; jun: 1, 3, 24, 29; jul: 1, 22, 27; ago: 20, 25; set: 18, 23, 30; out: 16, 21, 28; nov: 14, 19, 26; dez: 12, 17, 24

Alma gêmea: jan: 12, 29; fev: 10, 27; mar: 8, 25; abr: 6, 23; mai: 4, 21; jun: 2, 19; jul: 17; ago: 15; set: 13; out: 11; nov: 9; dez: 7

7 de Junho

O seu dia de aniversário mostra que você é um geminiano versátil, ambicioso e voltado para o sucesso. A rapidez com que avalia as pessoas e as situações e percebe as oportunidades que surgem garante que você pode concretizar os seus sonhos. Você tem um desempenho melhor diante da possibilidade de ser recompensado por um grande projeto ou plano e não se sente bem sendo mesquinho. A generosidade, portanto, pode ser uma das suas maiores qualidades.

Como possui uma capacidade de comunicação carismática, você se dá bem com todos os tipos de pessoas e tem o poder de influenciá-las com as suas idéias. Freqüentemente à frente do seu tempo, você percebe antes dos outros as mudanças sociais. Com a sua inteligência rápida e muitos recursos, você, muitas vezes, pode usar esses talentos em seu benefício. Embora ganhar dinheiro possa ser uma das suas preocupações, você aprenderá que nem sempre ele traz a felicidade e vai se conscientizar do que tem de ceder na sua busca pelo sucesso. Com a sua habilidade para perceber as situações com perspectiva, você é um excelente organizador que pode delegar tarefas para as outras pessoas. Contudo, evite desperdiçar as suas energias ou deixar trabalhos incompletos.

♊

SOL: GÊMEOS
DECANATO: LIBRA/VÊNUS
GRAU: 15°-16°30' GÊMEOS
MODO: MUTÁVEL
ELEMENTO: AR

♊

Com a influência de Vênus no segundo decanato de Gêmeos, você é uma pessoa diplomática e criativa. O seu refinamento natural ou senso artístico podem estimulá-lo a desenvolver os seus talentos por meio de uma carreira profissional ou como passatempo ou forma de relaxamento. Essa influência também indica um amor ao luxo e às coisas boas da vida, que podem estimulá-lo a agir.

Depois dos 14 anos de idade, quando o seu Sol progredido entra no signo de Câncer, você se concentrará mais na sua vida emocional e nas pessoas ligadas a ela – a sua família. Nessa fase, você passa a ter uma maior consciência da segurança e da importância de construir uma base sólida na sua vida. Quando o seu Sol progredido entra no signo de Leão, aos 44 anos de idade, há uma mudança e você passa a enfatizar a importância da auto-expressão e da assertividade, o que pode encorajá-lo a assumir um papel mais proeminente na vida pública. Quando você atinge os 74 anos de idade, o seu Sol progredido entra no signo de Virgem, e você começa a desenvolver uma maneira mais analítica de abordar a vida por meio da reflexão e do pragmatismo.

O Seu Eu Secreto

Como é um ator natural, você muitas vezes passa uma imagem de autoconfiança. Em geral, perspicaz e inteligente, com um forte sexto sentido, você pode avaliar rapidamente as pessoas e situações. Isso faz com que você tenha um desempenho melhor quando ocupa uma posição de liderança em vez de se desgastar em trabalhos físicos. Como a sua natureza também possui um lado mais sério e introspectivo, a opção pela sabedoria em lugar da possibilidade de sucesso somente em termos materiais é o que, no final das contas, dar-lhe-á uma maior satisfação.

Mesmo que seja generoso, tanto quanto à sua disponibilidade de tempo quanto de dinheiro, você pode se tornar expansivo e indulgente em excesso. Felizmente, você está aberto às críticas, o que lhe permite usar a auto-análise como uma ferramenta valiosa para o seu desenvolvimento. Voluntarioso, você pode ser uma pessoa bastante persuasiva, com poder de influenciar os outros. Muitas vezes, as mulheres têm um papel importante na sua prosperidade.

Trabalho & Vocação

Ambicioso e amável, mas independente, você prefere trabalhar sozinho, seja em uma grande organização ou em um iniciativa autônoma. As escolhas profissionais como o magistério ou a escrita lhe dão espaço suficiente para trabalhar do jeito que quiser. Como um bom planejador e excelente capacidade para delegar tarefas, você pode se sobressair no mundo do comércio e da advocacia. Sendo multitalentoso, você pode ter dificuldade em se concentrar e se especializar em somente uma área, com a ampla variedade de opções abertas a você. Voltado para a vida profissional, a sua facilidade em lidar com o público e excelente capacidade de comunicação o levam a uma posição bastante vantajosa para o trabalho em vendas, *marketing* ou na área editorial. Com a sua criatividade original, você pode ser atraído para o mundo das artes, do teatro ou da música. Com um senso natural para os negócios, você pode usar profissionalmente qualquer um dos seus muitos talentos e em geral tem um melhor desempenho quando utiliza o seu intelecto aguçado.

ESTRELA FIXA

Nome da estrela:
Rigel

Posição:
15°50'-16°40' de Gêmeos, entre os anos de 1930 e 2000

Magnitude:
1

Força:
★★★★★★★★★★

Órb:
2°30'

Constelação:
Beta Orionis

Dias:
3, 4, 5, 6, 7, 8 e 9 de junho

Qualidades da estrela:
diversas influências: Marte/Júpiter ou Saturno/Júpiter

Descrição:
dupla estrela brilhante, azul e branca, localizada no pé esquerdo de Orion

Numerologia

Analítico e ponderado, o indivíduo número 7 é muitas vezes crítico e voltado para os próprios interesses. Com uma necessidade de constante de uma autoconsciência mais ampla, você gosta de reunir informações e se interessa pela leitura, pela escrita ou pela espiritualidade. Embora perspicaz, você pode racionalizar em excesso ou se perder em detalhes. A tendência a ser enigmático ou reservado sugere que às vezes você pode se sentir mal interpretado. A subinfluência do mês número 6 indica que você precisa de ordem e estabilidade. Controle a sua vida e estabeleça primeiro uma sólida base. Você quer aproveitar o que a vida tem de melhor, mas deve evitar a auto-indulgência. Seja responsável pelas suas ações e pense antes de agir. Aprendendo com os seus erros, você pode ter uma atitude mais realista. O sucesso muitas vezes vem da disposição de trabalhar duro e do desenvolvimento das suas habilidades e conhecimento. Se escrever os seus pensamentos e idéias, poderá lembrar-se dos pequenos detalhes e ser uma pessoa prática, criativa e organizada.

Positivo: educação, confiança, meticulosidade, idealismo, honestidade, poderes psíquicos, cientificidade, racionalidade, reflexão

Negativo: dissimulação, engano, pouco amável, fingimento, ceticismo, confusão, falta de sentimentos

Amor & Relacionamentos

Sempre em busca da realização emocional, você tem uma natureza apaixonada e fortes desejos. Como tem charme e uma personalidade carismática, você pode atrair amigos e admiradores com facilidade. Você tem atração por pessoas otimistas, que possam inspirá-lo com novas idéias e oportunidades. O seu amor à liberdade sugere que você prefere relacionamentos que lhe dêem mais espaço e independência. No que diz respeito ao amor, você precisa de tempo para refletir e deve evitar assumir compromissos precipitadamente.

INFLUÊNCIA DA ESTRELA PRIMÁRIA

Rigel proporciona a capacidade de subir rapidamente na vida, dá grande força de vontade, uma natureza ambiciosa e estimula a mente a adquirir um conhecimento geral mais amplo. O amor pela ação e a lances de sorte muitas vezes o estimula a ser uma pessoa competitiva. A habilidade para desenvolver uma mente científica e até mesmo inventiva está associada a esta estrela. Rigel pode conferir honra, riqueza material e sucesso duradouro. Ligada ao grau do seu Sol, esta estrela sugere que você tem uma personalidade corajosa e audaciosa, além de uma perspectiva ampla e liberal. Você também é uma pessoa trabalhadora, com bom senso para os negócios e jeito para lidar com assuntos políticos e públicos. Uma forte preferência por Astrologia, estudos e educação superior é também indicada por Rigel. Esta estrela indica que um grande sucesso pode ser alcançado por meio da assertividade e de uma abordagem direta e franca, mas adverte contra o excesso de sinceridade.

- **Positivo**: fundador de grandes empreendimentos, liberal, educação, senso comum
- **Negativo**: mau humor, insolente ou indisciplinado, exigente, inquieto

ALGUÉM ESPECIAL

Para manter o interesse em relacionamentos amorosos, comece procurando entre as pessoas nascidas em uma das seguintes datas:

Amor & amizade: jan: 6, 15, 29, 31; fev: 4, 13, 27, 29; mar: 2, 11, 25, 27; abr: 9, 23, 25; mai: 7, 21, 23; jun: 5, 19, 21; jul: 3, 17, 19, 30; ago: 1, 15, 17, 28; set: 13, 15, 26; out: 11, 13, 24; nov: 9, 11, 22; dez: 7, 9, 20

Relacionamentos benéficos: jan: 13, 15, 19; fev: 11, 13, 17; mar: 9, 11, 15; abr: 7, 9, 13; mai: 5, 7, 11; jun: 3, 5, 9; jul: 1, 3, 7, 29; ago: 1, 5, 27, 31; set: 3, 25, 29; out: 1, 23, 27; nov: 21, 25; dez: 19, 23

Atrações fatais: mai: 30; jun: 28; jul: 26; ago: 24; set: 22; out: 20; nov: 18; dez: 7, 8, 9, 10, 16

Relacionamentos desafiantes: jan: 12; fev: 10; mar: 8; abr: 6; mai: 4; jun: 2; ago: 31; set: 29; out: 27, 29, 30; nov: 25, 27, 28; dez: 23, 25, 26, 30

Alma gêmea: jan: 2, 28; fev: 26; mar: 24; abr: 22; mai: 20; jun: 18; jul: 16; ago: 14; set: 12; out: 10; nov: 8; dez: 6

8 de Junho

O dia do seu nascimento indica que você é uma pessoa inteligente, generosa, mentalmente aberta e com capacidade de comunicação. Independente e cheio de recursos, você gosta de se manter ocupado. Você pode, em certas ocasiões, sentir-se cheio de energia, ainda que um tanto nervoso. Mantendo-se o maior distanciamento possível, você consegue manter a calma. Felizmente, se se sentir frustrado ou desapontado, você não fica deprimido por muito tempo, pois a sua capacidade de reagir rapidamente o faz voltar logo a agir.

Com a influência do regente do seu decanato, Libra, você pode ser uma pessoa artística e criativa, além de possuir um charme encantador no trato social. Muitas vezes, uma pessoa leve e alegre, você é uma companhia divertida. Essa influência também confere habilidade diplomática e eloqüência. Quando você combina o seu dom de prever as coisas com a sua mente inventiva e imaginativa, pode criar conceitos originais.

♊

SOL: GÊMEOS
DECANATO: LIBRA/VÊNUS
GRAU: 16°-17°30' GÊMEOS
MODO: MUTÁVEL
ELEMENTO: AR

♊

Você pode, às vezes, exibir uma estranha e enigmática combinação de opostos, sendo uma pessoa sensível e idealista, mas pragmática. Você deve evitar esperar muito das pessoas ou situações, mantendo uma perspectiva equilibrada com o seu senso de humor natural. A tendência a se preocupar consigo mesmo pode levar a uma auto-análise e aperfeiçoamento positivos.

Depois dos 13 anos de idade, quando o seu Sol progredido entra no signo de Câncer, você se concentrará mais nas questões relativas à sua vida doméstica e emocional. Durante os trinta anos seguintes, você se torna mais consciente das questões familiares. Quando o seu Sol progredido entra no signo de Leão, aos 43 anos de idade, surge uma forte necessidade de auto-expressividade e assertividade que o inspira a se tornar mais audacioso, confiante e gregário. Quando você atinge os 73 anos de idade, o seu Sol progredido entra no signo de Virgem, e você começa a desenvolver uma maneira mais analítica, prática e prestativa de abordar a vida.

O Seu Eu Secreto

Com excelente capacidade de avaliação, você lida com o dinheiro e as questões materiais de forma instintiva. Você pode ter golpes de sorte ocasionais, combinando o seu sexto sentido com informações inesperadas. Como você pode passar por períodos de instabilidade financeira, precisa equacionar o problema de como viver bem sem ser extravagante. A sua autoridade natural o leva a ocupar posições de responsabilidade, nas quais você pode usar a sua capacidade de organização. E será melhor se isso envolver algum tipo de atividade criativa.

Contudo, se você estiver em uma disposição negativa, pode tornar-se muito dominador e arruinar os seus relacionamentos. Como possui uma inquietude interior, você precisa de variedade para satisfazer o seu espírito aventureiro. As viagens podem ser uma excelente cura para muitas das suas doenças.

Trabalho & Vocação

Com a sua boa capacidade mental, você está sempre se abrindo para novos conhecimentos que podem lhe ser vantajosos, tanto do ponto de vista material como pessoal. Você pode alcançar o sucesso nas carreiras profissionais que utilizem a sua habilidade mental e excelente poder de comunicação, na área da ciência, da advocacia, do magistério ou da escrita. Com um senso natural para os negócios, você pode se sair bem na área bancária, financeira e de contabilidade. O lado humanitário da sua natureza pode encontrar uma maneira de se expressar por meio de profissões ligadas à cura ou ao trabalho social. A sua capacidade de criar estruturas pode se manifestar por meio da arquitetura ou da construção civil. Esta data mostra que há um potencial para o sucesso no *show business*, nas artes ou na música.

♊

ESTRELA FIXA

Nome da estrela:
Rigel

Posição:
15°50'-16°40' de Gêmeos, entre os anos de 1930 e 2000

Magnitude:
1

Força:
★★★★★★★★★★

Órb:
2°30'

Constelação:
Beta Orionis

Dias:
3, 4, 5, 6, 7, 8 e 9 de junho

Qualidades da estrela:
diversas influências: Marte/Júpiter ou Saturno/Júpiter

Descrição:
dupla estrela brilhante, azul e branca, localizada no pé esquerdo de Orion

♊

Numerologia

O poder sugerido pelo dia de aniversário número 8 mostra um caráter com fortes valores e julgamento sólido. O número 8 indica que você aspira a grandes realizações e possui uma natureza ambiciosa. O desejo de dominação, segurança e sucesso material também é indicado por este dia de aniversário. Como uma pessoa número 8, você possui um senso natural para os negócios e se beneficiará muito se desenvolver as suas habilidades executivas e de organização. A forte necessidade de se sentir seguro ou de se estabilizar o impele a fazer investimentos e planos de longo prazo. A subinfluência do mês número 6 indica que você é uma pessoa leal e atenciosa, embora às vezes possa agir de maneira impensada ou sem consideração pelos sentimentos dos outros. Inquieto e imaginativo, você precisa evitar a teimosia desenvolvendo uma atitude mais flexível. Compreensivo e com uma generosidade espontânea, você pode, no entanto, deixar-se levar pelo excesso de indulgência ou ser descuidado com o seu dinheiro. Como é progressista e deseja expressar livremente os seus sentimentos, evite situações monótonas ou o excesso de rigidez. Por meio do trabalho cooperativo você pode alcançar a segurança e a estabilidade.

Positivo: liderança, meticulosidade, trabalhador, tradição, autoridade, proteção, poder de cura, capacidade de julgamento

Negativo: impaciência, intolerância, mesquinhez, inquietude, excesso de trabalho, dominação, facilmente desencorajado, falta de planejamento, abuso, controlador

Amor & Relacionamentos

Dotado de uma verdadeira capacidade de comunicação, você precisa da companhia das pessoas. Embora pareça frio e pouco emotivo, você esconde um coração compassivo e atencioso. Você se sente mais feliz quando participa de atividades sociais com pessoas com as quais possa compartilhar o mesmo tipo de visão intelectual. Às vezes, você tende a ser excessivamente sério e talvez precise desenvolver uma atitude mais desapegada. Uma insegurança oculta pode também indicar que a sua natureza naturalmente diplomática pode dar vez a uma atitude autoritária e com propensão a discussões, que pode causar tensão e mal-estar. Todavia, você é um amigo e parceiro leal e amoroso.

INFLUÊNCIA DA ESTRELA PRIMÁRIA

Rigel proporciona a capacidade de subir rapidamente na vida, dá grande força de vontade, uma natureza ambiciosa e estimula a mente a adquirir um conhecimento geral mais amplo. O amor pela ação e a lances de sorte muitas vezes o estimula a ser uma pessoa competitiva. A habilidade para desenvolver uma mente científica e até mesmo inventiva está associada a esta estrela. Rigel pode conferir honra, riqueza material e sucesso duradouro. Ligada ao grau do seu Sol, esta estrela sugere que você tem uma personalidade corajosa e audaciosa, além de uma perspectiva ampla e liberal. Você também é uma pessoa trabalhadora, com bom senso para os negócios e jeito para lidar com assuntos políticos e públicos. Uma forte preferência por Astrologia, estudos e educação superior é também indicada por Rigel. Esta estrela indica que um grande sucesso pode ser alcançado por meio da assertividade e de uma abordagem direta e franca, mas adverte contra o excesso de sinceridade.

- **Positivo**: fundador de grandes empreendimentos, liberal, educação, senso comum
- **Negativo**: mau humor, insolente ou indisciplinado, exigente, inquieto

ALGUÉM ESPECIAL

Para encontrar a felicidade duradoura, segurança e amor, comece procurando entre as pessoas nascidas em uma das seguintes datas:

Amor & amizade: jan: 6, 16; fev: 4, 14; mar: 2, 12, 28, 30; abr: 10, 26, 28; mai: 8, 24, 26, 30; jun: 6, 22, 24, 28; jul: 4, 20, 22, 26, 31; ago: 2, 18, 20, 24, 29; set: 16, 18, 22, 27; out: 14, 16, 20, 25; nov: 12, 14, 18, 23; dez: 10, 12, 16, 21

Relacionamentos benéficos: jan: 9, 14, 16; fev: 7, 12, 14; mar: 5, 10, 12; abr: 3, 8, 10; mai: 1, 6, 8; jun: 6, 22, 24, 28; jul: 4, 20, 22, 26, 31; ago: 2, 18, 20, 24, 29; set: 16, 18, 22, 27; out: 14, 16, 20, 25; nov: 12, 14, 18, 23; dez: 24, 28, 29

Atrações fatais: jan: 21; fev: 19; mar: 17; abr: 15; mai: 13; jun: 11; jul: 9; ago: 7; set: 5; out: 3; nov: 1; dez: 8, 9, 10, 11

Relacionamentos desafiantes: jan: 4, 13, 28; fev: 2, 11, 26; mar: 9, 24; abr: 7, 22; mai: 5, 20; jun: 3, 18; jul: 1, 16; ago: 14; set: 12; out: 10, 31; nov: 8, 29; dez: 6, 27

Alma gêmea: jan: 15, 22; fev: 13, 20; mar: 11, 18; abr: 9, 16; mai: 7, 14; jun: 5, 12; jul: 3, 10; ago: 1, 8; set: 6; out: 4; nov: 2

9 de Junho

Uma certa força de vontade e determinação sugerem que você possui a habilidade de aproveitar o grande potencial prometido por este dia de nascimento. Com desejo de se expandir e ser bem-sucedido, material e socialmente, você é uma pessoa ambiciosa e tenaz. Contudo, você deve tomar cuidado para que uma atitude obstinada e rebelde não impeça a realização dos seus ideais. Como gosta de poder e autoridade, você assume responsabilidades e pode ser bastante dominador. Porém, você precisa desenvolver a paciência para evitar o excesso de autoritarismo.

Com a influência adicional do regente do seu decanato, Libra, você é sociável e divertido e tem muito a ganhar por intermédio de conhecidos do sexo feminino. Isso também indica um excelente senso artístico e criativo e amor pela música e pela dança. Além de dinheiro, Vênus também traz um interesse pelos relacionamentos humanos, o que pode levá-lo à criação de um ambiente melhor para as outras pessoas.

♊

SOL: GÊMEOS
DECANATO: LIBRA/VÊNUS
GRAU: 17°-18°30' GÊMEOS
MODO: MUTÁVEL
ELEMENTO: AR

♊

Por meio da autodisciplina, você é capaz de utilizar o que há de melhor em si mesmo, incluindo a sua enorme capacidade de realização e habilidade para superar obstáculos. Você pode ser persistente, com um grande amor à liberdade, mas deve evitar lutar contra as suas limitações ou criar problemas com figuras de autoridade.

Depois dos 12 anos de idade, quando o seu Sol progredido entra no signo de Câncer, as questões relativas à segurança, à casa e à família passam a ter mais importância na sua vida. Essa influência prossegue até cerca dos 42 anos de idade, quando o seu Sol progredido entra no signo de Leão, e você entra em um período de energia, poder e confiança. Quando você atinge os 72 anos de idade, o seu Sol progredido entra no signo de Virgem, e você se dispõe a ser mais analítico, prático e reflexivo.

O Seu Eu Secreto

A fé interior é um importante fator para a sua autoconfiança e sem ela você pode passar por fases de insegurança, reserva ou falta de auto-estima. Perspicaz e de mente aguçada, você entende as coisas rapidamente e as utiliza em seu benefício. Embora às vezes possa se preocupar muito com questões materiais, é por meio do uso da sua sabedoria interior e compreensão espiritual que pode superar a perspectiva fria ou cética. Ousando ser espontâneo e justo ao mesmo tempo, mas sem perder a competitividade, você pode desafiar a si mesmo e aos outros para se sentir vivo e poderoso.

Quando se interessa em fazer com que as coisas aconteçam, você possui uma capacidade de controle natural e pode se concentrar no seu objetivo e ter paciência. Nesses momentos, você fica disposto a trabalhar arduamente e se sente atraído por pessoas poderosas e ambiciosas. Os outros reconhecem as suas habilidades e muitas vezes o ajudam nos seus planos.

Trabalho & Vocação

Qualquer atividade que envolva o trabalho com outras pessoas mostra-se gratificante, e a sua necessidade de auto-expressão e amor pelo dramático podem levá-lo ao mundo da arte e do entretenimento. O lado humanitário e filantrópico da sua natureza pode encontrar saídas por meio de atividades que envolvam qualquer tipo de ajuda pessoal ou social. Com a sua capacidade de organização e habilidades administrativas e executivas, você pode se sobressair nas áreas do comércio, bancária e industrial. A sua força de vontade e determinação muitas vezes o levam a ocupar posições de poder. Você gosta de agir com total autonomia, por isso pode ser tentado a trabalhar por conta própria; outras opções são a carreira legal ou os cargos oficiais públicos que o podem levar à prosperidade. O seu amor pela variedade e capacidade de comunicação permitem que você se saia bem em carreiras como jornalismo ou política.

Numerologia

Benevolência, ponderação e sensibilidade emocional estão associadas ao dia de aniversário número 9. Tolerante e amável, você é, na maioria das vezes, uma pessoa generosa e liberal. Intuitivo e com habilidades psíquicas, você possui uma receptividade universal que, se positivamente canalizada, pode inspirá-lo a buscar o caminho espiritual. Este dia de aniversário sugere a necessidade de superar desafios e uma tendência a ser excessivamente sensível, propenso à instabilidade emocional. Você se beneficia muito de viagens internacionais e da interação com pessoas de diferentes círculos sociais, mas deve evitar se deixar levar por sonhos irreais ou pela inclinação ao escapismo. A subinfluência do mês número 6 indica que você é uma pessoa responsável e que cria equilíbrio e harmonia por meio do bom julgamento e da justiça. Evite ser destrutivo ou vingativo. Tente perceber a necessidade das outras pessoas e evite ser muito autocentrado ou crítico; evite dominar as pessoas com as suas opiniões. A compaixão e o amor trazem as maiores recompensas.

⬆ **Positivo**: idealista, humanitário, criativo, sensível, generoso, sedutor, poético, caridoso, desapegado, sortudo, popular

⬇ **Negativo**: frustrado, nervoso, fragmentado, inseguro, egoísta, pouco prático, facilmente levado, complexo de inferioridade, medos, preocupação

♊

ESTRELAS FIXAS

Rigel; Belatriz, também chamada de Guerreira; Capella, também chamada de Pequena Cabra e Amalthea

ESTRELA PRIMÁRIA

Nome da estrela:
Rigel

Posição:
15°50'-16°40' de Gêmeos, entre os anos de 1930 e 2000

Magnitude:
1

Força:
★★★★★★★★★★

Órb:
2°30'

Constelação:
Beta Orionis

Dias:
3, 4, 5, 6, 7, 8 e 9 de junho

Qualidades da estrela:
diversas influências: Marte/Júpiter ou Saturno/Júpiter

Descrição:
dupla estrela brilhante, azul e branca, localizada no pé esquerdo de Orion

♊

Amor & Relacionamentos

Freqüentemente atraído por indivíduos criativos, você tem uma necessidade de amor e compreensão que se opõe à sua aparência forte e assertiva. Embora seja uma pessoa trabalhadora, você gosta de se divertir e de atividades sociais com amigos e família. Você gosta de fazer as coisas da sua maneira, mas pode ser uma pessoa leal e carinhosa. Talvez seja necessário evitar se martirizar ou ter ataques temperamentais. Os que são mais inspirados encontram muitas vezes uma forma de se expressar por meio da música, das artes ou da poesia.

INFLUÊNCIA DA ESTRELA PRIMÁRIA

Rigel proporciona a capacidade de subir rapidamente na vida, dá grande força de vontade, uma natureza ambiciosa e estimula a mente a adquirir um conhecimento geral mais amplo. O amor pela ação e a lances de sorte muitas vezes o estimula a ser uma pessoa competitiva. A habilidade para desenvolver uma mente científica e até mesmo inventiva está associada a esta estrela. Rigel pode conferir honra, riqueza material e sucesso duradouro. Ligada ao grau do seu Sol, esta estrela sugere que você tem uma personalidade corajosa e audaciosa, além de uma perspectiva ampla e liberal. Você também é uma pessoa trabalhadora, com bom senso para os negócios e jeito para lidar com assuntos políticos e públicos. Uma forte preferência por Astrologia, estudos e educação superior é também indicada por Rigel. Esta estrela indica que um grande sucesso pode ser alcançado por meio da assertividade e de uma abordagem direta e franca, mas adverte contra o excesso de sinceridade.

- **Positivo**: fundador de grandes empreendimentos, liberal, educação, senso comum
- **Negativo**: mau humor, insolente ou indisciplinado, exigente, inquieto

Consulte o Apêndice para obter informações adicionais acerca das estrelas fixas.

ALGUÉM ESPECIAL

Você pode encontrar um parceiro que compreenda a sua sensibilidade e necessidade de amor entre as pessoas nascidas em uma das seguintes datas:

Amor & amizade: jan: 7, 17, 20; fev: 5, 15, 18; mar: 3, 13, 16, 29, 31; abr: 1, 11, 14, 27, 29; mai: 9, 12, 25, 27; jun: 7, 10, 23, 25; jul: 5, 8, 21, 23; ago: 3, 6, 19, 21; set: 1, 4, 17, 19; out: 2, 15, 17; nov: 13, 15, 30; dez: 11, 13, 28

Relacionamentos benéficos: jan: 15, 17, 28; fev: 13, 15, 26; mar: 11, 13, 24; abr: 9, 11, 22; mai: 7, 9, 20; jun: 5, 7, 18; jul: 3, 5, 16; ago: 1, 3, 14; set: 1, 12; out: 10, 29; nov: 8, 27; dez: 6, 25

Atrações fatais: jan: 5; fev: 3; mar: 1; dez: 9, 10, 11, 12

Relacionamentos desafiantes: jan: 4, 5, 14; fev: 2, 3, 12; mar: 1, 10; abr: 8, 30; mai: 6, 28; jun: 4, 26; jul: 2, 24; ago: 22; set: 20; out: 18; nov: 16; dez: 14

Alma gêmea: jan: 2; mar: 29; abr: 27; mai: 25; jun: 23; jul: 21; ago: 19; set: 17; out: 15; nov: 13; dez: 11

10 de Junho

O seu dia de aniversário sugere que você possui um excelente intelecto e um grande potencial para realização e sucesso material. Você é persuasivo e se interessa pelas pessoas, além de possuir a habilidade de trabalhar com precisão meticulosa. Você gosta da independência e tem a capacidade de aprender com a experiência e, muitas vezes, desenvolve uma linha de especialidade.

Com a influência de Vênus no segundo decanato de Gêmeos, você possui uma personalidade carismática e uma maneira persuasiva. Quando está em uma disposição positiva, você tem muitas idéias criativas e boa capacidade de comunicação. Você, em geral, é uma pessoa sociável, além de apreciar a beleza e a arte. Isso pode lhe dar um amor pelo luxo e um perfil para trabalhar cooperativamente com as outras pessoas. Vênus enfatiza também a importância do dinheiro na sua vida e mostra que você está disposto a trabalhar para obtê-lo. Um dos seus desafios é aprender a equilibrar a sua vontade de trabalhar e ser responsável e estruturado com o seu desejo de prazer, amor e espontaneidade.

♊

SOL: GÊMEOS
DECANATO: LIBRA/VÊNUS
GRAU: 18°-19°30' GÊMEOS
MODO: MUTÁVEL
ELEMENTO: AR

♊

Quando disciplina o seu enorme potencial e canaliza qualquer possível impaciência em uma atividade criativa, você alcança os resultados na sua luta com os desafios impostos pela vida. Quando aprende a se manter positivo e a ter fé, você percebe que a gratidão é uma qualidade especial que pode ajudá-lo a progredir e que permite que a sua energia flua livremente.

Depois dos 11 anos de idade, quando o seu Sol progredido entra no signo de Câncer, as questões relativas à segurança emocional, à casa e à família passam a ter mais importância na sua vida. Essa influência prossegue até cerca dos 41 anos de idade, quando o seu Sol progredido entra no signo de Leão, e você entra em um período de trinta anos de crescente confiança, autoridade, força e maior capacidade de auto-expressão. Quando você atinge os 71 anos de idade, o seu Sol progredido entra no signo de Virgem, e você desenvolve uma maneira de ver a vida mais analítica, perfeccionista e pragmática.

O Seu Eu Secreto

A sua aparência exterior não revela a sua sensibilidade interior. A sua riqueza de sentimentos indica uma forte necessidade de amor e afeição incondicionais. Quando recebe esse tipo de devoção, você sente que pode confiar na vida. A necessidade de uma profunda segurança emocional sugere que você pode sentir medo e ansiedade se sentir que não é amado ou que foi abandonado, e a confiança pode ser a chave para o seu sucesso. Caso se deixe levar pelo medo ou pela frustração, você pode bloquear a única coisa de que realmente precisa.

Muitas vezes, a demonstração de afeição pode ser muito importante para você. Às vezes, você pode ter uma atitude tudo-ou-nada, e, embora seja capaz de perdoar e amar, depois que toma uma decisão, não volta atrás. Quando abre totalmente o seu coração, mantendo-se ao mesmo tempo desapegado quanto aos resultados, você pode ser extremamente generoso e ter tudo o que precisa e deseja.

Trabalho & Vocação

Ambição, bom senso para os negócios e habilidade para liderar são fatores que contribuirão para levá-lo ao sucesso. Como é capaz de combinar negócios com prazer e possui uma excelente capacidade de comunicação, você pode se sobressair na carreira diplomática ou de relações públicas. Da mesma forma, o mundo das vendas ou da comunicação pode ser uma possibilidade formidável para os seus talentos. Em geral, você se sai melhor em ocupações que envolvam variedade e mudanças, pois não gosta da rotina e pode ficar entediado. A educação, o jornalismo ou a indústria de serviços são áreas que podem ser especialmente gratificantes, ou é possível que o seu talento dramático natural encontre expressão no mundo do entretenimento. O talento para lidar com as pessoas é um dos seus bens mais valiosos.

♊

ESTRELAS FIXAS

Belatriz, também chamada de Guerreira; Capella, também chamada de Pequena Cabra e Amalthea

ESTRELA PRIMÁRIA

Nome da estrela:
Capella, também chamada de Pequena Cabra e Amalthea

Posição:
20°52'-21°48' de Gêmeos, entre os anos de 1930 e 2000

Magnitude:
1

Força:
★★★★★★★★★★

Órb:
2°30'

Constelação:
Alpha Aurigae

Dias:
9, 10, 11, 12, 13 e 14 de junho

Qualidades da estrela:
Mercúrio/Marte

Descrição:
uma grande estrela branca brilhante localizada no corpo da Cabra nos braços de Auriga

♊

Numerologia

Como as pessoas que têm o dia de aniversário número 1, você se esforça para realizar os seus grandes ideais. Contudo, você precisa superar alguns obstáculos antes de alcançar os seus objetivos. Enérgico e original, você defende as próprias crenças, mesmo quando elas não são as mesmas das outras pessoas. A sua habilidade para iniciar projetos com um espírito pioneiro o encoraja a viajar e a fazer as coisas por si só. Talvez precise aprender que o mundo não gira ao seu redor e deve evitar a tendência ao egoísmo e ao autoritarismo. O sucesso e a realização são fatores importantes para as pessoas com o dia de aniversário número 10, e muitas vezes você chega ao topo da sua profissão. A subinfluência do mês número 6 indica que você possui fortes convicções. Observador e atento aos detalhes, você gosta de coletar informações e utilizá-las de maneira prática. Quando está mentalmente preocupado, você aparenta desligamento ou inquietude. Nunca se satisfaz com o que já sabe e pode ser beneficiar com o estudo da Metafísica, da Espiritualidade e da Filosofia. Uma vez que é flexível e adaptável, você pode desfazer os mal-entendidos.

- **Positivo**: liderança, criatividade, progressista, vigor, otimismo, fortes convicções, competitivo, independente, gregário
- **Negativo**: arrogância, ciúme, egotismo, muito orgulho, antagonismo, egoísmo, fraqueza, hesitação, impaciência

Amor & Relacionamentos

Charmoso, sensível e com apreço pela beleza e pela arte, você gosta de usufruir os luxos que a vida tem a oferecer. Muitas vezes atraído por pessoas glamurosas e de personalidade carismática, você encanta as pessoas com o seu otimismo e generosidade. Embora esteja sempre disposto a fazer sacrifícios pelos entes queridos, você precisa evitar a tendência a se fazer de mártir. Você sempre busca relacionamentos sérios, mas se desenvolver uma atitude mais realista em relação ao amor pode minimizar os seus desapontamentos. Você é uma pessoa que costuma trabalhar duro para promover a estabilidade nos seus relacionamentos; porém, evite negligenciar a sua forte necessidade de auto-expressão criativa, que pode incluir atividades artísticas, pois você gosta de música e teatro.

INFLUÊNCIA DA ESTRELA PRIMÁRIA

Capella confere uma natureza enérgica, curiosidade e amor aos estudos. Esta estrela encoraja o interesse pela pesquisa e por novas invenções. Ela dá honra e posições proeminentes de confiança. Você pode também conseguir riqueza e sucesso.
Ligada ao grau do seu Sol, esta estrela indica a tendência à loquacidade e sugere que você deve evitar falar demais. Capella o aconselha a aprender a ouvir os outros para evitar mal-entendidos.

- **Positivo**: confiável, leal, mente curiosa, conhecimento amplo
- **Negativo**: propenso a discussões, indeciso, preocupado, falta de interesse, desperdício da energia mental

Consulte o Apêndice para obter mais informações a respeito das estrelas fixas.

ALGUÉM ESPECIAL

Você pode encontrar um parceiro que compreenda a sua sensibilidade e necessidade de amor entre as pessoas nascidas em uma das seguintes datas:

Amor & amizade: jan: 4, 8, 18, 19, 23; fev: 2, 6, 16, 17, 21; mar: 4, 14, 15, 19, 28, 30; abr: 2, 12, 13, 17, 26, 28, 30; mai: 10, 11, 15, 24, 26, 28; jun: 8, 9, 13, 22, 24, 26; jul: 6, 7, 11, 20, 22, 24, 30; ago: 4, 5, 9, 18, 20, 22, 28; set: 2, 3, 7, 16, 18, 20, 26; out: 1, 5, 14, 16, 18, 24; nov: 3, 12, 14, 16, 22; dez: 1, 10, 12, 14, 20

Relacionamentos benéficos: jan: 5, 16, 27; fev: 3, 14, 25; mar: 1, 12, 23; abr: 10, 21; mai: 8, 19; jun: 6, 17; jul: 4, 15; ago: 2, 13; set: 11; out: 9, 30; nov: 7, 28; dez: 5, 26, 30

Atrações fatais: jan: 17; fev: 15; mar: 13; abr: 11; mai: 9; jun: 7; jul: 5; ago: 3; set: 1; dez: 10, 11, 12, 13

Relacionamentos desafiantes: jan: 1, 10, 15; fev: 8, 13; mar: 6, 11; abr: 4, 9; mai: 2, 7; jun: 5; jul: 3, 29; ago: 1, 27; set: 25; out: 23; nov: 21; dez: 19, 29

Alma gêmea: ago: 30; set: 28; out: 26; nov: 24; dez: 22

11 de Junho

O seu dia de aniversário indica que o idealismo e a praticidade desempenham um papel igual na história da sua vida. Com a sua capacidade de julgamento e seu poder de raciocínio, você possui uma aparência astuta mas sensível. Você possui um forte desejo de ser honesto, consegue ser sutil e direto ao mesmo tempo, além de ter um senso comum penetrante.

A influência de Aquário, o regente do seu decanato, acentua a sua independência e versatilidade. Isso também sugere que você é uma pessoa amável, despreocupada e voltada para o contato social. Contudo, a sua natureza possui também um lado mais excêntrico ou fora do comum. Como se interessa por diversos assuntos, a sua mente excelente sugere uma maneira original de abordar a vida e até mesmo que você pode ser um pensador inspirado. Você entende rapidamente a essência das coisas, gosta de aprender e pode ser clarividente. Talvez precise desenvolver a tendência a se irritar, pois isso pode arruinar o seu charme e afastá-lo das outras pessoas.

♊

SOL: GÊMEOS
DECANATO: AQUÁRIO/URANO
GRAU: 19°-21°30' GÊMEOS
MODO: MUTÁVEL
ELEMENTO: AR

♊

Embora diversos tipos de pessoas possam achá-lo carismático e atraente, você precisa evitar um comportamento errático ou ser envolvido pela vida e problemas das outras pessoas. Inspirado por muitas idéias, depois que estabelece uma meta definida, você pode ser determinado e organizado e ter um forte senso de propósito. A vantagem adicional da sua intuição natural pode ser um grande benefício, pois você possui um sexto-sentido no que diz respeito às pessoas e situações.

Depois dos 10 anos de idade, quando o seu Sol progredido entra no signo de Câncer, as questões relativas à segurança emocional, à casa e à família passam a ter mais importância na sua vida. Essa influência prossegue até cerca dos 40 anos de idade, quando o seu Sol progredido entra no signo de Leão. Essa fase marca o início de um período de trinta anos de confiança, maior auto-expressividade e sociabilidade. Quando atinge os 70 anos de idade, o seu Sol progredido entra no signo de Virgem, e você começa a ter vontade de ser mais analítico, prático e reflexivo.

O Seu Eu Secreto

Sensível e imaginativo, você possui uma mente rica em idéias, mas deve evitar a tendência a se preocupar. É importante que você desenvolva a sua autoconfiança, que pode ser fortalecida pela sua habilidade de se expressar em todas as áreas da vida, mas de forma especial pela música, pela arte ou pela palavra escrita. A sua casa é o seu paraíso, o local onde você pode encontrar a paz e a segurança. Embora deseje harmonia, tome cuidado para não fazer muitas concessões.

Uma insatisfação inconsciente que deriva da frustração ou do desapontamento com a própria situação ou com as pessoas pode ser um dos seus desafios interiores. Ao enfrentar e lidar com essas incertezas, você pode tomar decisões que o ajudam a se manter desapegado e positivo. Quando descarta preocupações indevidas e desnecessárias, você se sente livre para manifestar o seu espírito criativo e viver a vida com alegria.

Trabalho & Vocação

Como é uma pessoa brilhante e versátil, com uma excelente capacidade de comunicação, você pode se adaptar em qualquer carreira profissional. Precisa apenas evitar o desperdício de energia, pois é uma pessoa multitalentosa. Entretanto, quando se interessa por uma causa ou um projeto, você é capaz de trabalhar arduamente. Isso o ajudará em carreiras no mundo dos negócios e do trabalho social ou da política. Você pode também sentir-se atraído pela ciência, pela advocacia, pelo serviço civil ou pela carreira religiosa; a sua habilidade natural para lidar com as pessoas também o ajuda a seguir carreiras ligadas a vendas ou à indústria de serviços. Como tem habilidade para trabalhos manuais, você pode usar este talento de forma criativa ou prática. Desenvolvendo os seus talentos artísticos naturais e expressando essa necessidade de inspiração, você pode sentir-se atraído pelo mundo do cinema, da pintura ou da música.

Numerologia

A vibração especial do dia de aniversário número-mestre 1 sugere que o idealismo, a inspiração e a inovação são altamente importantes para você. Uma combinação de humildade e confiança o desafia a trabalhar para alcançar a independência financeira e espiritual. Por meio da experiência você pode aprender a lidar com os dois lados da sua natureza e desenvolver uma atitude menos extremista, acreditando nos seus sentimentos. Em geral, você tem muita energia e gosta de vitalidade, mas deve evitar o excesso de ansiedade e a falta de sentido prático. A subinfluência do mês número 6 indica que você é altamente intuitivo, mas que precisa se concentrar nos seus objetivos. Embora seja ambicioso, você precisa desenvolver uma perspectiva mais realista para que os seus sonhos se realizem. Dedique parte do seu tempo para construir uma base firme. Ponderado e compreensivo, você pode servir de inspiração para as outras pessoas. Porém, evite o mau humor, o excesso de sensibilidade ou a irritação. Para transformar os seus ideais em realidade concreta, não se aventure por caminhos desconhecidos até saber qual é o melhor caminho a ser tomado.

Positivo: equilibrado, concentrado nos seus objetivos, entusiástico, espiritual, idealista, intuitivo, inteligente, expansivo, inventivo, artístico, prestativo, capacidade de cura, humanitário, poderes psíquicos

Negativo: complexo de superioridade, desonestidade, falta de objetivos, emotividade excessiva, magoa-se facilmente, egoísta, falta de clareza, dominação

Ⅱ

ESTRELAS FIXAS

Capella, também chamada de Pequena Cabra e Amalthea; Belatriz, também chamada de Guerreira; Phact; El Nath

ESTRELA PRIMÁRIA

Nome da estrela:
Capella, também chamada de Pequena Cabra e Amalthea

Posição:
20°52'-21°48' de Gêmeos, entre os anos de 1930 e 2000

Magnitude:
1

Força:
★★★★★★★★★★

Órb:
2°30'

Constelação:
Alpha Aurigae

Dias:
9, 10, 11, 12, 13 e 14 de junho

Qualidades da estrela:
Mercúrio/Marte

Descrição:
uma grande estrela branca brilhante localizada no corpo da Cabra nos braços de Auriga

Ⅱ

Amor & Relacionamentos

Carismático e charmoso, você tem o poder de atrair pessoas de diferentes círculos sociais. Com essa habilidade geralmente vem a necessidade de ter uma certa discriminação, pois você pode ser atraído por pessoas que irão se encostar em você ou desviá-lo dos seus objetivos. Você, na maioria das vezes, tem expectativas elevadas quanto aos seus relacionamentos e, se elas não forem correspondidas, você se torna inquieto e insatisfeito consigo mesmo e com os outros. A necessidade de ser apreciado sugere que você está disposto a fazer sacrifícios pelos seus entes queridos, mesmo se esperar muito amor e reconhecimento pelos seus esforços. Você geralmente tem muita sorte no que diz respeito ao relacionamento social.

INFLUÊNCIA DA ESTRELA PRIMÁRIA

Capella confere uma natureza enérgica, curiosidade e amor aos estudos. Esta estrela encoraja o interesse pela pesquisa e por novas invenções. Ela dá honra e posições proeminentes de confiança. Você pode também conseguir riqueza e sucesso.
Ligada ao grau do seu Sol, esta estrela indica a tendência à loquacidade e sugere que você deve evitar falar demais. Capella o aconselha a aprender a ouvir os outros para evitar mal-entendidos.

- **Positivo**: confiável, leal, mente curiosa, conhecimento amplo
- **Negativo**: propenso a discussões, indeciso, preocupado, falta de interesse, desperdício da energia mental

Consulte o Apêndice para obter mais informações a respeito das estrelas fixas.

ALGUÉM ESPECIAL

Você pode ter relacionamentos duradouros e estabilidade com pessoas nascidas em uma das seguintes datas:

Amor & amizade: jan: 5, 9, 18, 19; fev: 3, 7, 16, 17; mar: 1, 5, 14, 15, 31; abr: 3, 12, 13, 29; mai: 1, 10, 11, 27, 29; jun: 8, 9, 25, 27; jul: 6, 7, 23, 25, 31; ago: 4, 5, 21, 23, 29; set: 2, 3, 19, 21, 27, 30; out: 1, 17, 19, 25, 28; dez: 13, 15, 21, 24

Relacionamentos benéficos: jan: 1, 6, 17; fev: 4, 15; mar: 2, 13; abr: 11; mai: 9; jun: 7; jul: 5; ago: 3; set: 1; out: 31; nov: 29; dez: 27

Atrações fatais: dez: 11, 12, 13, 14

Relacionamentos desafiantes: jan: 2, 16; fev: 14; mar: 12; abr: 10; mai: 8; jun: 6; jul: 4; ago: 2; dez: 30

Alma gêmea: jan: 11, 31; fev: 9, 29; mar: 7, 27; abr: 5, 25; mai: 3, 23; jun: 1, 21; jul: 19; ago: 17 set: 15; out: 13; nov: 11; dez: 9

12 de Junho

As qualidades rápidas e instintivas sugeridas pelo seu dia de aniversário fazem uma boa combinação com a sua personalidade visionária e versátil. Você é o tipo de pessoa que está sempre em movimento, pois a sua inquietação interior está sempre à procura de novas aventuras. Como você apreende rapidamente todas as situações, pode ficar entediado e avesso à rotina. Você, em geral, sente-se atraído por pessoas inteligentes que possam estimulá-lo mentalmente. Como é amável e sociável, você costuma ter consciência da sua imagem pública e é provável que seja uma pessoa popular.

Sensível e com uma imaginação poderosa, você precisa manter-se concentrado e ter uma meta positiva. Se ficar impaciente, você tem propensão a desistir facilmente, por isso precisa desenvolver a perseverança para aproveitar o seu grande potencial.

♊

SOL: GÊMEOS
DECANATO: AQUÁRIO/URANO
GRAU: 20°-21°30' GÊMEOS
MODO: MUTÁVEL
ELEMENTO: AR

♊

Com a influência de Aquário, o regente do seu decanato, você gosta de debates e pode ser atraído por interesses pouco usuais. Isso também sugere que, embora você tenha uma mente aguçada e cheia de recursos, pode vir a enfrentar um conflito entre o seu idealismo e o mundano. Este dia de aniversário também implica que as viagens podem ter uma grande influência na sua vida, e que há a possibilidade de trabalhar ou viver em um país estrangeiro.

Depois dos 9 anos de idade, quando o seu Sol progredido entra no signo de Câncer, você passa a se concentrar mais nas questões ligadas à sua vida doméstica e familiar. Essa mudança traz uma maior necessidade de amor, compreensão e segurança emocional. A partir 39 anos de idade, quando o seu Sol progredido entra no signo de Leão, você fica mais autoconfiante e recebe um reconhecimento maior das suas capacidades pessoais. Quando você atinge os 69 anos de idade, o seu Sol progredido entra no signo de Virgem e você começa a refinar a sua vida e se torna uma pessoa mais analítica, prática e reflexiva.

O Seu Eu Secreto

A incerteza quanto às finanças pode causar uma preocupação ou frustração desnecessárias. Devido à sua impaciência inata, você precisa ser cuidadoso no que diz respeito às questões relativas ao dinheiro por causa de sua tendência ao oportunismo, e deve procurar caminho mais lento para construir a sua fortuna. A tendência à extravagância não o ajuda muito nesse sentido. Contudo, depois que se decide a transformar as suas idéias em realidade, você se concentra no seu objetivo e o persegue com determinação.

A sua personalidade dinâmica sugere que você precisa ter propósitos e se manter concentrado em alcançá-los. Isso também o ajuda a liberar as ansiedades ou dúvidas em relação à sua confiança e auto-estima. Você possui uma maneira altamente criativa de abordar a vida, o que significa se colocar acima de qualquer dilema para ter uma perspectiva mais ampla. Ainda que esteja disposto a fazer sacrifícios pelos outros, essa inclinação, a longo prazo, irá ajudá-lo a desenvolver os seus melhores potenciais de compaixão e humanitarismo.

Trabalho & Vocação

A sua mente rápida e sua facilidade de comunicação podem trazer um benefício especial para carreiras como jornalismo, serviço de atendimento aos clientes ou vendas. Embora seja ambicioso e trabalhador, o seu amor pela variedade indica uma carreira que envolva mudanças rápidas e não tenha rotina. As ocupações ligadas a turismo e viagens podem ser adequadas ao seu espírito aventureiro; com o seu amor pela ação, as carreiras que envolvam o esporte e o lazer podem ser excelentes escapes para a sua energia e impulso. Você possui um forte senso de visão e estrutura, que pode levá-lo a seguir profissões como fotografia, desenho gráfico ou matemática, bem como ajudá-lo a se tornar um visionário prático no mundo dos negócios. Você pode expressar a sua criatividade por meio do teatro e da música, ou, se estiver envolvido com o mundo da cura, pode usar a sua sensibilidade trabalhando de forma intuitiva.

♊

ESTRELAS FIXAS

Capella, também chamada de Pequena Cabra e Amalthea; Belatriz, também chamada de Guerreira; Phact; Mintaka, também chamada de Cingula Orionis; El Nath; Alnilam, também chamada de Al Nithan, também conhecida como Cordão de Pérolas

ESTRELA PRIMÁRIA

Nome da estrela:
Capella, também chamada de Pequena Cabra e Amalthea

Posição:
20°52'-21°48' de Gêmeos, entre os anos de 1930 e 2000

Magnitude:
1

Força:
★★★★★★★★★★

Órb:
2°30'

Constelação:
Alpha Aurigae

Dias:
9, 10, 11, 12, 13 e 14 de junho

Qualidades da estrela:
Mercúrio/Marte

Descrição:
uma grande estrela branca brilhante localizada no corpo da Cabra nos braços de Auriga

♊

Numerologia

As pessoas com o dia de aniversário número 12 são intuitivas e amáveis. Como deseja ter uma individualidade verdadeira, você possui um bom raciocínio e poder de inovação. Naturalmente compreensivo e sensível, você também sabe usar o tato e métodos cooperativos para alcançar as suas metas e objetivos. Quando chega ao equilíbrio entre a sua necessidade de auto-expressão e a inclinação natural para ajudar as pessoas, você conquista a satisfação emocional e a realização pessoal. Entretanto, você precisa de coragem para se segurar sozinho e desenvolver a autoconfiança, ou aprender a não ser facilmente desencorajado pelas outras pessoas. A subinfluência do mês número 6 indica que você precisa manifestar clara e precisamente os seus sentimentos. Para evitar mal-entendidos, deixe que as outras pessoas saibam como se sente e o que pensa. Mantendo a mente aberta e vendo as situações de uma forma ampla e abrangente , você pode manter-se otimista e desapegado. Com uma atitude humanitária e preocupação para com as pessoas, você pode mostrar a sua verdadeira compaixão. Evite a preocupação e a indecisão, prestando atenção ao que as pessoas dizem, mas sem comprometer as próprias crenças.

- **Positivo**: criativo, atraente, iniciativa, disciplinador, promoção de si mesmo e dos outros
- **Negativo**: excêntrico, falta de cooperação, sensível ao extremo, falta de auto-estima

Amor & Relacionamentos

Inteligente e inquieto, você muitas vezes se sente atraído por pessoas originais e dinâmicas. As amizades são importantes para você e as atividades sociais e o contato com todo o tipo de pessoas sugerem que você é uma pessoa liberal e jovial. A sua natureza denota uma vontade natural de se divertir, e isso sempre se manifesta quando você está na companhia de pessoas queridas. Por meio da educação e do aprendizado, você pode conhecer pessoas que compartilham os mesmos interesses. Embora você goste de se divertir, uma atitude mais madura assegura a paz e a harmonia nos seus relacionamentos.

INFLUÊNCIA DA ESTRELA PRIMÁRIA

Capella confere uma natureza enérgica, curiosidade e amor aos estudos. Esta estrela encoraja o interesse pela pesquisa e por novas invenções. Ela dá honra e posições proeminentes de confiança. Você pode também conseguir riqueza e sucesso.
Ligada ao grau do seu Sol, esta estrela indica a tendência à loquacidade e sugere que você deve evitar falar demais. Capella o aconselha a aprender a ouvir os outros para evitar mal-entendidos.

- **Positivo**: confiável, leal, mente curiosa, conhecimento amplo
- **Negativo**: propenso a discussões, indeciso, preocupado, falta de interesse, desperdício da energia mental

Consulte o Apêndice para obter mais informações a respeito das estrelas fixas.

ALGUÉM ESPECIAL

Para encontrar aquele alguém especial, comece procurando entre as pessoas nascidas em uma das seguintes datas:

Amor & amizade: jan: 6, 10, 20, 29; fev: 4, 8, 18, 27; mar: 2, 6, 16, 25, 28, 30; abr: 4, 14, 23, 26, 28, 30; mai: 2, 12, 21, 24, 26, 28, 30; jun: 10, 19, 22, 24, 26, 28; jul: 8, 17, 20, 22, 24, 26; ago: 6, 15, 18, 20, 22, 24; set: 4, 13, 16, 18, 20, 22; out: 2, 11, 14, 16, 18, 20; dez: 7, 10, 12, 14, 16

Relacionamentos benéficos: jan: 7, 13, 18, 28; fev: 5, 11, 16, 26; mar: 3, 9, 14, 24; abr: 1, 7, 12, 22; mai: 5, 10, 20; jun: 3, 8, 18; jul: 1, 6, 16; ago: 4, 14; set: 2, 12, 30; out: 10, 28; nov: 8, 26, 30; dez: 6, 24, 28

Atrações fatais: jan: 25; fev: 23; mar: 21; abr: 19; mai: 17; jun: 15; jul: 13; ago: 11; set: 9; out: 7; nov: 5; dez: 3, 11, 12, 13, 14

Relacionamentos desafiantes: jan: 3, 17; fev: 1, 15; mar: 13; abr: 11; mai: 9, 30; jun: 7, 28; jul: 5, 26, 29; ago: 3, 24, 27; set: 1, 22, 25; out: 20, 23; nov: 18, 21; dez: 16, 19

Alma gêmea: jan: 18; fev: 16; mar: 14; abr: 12; mai: 10, 29; jun: 8, 27; jul: 6, 25; ago: 4, 23 set: 2, 21; out: 19; nov: 17; dez: 15

13 de Junho

A consciência brilhante e prática das pessoas nascidas neste dia indica que você é um idealista sociável, com um forte senso de valores. Como é uma pessoa sensível, você pode se dedicar a construir uma sólida fundação para si mesmo. Há uma forte ênfase no seu trabalho, e por meio da diligência você muitas vezes estabelece uma posição segura e próspera.

Com a influência adicional do regente do seu decanato, Aquário, você possui uma mente bastante inventiva que lhe permite avaliar rapidamente o caráter das pessoas. Como isso também sugere que você é uma pessoa articulada, é preciso que encontre formas de utilização da sua capacidade elevada de comunicação. Apenas tome cuidado para não adotar uma perspectiva muito inflexível ou obstinada e arruinar o seu charme.

♊

SOL: GÊMEOS
DECANATO: AQUÁRIO/URANO
GRAU: 21°-22°30' GÊMEOS
MODO: MUTÁVEL
ELEMENTO: AR

♊

Quando você desempenha uma tarefa, gosta de fazê-la bem e tem orgulho do seu trabalho. Em geral, você é uma pessoa muito leal, que tende a assumir com seriedade as suas responsabilidades, mas pode também passar de uma condição de sobriedade para genialidade e amizade. Você é idealista, mas não quer que a sua sensibilidade seja desperdiçada quando ajuda os outros. Como também pode ser orientado para os negócios, essa poderosa combinação implica que você pode ser um pragmático compassivo.

Depois dos 8 anos de idade, quando o seu Sol progredido entra no signo de Câncer, você se torna mais sensível e consciente da sua segurança, dando uma ênfase especial à sua vida doméstica. Quando o seu Sol progredido entra no signo de Leão, por volta dos seus 38 anos de idade, há uma forte necessidade de auto-expressão e assertividade, encorajando-o a se tornar mais sociável, ousado e autoritário. Quando você atinge os 68 anos de idade, o seu Sol progredido entra no signo de Virgem, e você desenvolve uma maneira mais analítica, perfeccionista e pragmática de abordar a vida.

O Seu Eu Secreto

A sua necessidade interior de variedade e mudança pode não ser aparentemente perceptível. Essa parte aventureira da sua natureza pode precisar de formas de escape para a exploração de coisas novas e diferentes. Como você pode ocasionalmente reprimir as suas emoções, esse mesmo desejo pode se transformar em inquietude e impaciência ou pode minar a sua confiança. Para compensar isso, você pode ficar insatisfeito e procurar válvulas de escape por meio de bebida, drogas, televisão ou fantasia.

Simpático e compreensivo, você pode perceber o que as outras pessoas estão sentindo. Os seus ideais elevados trazem o desejo de amor e afeição que podem se manifestar por meio das artes, da espiritualidade ou da medicina. Usando essa consciência mais sensível na sua vida cotidiana, você percebe que a inspiração vem do pensamento positivo. Contudo, você precisa proteger o seu delicado sistema nervoso aprendendo a manter a calma e não permitindo que influências exteriores o oprimam.

Trabalho & Vocação

Prático e amável, você pode atrair muitas oportunidades excelentes de trabalho. Com a sua capacidade de comunicação, carreiras como advocacia ou educação são indicadas. Com o seu desejo de ordem e inteligência, você muitas vezes se sente atraído pelas áreas do comércio e da indústria, nas quais você pode usar as suas habilidades de organização para se distinguir. Os seus superiores apreciam a sua habilidade de trabalhar duro, sua confiabilidade e sua responsabilidade. As pessoas nascidas neste dia possuem habilidade manual e podem utilizar esse dom de forma criativa ou prática; a sua profunda compreensão da natureza humana, combinada com o seu talento criativo, pode se manifestar por intermédio da escrita, do jornalismo ou do teatro.

Numerologia

Sensibilidade emocional, entusiasmo e inspiração são freqüentemente associados ao dia de aniversário número 13. Numericamente, você está associado à ambição e ao trabalho duro e tem uma grande capacidade de realização por meio da auto-expressão criativa. Você precisa desenvolver ou cultivar uma perspectiva pragmática se deseja transformar os seus talentos criativos em resultados concretos. A sua abordagem original e inovadora o inspira a ter novas idéias, que geralmente resultam em trabalhos que impressionam as outras pessoas. Com o dia de aniversário número 13, você é uma pessoa confiável, romântica, charmosa e que gosta de se divertir; com dedicação, pode alcançar a prosperidade. A subinfluência do mês número 6 indica que você é ambicioso, resistente e cheio de recursos, além de possuir boa capacidade de raciocínio. Colaborar com os outros ou trabalhar em equipe o ajuda a alcançar o sucesso. Se se sentir sem confiança, pode se tornar dependente dos outros. Com capacidade de decisão, você gosta de resolver os seus problemas do próprio jeito. Uma falta de satisfação sugere que você pode ficar inquieto e descontente, mas também o impele a querer mais e a seguir adiante.

Positivo: ambicioso, criativo, amante da liberdade, auto-expressivo, iniciativa

Negativo: impulsivo, indeciso, autoritário, pouco emotivo, rebelde, egoísta

♊

ESTRELAS FIXAS

Belatriz, também chamada de Guerreira; Phact; Mintaka, também chamada de Cingula Orionis; El Nath; Eusis; Alnilam, também chamada de Al Nithan, ou Cordão de Pérolas

ESTRELA PRIMÁRIA

Nome da estrela:
Capella, também chamada de Pequena Cabra e Amalthea

Posição:
20°52'-21°48' de Gêmeos, entre os anos de 1930 e 2000

Magnitude:
1

Força:
★★★★★★★★★★

Órb:
2°30'

Constelação:
Alpha Aurigae

Dias:
9, 10, 11, 12, 13 e 14 de junho

Qualidades da estrela:
Mercúrio/Marte

Descrição:
uma grande estrela branca brilhante localizada no corpo da Cabra nos braços de Auriga

♊

Amor & Relacionamentos

Idealista, com emoções poderosas, você é uma pessoa generosa e amável. Nos seus relacionamentos, você pode estar sujeito a oscilações de humor ou a ficar inquieto ou insatisfeito. Por outro lado, você pode ser charmoso e gregário, sociável, com muitos amigos e admiradores. No entanto, tome cuidado para que os outros não se aproveitem de você. Atraído por pessoas poderosas com grande planos e ambições fortes, você pode se beneficiar da ajuda de pessoas influentes.

INFLUÊNCIA DA ESTRELA PRIMÁRIA

Capella confere uma natureza enérgica, curiosidade e amor aos estudos. Esta estrela encoraja o interesse pela pesquisa e por novas invenções. Ela dá honra e posições proeminentes de confiança. Você pode também conseguir riqueza e sucesso.
Ligada ao grau do seu Sol, esta estrela indica a tendência à loquacidade e sugere que você deve evitar falar demais. Capella o aconselha a aprender a ouvir os outros para evitar mal-entendidos.

- **Positivo**: confiável, leal, mente curiosa, conhecimento amplo
- **Negativo**: propenso a discussões, indeciso, preocupado, falta de interesse, desperdício da energia mental

Consulte o Apêndice para obter mais informações a respeito das estrelas fixas.

ALGUÉM ESPECIAL

Entre as pessoas nascidas nas seguintes datas, você pode encontrar alguém para compartilhar mais facilmente os seus ideais:

Amor & amizade: jan: 7, 11, 22; fev: 5, 9, 20; mar: 3, 7, 18, 31; abr: 1, 5, 16, 29; mai: 3, 14, 27, 29; jun: 1, 12, 25, 27; jul: 10, 23, 25; ago: 8, 21, 23, 31; set: 6, 19, 21, 29; out: 4, 17, 19, 27, 30; nov: 2, 15, 17, 25, 28; dez: 13, 15, 23, 26

Relacionamentos benéficos: jan: 8, 14, 19; fev: 6, 12, 17; mar: 4, 10, 15; abr: 2, 8, 13; mai: 6, 11; jun: 4, 9; jul: 2, 7; ago: 5; set: 3; out: 1, 29; nov: 27; dez: 25, 29

Atrações fatais: dez: 13, 14, 15

Relacionamentos desafiantes: jan: 9, 18, 20; fev: 7, 16, 18; mar: 5, 14, 16; abr: 3, 12, 14; mai: 1, 10, 12; jun: 8, 10; jul: 6, 8, 29; ago: 4, 6, 27; set: 2, 4, 25; out: 2, 23; nov: 21; dez: 19

Alma gêmea: jan: 9; fev: 7; mar: 5; abr: 3; mai: 1; out: 30; nov: 28; dez: 26

14 de Junho

Este dia de aniversário revela que você é uma pessoa agradável e que se comunica de forma inteligente, além de possuir uma maneira original de encarar a vida. Embora tenha uma aparência brilhante e amável, você também possui um lado mais sério que pode ser usado de maneira positiva para a resolução de problemas. A sua forte necessidade de auto-expressão pode se manifestar em atividades sociais ou levá-lo a escrever ou a alguma forma de arte.

Com a influência do terceiro decanato de Gêmeos, você possui uma mente objetiva e inventiva que pode alternar entre momentos de genialidade e momentos de rebeldia. Felizmente, o seu pensamento pode estar à frente do seu tempo, embora às vezes possa trazer problemas com a sociedade. O seu espírito rápido e sua criatividade podem torná-lo uma pessoa muito atraente, mas você deve tomar cuidado com a tendência a se preocupar ou a ficar indeciso e, assim, prejudicar a sua alegria de viver.

♊

SOL: GÊMEOS
DECANATO: AQUÁRIO/URANO
GRAU: 22°-23°30' GÊMEOS
MODO: MUTÁVEL
ELEMENTO: AR

♊

Como pode se interessar por assuntos diferentes, e algumas vezes fora do comum, é importante evitar o desperdício de energias. Você costuma ser uma pessoa direta e franca nas suas opiniões, mas pode, ocasionalmente, tornar-se cético ou pouco comunicativo. Pode ser que, em um determinado momento da sua vida, você desenvolva um interesse por assuntos filosóficos ou espirituais e, como também possui uma capacidade crítica aguçada, pode usar isso para ajudar as pessoas e não se tornar autoritário e destruí-las. A sua personalidade versátil, combinada com a sua criatividade, pode servir de inspiração para as outras pessoas e trazer-lhe uma realização duradoura e gratificante.

Quando o seu Sol progredido entra no signo de Câncer, por volta dos seus 7 anos de idade, questões relacionadas à segurança e vida doméstica passam a ter um papel mais importante na sua vida. Isso também acentua as suas necessidades emocionais e segurança, bem como as pessoas que afetam mais. Essa tendência prossegue até cerca dos 37 anos de idade, quando o seu Sol progredido entra no signo de Leão, o que traz uma ampliação da sua força, confiança e talentos. Quando você chega aos 67 anos de idade, o seu Sol progredido entra no signo de Virgem, e você desenvolve uma maneira mais analítica, perfeccionista e pragmática de abordar a vida.

O Seu Eu Secreto

Confiável e consciencioso, você está sempre disponível para ajudar e aconselhar as pessoas, oferecendo-lhes a sua perícia e sabedoria prática. Você tem disposição para trabalhar duro e fazer sacrifícios consideráveis por pessoas ou causas que estima. Apenas tome cuidado para que isso não o sobrecarregue e o deixe deprimido ou abatido. É importante desenvolver o seu elevado poder intuitivo e aprender a confiar nos seus primeiros instintos.

Por outro lado, o aspecto prático da sua natureza mostra que você pode ser um oponente poderoso e um bom estrategista. Perspicaz e articulado, você comunica as suas idéias de maneira sincera e compassiva e essa capacidade permite que você avance e prospere. Se ficar indeciso, pode acomodar-se com o que já tem e optar pelo caminho mais fácil. Em geral, você sabe como aproveitar a vida e descobrir novas formas de se divertir. A sua casa e uma base segura são especialmente importantes, mas você precisa de harmonia e paz interior.

Trabalho & Vocação

Inteligente e articulado, você precisa de mudança e variedade para se manter constantemente inspirado. Mesmo se permanecer na mesma carreira, você pode mudar ou melhorar o seu desempenho. Com as suas idéias originais e abordagem individual da vida, você pode se dedicar a escrever ou a carreiras que envolvam alguma forma de comunicação. Com um arguto senso para os negócios, você pode ser bem-sucedido na área do comércio, ou pode usar a sua mente aguçada para se dedicar à pesquisa e à resolução de problemas. A sua veia competitiva pode levá-lo ao mundo do esporte, ou o seu grande desejo de auto-expressão pode torná-lo bem-sucedido na área da música ou do teatro. Mesmo que possa trabalhar em vendas e em outras carreiras que envolvam o contato com pessoas, você também tem capacidade para desenvolver um pensamento profundo e metódico e pode se interessar por Filosofia.

♊

ESTRELAS FIXAS

Capella, também chamada de Pequena Cabra e Almathea; Phact; Mintaka, também chamada de Cingula Orionis; El Nath; Alnilam, também chamada de Al Nithan, ou Cordão de Pérolas; Al Hecka

ESTRELA PRIMÁRIA

Nome da estrela:
Capella, também chamada de Pequena Cabra e Amalthea

Posição:
20°52'-21°48' de Gêmeos, entre os anos de 1930 e 2000

Magnitude:
1

Força:
★★★★★★★★★★

Órb:
2°30'

Constelação:
Alpha Aurigae

Dias:
9, 10, 11, 12, 13 e 14 de junho

Qualidades da estrela:
Mercúrio/Marte

Descrição:
uma grande estrela branca brilhante localizada no corpo da Cabra nos braços de Auriga

♊

Numerologia

Potencial intelectual, pragmatismo e determinação são algumas das qualidades do dia de aniversário número 14. Realmente, com o dia de aniversário número 14, você costuma colocar o seu trabalho em primeiro lugar e julga a si mesmo e aos outros tomando como base as realizações profissionais. Ainda que precise de estabilidade, a inquietude indicada pelo número 14 o impele a seguir adiante ou a aceitar novos desafios, em uma constante tentativa de prosperar. A inquietude inata e a constante falta de satisfação podem também inspirá-lo a grandes mudanças na sua vida, especialmente se você não estiver feliz com as suas condições de trabalho ou situação financeira. Com a sua mente perceptiva, você reage prontamente aos problemas e gosta de resolvê-los. A subinfluência do mês número 6 indica que você se beneficia se confiar na sua intuição e desenvolver uma atitude filosófica diante da vida. Embora a sua versatilidade e seus fortes instintos suprimam a sua tendência à teimosia, use a sua habilidade diplomática para evitar a ansiedade e a insegurança. A necessidade de ser reconhecido pelas suas contribuições e esforços sugerem que você não tenha timidez em reivindicar o que lhe é de direito.

Positivo: ações decisivas, trabalhador, sortudo, criativo, pragmático, imaginativo, diligente

Negativo: excessivamente cauteloso ou impulsivo, instável, sem consideração, teimoso

Amor & Relacionamentos

Você, em geral, é uma pessoa amorosa e espontânea, disposta a dar o máximo de si às pessoas queridas. Contudo, um lado da sua natureza pode levá-lo a se manter frio ou indiferente. Como é mais sensível do que aparenta, é vital que você tenha espaço para recuperar as suas forças. É difícil para qualquer pessoa corresponder às suas elevadas expectativas quanto a um amor ideal. Entretanto, você é uma pessoa leal e cuidadosa, que busca a estabilidade e permanecerá dedicado ao parceiro escolhido.

INFLUÊNCIA DA ESTRELA PRIMÁRIA

Capella confere uma natureza enérgica, curiosidade e amor aos estudos. Esta estrela encoraja o interesse pela pesquisa e por novas invenções. Ela dá honra e posições proeminentes de confiança. Você pode também conseguir riqueza e sucesso.
Ligada ao grau do seu Sol, esta estrela indica a tendência à loquacidade e sugere que você deve evitar falar demais. Capella o aconselha a aprender a ouvir os outros para evitar mal-entendidos.

- **Positivo**: confiável, leal, mente curiosa, conhecimento amplo
- **Negativo**: propenso a discussões, indeciso, preocupado, falta de interesse, desperdício da energia mental

Consulte o Apêndice para obter mais informações a respeito das estrelas fixas.

ALGUÉM ESPECIAL

Você pode ter realização emocional e aquele alguém especial entre as pessoas nascidas nas seguintes datas:

Amor & amizade: jan: 8, 22, 26; fev: 6, 20, 24; mar: 4, 18, 22; abr: 2, 16, 20, 30; mai: 14, 18, 28, 30; jun: 12, 16, 26, 28; jul: 10, 14, 24, 26; ago: 8, 12, 22, 24; set: 6, 10, 20, 22, 30; out: 4, 8, 18, 20, 28; nov: 2, 6, 16, 18, 26; dez: 4, 14, 16, 24

Relacionamentos benéficos: jan: 9, 20; fev: 7, 18; mar: 23; abr: 3, 14, 27; mai: 1, 12, 25; jun: 10, 23; jul: 8, 21; ago: 6, 19; set: 4, 17; out: 2, 15, 30; nov: 13, 28; dez: 11, 26, 30

Atrações fatais: jan: 27; fev: 25; mar: 23; abr: 21; mai: 19; jun: 17; jul: 15; ago: 13; set: 11; out: 9; nov: 7; dez: 14, 15, 16

Relacionamentos desafiantes: jan: 2, 10, 19; fev: 8, 17; mar: 6, 15; abr: 4, 13; mai: 2, 11; jun: 9; jul: 7, 30; ago: 5, 28; set: 3, 26; out: 1, 24; nov: 22; dez: 20, 30

Alma gêmea: jan: 15; fev: 13; mar: 11; abr: 9; mai: 7; jun: 5; jul: 3; ago: 1; out: 29; nov: 27; dez: 25

15 de Junho

O seu dia de aniversário sugere que você é um geminiano amável e ativo, com uma mente perceptiva e rápida. Embora independente, a sua vida é orientada pela interação social e pelo desenvolvimento da sua capacidade de comunicação por meio de experiências pessoais. Ainda que seja fascinado por pessoas diferentes e originais, você aprende a lidar com os mais diversos tipos de pessoas. Como pode ser muito determinado, a sua força poderosa o leva em direção aos seus objetivos.

A influência de Urano no terceiro decanato de Gêmeos garante que as suas idéias são originais e que você possui capacidade de avaliar as pessoas. Ela também indica que você possui uma grande criatividade mental que pode se manifestar por meio da arte, da música ou do teatro, mas que pode também levá-lo a se envolver em assuntos controversos ou a escrever. Um lado da sua natureza é inflexível, assertivo e um tanto dominador, mas o outro é sensível, imaginativo e generoso, por isso é vital manter um equilíbrio entre eles. Você aprecia a honestidade e a integridade, e sente-se infeliz quando questões financeiras se chocam com o seu ideal de um mundo perfeito. Mesmo que possa ser muito generoso com os entes queridos, você pode ter um medo infundado de não ter dinheiro suficiente. Contudo, devido à sua habilidade estratégica natural, você sempre terá proteção material.

♊

SOL: GÊMEOS
DECANATO: AQUÁRIO/URANO
GRAU: 23°-24°30' GÊMEOS
MODO: MUTÁVEL
ELEMENTO: AR

♊

Depois dos 6 anos de idade, quando o seu Sol progredido entra no signo de Câncer, você passa a ter uma maior consciência dos seus relacionamentos emocionais, especialmente os familiares. Há também uma necessidade maior de segurança e laços familiares, tendência que deve permanecer até o seu Sol progredido entrar no signo de Leão, por volta dos 36 anos de idade. Essa fase marca uma virada na sua vida, trazendo uma maior ênfase na sua auto-expressão e confiança. Quando você chega aos 66 anos de idade, o seu Sol progredido entra no signo de Virgem, e você se torna mais analítico, prático e reflexivo.

O Seu Eu Secreto

Uma forte necessidade interior de segurança material, poder e prestígio se combinam de forma peculiar com um elevado idealismo. A sua ambição e seu desejo de paz e contentamento garantem que, quando alcançar o sucesso, você será uma pessoa genuinamente generosa para com os outros. Você pode também desejar uma compreensão universal. Fique atento para uma possível inércia e ansiedade que podem se originar da sua vontade de manter a paz.

Sempre disposto a compartilhar o seu conhecimento com os outros, você pode fazer grandes contribuições por meio de parcerias ou grupos. Você possui um forte e construtivo poder interior que pode ter influência sobre os outros, por isso é importante que perceba a importância de uma realização verdadeira e não apenas do sucesso material. Se acreditar em uma causa, você lhe dará todo o seu apoio e usará o seu poder de persuasão para convencer as outras pessoas.

Trabalho & Vocação

Com a sua mente rápida e capacidade de comunicação, você em geral se sai bem em carreiras que envolvam o trato com outras pessoas. Como possui talento para lidar com as pessoas, você pode ser especialmente atraído por ocupações como relações públicas. O seu entusiasmo e sua habilidade de vender qualquer coisa na qual acredite, seja uma idéia ou um produto, podem ajudá-lo bastante em carreiras ligadas a vendas, promoção ou negociação. Com a sua oratória persuasiva e articulada, você pode seguir as carreiras de advocacia e do magistério. As pessoas nascidas neste dia muitas vezes se tornam consultores, seja na área dos negócios ou na área terapêutica; além disso, a sua necessidade de reconhecimento pode se manifestar por meio de teatro, arte ou música. A sua atitude perseverante sempre lhe traz o sucesso que deseja e necessita.

Numerologia

Versatilidade, entusiasmo e inquietude são sugeridos pelo dia de aniversário número 15. A sua maior qualidade são os seus fortes instintos e a habilidade de aprender rapidamente, combinando prática e teoria. Muitas vezes, você utiliza esses poderes intuitivos e reconhece rapidamente as oportunidades que surgem. Com o dia de aniversário número 15, você possui talento para atrair dinheiro e apoio das outras pessoas. Despreocupado e resoluto, você saúda o inesperado e gosta de se arriscar. A subinfluência do mês número 6 indica que você precisa equilibrar as próprias necessidades e desejos com as suas obrigações para com os outros. Prático e capaz, você pode manifestar o seu interesse sem mostrar-se excessivamente entusiasmado. Porém, você deseja ser reconhecido pelos seus talentos e esforços e pode ser uma pessoa ambiciosa e trabalhadora. Supere a sensação de limitação encontrando maneiras de expressar a sua criatividade e sentimentos mais aberta e livremente. Embora tenha uma natureza aventureira, você precisa encontrar uma base verdadeira para si próprio.

Positivo: disposição, generosidade, responsabilidade, amabilidade, cooperação, apreço, idéias criativas

Negativo: inquietude, irresponsabilidade, autocentramento, medo de mudanças, perda da fé, preocupação, indecisão, materialismo

♊

ESTRELAS FIXAS

Mintaka, também chamada de Cingula Orionis; El Nath; Alnilam, também chamada de Al Nithan, ou Cordão de Pérolas; Al Hecka

ESTRELA PRIMÁRIA

Nome da estrela:
Mintaka, também chamada de Cingula Orionis

Posição:
21°30'-22°16' de Gêmeos, entre os anos de 1930 e 2000

Magnitude:
2.5-3

Força:
★★★★★★★

Órb:
1°40'

Constelação:
Delta Orion

Dias:
12, 13 e 14 de junho

Qualidades da estrela:
Mercúrio/Saturno/Júpiter

Descrição:
uma estrela binária variável, brilhante, branca e violeta claro, localizada no cinturão de Orion ao lado da estrela Alnilam

♊

Amor & Relacionamentos

Expansivo e gregário, mas assertivo e franco, você em geral possui uma vida social ativa. Você gosta de participar de debates e conversas ou de conhecer pessoas novas que pensem de modo diferente. De uma maneira geral, os seus relacionamentos são muito importantes, pois você pode testar as suas faculdades mentais e possui opiniões firmes. Confiável e protetor, você se esforça para manter as suas promessas. Sente-se atraído por pessoas de mente poderosa e gosta de trocar idéias e opiniões. No entanto, tome cuidado para não cair em discussões ou jogos de poder mental com os seus parceiros. Ainda assim, você é muito generoso com os entes queridos e um amigo leal e confiável.

INFLUÊNCIA DA ESTRELA PRIMÁRIA

Esta estrela confere boa fortuna, sorte e dignidade. Com o pensamento positivo, você pode tirar o proveito máximo de cada situação. Mintaka confere coragem, natureza trabalhadora e senso de oportunidade. Habilidade executiva e administrativa e felicidade duradoura são também indicadas por esta estrela.
Ligada ao grau do seu Sol, esta estrela confere uma mente curiosa e aguçada, boa capacidade de julgamento e boa memória. Você é provavelmente uma pessoa discreta, com uma natureza cautelosa que, com paciência, pode fazer mudanças benéficas na sua vida. Você possui um ótimo senso de oportunidade e um talento natural para usar as situações em seu favor. Esta estrela dá uma forte ênfase para a educação.

- **Positivo**: senso de oportunidade, boa capacidade de julgamento, habilidade administrativa
- **Negativo**: mutável, frustração, falta de consistência, falta de resistência

Consulte o Apêndice para obter mais informações acerca das estrelas fixas.

ALGUÉM ESPECIAL

Para segurança, estímulo mental e amor, comece procurando entre as pessoas nascidas nas seguintes datas:

Amor & amizade: jan: 3, 19, 23; fev: 11, 21; mar: 9, 19, 28, 31; abr: 7, 17, 26, 29; mai: 5, 15, 24, 27, 29, 31; jun: 3, 13, 22, 25, 27, 29; jul: 1, 11, 20, 23, 25, 27, 29; ago: 9, 18, 21, 23, 25, 27; set: 7, 16, 19, 21, 23, 25; out: 1, 5, 14, 17, 19, 21, 23; nov: 3, 12, 15, 17, 19, 21; dez: 1, 10, 13, 15, 17, 19

Relacionamentos benéficos: jan: 3, 4, 10, 21; fev: 1, 2, 8, 19; mar: 6, 17, 30; abr: 4, 15, 28; mai: 2, 13, 26; jun: 11, 24; jul: 9, 22; ago: 7, 20; set: 5, 18; out: 3, 16, 31; nov: 1, 14, 29; dez: 12, 27

Atrações fatais: jan: 22, 28; fev: 20, 26; mar: 18, 24; abr: 16, 22; mai: 14, 20; jun: 12, 18; jul: 1, 5, 10, 16; ago: 8, 14; set: 6, 12; out: 4, 10; nov: 2, 8; dez: 6, 14, 15, 16, 17

Relacionamentos desafiantes: jan: 11, 20; fev: 9, 18; mar: 7, 16; abr: 5, 14; mai: 3, 12, 30; jun: 1, 10, 28; jul: 8, 26, 31; ago: 6, 24, 29; set: 4, 22, 27; out: 2, 20, 25; nov: 18, 23; dez: 16, 21

Alma gêmea: jan: 26; fev: 24; mar: 22, 30; abr: 20, 28; mai: 18, 26; jun: 16, 24; jul: 14, 22; ago: 12, 20; out: 8, 16; nov: 6, 14; dez: 4, 12

16 de Junho

Rápido e realista, você é um geminiano astuto, independente e com uma forte individualidade. Uma combinação interessante de elevados ideais sensíveis com o desejo prático de ter dinheiro e luxo indica que você pode oscilar entre esses dois extremos. Por um lado, você deseja ter uma casa cara e com estilo e um alto padrão vida, e, por outro, está disposto a fazer sacrifícios pelos seus ideais. Uma possível solução seria encontrar uma causa positiva que também traga recompensas financeiras.

Com a influência de Aquário, o regente do seu decanato, você é uma pessoa original e de mente aberta, que precisa de liberdade. Com uma mente aguçada e receptividade a novas idéias, você pode tomar decisões ultra-rapidamente e pode se interessar por reformas sociais. Com uma visão de mundo progressista, você valoriza o conhecimento e viajar pode ser um dos seus passatempos prediletos.

♊

SOL: GÊMEOS
DECANATO: AQUÁRIO/URANO
GRAU: 24°-25° GÊMEOS
MODO: MUTÁVEL
ELEMENTO: AR

♊

Você pode ser extremamente generoso e amável com os entes queridos. Mas, às vezes, pode ser dominador e arrogante. Você precisa evitar a tendência à impaciência e à inquietude. Quando é contrariado, você se agarra obstinadamente aos seus princípios devido mais a uma rebeldia interior do que a uma real convicção.

O ideal é que você ocupe uma posição em que a sua coragem e capacidade de pensar em grandes termos o coloquem na frente, agindo como iniciador. Como é naturalmente gregário, você tem facilidade para lidar com as pessoas e uma excelente capacidade para perceber as oportunidades. Contanto que mantenha a fé em si mesmo, a sua maneira realista de encarar a vida, suas idéias originais e intuição são a garantia do seu sucesso.

A família e a segurança tornam-se mais importantes na sua vida depois dos 5 anos de idade, quando o seu Sol progredido entra no signo de Câncer. Essa fase também acentua as suas necessidades emocionais. Essa tendência deve permanecer até os 35 anos de idade, quando o seu Sol progredido entrar no signo de Leão. Essa fase traz um aumento na sua confiança e força e permite que você se torne uma pessoa mais assertiva e auto-expressiva. Quando você chega aos 65 anos de idade, o seu Sol progredido entra no signo de Virgem, e, por intermédio da reflexão, você adquire uma perspectiva mais analítica diante da vida.

O Seu Eu Secreto

As suas fortes emoções muitas vezes o motivam a ter diversos envolvimentos e a buscar coisas diferentes. Você às vezes é pouco cauteloso apenas para mais tarde ter de enfrentar as repercussões das suas atitudes. Como está constantemente avaliando o seu valor e as vantagens que obtém de cada situação, possui um tremendo poder de barganha e de fazer com que as coisas aconteçam. Com o seu entusiasmo, sua força de vontade e sua determinação, você tem o poder de transformar as suas idéias em realidade. Por essa razão, é importante que saiba exatamente o que deseja.

A força dos seus desejos, quando direcionada para o amor altruísta e para ajudar as outras pessoas, pode ter um poder benéfico extraordinário. Quando trabalha com essa admirável força, você não domina os outros com a sua poderosa vontade e pode resolver qualquer possível preocupação financeira.

Trabalho & Vocação

A combinação da sua capacidade de se relacionar com determinação permite que você coopere com as pessoas de forma dinâmica e positiva. Com a sua astúcia e sua habilidade para resolver problemas, você prospera por meio de novos inícios e desafios, e possui um talento especial para perceber as oportunidades de negócios. Como pode se sobressair na arte da persuasão, com o seu entusiasmo pode muitas vezes promover idéias, produtos ou até outras pessoas. Corajoso e responsável, com habilidade administrativa, você pode seguir uma carreira na área do comércio, como negociador ou conselheiro financeiro. A sua capacidade natural de comunicação também permite que você considere uma carreira na área do magistério. Igualmente, você pode se interessar por questões internacionais e se envolver com corporações transnacionais ou com o mundo dos meios de comunicação; você pode também se envolver com organizações de caridade e trabalhar por causas justas. A sua individualidade pode se manifestar por meio do mundo da criatividade e é provável que você seja um escritor ou artista criativo e original.

♊

ESTRELAS FIXAS

El Nath; Alnilam, também chamada de Al Nithan, ou Cordão de Pérolas; Al Hecka

ESTRELA PRIMÁRIA

Nome da estrela:
El Nath
Posição:
21°36'-22°41' de Gêmeos, entre os anos de 1930 e 2000
Magnitude:
2
Força:
★★★★★★★★
Órb:
2°10'
Constelação:
Beta Taurus
Dias:
11, 12, 13, 14, 15 e 16 de junho
Qualidades da estrela:
Marte/Mercúrio
Descrição:
uma estrela binária gigante branca e cinza-claro, localizada na ponta norte da constelação de Touro

♊

Numerologia

O dia de aniversário número 16 sugere que você é uma pessoa ponderada, sensível e amável. Embora seja analítico, você julga a vida e as pessoas de acordo com os seus sentimentos. Contudo, como uma personalidade número 16, você pode passar por tensões internas quando se vê diante da necessidade de auto-expressão e responsabilidade para com os outros. Com o dia de aniversário número 16, você pode ter interesse por questões internacionais e pode se juntar a corporações transnacionais ou ao mundo dos meios de comunicação. Os que são criativos possuem talento para escrever e experimentam *flashes* repentinos de inspiração. Com o dia de aniversário número 16, você precisa aprender a equilibrar a tendência ao excesso de confiança com momentos em que se sente inseguro e duvida de si mesmo. A subinfluência do mês número 6 indica que você precisa de uma vida doméstica segura e um ambiente agradável. O orgulho e a necessidade de ser popular implicam que você se importa com o que as pessoas pensam ou fazem. As viagens e oportunidades para expandir o seu horizonte irão proporcionar a você uma perspectiva mais ampla.

Positivo: educação superior, responsabilidades com a casa e a família, integridade, intuição, sociabilidade, cooperação, profundidade de conhecimento

Negativo: preocupação, insatisfação, irresponsável, promoção de si mesmo, dogmatismo, ceticismo, alvoroço, irritação, egoísmo, falta de solidariedade

Amor & Relacionamentos

Inteligente e irrequieto, você precisa de constante estímulo emocional e de experiências novas. Os seus sentimentos intensos o mantêm à procura do amor ideal e não descansarão enquanto não encontrá-lo. A sua natureza prática sugere que, apesar de idealista e de se apaixonar facilmente, você sabe diferenciar entre realidade e fantasia. Você precisa saber que ainda que esteja envolvido em um relacionamento próximo, você tem liberdade para ser independente do seu parceiro.

INFLUÊNCIA DA ESTRELA PRIMÁRIA

Esta estrela confere ambição, determinação e realização por meio do empreendimento. Esta estrela também confere boa sorte e reconhecimento. A influência de El Nath lhe dá inteligência e a capacidade de captar rapidamente as situações. As honras podem ser obtidas por meio da pesquisa e do trabalho científico ou do estudo da Filosofia, da Teologia ou da História.

Ligada ao grau do seu Sol, esta estrela confere uma boa capacidade mental, maneira assertiva e conhecimento abrangente. El Nath também lhe dá habilidade de discurso persuasivo e o encoraja a obter o sucesso por meio do trabalho em sistemas legais e posições governamentais.

Positivo: educação superior, excelente capacidade oratória, realização de planos e pensamentos, realizações extraordinárias

Negativo: cabeça-dura, criticismo, controvérsia, teimosia

Consulte o Apêndice para obter mais informações a respeito das estrelas fixas.

ALGUÉM ESPECIAL

Para segurança, emocional ou financeira, comece procurando entre as pessoas nascidas nas seguintes datas:

Amor & amizade: jan: 3, 5, 14, 24, 31; fev: 12, 22, 29; mar: 10, 20, 27; abr: 8, 18, 25; mai: 6, 16, 23, 30; jun: 4, 14, 16, 21, 28, 30; jul: 2, 12, 19, 26, 28, 30; ago: 10, 17, 24, 26, 28; set: 8, 15, 22, 24, 26; out: 6, 13, 20, 22, 24; nov: 4, 11, 18, 20, 22, 28; dez: 2, 9, 16, 18, 20, 26, 29

Relacionamentos benéficos: jan: 5, 22, 30; fev: 3, 20, 28; mar: 1, 18, 26; abr: 16, 24; mai: 14, 22; jun: 12, 20; jul: 10, 18, 29; ago: 8, 16, 27, 31; set: 6, 14, 25, 29; out: 4, 12, 23, 27; nov: 2, 10, 21, 25; dez: 9, 19, 23

Atrações fatais: jan: 12; fev: 10; mar: 8; abr: 6; mai: 4; jun: 2; dez: 16, 17, 18

Relacionamentos desafiantes: jan: 16, 21; fev: 14, 19; mar: 12, 17, 30; abr: 10, 15, 28; mai: 8, 13, 26; jun: 6, 11, 24; jul: 4, 9, 22; ago: 2, 7, 20; set: 5, 18; out: 3, 16; nov: 1, 14; dez: 12

Alma gêmea: jan: 25; fev: 23; mar: 21; abr: 19; mai: 17; jun: 15; jul: 13; ago: 11; out: 9; nov: 5; dez: 3, 30

17 de Junho

O seu dia de aniversário sugere que você é uma pessoa cerebral e dinâmica e que reconhece o poder da sabedoria e o utiliza em seu benefício. Com uma mente independente e forte personalidade, você gosta de estar em uma posição de controle. A sua percepção desenvolvida permite que você avalie rapidamente pessoas e situações.

A influência adicional de Aquário, o regente do seu decanato, indica que você tem uma maneira original de perceber a vida e aprecia a objetividade. Você precisa ser cauteloso quanto à sua tendência a ser distante, pois pode aparentar ser uma pessoa fria. Com suas rápidas reações e respostas, você é capaz de defender as próprias opiniões e até de gostar de uma rivalidade amistosa. Como é responsável e tem capacidade de organização, você geralmente assume posições de liderança, com pessoas sob o seu encargo. Tanto homens quanto mulheres nascidos nesta data devem evitar ser autoritários.

SOL: GÊMEOS
DECANATO: AQUÁRIO/URANO
GRAU: 25°-26° GÊMEOS
MODO: MUTÁVEL
ELEMENTO: AR

A sorte indicada por este dia de aniversário é ampliada pela sua objetividade e honestidade que as outras pessoas percebem como uma autoconfiança natural. A sua necessidade de ordem e segurança sugere que você gosta de construir uma base que seja prática e financeiramente sólida, distante da vida agitada. Você pode, às vezes, aparentar ser um tanto conservador, mas, em outras ocasiões, pode ter uma aparência estranhamente nada convencional. Você tem a capacidade de ser paciente e usar estratégias para fazer investimentos a longo prazo e, por meio do trabalho duro e da disciplina, pode conquistar muito na vida.

A partir dos 4 anos de idade, quando o seu Sol progredido entra no signo de Câncer, as questões ligadas às suas relações emocionais, segurança, vida doméstica e familiar ganham lugar especial. Essa influência prossegue até os 34 anos de idade, quando o seu Sol progredido entra no signo de Leão e você entra em um período marcado por força, poder e confiança. Sua vida passa por outra virada quando você chega aos 64 anos de idade, quando o seu Sol progredido entra no signo de Virgem, e você começa a ver a vida de uma maneira mais analítica, perfeccionista e pragmática.

O Seu Eu Secreto

Você é uma pessoa trabalhadora que possui a capacidade de superar os obstáculos. Você precisa compartilhar o seu conhecimento e, por meio da interação com outras pessoas, aprender a avaliar o próprio poder. Isso pode ser feito impedindo que os outros não assumam a responsabilidade, ou mesmo insistindo que as coisas sejam feitas da sua maneira. No entanto, você precisa aprender a usar o seu poder de justiça. No final das contas, você descobrirá que a sua verdadeira força é a sua profundidade de conhecimento. Se combinar a sua intuição interior com a sua determinação, será capaz de muitas realizações.

Mesmo que deixe as pessoas impressionadas com a sua capacidade de ação, você, não obstante, precisa delas. Você pode ser uma pessoa muito mais sensível do que aparenta ser. Como é idealista e possui opiniões fortes, você muitas vezes defende o que considera que valha a pena, o que pode fazê-lo bem se não perder o senso de humor e manter a perspectiva e compostura.

Trabalho & Vocação

Com a sua rapidez mental e capacidade de liderança, você em geral tem muitas oportunidades profissionais. Apesar de independente, as outras pessoas apreciam a sua responsabilidade e sua capacidade de trabalhar duro, por isso você sempre alcança posições proeminentes. Como é uma pessoa autoconfiante, você pode também trabalhar por conta própria. Você é especialmente dotado para profissões intelectuais, como advocacia, magistério, pesquisa científica, ou trabalhos que envolvam a palavra escrita. A sua capacidade natural de comunicação e organização pode ser um bem valioso para carreiras no mundo dos negócios. A veia humanitária inata pode levá-lo a trabalhar na área de reformas sociais ou religiosas ou ainda a se aventurar no mundo da Medicina. O desejo de desenvolver um trabalho criativo e de expressar a sua individualidade pode levá-lo ao mundo das artes, do teatro e, especialmente, da música.

Numerologia

Com o dia de aniversário número 17, você é uma pessoa astuta, dotada de uma natureza reservada e boa capacidade analítica. Pensador independente, você se beneficia da boa educação e do aprendizado de habilidades. Você, em geral, utiliza o seu conhecimento de forma específica, para desenvolver uma especialização e pode obter sucesso material ou alcançar uma posição proeminente como especialista ou pesquisador. Reservado, introspectivo e desapegado, com um grande interesse por fatos e números, você freqüentemente apresenta um comportamento sério e ponderado e gosta de fazer as coisas no seu próprio ritmo. Desenvolvendo a habilidade de comunicação, você pode descobrir muita coisa a respeito de si mesmo a partir das outras pessoas. A subinfluência do mês número 6 indica que você precisa ter um equilíbrio entre a confiança em si mesmo e a dependência. Você se beneficia tendo consciência das necessidades das outras pessoas e assumindo a responsabilidade pelas suas palavras e ações. Prático e prestativo, você pode ajudar e inspirar as pessoas. Aprenda a ser flexível e a aceitar as mudanças.

Positivo: ponderação, especialização, capacidade de planejamento, bom senso para negócios, atrai dinheiro, pensamento individual, esforçado, preciso, habilidade para pesquisa, pensamento científico

Negativo: distante, solitário, teimoso, descuidado, mal-humorado, sensível, mente estreita, crítico, preocupado

♊

ESTRELAS FIXAS

Alnilam, também chamada de Al Nitham ou Cordão de Pérolas; Al Hecka; Polaris, também conhecida como Al Rukkabah ou Estrela Polar

ESTRELA PRIMÁRIA

Nome da estrela:
Alnilam, também chamada de Al Nitham ou Cordão de Pérolas

Posição:
22°29'-23°22' de Gêmeos, entre os anos de 1930 e 2000

Magnitude:
2

Força:
★★★★★★★

Órb:
2°10'

Constelação:
Epsilon Orion

Dias:
2, 13, 14, 15, 16 e 17 de junho

Qualidades da estrela:
várias influências: Júpiter/Saturno e Mercúrio/Saturno

Descrição:
uma estrela brilhante, localizada no centro do cinturão de Orion

♊

Amor & Relacionamentos

Sincero e romântico, você é um parceiro leal, confiável e que protege os entes queridos. Uma forte necessidade de um relacionamento estável indica que você se sente atraído por pessoas confiáveis que são emocionalmente honestas e diretas. No entanto, tome cuidado com a tendência a ser arrogante ou autoritário com o seu parceiro, aprendendo a ser paciente e a respeitar as opiniões alheias. Com a sua compreensão intuitiva, conhecimento e sensibilidade, você é capaz de dar seu apoio a quem ama especialmente em situações práticas.

INFLUÊNCIA DA ESTRELA PRIMÁRIA

Alnilam confere fama e riqueza ou honra pública fugazes. A influência desta estrela é, portanto, de curta duração. Esta estrela confere uma personalidade viva e ousada, mas ela adverte contra a tendência a ser cabeça-dura ou imprudente, ou a mudar de direção sem uma estratégia adequada.
Ligada ao grau do seu Sol, esta estrela denota um caráter forte, cheio de energia e determinação. Alnilam o encoraja a se aventurar em grandes projetos ou a ser empreendedor, embora ela também sugira que você deve pensar antes de fazer afirmações. Muitas vezes, evitando a teimosia e a frustração, você pode usar a sua enorme vitalidade para fazer com que tudo valha a pena e seja possível.

- **Positivo**: ousado, vigoroso, ambicioso, ganhos e vitória
- **Negativo**: imprudência, instabilidade, faz mudanças bruscas quando é conveniente para si mesmo

Consulte o Apêndice para obter mais informações acerca das estrelas fixas.

ALGUÉM ESPECIAL

Para encontrar aquele alguém especial, comece procurando entre as pessoas nascidas nas seguintes datas:

Amor & amizade: jan: 11, 13, 15, 17, 22, 25; fev: 9, 11, 13, 15, 23; mar: 7, 9, 11, 13, 21; abr: 5, 7, 9, 11, 19; mai: 3, 5, 7, 9, 17, 31; jun: 1, 3, 5, 7, 15, 29; jul: 1, 3, 5, 27, 29, 31; ago: 1, 3, 11, 25, 27, 29; set: 1, 9, 23, 25, 27; out: 4, 7, 21, 23, 25; nov: 5, 19, 21, 23; dez: 3, 17, 19, 21, 30

Relacionamentos benéficos: jan: 1, 5, 20; fev: 3, 18; mar: 1, 16; abr: 14; mai: 12; jun: 10; jul: 8; ago: 6; set: 4; out: 2

Atrações fatais: dez: 17, 18, 19

Relacionamentos desafiantes: jan: 6, 22, 24; fev: 4, 20, 22; mar: 2, 18, 20; abr: 16, 18; mai: 14, 16; jun: 12, 14; jul: 10, 12; ago: 8, 10, 31; set: 6, 8, 29; out: 4, 6, 27; nov: 2, 4, 25, 30; dez: 2, 23, 28

Alma gêmea: jan: 6, 12; fev: 4, 10; mar: 2, 8; abr: 6; mai: 4; jun: 2

18 de Junho

A feliz influência do seu dia de aniversário mostra que você é uma pessoa extremamente inteligente, sociável e auto-assertiva. Você é naturalmente dotado, mentalmente receptivo, generoso e otimista. Como possui grandes sonhos, precisa apenas usar a autodisciplina para transformá-los em realidade. Com pensamento rápido, você é uma pessoa espirituosa e assertiva, que aprecia a franqueza e a honestidade.

Com a influência adicional do regente do seu decanato, Aquário, você é voluntarioso e independente, com idéias originais que estão sempre à frente do seu tempo. Você tem talento com as palavras e pode ser um bom escritor. Apesar de ter um toque de gênio, você pode também ser impaciente, teimoso ou temperamental. Contudo, uma coisa é certa: você terá sempre na sua vida o desejo de estar sempre aprendendo coisas novas.

Como possui carisma e senso dramático, você precisa se expressar e sentir que a vida pode ser divertida. Você tem também uma inclinação filosófica, que pode lhe dar a faculdade de querer entender as coisas em sua totalidade ou pode levá-lo a se envolver com questões de natureza humanitária. Quanto mais desenvolver a sua intuição, mais fáceis serão as decisões da sua vida. Ainda que não costume aceitar interferência de outras pessoas, quando está com uma disposição positiva quanto às suas metas e visões, você tem o potencial de fazer milagres.

♊

SOL: GÊMEOS
DECANATO: AQUÁRIO
GRAU: 26°-27° GÊMEOS
MODO: MUTÁVEL
ELEMENTO: AR

♊

Até os 32 anos de idade, você estará absorvido por questões relativas às suas necessidades emocionais, segurança e família, além das questões voltadas para a sua vida doméstica. A sua vida sofre uma virada por volta dos 33 anos de idade, quando o seu Sol progredido entra no signo de Leão, o que provoca uma grande necessidade de auto-expressividade e assertividade. Isso pode inspirá-lo a se tornar uma pessoa mais confiante, corajosa e aventureira. A partir dos 63 anos de idade, quando o seu Sol progredido entra no signo de Virgem, você desenvolve uma maneira mais analítica, perfeccionista e pragmática de abordar a vida.

O Seu Eu Secreto

A sua essência leve e criativa garante que você sempre será capaz de entreter as pessoas e encontrar algo que faça a vida delas mais alegre. Essa parte sensível e inspiradora da sua natureza pode se perder se você se deixar levar pela dúvida quanto a si mesmo ou pela indecisão, especialmente nas questões românticas ou ligadas ao sucesso material.

Dotado de potencial para alcançar resultados fantásticos em termos concretos, especialmente por meio da sua excelente capacidade mental, há o perigo de que os ganhos monetários não o façam feliz. Para evitar isso, você precisa trabalhar em projetos que permitam a sua expansão e o seu aprendizado. Felizmente, você possui um forte senso de propósito e se impõe elevados ideais que, combinados com a sua capacidade para pensar em grande escala, garantem que você não ficará abatido por muito tempo.

Trabalho & Vocação

Intuitivo e criativo, você precisa de uma carreira que expanda o seu conhecimento. O seu intelecto rápido, seu espírito aguçado e seu talento com as palavras indicam que você pode se sobressair se se dedicar à literatura, à advocacia, à educação ou à comunicação. Você pode também usar a sua capacidade de organização trabalhando em grandes corporações ou órgãos governamentais e ser bem-sucedido no mundo dos negócios e da indústria. Se tiver interesse social, pode trabalhar em áreas nas quais possa falar pelos outros, como liderança de sindicatos ou política. Da mesma forma, o seu instinto humanitário pode levá-lo a seguir carreiras ligadas a algum tipo de consultoria ou trabalho social. Embora possa preferir algo mais criativo, você é prático e pode expressar a sua mente intuitiva por meio da ciência ou da engenharia. A sua necessidade de expressão criativa pode ser satisfeita por meio da música ou do teatro.

♊

ESTRELAS FIXAS

Betelgeuze; Polaris, também conhecida como Al Rukkabah ou Estrela Polar

ESTRELA PRIMÁRIA

Nome da estrela:
Betelgeuze

Posição:
27°46'-28°42' de Gêmeos, entre os anos de 1930 e 2000

Magnitude:
1

Força:
★★★★★★★★★★

Órb:
2°30'

Constelação:
Alpha Orionis

Dias:
18, 19, 20, 21, 22 e 23 de junho

Qualidades da estrela:
Marte/ Mercúrio

Descrição:
uma estrela variável laranja-avermelhada, localizada no ombro direito de Orion

♊

Numerologia

Determinação, assertividade e ambição são algumas das qualidades associadas ao dia de aniversário número 18. Ativo, com necessidade de enfrentar desafios, você gosta de se manter ocupado e freqüentemente se envolve em algum tipo de empreendimento. Como é uma pessoa capaz, trabalhadora e responsável, você pode assumir cargos de autoridade. Com o seu grande senso para os negócios e capacidade de organização, você pode se aventurar no mundo do comércio. Caso fique sobrecarregado com o excesso de trabalho, aprenda a de vez em quando relaxar ou a diminuir o ritmo de trabalho. Com uma personalidade número 18, você pode usar o seu poder de curar as pessoas, dar bons conselhos ou ajudar a resolver os problemas que afligem os outros. A subinfluência do mês número 6 indica que você precisa ser menos exigente e mais carinhoso e compassivo. Você se beneficia quando se mostra mais afetuoso com as pessoas e menos preocupado consigo mesmo. Usando a sua influência ou posição de autoridade, você pode ajudar os menos afortunados. Você precisa dedicar parte do seu tempo para estudar ou desenvolver as suas habilidades. Evite que as questões materiais se imponham sobre outros aspectos da sua vida.

Positivo: progressista, assertivo, intuitivo, corajoso, resoluto, habilidade de cura, eficiência, capacidade para aconselhar

Negativo: emoções descontroladas, preguiça, falta de ordem, egoísmo, insensibilidade, não conclui trabalhos e projetos; engano

Amor & Relacionamentos

Inteligente e espirituoso, você tem uma personalidade amável e alegre. Com o seu amor pela variedade, você gosta de atividades sociais com pessoas diferentes de interesses diversos. Contudo, uma certa inquietude indica que você se entedia facilmente e procura pessoas que o divirtam. As viagens e novas experiências são alguns dos seus passatempos prediletos. Você também gosta de aprender novas habilidades e de conhecer pessoas que compartilhem os seus interesses. A melhor maneira de passar o tempo e se divertir talvez seja dividir experiências mentais com outras pessoas.

INFLUÊNCIA DA ESTRELA PRIMÁRIA

Betelgeuze confere capacidade de julgamento, perspectiva otimista, mente rápida e natureza competitiva. Esta estrela também confere sorte e sucesso por meio da resolução e da determinação. Você pode receber honrarias pelas suas admiráveis conquistas e pode também ter riqueza material.
Ligada ao grau do seu Sol, esta estrela mostra o talento para a Filosofia e aptidão para estudos metafísicos. Betelgeuze confere sucesso nos esportes e em questões legais, bem como transmite uma boa influência em todos os assuntos relacionados a outras pessoas. Embora as honrarias e a riqueza possam ser alcançadas, elas não são duradouras, pois há sempre o perigo de perdas súbitas.

- **Positivo**: boa capacidade de julgamento, capacidade de resolver problemas, harmonia entre ação e pensamento
- **Negativo**: obstinado, propenso a discussões, "do contra"

Consulte o Apêndice para obter mais informações a respeito das estrelas fixas.

ALGUÉM ESPECIAL

Você pode encontrar um parceiro interessante entre as pessoas nascidas nas seguintes datas:

Amor & amizade: jan: 9, 12, 16, 25; fev: 10, 14, 23, 24; mar: 5, 8, 12, 22, 31; abr: 3, 6, 10, 20, 29; mai: 4, 8, 18, 27; jun: 2, 6, 16, 25, 30; jul: 4, 14, 23, 28; ago: 2, 12, 21, 26, 30; set: 10, 19, 24, 28; out: 8, 17, 22, 26; nov: 6, 15, 20, 24, 30; dez: 4, 13, 18, 22, 28

Relacionamentos benéficos: jan: 2, 13, 22, 24; fev: 11, 17, 20, 22; mar: 9, 15, 18, 20, 28; abr: 7, 13, 16, 18, 26; mai: 5, 11, 16, 18, 26; jun: 3, 9, 12, 14, 22; jul: 1, 7, 10, 12, 20; ago: 5, 8, 10, 18; set: 3, 6, 8, 16; out: 1, 4, 6, 14; nov: 2, 4, 12; dez: 2, 10

Atrações fatais: jan: 25; fev: 23; mar: 21; abr: 19; mai: 17; jun: 15; jul: 13; ago: 11; set: 9; out: 7; nov: 5; dez: 3, 18, 19, 20

Relacionamentos desafiantes: jan: 7, 23; fev: 5, 21; mar: 3, 19, 29; abr: 1, 17, 27; mai: 15, 25; jun: 13, 23; jul: 11, 21, 31; ago: 9, 19, 29; set: 7, 17, 27; nov: 3, 13, 23, 26; dez: 1, 11, 21, 24

Alma gêmea: jan: 17; fev: 15; mar: 13; abr: 11; mai: 9; jun: 7; jul: 5; ago: 3; nov: 30; dez: 28

19 de Junho

A influência do dia de seu aniversário sugere que você é um geminaino popular, com um charme sereno. Uma pessoa muito inteligente, você é dono de um grande conhecimento e possui uma fantástica habilidade de transmiti-lo aos outros. Seja por meio da palavra escrita ou falada, você é um especialista na arte da comunicação e consegue transmitir as idéias com uma empolgação natural.

Sempre em movimento, você gosta muito de ação e muitas vezes faz mais do que pode. Com um espírito de livre empreendimento, você pensa grande e pode fazer campanhas e defender aquilo em que acredita. Irreprimível e aventureiro, você costuma falar o que pensa, mesmo que isso lhe traga problemas, e talvez precise desenvolver a arte de escutar.

♊

SOL: GÊMEOS
DECANATO: AQUÁRIO/URANO
GRAU: 27°-28° GÊMEOS
MODO: MUTÁVEL
ELEMENTO: AR

♊

A influência adicional do regente do seu decanato, Aquário, sugere que você é original e inventivo, possui boa capacidade de julgamento e poder de raciocínio. Como pode ter uma tendência a ser irrequieto e a tomar decisões precipitadas, é importante aprender a ser autodisciplinado e a desenvolver as suas habilidades. O seu poder de persuasão e capacidade de organização certamente o ajudam a alcançar o sucesso. Visto ser uma pessoa ambiciosa com uma perspectiva criativa da vida, é importante que tenha projetos ou causas que o realizem mental e emocionalmente e que não se atenha apenas à gratificação material. Quando tem uma meta em vista, você tem disposição para se esforçar e mostrar o seu grande talento e sua determinação.

Até os 31 anos de idade, enquanto o seu Sol progredido passa pelo signo de Câncer, as questões relativas a segurança emocional, vida doméstica e familiar desempenham um papel importante na sua vida. A partir dos 32 anos de idade, quando o seu Sol progredido entra no signo de Leão, você entra em um período de maior necessidade de auto-expressão e criatividade, com mais assertividade e ousadia. Aos 62 anos de idade, a sua vida passa por uma outra mudança, quando o seu Sol progredido entra no signo de Virgem. Essa fase indica o desejo de ser uma pessoa mais metódica e ordeira, bem como de prestar serviços práticos e úteis para as outras pessoas.

O Seu Eu Secreto

Você sempre terá um jeito jovial e divertido que, combinado com as suas poderosas emoções, permite que você anime as pessoas por intermédio da sua compaixão, entusiasmo e senso de humor. Você pode ser o bobo da corte, com a sua conversa engraçada e inteligente. O seu espírito humanitário pode muitas vezes inspirá-lo a ajudar os outros, por meio de conselhos e assistência na resolução de problemas.

A frustração, especialmente relacionada ao dinheiro ou a situações materiais, pode ser um problema se você se apegar por muito tempo a certas idéias e sentimentos. Você possui um forte desejo de segurança material, mas para seguir adiante é preciso equilibrar essa tendência com a confiança de que já tem o necessário.

Trabalho & Vocação

Criativo e inteligente, você é uma pessoa versátil que pode seguir diversas carreiras. Você pode ser atraído pelo mundo do comércio e usar o seu charme persuasivo para trabalhar nas áreas de vendas, promoção ou negociação. Com a sua atitude positiva e sua personalidade expansiva, você pode ser bem-sucedido em grandes corporações e ocupar posições de responsabilidade. A sua necessidade de auto-expressão indica que os seus talentos artísticos podem levá-lo ao mundo da arte e *design* ou da publicidade e meios de comunicação. Com a sua facilidade para expressar as suas idéias, você pode também se interessar pela área da educação ou treinamento de funcionários de empresas. É possível também que você se interesse em escrever ou trabalhar nas áreas de advocacia, acadêmica e política. Um grande defensor de causas, você pode transmitir as suas idéias de maneira divertida, o que pode ser útil no mundo do *show business*.

Numerologia

Uma perspectiva alegre, ambiciosa e humanitária caracteriza o dia de aniversário número 19. Decisivo e cheio de recursos, você possui uma visão penetrante, mas o lado sonhador da sua natureza é compassivo, idealista e criativo. Ainda que seja uma pessoa sensível, a necessidade de ser alguém pode ser o que o leva a ser dramático e a querer ser o centro das atenções. Muitas vezes, há um forte desejo de estabelecer uma identidade individual. Para isso, você precisa primeiro superar a influência causada pela pressão externa. Para os outros, você aparenta ser uma pessoa confiante, resistente e cheia de recursos, mas as tensões internas podem causar instabilidade emocional. A subinfluência do mês número 6 indica que você precisa disciplinar os seus pensamentos imaginativos e ativos por meio da criatividade ou da inspiração. Tenha fé e paciência para estudar e aprender novas habilidades, ou escreva os seus sonhos e pensamentos. Para evitar mal-entendidos com as outras pessoas, mantenha a cabeça aberta e seja franco quanto aos seus sentimentos. Desenvolva uma perspectiva filosófica da vida para não se deixar levar pela preocupação com o mundo material.

Positivo: dinamismo, centramento, criatividade, liderança, sorte, progressista, otimista, fortes convicções, competitivo, independente, gregário

Negativo: autocentramento, depressão, preocupação, medo de rejeição, instabilidade emocional, materialismo, impaciência

♊

ESTRELAS FIXAS

Betelgeuze; Polaris, também conhecida como Al Rukkabah ou Estrela Polar; Menkalinan

ESTRELA PRIMÁRIA

Nome da estrela:
Betelgeuze
Posição:
27°46'-28°42' de Gêmeos, entre os anos de 1930 e 2000
Magnitude:
1
Força:
★★★★★★★★★★
Órb:
2°30'
Constelação:
Alpha Orionis
Dias:
18, 19, 20, 21, 22 e 23 de junho
Qualidades da estrela:
Marte/ Mercúrio
Descrição:
uma estrela variável laranja-avermelhada, localizada no ombro direito de Orion

♊

Amor & Relacionamentos

Jovial e otimista, você é uma pessoa sociável e popular. Nos seus relacionamentos pessoais você é, na maioria das vezes, intuitivo e sensível, mas pode também ser intenso e voluntarioso. Mesmo sendo uma pessoa espontânea, os seus sentimentos podem mudar e você pode algumas vezes aparentar indiferença. Você busca o amor ideal e, se as suas expectativas forem muito elevadas, pode sofrer desapontamentos. Você é uma pessoa atraente, um amigo leal e um parceiro amoroso quando encontra o seu amor ideal.

INFLUÊNCIA DA ESTRELA PRIMÁRIA

Betelgeuze confere capacidade de julgamento, perspectiva otimista, mente rápida e natureza competitiva. Esta estrela também confere sorte e sucesso por meio da resolução e da determinação. Você pode receber honrarias pelas suas admiráveis conquistas e pode também ter riqueza material.
Ligada ao grau do seu Sol, esta estrela mostra o talento para a Filosofia e aptidão para estudos metafísicos. Betelgeuze confere sucesso nos esportes e em questões legais, bem como transmite uma boa influência em todos os assuntos relacionados a outras pessoas. Embora as honrarias e a riqueza possam ser alcançadas, elas não são duradouras, pois há sempre o perigo de perdas súbitas.

- **Positivo**: boa capacidade de julgamento, capacidade de resolver problemas, harmonia entre ação e pensamento
- **Negativo**: obstinado, propenso a discussões, "do contra"

Consulte o Apêndice para obter mais informações a respeito das estrelas fixas.

ALGUÉM ESPECIAL

Você pode ter um bom relacionamento com alguém que compreenda a sua sensibilidade e necessidade de amor como alguém que tenha nascido nas seguintes datas:

Amor & amizade: jan: 7, 9, 10, 17, 27; fev: 5, 8, 15, 25; mar: 3, 6, 13, 23; abr: 1, 4, 11, 21; mai: 2, 9, 19; jun: 7, 17; jul: 5, 15, 29, 31; ago: 3, 13, 27, 29, 31; set: 1, 11, 25, 27, 29; out: 9, 23, 25, 27; nov: 7, 21, 23, 25; dez: 5, 19, 21, 23

Relacionamentos benéficos: jan: 3, 5, 20, 25, 27; fev: 1, 3, 18, 23, 25; mar: 1, 16, 21, 23; abr: 14, 19, 21; mai: 12, 17, 19; jun: 10, 15, 17; jul: 8, 13, 15; ago: 6, 11, 13; set: 4, 9, 11; out: 2, 7, 9; nov: 5, 7; dez: 3, 5

Atrações fatais: jan: 13; fev: 11; mar: 9; abr: 7; mai: 5; jun: 3; jul: 1; dez: 18, 19, 20, 21

Relacionamentos desafiantes: jan: 16, 24; fev: 14, 22; mar: 12, 20; abr: 10, 18; mai: 8, 16, 31; jun: 6, 14, 29; jul: 4, 12, 27; ago: 2, 10, 25; set: 8, 23; nov: 4, 19; dez: 2, 17

Alma gêmea: jan: 16; fev: 14; mar: 12; abr: 10; mai: 8; jun: 6; jul: 4, 31; ago: 2, 29; set: 27; out: 25; nov: 23; dez: 21

20 de Junho

As pessoas nascidas nesta data são altamente intuitivas, com idéias originais. Você é uma pessoa carismática e charmosa, e uma parte importante do seu sucesso é a sua habilidade no trato com as pessoas. Como é uma pessoa calorosa, amável e sociável, você, muitas vezes, é popular e sabe se divertir e entreter os outros. Isso pode ajudá-lo no seu desejo de alcançar a fama, especialmente em uma posição de liderança. Contudo, você deve estar atento para que a falta de autodisciplina não o impeça de realizar os seus objetivos e para não desperdiçar a sua energia.

A influência adicional do regente do seu decanato, Aquário, sugere o seu desejo de explorar conceitos inovadores. A sua mente aguda e inquieta faz com que você tenha respostas e reações rápidas e permite que você avalie com facilidade as pessoas e situações. Você precisa evitar a impaciência ou a teimosia e tem a tendência a não ter a responsabilidade necessária para a realização do seu formidável potencial.

♊

SOL: GÊMEOS
DECANATO: AQUÁRIO/URANO
GRAU: 28°-29° GÊMEOS
MODO: MUTÁVEL
ELEMENTO: AR

♊

Em geral ambicioso, você está sempre montando esquemas para fazer dinheiro ou progredir na vida. O seu desejo de criatividade muitas vezes significa uma forte necessidade de liberdade de expressão. Como o entusiasmo natural é um dos seus bens mais valiosos, você precisa apenas acreditar de verdade em uma idéia para se jogar de corpo e alma em um projeto e obter os resultados que espera.

Até os 30 anos de idade, enquanto o seu Sol progredido passa pelo signo de Câncer, você pode ter um interesse especial por questões relativas à sua segurança emocional, vida doméstica e familiar. Aos 31 anos de idade, quando o seu Sol progredido entra no signo de Leão, você se torna uma pessoa mais criativa e confiante. Isso lhe dá assertividade para ser mais aventureiro e aumentar a sua habilidade social. Depois dos 60 anos de idade, quando o seu Sol progredido entra no signo de Virgem, você se torna uma pessoa mais prática, discriminativa e ordeira.

O Seu Eu Secreto

O seu desejo de entender as pessoas e as suas motivações sugere que você julga a si mesmo pelos relacionamentos que mantém com os outros. Para estabelecer uniões harmoniosas, você precisa manter o equilíbrio entre a afetuosidade e o distanciamento. Felizmente, você possui uma natureza generosa e um desejo interior de honestidade. A partir disso, você pode reconhecer os próprios fracassos, aprender com cada situação e seguir em frente.

Você gosta de poder e, se isto for canalizado de forma construtiva, pode ser uma parte significativa da sua realização. Entretanto, o mau uso deste poder pode se manifestar por meio de táticas manipuladoras. Além da disposição para trabalhar duro quando tem interesse em algum projeto, você é uma pessoa determinada e dedicada. A sua inata praticidade e sua capacidade de organização, quando combinadas com o seu talento para lidar com as pessoas, permitem que você receba assistência das pessoas para realizar os seus planos.

Trabalho & Vocação

O seu charme e sua capacidade de organização indicam que você tem o potencial de ser bem-sucedido em diversas atividades que envolvam o contato social, seja no mundo dos negócios ou no setor público. É possível que seja atraído por áreas que envolvam comunicação e considere carreiras ligadas a educação, departamento pessoal, relações públicas e política. A área editorial, o jornalismo e a pesquisa são também excelentes meios para a sua ótima capacidade mental. A sua criatividade pode se manifestar por intermédio do teatro e da música. Se tiver talento, reconhecerão a sua originalidade e o ajudarão a alcançar a fama.

♊

ESTRELAS FIXAS

Betelgeuze; Polaris, também conhecida como Al Rukkabah ou Estrela Polar; Menkalinan

ESTRELA PRIMÁRIA

Nome da estrela:
Betelgeuze

Posição:
27°46'-28°42' de Gêmeos, entre os anos de 1930 e 2000

Magnitude:
1

Força:
★★★★★★★★★★

Órb:
2°30'

Constelação:
Alpha Orionis

Dias:
18, 19, 20, 21, 22 e 23 de junho

Qualidades da estrela:
Marte/ Mercúrio

Descrição:
uma estrela variável laranja-avermelhada, localizada no ombro direito de Orion

♊

Numerologia

Com o dia de aniversário número 20, você é uma pessoa intuitiva, sensível, adaptável e compreensiva, que muitas vezes se vê como elemento integrante de um grande grupo. Você em geral gosta de atividades cooperativas em que possa interagir, compartilhar experiências ou aprender com as outras pessoas. Charmoso e encantador, você possui habilidades sociais e diplomáticas e pode circular com facilidade em qualquer grupo social. Porém, você precisa desenvolver a sua confiança, superar a tendência a ser facilmente magoado pelas ações e críticas alheias e evitar ser excessivamente dependente. Você é um mestre na arte de criar uma atmosfera agradável e harmoniosa. A subinfluência do mês número 6 indica que você precisa adquirir habilidades práticas e aprender a manter o equilíbrio entre o idealismo e o desejo de sucesso material. Evite criticar a si mesmo e aos outros, ou fazer exigências irracionais. A determinação e a força de vontade são elementos fundamentais para o seu sucesso. Como você muitas vezes é uma pessoa perfeccionista, tente contrabalançar os seus fracassos com as suas realizações. Você precisa de um plano de ação e saber manter-se persistente, apesar das dificuldades.

Positivo: boas parcerias, gentileza, tato, receptividade, intuição, consideração, harmonia, agradável, amável, embaixador da boa vontade

Negativo: desconfiança, timidez, excesso de sensibilidade, emotivo, egoísta, facilmente magoado, ardiloso

Amor & Relacionamentos

Compartilhar e se comunicar são fatores importantes para você. O seu desejo de estar na companhia de pessoas que tenham poder e autoridade sugere que uma forte influência do seu pai ou de um homem mais velho na juventude deixou uma grande marca nas suas crenças e maneira de ver o mundo. A necessidade de saber e compreender o autodomínio sugere que você tem admiração pelas pessoas dotadas de uma visão de mundo original. Embora deseje ser independente, você conhece muitas pessoas excepcionais e se sente tentado a segui-las. Com o seu charme e seu comportamento naturalmente autoritário, você muitas vezes atrai pessoas que acreditam em você. Nos relacionamentos próximos, você precisa manter-se leve e positivo e evitar tornar-se excessivamente sério, autoritário e crítico. O amor pelo conhecimento ou sabedoria pode aproximá-lo do seu parceiro ideal.

INFLUÊNCIA DA ESTRELA PRIMÁRIA

Betelgeuze confere capacidade de julgamento, perspectiva otimista, mente rápida e natureza competitiva. Esta estrela também confere sorte e sucesso por meio da resolução e da determinação. Você pode receber honrarias pelas suas admiráveis conquistas e pode também ter riqueza material.
Ligada ao grau do seu Sol, esta estrela mostra o talento para a Filosofia e aptidão para estudos metafísicos. Betelgeuze confere sucesso nos esportes e em questões legais, bem como transmite uma boa influência em todos os assuntos relacionados a outras pessoas. Embora as honrarias e a riqueza possam ser alcançadas, elas não são duradouras, pois há sempre o perigo de perdas súbitas.

- **Positivo**: boa capacidade de julgamento, capacidade de resolver problemas, harmonia entre ação e pensamento
- **Negativo**: obstinado, propenso a discussões, "do contra"

Consulte o Apêndice para obter mais informações a respeito das estrelas fixas.

ALGUÉM ESPECIAL

Entre as pessoas nascidas nas seguintes datas, os seus ideais podem ser realizados mais facilmente:

Amor & amizade: jan: 1, 9, 14, 28, 31; fev: 7, 12, 26, 29; mar: 10, 24, 27; abr: 8, 22, 25; mai: 6, 20, 23; jun: 4, 18, 21; jul: 2, 16, 19, 30; ago: 14, 17, 28, 30; set: 12, 15, 26, 28, 31; out: 10, 13, 24, 26, 28; nov: 8, 11, 22, 24, 26; dez: 6, 9, 20, 22, 24

Relacionamentos benéficos: jan: 26; fev: 24; mar: 22; abr: 20; mai: 18; jun: 16; jul: 14; ago: 12; set: 10; out: 8; nov: 6; dez: 4

Atrações fatais: dez: 19, 20, 21, 22

Relacionamentos desafiantes: jan: 3, 25; fev: 1, 23; mar: 21; abr: 19; mai: 17; jun: 15; jul: 13; ago: 11; set: 9; out: 7; nov: 5; dez: 3

Alma gêmea: jan: 3, 10; fev: 14, 18; mar: 6; abr: 4; mai: 2

21 de Junho

O seu dia de aniversário sugere que você possui rapidez mental, é uma pessoa amigável e de mente aberta. Como possui uma mente criativa e amor ao conhecimento, você se interessa por muitos assuntos, mas tem uma atração especial pelas questões mundanas. Como a sua imagem é em geral importante, já que gosta de impressionar os outros, você normalmente gosta do que há de melhor. Você é uma pessoa direta, de bom coração e generosa.

Com a influência do seu Sol na cúspide de Gêmeos e Câncer, você é sortudo o bastante para ter dois regentes de decanatos, Aquário e Câncer, o que enfatiza a sua sensibilidade e intuição elevada. Essa influência também lhe dá originalidade, engenhosidade e imaginação. Disposto a explorar novas idéias e teorias, você está à frente do seu tempo e deseja liberdade e independência, mas anseia também ter uma vida doméstica. Contudo, você precisa estar atento para que o seu desejo de harmonia, paz e segurança não o condene a uma rotina previsível.

SOL: CÚSPIDE DE GÊMEOS/CÂNCER
DECANATO: AQUÁRIO/URANO, CÂNCER/LUA
GRAU: 28°30' GÊMEOS -0° CÂNCER
MODO: MUTÁVEL
ELEMENTO: AR

No seu desejo de agradar, você pode, muitas vezes, ser incapaz de dizer não e acabar se sobrecarregando demais. Isso também significa que você deve evitar desperdiçar as suas energias. Ainda que possa ser uma pessoa responsável, é preciso ter autodisciplina para aproveitar o seu formidável potencial. Mais do que falar a respeito dos seus grandes planos e saber um pouco de tudo, você precisa realmente agir e se desenvolver.

Antes dos 30 anos de idade você se preocupa com questões relacionadas às suas necessidades emocionais, vida doméstica e familiar. Depois dos 30, quando o seu Sol progredido entrar no signo de Leão, você se torna uma pessoa mais assertiva e confiante, com mais independência. Aos 60 anos de idade, sua vida passa por uma outra virada, quando o seu Sol progredido entra no signo de Virgem. A partir dessa fase, você se torna mais pragmático, metódico e voltado para servir aos outros.

O Seu Eu Secreto

Mesmo sendo uma pessoa otimista, há momentos em que o seu temperamento nervoso tende para a depressão devido à falta de confiança ou à insatisfação. Se desenvolver uma perspectiva positiva ou tiver algo em que acreditar, você pode canalizar as suas fortes reações emocionais. Esse poder emocional pode ser expresso por meio da criatividade, seja física ou mental.

Apesar de ser uma pessoa amável, que gosta de ajudar aos outros, você deve tomar cuidado para não interferir em questões alheias. Isso também sugere que você precisa ouvir os outros para evitar mal-entendidos. É vital que você discipline a sua excelente mente, por isso a educação, formal ou informal, pode ser a chave para o seu sucesso. Ela fornece os meios para que você aproveite ao máximo o seu potencial e se concentre em objetivos positivos em vez de se deixar levar pela frustração ou pelo desapontamento. Ao aprender a ser paciente ou tolerante, você desenvolve uma personalidade liberal e perspectiva e percebe que as pessoas se sentem atraídas pela sua capacidade de dar bons conselhos.

Trabalho & Vocação

Em qualquer carreira que escolha, você possui uma forte necessidade de expressar as suas idéias ou imaginação criativa. Uma pessoa humanitária, você tem uma compreensão natural das pessoas e pode ser atraído por carreiras ligadas à educação ou ao trabalho social. Mas as suas habilidades de organização e administração podem levá-lo a carreiras no mundo do comércio. O amor pelo conhecimento pode levá-lo a se interessar por filosofia, religião, advocacia ou política. Criativo e artístico e muitas vezes com habilidade manual, você pode se sobressair no mundo do *design*, especialmente na área da decoração de interiores. Com a sua excelente capacidade de comunicação, você pode se expressar por meio da literatura ou do jornalismo.

Numerologia

Impulso dinâmico e personalidade expansiva são qualidades presentes nas pessoas nascidas no dia de aniversário número 21. Com inclinação social, você possui muitos interesses e contatos e é normalmente uma pessoa de sorte. Você geralmente mostra às pessoas a sua personalidade amável e gregária. Intuitivo, com um espírito independente, você é altamente inventivo e original. Com o dia de aniversário número 21, você gosta de se divertir, é sedutor e tem charme social. Mas você pode ser uma pessoa tímida e reservada, com necessidade de desenvolver a assertividade, especialmente nos relacionamentos mais próximos. Mesmo com inclinação para parcerias cooperativas ou casamento, você sempre quer ser reconhecido pelos seus talentos e suas habilidades. A subinfluência do mês número 6 indica que você é uma pessoa perceptiva e criativa. Embora sempre queira saber a opinião das pessoas, você deve aprender a tomar as suas próprias decisões. Você demonstra ter uma natureza carinhosa e compassiva, mas precisa expressar a sua individualidade e sentimentos dizendo às pessoas o que pensa e sente. Amplie a sua visão e veja as coisas a partir de uma perspectiva maior.

Positivo: inspiração, criatividade, uniões amorosas, relacionamentos duradouros

Negativo: dependência, perda do controle emocional, falta de visão, medo de mudança, nervosismo

♊

ESTRELAS FIXAS

Betelgeuze; Polaris, também conhecida como Al Rukkabah ou Estrela Polar; Menkalinan

ESTRELA PRIMÁRIA

Nome da estrela:
Betelgeuze
Posição:
27°46'-28°42' de Gêmeos, entre os anos de 1930 e 2000
Magnitude:
1
Força:
★★★★★★★★★★
Órb:
2°30'
Constelação:
Alpha Orionis
Dias:
18, 19, 20, 21, 22 e 23 de junho
Qualidades da estrela:
Marte/ Mercúrio
Descrição:
uma estrela variável laranja-avermelhada, localizada no ombro direito de Orion

♊

Amor & Relacionamentos

Sedutor e com charme social, você é uma pessoa cooperativa, que gosta de se divertir e é criativo. Como você precisa estar com sua alma gêmea, os relacionamentos muito próximos são muito importantes. Na verdade, eles são cruciais e por isso você deve tomar cuidado para não se tornar excessivamente dependente. Você precisa evitar substituir a segurança pelo amor e felicidade. Você expressa os seus verdadeiros sentimentos sendo carinhoso e generoso, mas é preciso aprender a manter uma certa distância, pois isso o ajuda a ter uma visão mais equilibrada do amor e dos relacionamentos. Com o seu tato e diplomacia você faz muitos contatos, mas precisa desenvolver uma posição assertiva desde o início dos relacionamentos.

INFLUÊNCIA DA ESTRELA PRIMÁRIA

Betelgeuze confere capacidade de julgamento, perspectiva otimista, mente rápida e natureza competitiva. Esta estrela também confere sorte e sucesso por meio da resolução e da determinação. Você pode receber honrarias pelas suas admiráveis conquistas e pode também ter riqueza material.

Ligada ao grau do seu Sol, esta estrela mostra o talento para a Filosofia e aptidão para estudos metafísicos. Betelgeuze confere sucesso nos esportes e em questões legais, bem como transmite uma boa influência em todos os assuntos relacionados a outras pessoas. Embora as honrarias e a riqueza possam ser alcançadas, elas não são duradouras, pois há sempre o perigo de perdas súbitas.

- **Positivo**: boa capacidade de julgamento, capacidade de resolver problemas, harmonia entre ação e pensamento
- **Negativo**: obstinado, propenso a discussões, "do contra"

Consulte o Apêndice para obter mais informações acerca das estrelas fixas.

ALGUÉM ESPECIAL

Você pode encontrar um parceiro que compreenda a sua sensibilidade e necessidade de amor entre as pessoas nascidas nas seguintes datas:

Amor & amizade: jan: 1, 15, 24, 26, 29, 30; fev: 13, 24, 27, 28; mar: 11, 22, 25, 26; abr: 9, 20, 23, 24; mai: 7, 18, 21, 22; jun: 5, 16, 19, 20; jul: 3, 14, 17, 18, 31; ago: 1, 12, 15, 16, 29, 31; set: 10, 13, 14, 27, 29; out: 8, 11, 12, 25, 26, 27; nov: 6, 9, 10, 23, 25; dez: 4, 7, 8, 21, 23, 29

Relacionamentos benéficos: jan: 1, 2, 10, 27; fev: 8, 25; mar: 6, 23; abr: 4, 21; mai: 2, 19, 30; jun: 17, 28; jul: 15, 26; ago: 13, 24; set: 11, 22; out: 9, 20; nov: 7, 18; dez: 5, 16

Atrações fatais: dez: 21, 22, 23

Relacionamentos desafiantes: jan: 17, 26; fev: 15, 24; mar: 13, 22; abr: 11, 20; mai: 9, 18; jun: 7, 16; jul: 5, 14; ago: 3, 12, 30; set: 1, 10, 28; out: 8, 26, 29; nov: 6, 24, 27; dez: 4, 22, 25

Alma gêmea: jan: 21; fev: 19; mar: 17; abr: 15; mai: 13; jun: 11; jul: 9, 29; ago: 7, 27; set: 5, 25; out: 3, 23; nov: 1, 21; dez: 19

Pessoas famosas de Gêmeos

22 de maio
Lawrence Olivier, Richard Wagner, Arthur Conan Doyle, Françoise Sagan, Naomi Campbell, Bernie Taupin, Susan Straberg, Paul Winfield

23 de maio
Joan Collins, Douglas Fairbanks, Marvin Hagler, Alicia de Larrocha, John Newcombe, Rosemary Clooney, Robert Moog, Sílvio Caldas

24 de maio
Bob Dylan, Rainha Vitória, Patti Labelle, Roseanne Cash, George Washington Carver, Priscila Presley, Tommy Chong, Frank Oz

25 de maio
Miles Davis, Beverly Sills, Ralph Waldo Emerson, Dixie Carter, Ian McKellen, Connie Sellecca, Ronaldo Mourão

26 de maio
Stevie Nicks, John Wayne, James Arness, Peggy Lee, Hank Williams Jr., Sally Ride, Geme Francis, Pam Grier, Sivuca

27 de maio
Isadora Duncan, Christopher Lee, Vincent Price, Henry Kissinger, Dondre Whitefield, John Barth, Bruce Weitz, Ramsey Lewis, Rachel Carson, Sérgio Cabral

28 de maio
Ian Flemming, Gladys Knight, Kylie Minogue, William Pitt, John Fogarty, Rudolph Giuliani, Jerry West, Sondra Locke, Jim Thorpe

29 de maio
John F. Kennedy, Bob Hope, Latoya Jackson, Melissa Etheridge, Annette Bening, Eric Davis, Anthony Geary, Henry Kissinger

30 de maio
Benny Goodman, Cornelia Otis Skinner, Wynona Judd, Howard Hawks, Paola Fendi, Mel Blanc, Christine Jorgensen

31 de maio
Clint Eastwod, Walt Whitman, Joe Namath, Norman Vincent Peale, Brooke Shields, Lea Thompson, Príncipe Ranieir de Mônaco, Tom Berenger

1º de junho
Marilyn Monroe, Brigham Young, Nelson Riddle, John Masefield, Alanis Morrissette, Lisa Hartman, Jonathan Pryce, Frederica Von Stade, Andy Griffith, Morgan Freeman

2 de junho
Thomas Hardy, Charlie Watts, Marvin Hamlish, Johnny Weissmuller, Stacy Keach, Edward Elgar, Sally Kellerman, Dana Carvey, Diana Canova, Marquês de Sade

3 de junho
Tony Curtis, Curtis Mayfield, Josephine Baker, Allen Ginsberg, Larry McMurtry, José Lins do Rego

4 de junho
Dennis Weaver, Bruce Dern, Rosalind Russell, Michelle Phillips, Andréa Jaeger, Paker Stevenson, Robert Fulghum

5 de junho
Marky Mark, Laurie Anderson, Bill Moyers, Spalding Gray, Frederico Garcia Lorca, Pedro Nava, Kenny G., Erasmo Carlos, Ivon Cury

6 de junho
Bjorn Borg, Aleksandr Pushkin, Billie Whitelaw, Velásquez, Sandra Bernhard, Dalai Lama Roy Innis, Amanda Pays

7 de junho
Paul Gauguin, Prince, Tom Jones, Liam

Neeson, Jessica Tandy, Nikki Giovanni, Aguinaldo Silva, Dolores Duran, Tobias Barreto

8 de junho
Joan Rivers, Boz Scaggs, John Everett Millais, Frank Lloyd Wright, Gram Lewi, Robert Schumann, Keenen Ivory Wayans, Barbara Bush, Jerry Stiller, Leroy Neimant

9 de junho
Johnny Depp, Michael J. Fox, Cole Porter, Robert S. McNamara, Elizabeth Garrett Anderson, Jackie Mason, Les Paul, Jackie Wilson

10 de junho
Judy Garland, Robert Maxwell, Howlin'Wolf, Príncipe Phillip, Duque de Edinburgh, Maurice Sendak, F. Lee Bailey, Frederic Loewe, Saul Below, João Gilberto, Nair de Teffé

11 de junho
Gene Wilder, Jacques Cousteau, Richard Strauss, BenJonson, Joe Montava, John Constable, Jackie Stewart, Adrienne Barbeau, William Styron, Vince Lombardi

12 de junho
David Rockefeller, Arme Frank, George Bush, Egon Schiele, Chick Corea, Timothy Busfield, Uta Hagen, Djuna Barnes

13 de junho
W. B. Yeats, Dom Budge, Basil Rathbone, Malcolm McDowell, Tim Allen, Richard Thomas

14 de junho
Che Guevara, Harriet Beecher Stowe, Steffi Graf, Boy George, Donald Trump, Maria Gibbs, Dalton Trevisan, Irving Stone, Eric Heiden, Linda Batista

11 de junho
Edvard Grieg, Waylon Jennings, Jim Belushi, Courtney Cox, Helen Hunt, Neil Patrick Harris, Mario Cuomo, Billy Willians

16 de junho
Stan Laurel, Alice Bailey, Erich Segai, Adam Smith, Laurie Metcalf, Joan Van Ark, Tupac Shakur, Lamont Dozier, Joyce Carol Oates, Billy "Crash" Craddock, Laurie Metcalf, Ivan Lins, Ariano Suassuna

17 de junho
Igor Stravinsky, Barry Manilow, John Wesley, Dean Martin, James Brown, Dan Jansen, Jason Patric

18 de junho
Paul McCartney, Isabella Rosselini, Jeanette MacDonald, Alisou Moyet, Roger Ebert Sammy Cahn, Carol Kane, Maria Betânia, Celly Campeio

19 de junho
Kathleen Turner, Paula Abdul, Salman Rushdie, Duque de Windsor Wallace Simpson, Blaise Pascal, Chico Buarque, Louis Jordan, Lou Gehrig, Phylicia Rashad

20 de junho
Nicole Kidman, Errol Flynn, Martin Landau, Cyndi Lauper, Lionel Richie, Brian Wilson, Lilian Hellman, Catherine Cookson, John Goodman, Chet Atkins, Danny Aielo

21 de junho
Jean-Paul Sartre, Príncipe William da Inglaterra, Benazir Bhutto, Rockwell Kent, Nils Lofgren, Jane Russell, Juliette Lewis, Ray Davies, Robert Pastorelli, Mary Mc Carth

Estrelas fixas de Gêmeos

Para as pessoas que nasceram em dias que recebem a influência de mais de uma estrela fixa, segue aqui uma lista completa das estrelas fixas e de seus atributos. Você também pode usar este apêndice juntamente com o seu mapa astrológico para aprender mais acerca do significado destes corpos celestiais.

Prima Hyadum

Nome da estrela: Prima Hyadum
Posição: 4°41'-5°46' de Gêmeos, entre os anos de 1930 e 2000
Magnitude: 4
Força: ★★★★
Órb: 1°30'
Constelação: Gamma Taurus
Dias: 24, 25, 26, 27 e 28 de maio
Qualidades da estrela: interpretações variadas: Saturno/Mercúrio e Marte/Netuno
Descrição: uma estrela laranja, a principal da constelação de Hyades, que consiste em 132 estrelas, localizada no olho norte na testa do Touro.

Prima Hyadum confere energia, ambição e desejo de prestígio, o que leva à realização ou a um grande sucesso. Esta estrela sugere a necessidade de estudos e educação para o desenvolvimento de um pensamento claro. Contudo, Prima Hyadum também traz uma influência que indica contradições de fortuna ou períodos de turbulência.

Ligada ao grau do seu Sol, esta estrela indica talento para escrever, para os negócios, esportes, Astrologia e sucesso por meio do trabalho público. Há também a chance de fama e fortuna e oportunidades de popularidade e notoriedade. Prima Hyadum adverte contra a tendência à avidez e exploração alheia e sugere o controle contra decisões precipitadas que podem provocar instabilidades.

- **Positivo**: habilidade para escrever, educação, comunicação
- **Negativo**: inquietação, falta de conhecimento, avidez

Ain

Nome da estrela: Ain
Posição: 7°30'-8°26' de Gêmeos, entre os anos de 1930 e 2000
Magnitude: 4
Força: ★★★★
Órb: 1°30'
Constelação: Epsilon Taurus
Dias: 27, 28 e 29 de maio
Qualidades da estrela: Mercúrio/Marte
Descrição: uma estrela laranja localizada no olho norte de Touro.

Ain confere uma mente aguçada, amor à discussão e habilidade para fazer julgamentos e reações rápidas e espirituosas. Você é, na maior parte das vezes, uma pessoa enérgica e assertiva e possui a habilidade de retaliar da maneira correta e com uma oratória articulada. Contudo, esta estrela adverte contra a desonestidade e os problemas legais.

Ligada ao grau do seu Sol, esta estrela acentua as oportunidades de honrarias por meio dos estudos, da literatura e da educação superior que pode incluir estudos de assuntos ligados ao Ocultismo e à Astrologia. A influência desta estrela confere energia e determinação para conseguir o que quer na vida. Você pode ser bem-sucedido na sua área profissional e prestar uma contribuição duradoura. Ain também sugere que a subida pode ser seguida de uma queda e adverte contra o envolvimento em assuntos ilegais, que pode ser desastroso.

- **Positivo**: poder de pensamento, respostas rápidas e inteligentes, habilidade para fazer julgamentos
- **Negativo**: inquietude, irritabilidade, falta de conhecimento, brigas

Aldebaran

Nome da estrela: Aldebaran, também chamada de Al Dabbaran
Posição: 8°48'-9°45' de Gêmeos, entre os anos de 1930 e 2000
Magnitude: 1
Força: ★★★★★★★★★★
Órb: 2°30'
Constelação: Alpha Taurus
Dias: 28, 29, 30 e 31 de maio e 1e 2 de junho
Qualidades da estrela: Marte/Mercúrio/Júpiter
Descrição: uma estrela gigante rosa e vermelha localizada no olho esquerdo de Touro.

Aldebaran é uma das quatro estrelas reais e, por isto, é considerada de primeira importância. Ela confere elevados ideais, honra, inteligência, eloqüência e integridade. Você é, na maior parte das vezes, uma pessoa corajosa e pode alcançar posições de responsabilidade e fortuna. Contudo, em muitos casos o sucesso pode ser de curta duração. Esta estrela confere uma oratória aguçada e impressionante, além de habilidade para discutir ou debater. Ela também confere uma tendência para o envolvimento em brigas e para a autodestruição. Outras advertências ligadas a esta estrela dizem respeito ao ciúme de outras pessoas, à tendência a fazer inimigos e danos à visão.
Ligada ao grau do seu Sol, esta estrela indica uma extraordinária energia mental, que dá a habilidade para progredir na vida por meio de muita determinação e persistência. Aldebaran também indica sucesso, especialmente no trato com o público. Esta estrela concede a habilidade para pensar em grandes termos ou se concentrar em grandes projetos. Uma importante advertência de Aldebaran é que a fama e o sucesso podem estar associados a um custo ou sacrifício. A influência mais benéfica desta estrela é a preferência pelos estudos, pela literatura e por reformas educacionais.

- **Positivo**: atitude teológica, amor à hermenêutica, expressividade, popularidade
- **Negativo**: notoriedade, falta de concentração, ansiedade

Rigel

Nome da estrela: Rigel
Posição: 15°50'-16°40' de Gêmeos, entre os anos de 1930 e 2000
Magnitude: 1
Força: ★★★★★★★★★★
Órb: 2°30'
Constelação: Beta Orionis
Dias: 3, 4, 5, 6, 7, 8 e 9 de junho
Qualidades da estrela: Marte/Júpiter e Saturno/Júpiter
Descrição: uma estrela brilhante, dupla, azul e branca localizada no pé esquerdo de Orion.

Rigel confere habilidade para subir rapidamente na vida, muita força de vontade e uma natureza ambiciosa que estimula a mente a buscar um conhecimento mais amplo. O seu amor pela ação e os golpes de sorte muitas vezes o estimulam a ser competitivo. A habilidade para desenvolver uma mente científica e ser uma pessoa inventiva está ligada a esta estrela. Rigel pode conferir honra, riqueza material e sucesso duradouro.
Ligada ao grau do seu Sol, esta estrela sugere que você tem uma personalidade ousada e corajosa, com uma perspectiva liberal e ampla.

Você pode também ser uma pessoa trabalhadora, com bom senso para os negócios e talento para assuntos de natureza política e pública. Rigel também indica preferência pelos estudos, Astrologia e educação superior. Esta estrela indica que você pode ter um grande sucesso por meio de uma abordagem assertiva e direta, mas adverte contra a tendência à franqueza excessiva.

- **Positivo**: fundação de grandes empresas, liberal, educação, bom senso
- **Negativo**: temperamental, insolente ou indisciplinado, exigente, inquieto

Bellatrix

Nome da estrela: Bellatrix
Posição: 19°58'-20°54' de Gêmeos, entre os anos de 1930 e 2000
Magnitude: 1.5
Força: ★★★★★★★★★★
Órb: 2°10'
Constelação: Gamma Orionis
Dias: 9, 10, 11, 12 e 13 de junho
Qualidades da estrela: Marte/Mercúrio
Descrição: uma grande estrela branca e amarela localizada no ombro esquerdo de Orion.

A influência de Bellatrix confere poder de pensamento, senso comum e habilidade para avaliar rapidamente as situações. Esta estrela também indica riqueza e bons contatos sociais. Bellatrix concede uma mente articulada, inteligente e rápida. Você, provavelmente, é uma pessoa vigorosa, que tem uma forte expressão verbal e amor ao poder. Para as mulheres, esta estrela concede uma abordagem mental masculina. Bellatrix concede autoridade, ambição, energia e desejo de honras civis e políticas.
Ligada ao grau do seu Sol, esta estrela denota instabilidade e adverte que a riqueza e a honra podem não ser duradouras. Há também uma inclinação para o trabalho de pesquisa, habilidade mecânica e abordagem científica.

- **Positivo**: bom senso, inteligência, bons contatos, comunicativo
- **Negativo**: hesitação, precipitação, cabeça-dura, indecisão nos negócios, necessidade de aprender a ouvir os outros, reviravoltas súbitas e turbulência

Capella

Nome da estrela: Capella, também chamada de Amalthea
Posição: 20°52'-21°48' de Gêmeos, entre os anos de 1930 e 2000
Magnitude: 1
Força: ★★★★★★★★★★
Órb: 2°30'
Constelação: Alpha Aurigae
Dias: 9, 10, 11, 12, 13 e 14 de junho
Qualidades da estrela: Mercúrio/Marte
Descrição: uma grande estrela brilhante branca no corpo da Cabra nos braços de Auriga.

Capella confere uma natureza vigorosa, curiosidade e amor ao aprendizado. Esta estrela estimula o interesse por pesquisa e novas invenções. Ela concede reconhecimento e cargos proeminentes de confiaça. Você pode também ter riqueza e sucesso.
Ligada ao grau do seu Sol, esta estrela indica uma tendência a falar muito e sugere que você deve evitar ser tagarela. Capella aconselha a aprender a ouvir os outros para evitar mal-entendidos.

- **Positivo**: confiabilidade, lealdade, mente curiosa, conhecimento abrangente
- **Negativo**: discórdia, indecisão, preocupação, falta de interesse, gasto de energia mental

Phact

Nome da estrela: Phact
Posição: 21°08'-21°46' de Gêmeos, entre os anos de 1930 e 2000
Magnitude: 2.5-3
Força: ★★★★★★
Órb: 1°40'
Constelação: Alpha Columbae
Dias: 11, 12, 13 e 14 de junho
Qualidades da estrela: Mercúrio/Vênus com influência de Urano
Descrição: uma pequena estrela brilhante localizada na base da asa direita de Pombo.

Phact outorga talento artístico e inteligência, bem como senso de ritmo. Ela revela pendor para o pensamento criativo e interesse por matemática, música ou educação. Você é uma pessoa amigável, amável e com sorte.
Ligada ao grau do seu Sol, esta estrela garante popularidade e contatos sociais especialmente entre pessoas jovens. A influência de Phact aponta para oportunidades de sucesso em profissões ligadas às artes. Com esta estrela você pode se tornar um bom comunicador ou mediador e trabalhar com o público. Phact também garante um toque de engenhosidade e habilidades mediúnicas.

- **Positivo**: esperança, charme, talentos criativos
- **Negativo**: tagarelice, dúvidas, inseguranças

Mintaka

Nome da estrela: Mintaka, também chamada de Cingula Orionis
Posição: 21°30'-22°16' de Gêmeos, entre os anos de 1930 e 2000
Magnitude: 2.5-3
Força: ★★★★★★★★★
Órb: 1°40'
Constelação: Delta Orion
Dias: 12, 13, 14 e 15 de junho
Qualidades da estrela: Mercúrio/Saturno/ Júpiter
Descrição: uma estrela binária oscilante entre branca e brilhante e violeta pálido, localizada no cinturão de Orion ao longo da estrela Almilam.

Esta estrela confere fortuna, sorte e dignidade. Pensando positivamente, você pode aproveitar ao máximo qualquer situação. Mintaka confere coragem, uma natureza habilidosa e senso de oportunidade. Capacidades executivas e gerenciais e felicidade duradoura são também indicadas por esta estrela.
Ligada ao grau do seu Sol, esta estrela oferece uma mente penetrante e afiada, bom juízo e memória. Você é provavelmente uma pessoa discreta, com uma natureza cautelosa e, com paciência, pode provocar mudanças para melhor. Você tem senso de oportunidade e um talento natural para mudar as situações a seu favor. Esta estrela dá forte preferência pela educação.

- **Positivo**: percebe oportunidades, bons juízos, capacidade administrativa
- **Negativo**: mutabilidade, frustração, inconsistência, falta de resistência

El Nath

Nome da estrela: El Nath
Posição: 21°36'-22°41' de Gêmeos, entre os anos de 1930 e 2000
Magnitude: 2
Força: ★★★★★★★★
Órb: 2°10'
Constelação: Beta Taurus
Dias: 11, 12, 13, 14, 15 e 16 de junho
Qualidades da estrela: Marte/Mercúrio
Descrição: uma estrela binária gigante, branca e cinza pálida, localizada no topo norte do chifre do Touro.

El Nath confere ambição, determinação e realização por meio de empreendimentos. Esta estrela também concede sorte e aclamação. A influência de El Nath lhe dá inteligência e capacidade de apreender rapidamente as situações. Você pode obter honras por meio do trabalho de pesquisa e científico ou do estudo de Filosofia, Teologia ou História.
Ligada ao grau do seu Sol, esta estrela concede boa capacidade mental, assertividade e conhecimento abrangente. El Nath lhe dá também habilidade de oratória persuasiva e encoraja o sucesso por meio do trabalho no sistema legal e em posições governamentais.

- **Positivo**: educação superior, oratória impressionante, realização de pensamentos e planos, grandes realizações
- **Negativo**: cabeça dura, crítico, controverso, teimoso

Ensis

Nome da estrela: Ensis
Posição: 22°2'-22°57' de Gêmeos, entre os anos de 1930 e 2000
Magnitude: 4.5
Força: ★★★
Órb: 1°
Constelação: M42 Orinis
Dias: 13, 14 e 15 de junho
Qualidades da estrela: Marte/Lua
Descrição: a Grande Nebulosa localizada na bainha de Orion.

Ensis lhe dá uma natureza rebelde, ambição e desejo constante de seguir adiante. Esta estrela também adverte contra a inquietação e a precipitação que podem provocar instabilidade desnecessária.
Ligada ao grau do seu Sol, esta estrela lhe dá uma enorme energia, impulso e força de vontade. Ensis sugere que você tenha emoções intensas e seja ousado, e tem habilidade para iniciar projetos com grande vigor. A influência negativa desta estrela confere um espírito inquieto e impaciente, que pode resultar em oscilações de humor e explosões emocionais.

- **Positivo**: ambição, ousadia, liderança, energia, vigor, impulso
- **Negativo**: impaciência, inquietação, raiva, mau humor, tendência a brigas

Alnilam

Nome da estrela: Alnilam, também chamada de Al Nitham
Posição: 22°29'-23°22' de Gêmeos, entre os anos de 1930 e 2000
Magnitude: 2
Força: ★★★★★★★
Órb: 2°10'
Constelação: Epsilon Orion
Dias: 12, 13, 14, 15, 16 e 17 de junho
Qualidades da estrela: várias influências: Júpiter/Saturno e Mercúrio/Saturno
Descrição: uma estrela brilhante branca localizada no centro do cinturão de Orion.

Alnilam confere uma fama efêmera e riqueza e honrarias públicas. A influência desta estrela é, portanto, de curta duração. Esta estrela confere uma personalidade perspicaz e ousada, mas adverte contra a teimosia e a precipitação ou mudanças de direção sem uma estratégia adequada.
Ligada ao grau do seu Sol, esta estrela denota uma forte personalidade, muita energia e determinação. Alnilam o encoraja a se envolver em grandes projetos ou a ser empreendedor, embora também sugira que você deve também pensar antes de falar. Quando evita a teimosia e a frustração, você pode usar a sua enorme vitalidade em algo positivo e que vale a pena.

Positivo: ousadia, energia, ambição, ganhos e vitória

Negativo: precipitação, instabilidade, mudanças súbitas movidas pelo oportunismo

Al Hecka

Nome da estrela: Al Hecka
Posição: 23°48'-24°25' de Gêmeos, entre os anos de 1930 e 2000
Magnitude: 2
Força: ★★★★★★★★
Órb: 1°40'
Constelação: Zeta Taurus
Dias: 14, 15, 16 e 17 de junho
Qualidades da estrela: Marte ou Saturno/ Mercúrio
Descrição: uma estrela vermelho-azulada localizada no chifre sul do Touro.

Al Hecka confere uma natureza orgulhosa e assertiva e amor ao poder. É provável que você tenha capacidade de liderança e determinação para conquistar riqueza e fama. Esta estrela também denota uma natureza maliciosa e adverte contra associação a pessoas de caráter duvidoso.
Ligada ao grau do seu Sol, esta estrela concede um espírito reservado mas empreendedor. O seu talento para organização se combina com a sua natureza trabalhadora. Al Hecka lhe dá uma perspectiva curiosa e pragmática, bem como habilidade executiva que pode ser benéfica no trato com o público. Esta estrela também adverte contra circunstâncias suspeitas e perigo da parte de terceiros.

Positivo: praticidade, trabalho duro e determinação

Negativo: excessivamente questionador

Polaris

Nome da estrela: Polaris, também chamada de Al Rukkabah ou estrela polar
Posição: 27°35'-28°33' de Gêmeos, entre os anos de 1930 e 2000
Magnitude: 2
Força: ★★★★★★★★
Órb: 2°10'
Constelação: Alpha Ursa Menor
Dias: 17, 18, 19, 20, 21 e 22 de junho
Qualidades da estrela: Saturno/Vênus
Descrição: uma estrela binária amarela e branco pálido localizada na cauda da Ursa Menor.

Polaris confere poderes espirituais, discrição e objetivos claros e definidos. Você pode ganhar o respeito das outras pessoas e ser encorajado a realizar as suas metas. Esta estrela indica que o reconhecimento muitas vezes vem depois de atrasos e obstáculos. Por meio do esforço contínuo e de uma atitude decidida, você pode ser recompensado. Contudo, os legados e heranças freqüentemente são acompanhados por mal-entendidos e disputas.
Ligada ao grau do seu Sol, esta estrela indica uma inclinação para a espiritualidade, a religião e a Filosofia. Polaris pode também conceder talento para o trato com o público. Esta estrela muitas vezes sugere que a sua vida está sujeita à mudanças devido a acontecimentos imprevistos.

Positivo: responsabilidade, bons instintos, objetivos claros

Negativo: pouco sentimental, excessivamente sério, inibição emocional

Betelgeuze

Nome da estrela: Betelgeuze
Posição: 27°46'-28°42' de Gêmeos, entre os anos de 1930 e 2000
Magnitude: 1
Força: ★★★★★★★★★★
Órb: 2°30'
Constelação: Alpha Orionis
Dias: 18, 19, 20, 21, 22 e 23 de junho
Qualidades da estrela: Marte/Mercúrio
Descrição: uma estrela variável laranja e vermelha localizada no ombro vermelho de Orion.

Betelgeuze confere habilidade de julgamento, perspectiva otimista, mente rápida e natureza competitiva. Esta estrela também confere sorte e sucesso por meio de resolução e de determinação. Você pode receber reconhecimento devido a uma realização extraordinária e pode também conquistar riqueza material. Ligada ao grau do seu Sol, esta estrela indica talento para Filosofia e atitude para estudos metafísicos. Betelgeuze confere sucesso em atividades esportivas e assuntos de natureza legal, bem como uma boa influência em todas as questões relacionadas ao trato com outras pessoas. Embora você possa obter honra e riqueza, elas não são necessariamente duradouras, porque sempre há o perigo de perdas súbitas.

- **Positivo**: boa capacidade de julgamento, habilidade para resolução de problemas, harmonia entre pensamento e ação
- **Negativo**: obstinação, tendência a brigas, antagonismo

Menkalinan

Nome da estrela: Menkalinan
Posição: 28°56'-29°54' de Gêmeos, entre os anos de 1930 e 2000
Magnitude: 2
Força: ★★★★★★★★
Órb: 2°10'
Constelação: Beta Aurigae
Dias: 19, 20, 21, 22 e 23 de Junho
Qualidades da estrela: Júpiter com influências de Marte/Mercúrio/Vênus
Descrição: uma estrela amarela brilhante localizada no ombro direito de Auriga.

Menkalinan confere uma natureza energética, assertiva e competitiva, bem como uma mente aguçada e ativa. Esta estrela também concede ações rápidas e inquietude. Menkalinan promete sucesso, honra e popularidade, mas também adverte contra mudanças súbitas, ações precipitadas ou destrutividade. Ligada ao grau do seu Sol, Menkalinan garante a realização e o sucesso se você agir com firmeza e evitar turbulências desnecessárias. Esta estrela sugere que você se beneficiará se adotar uma postura de sempre pensar antes de agir, e adverte contra ações precipitadas.

- **Positivo**: poder de resolução, pensamento rápido, mente assertiva, amor ao debate, poder de retaliação, oratória impressionante
- **Negativo**: nervosismo, precipitação, gosto por discussões, cabeça-dura, obstinação, criticismo

As autoras

GERALDINE SULLIVAN, nascida em 4 de junho, é astróloga profissional, com vinte anos de experiência, e dá palestras em vários países, além de entrevistas a programas de televisão nos Estados Unidos. Com uma carreira astrológica bem-sucedida, Geraldine ministra *workshops* e cursos de extensão em Londres. Formada em Astrologia e em Psicologia, a autora também conduz pesquisas acerca de temas como inconsciente, sonhos e experiência mística.

SARAH CRAWFORD, nascida em 28 de maio, é numeróloga e astróloga profissional, com treze anos de experiência. Sarah trabalha como consultora astrológica em Londres e ministra cursos e *workshops* acerca de Astrologia e Numerologia. Sua dissertação de mestrado em Ciências Sociais teve como temas história e filosofia da civilização ocidental e incluiu pesquisas a respeito da História da Astrologia, Hermenêutica e Reflexividade.

Anotações

Este livro foi composto em Minion, corpo 11/12,6
e impresso pela Ediouro Gráfica sobre
papel Offset 63gr. da Ripasa.

ANTONIO ESCOSTEGUY CASTRO

Advogado formado pela Universidade Federal do Rio Grande do Sul — UFRGS, em 1981. Fundador do Partido dos Trabalhadores e da Central Única dos Trabalhadores, integra hoje o Coletivo Jurídico da CUT/RS. É professor concursado (atualmente licenciado), da Faculdade de Direito da Universidade do Vale do Rio dos Sinos — UNISINOS/RS. É membro do Tribunal de Ética e da Banca de Direito do Trabalho da Comissão do Exame de Ordem da OAB/RS. É o representante do Rio Grande do Sul na Associação Brasileira de Advogados Trabalhistas — ABRAT.

TRABALHO, TECNOLOGIA E GLOBALIZAÇÃO

A necessidade de uma Reforma Sindical no Brasil

LTr 70 anos 2006

Dados Internacionais de Catalogação na Publicação (CIP)
(Câmara Brasileira do Livro, SP, Brasil)

Castro, Antonio Escosteguy
Trabalho, tecnologia e globalização : a necessidade de uma reforma sindical no Brasil / Antonio Escosteguy Castro. — São Paulo : LTr, 2006.

Bibliografia.

ISBN 85-361-0840-1

1. Globalização 2. Inovações tecnológicas — Brasil 3. Sindicatos — Brasil 4. Trabalho e classes trabalhadoras — Brasil I. Título.

06-3674 CDU-34:331.88(81)(001.73)

Índice para catálogo sistemático:

1. Brasil : Reforma sindical : Direito do trabalho 34:331.88(81)(001.73)

Produção Gráfica e Editoração Eletrônica: **LINOTEC**
Capa: **ELIANA C. COSTA**
Impressão: **HR GRÁFICA E EDITORA**

(Cód. 3298.4)

LTr®

EDITORA LTDA.

Rua Apa, 165 — CEP 01201-904 — Fone (11) 3826-2788 — Fax (11) 3826-9180
São Paulo, SP — Brasil — www.ltr.com.br

Junho, 2006

SUMÁRIO

INTRODUÇÃO À REFORMA

O Direito do Trabalho seria, ao lado do Direito Civil, provavelmente o mais "político" de todos os ramos do Direito, se fosse possível "medir" a politização da teoria. Ambos os ramos do Direito têm vínculos diretos com a questão da propriedade privada, com as formas jurídicas que mediam a sua "função social" e ambos os direitos têm uma forte influência no desenho de importantes instituições do Estado.

É senso comum em toda a doutrina que a "transgressão" política processada pelo Direito do Trabalho está nas próprias origens ("cartistas") das mudanças democráticas deste século: "muitos sindicalistas foram mais além de seus objetivos específicos (...): propunham o sufrágio universal masculino e a (...) representação parlamentar (...), o que foi conseguido recém em 1845 (...)[(1)]". A democracia, na verdade, embora seja a melhor forma política da modernidade ainda é uma experimentação, já que não há nenhuma tendência histórica já fixada, que garanta sua permanência e mesmo sua evolução para níveis superiores de convívio na ordem do Estado.

Ao tratar da necessidade de uma reforma sindical no Brasil, *Antonio Escosteguy Castro* mostra a quebra dos paradigmas da 2ª Revolução Industrial e o surgimento da opção neoliberal, finalizando com a proposta de uma reforma sindical, inclusive como momento necessário da construção de um novo contrato social.

O propósito do livro nada tem de "utópico" ou a-histórico, já que o movimento sindical sempre foi um construtor da modernização

(1) DEL CASTILLO, Efraín Raúl. *Sindicalismo: factor de poder político*. Buenos Aires: Depalma, 1984, pp. 15-16.

democrática do Direito e do Estado nos principais países[(2)] desenvolvidos. Diz o autor: "o movimento sindical deve definir formas e objetivos de intervenção no processo de disputa das relações de poder que se firmaram na sociedade com a globalização neoliberal. A globalização neoliberal diminuiu o arco de soberania das nações; reduziu o estado à custa das instituições de segurança social; transferiu poder para instituições e empresas privadas, ou sob o controle de interesses privados; desempregou e empobreceu as classes trabalhadoras. A alteração desse processo será fruto de uma disputa de caráter coletivo, e não nos levará de volta ao velho estado nacional keynesiano, expressão, repitamos uma vez mais, do parâmetro produtivo fordista. A transformação do modelo neoliberal ocorrerá com o aprofundamento da democracia, sob crescente controle direto da sociedade, e com o desenvolvimento de uma nova regulação pró-social e não pró-indivíduo".

No período em que foram construídas as grandes instituições de coesão social, representadas pela social-democracia, também foram produzidas **contratendências**. Talvez a mais poderosa delas tenha sido a "crise fiscal" do Estado-de-bem-estar, que serviu de base para a tentativa de legitimação das reformas que pretendem diluir os direitos duramente conquistados, principalmente pelo movimento sindical organizado.

A grande síntese da "crise fiscal" é a seguinte: o Estado endivida-se para cumprir as despesas do seu funcionamento, promover os investimentos e adimplir as prestações sociais; para enfrentar estes gastos, a carga tributária chega ao limite no momento em que se aceleram os intercâmbios do comércio mundial; sucessivos déficits orçamentários começam a aparecer. Os produtos da indústria devem ser apresentados, porém, neste mercado, com **custos cada vez mais baixos.** Tal necessidade implica em reduzir o custo da força de trabalho e também os impostos. O clima para as "reformas" está pronto.

(2) SANTOS, Boaventura de Sousa. "O regresso do Estado?". Coluna na *Revista Visão*, 16.3.06: "Apesar de tudo isto, ao longo do século passado, o Estado democrático soube ganhar a confiança e a lealdade de vastas camadas da população através das medidas de redistribuição social que protagonizou e que ficaram conhecidas por políticas e direitos sociais (educação pública, serviço nacional de saúde universal e gratuito, segurança social, etc.). Foi um período histórico curto e em Portugal ainda mais curto porque o seu momento alto ocorreu tardiamente, depois da revolução de 1974".

O contrato individual de trabalho sempre foi uma relação mais simples e mais "espontânea", determinada pela imediatidade da necessidade econômica "bruta". O Direito Coletivo — ao contrário — sempre se ofereceu como expressão superior, já mais prenhe de um humanismo revolucionário ou reformista "forte". Ele, o Direito Coletivo, configurou-se sempre através de confrontos, solucionados ordinariamente através da composição política e do diálogo social. O Direito Coletivo, portanto, supera a relação individual e coloca no âmbito do Direito situações que eram reconhecidas como mero "fato", como a greve, as comissões de fábrica, a conciliação e os pactos coletivos de trabalho.

O Direito Sindical e o Direito Coletivo do Trabalho (eles se confundem e se integram) constituem, relativamente aos trabalhadores, também o ponto mais alto da disciplina social e fabril. Na ordem jurídica do capitalismo os seus pactos tornam-se fundamentos importantes do contrato social-democrata. Na verdade, o Direito do Trabalho como um todo operou como um antídoto à insurreição e um atrativo para as massas assalariadas aderirem ao contrato político da social-democracia.

Nos regimes fascistas e nas "revoluções socialistas", por exemplo, a autonomia dos sindicatos e o direito de greve não foram mantidos. O argumento no fascismo foi que o acordo entre os "corpos sociais" expressaria a vontade do Estado, logo da nação. No socialismo real o argumento usado foi que os próprios trabalhadores estariam no poder, logo não seria aceitável uma greve dos trabalhadores contra "si mesmos", ou contra o "seu Estado". É bom rememorar este fato histórico porque nos dias de hoje, em que se celebra o surgimento de uma falsa autonomia na prestação de serviços — em detrimento do próprio contrato individual de trabalho — ter propostas para **renovar os mecanismos coletivos de regulação das relações capital-trabalho é defender a modernidade democrática e a radicalização da democracia**.

O "velho" ponto de partida do Direito do Trabalho, lembremonos, não foi a relação coletiva entre categorias profissionais e econômicas. Foi aquela relação **primária e individual** celebrada entre dois sujeitos que se "necessitavam" — para comprar e vender força de trabalho através de uma forma pensada pelo Direito — e cuja soma de vínculos infinitos constrói, até hoje, **um direito superador, tanto do corporativismo medieval, como do contrato por "conta alheia" como contrato de direito civil. É o direito que também reconheceu sujeitos jurídicos definidos, a partir dos lugares diferentes que ocupam na estrutura de classes do capitalismo**.

Neste grande movimento histórico é que a relação entre "prestador" e "tomador", tornou-se relação "classe x classe", regrada pela vontade humana consciente. Assim, o processo social real configurou-se como conceito ("Direito Coletivo"), que é a expressão regulada daquelas relações de fato que revolucionaram a vida moderna e reformaram as instituições jurídicas iniciais do Direito do Trabalho: "assim o trabalho mira a jurisdicidade no mais amplo sentido; no sentido que, sendo a vontade deixada a nosso arbítrio, cobra fortaleza em sua pretensão; chega a ser até dever juridicamente exigível ao Estado, que cabalmente por direito e dever conjuntos podemos reclamar nos seja dado em condições de garantia"(3).

A bibliografia sobre o sindicalismo e o Direito Coletivo no Brasil — história, teoria, evolução do sistema normativo, experiências de luta — sempre foi de excelente nível. Muitos dos grandes juristas do Direito do Trabalho aportaram contribuições importantes, mas foi *Evaristo de Moraes Filho*, com o seu clássico "O problema do sindicato único no Brasil e seus fundamentos sociológicos" (1952), que abriu a fase "moderna" desta literatura jurídico-sindical no país.

De vasta repercussão teórica, o caminho por ele explorado (de integração da análise sociológica com o Direito "posto") foi seguido por um grande número de jovens estudiosos, das mais diversas orientações jusfilosóficas. Numa disciplina que envolve fortes conflitos de interesse — que dizem respeito à força que cada classe social vai exercitar no processo de reprodução social — é natural, repito, que diversas posições ideológicas buscassem legitimar-se como a "melhor" doutrina, como dizemos no nosso jargão profissional. O excelente livro de *Antonio Castro* não foge a esta regra sadia do pluralismo, mas é tipicamente um livro de **compromisso democrático, a partir da ótica do mundo do trabalho**.

Nas raízes da evolução do Direito Coletivo está também "uma mudança na tática da condução e doutrinamento sindical; busca-se que a classe trabalhadora procure uma maior ilustração e adquira maiores conhecimentos, sendo corrente a frase de 'saber é poder'. Já em 1845 (os sindicatos no movimento operário inglês) propõem um maior e melhor entendimento com os patrões e reconhecem o deplorável e prejudicial uso da violência para alcançar as melhoras solicitadas, pois se trata de um monstro que engendra mais violên-

(3) BATTAGLIA, Felice. *Filosofia del Trabajo*, Editorial Revista de Derecho Privado. Madrid, 1955, p. 276.

cia e termina por devorar a todos"(4). A história das lutas reformistas e revolucionárias é, portanto, também a história dos pactos, dos contratos, da conciliação de classes, quando as energias sociais se exaurem ou quando há um "empate" estratégico e as partes escolhem, não a sua mútua destruição, mas o ajuste político democrático.

Podemos tomar como exemplo "as legislações, como a do salário mínimo em 1911, na Inglaterra, e a Lei do Seguro-Desemprego, (que) nada mais foram do que generalizações, por meio do Direito, de conquistas que haviam sido estabelecidas originalmente pelo novo sindicalismo na grande empresa"(5), através de confrontos extremamente duros. O resultado obtido com as lutas categoriais, no âmbito dos conflitos na grande empresa, **transcresceram** e se tornam "direitos sociais" a partir do Estado, parte deles expressos pelo Direito do Trabalho.

O Brasil é uma nação em formação. Se tomarmos como comparação o processo de revolução democrática consolidado em vários países europeus — alguns deles com mais de 200 anos de vantagem sobre nós — na verdade seremos menos pessimistas. Por quê? Porque estamos vivendo atualmente, se tomarmos como referência a Constituição de 88, um período de consolidação democrática de grande envergadura: são instituições que se fortalecem, mecanismos constitucionais que operam com razoável grau de estabilidade, conflitos sociais acolhidos dentro da ordem jurídica, a maioria deles mediados de maneira juridicamente "sustentável". E tudo isso ocorre sem que haja sequer suspeita de qualquer regressão institucional.

Um olhar puramente "fenomênico", porém, sobre a nossa imprensa "pós-moderna" — que se alimenta pouco da informação objetiva e vive de pequenos e grandes escândalos políticos — nos ensejaria uma frustração terrível. Mas, esta frustração seria um equívoco, pois o próprio alarde de purismo (às vezes duvidoso) dos súbitos guardiões dos templos da moral é, ele mesmo, um processo de consolidação das instituições da democracia.

A própria consolidação de padrões de ética pública mais avançados na cena pública também se faz pela ironia e mesmo

(4) DEL CASTILLO, Efraín Raúl. *Sindicalismo: factor de poder político*. Buenos Aires: Depalma, 1984, pp. 15-16.

(5) POCHMANN, Márcio. *Flexibilização e Impactos no Emprego*. *In:* Anais do Fórum Internacional Flexibilização no Direito do Trabalho — Tribunal Superior do Trabalho. Rio de Janeiro: UniverCidade Editora, 2003, p. 201.

pelo cinismo dos seus agentes conjunturais. O que ocorreu, por exemplo, na fase de progresso da "Era Vargas", como produto avançado da Revolução de 30, na época também ficou obscurecido pelas instabilidades políticas.

O trabalho de *Antonio Escosteguy Castro*, que combina informação histórica, Direito e Sociologia do Trabalho, desemboca em dois grandes temas, que tem uma incontornável relação: como será ("dever ser") uma **nova estrutura sindical**, compatível com as grandes transformações que se operaram no capitalismo do terceiro milênio, e qual será ("dever ser") **a natureza de um novo contrato social**, que parta das luzes, acolha o "welfare" (o "**ser**" que não resistiu aos ajustes neoliberais) e o supere positivamente?

Uso a palavra "positivamente" porque não é impossível a superação de formas jurídicas por outras mais atrasadas ou "negativas". As propostas flexibilizantes que são feitas hoje, substituindo as regras já "cansadas" do Direito do Trabalho da 2ª Revolução Industrial por normas que promovam a extinção de tutelas laborais, são características deste momento. **Tal processo faz o trabalho retornar à condição plena de mercadoria, não mediada pelo humanismo do Direito.**

É óbvio que são necessárias transformações nas tutelas, novos diplomas que regulem autonomia e subordinação, através de legislações especiais compatíveis com a própria "fluidez" do processo de reprodução social e econômica em curso. Aliás, é a mesma necessidade de mudanças que, na sua expressão qualitativamente nova no plano coletivo, **altera** categorias profissionais, **transforma** o papel relativo delas nas lutas sindicais, dá **opacidade** aos sujeitos passivos das demandas coletivas e também **fragmenta** a ética laboral da 2ª Revolução Industrial.

O que deve ser levado em conta nas reformas que necessariamente deverão ser realizadas, porém, é que estas transformações devem combinar-se com um novo ciclo de universalização dos direitos sociais da cidadania. Será o tempo no qual um novo Direito Coletivo deverá se articular com as grandes questões do mundo contemporâneo, no qual os benefícios da nova revolução tecnológica devem ser "socializados" para a humanidade e não "privatizados" em benefício das elites do capital: "no nosso futuro imediato, e coesionado com a matéria dos direitos fundamentais, vamos encontrar o que se costuma designar por direitos sociais da cidadania. Estes direitos (...) implicam pretensões relativamente a determinados bens sociais, econômicos e culturais, tais como educação, segurança social, habitação, cuidados de saúde e, de um modo geral, um nível de vida considerado decente. Embora ainda envoltos num cepticismo, estes direitos deverão alcançar no próximo século o reconhecimento que neste século alcançaram os direitos tradicionais".[6]

O livro de *Antonio Castro* abre um clarão de resistência para que o Direito, na era do império da mercadoria globalizada e dos direitos em declínio, possa sustentar uma nova etapa de consolidação da modernidade democrática. Trata-se de fundir os três grandes períodos de formação da cidadania de *Marshall:* os direitos civis, os direitos políticos e os direitos sociais, **num só direito da cidadania plena, para que se meça a qualidade de uma sociedade pela qualidade de vida dos seus setores débeis economicamente e não pela capacidade desenfreada de consumo dos seus segmentos mais ricos.**

Tarso Genro

Advogado. Ex-Deputado Federal.
Ex-Prefeito de Porto Alegre.
Ex-Ministro da Educação.
Atualmente, Ministro de Relações
Institucionais da Presidência da República.

---

(6) PIMENTEL, José Menéres. *Perspectivas para o século XXI. In:* Perspectivas do Direito no início do século XXI — Boletim da Faculdade de Direito — Universidade de Coimbra. Coimbra: Coimbra Editora, 1999, pp. 51-52.

CAPÍTULO 1

GLOBALIZAÇÃO E REVOLUÇÃO TECNOLÓGICA

1.1. OS TRINTA ANOS GLORIOSOS

Quando se estuda o advento do neoliberalismo, seu impacto e suas conseqüências, choca-nos verificar como foi desmantelado um sistema social protetivo, que se afigurava consistente e bem-sucedido. As instituições sociais desenvolvidas durante décadas pareciam ter o condão de assegurar uma vida digna para a maioria dos seres humanos e conter em si as possibilidades de estender num futuro nem tão longínquo esta condição a todos os povos do planeta. Ao analisarmos o que aconteceu, e ainda vem acontecendo, nestes últimos anos, assoma, perturbadora, a questão: será que a humanidade *regrediu*?

Não há uma resposta fácil para essa pergunta. Talvez não haja sequer uma resposta *exata*. Mas, temos de tentar respondê-la, para começar a entender o que pode ser feito em direção a um mundo melhor.

Após a Segunda Guerra Mundial, consolida-se o que se convencionou chamar de "modelo de desenvolvimento fordista", combinando modos de regulação monopolista com regime de acumulação intensiva de capital(1). A regulação estatal passou a ser fundamental naquele período, e o Estado tornou-se o responsável pelo desempenho macroeconômico da sociedade. Inaugurava-se uma era em que se aceitava a intervenção do Estado não apenas no curto prazo, no cotidiano dos negócios, mas também como coordenador (e ator) de intervenções de longo prazo, visando a manter e a ampliar o crescimento econômico(2).

---

(1) FARIA, Luiz Augusto e WINKLER, Carlos. "O andar do crustáceo", *in O Estado do Rio Grande do Sul nos anos 80*, FEE, Porto Alegre, 1994.

(2) FIORI, José Luiz, entrevista à *Revista Teoria e Debate* n. 33, nov./dez/1996.

Nos países centrais, a *Revolução Keynesiana* levou à criação do chamado *Welfare State*, o Estado do Bem-Estar Social. Em alguns países do Terceiro Mundo, dentre os quais o Brasil, o *fordismo periférico* deu forma ao *Estado Desenvolvimentista*. Foi o período de apogeu do Estado Nacional soberano. Dentro de um regime de livre empresa, mas com inúmeras limitações ao livre comércio e à liberdade de negociação patrões-empregados, tendo o Estado como agente "indutor, ordenador e alocador de recursos"(3), foi possível um período de cerca de 30 anos consecutivos de crescimento econômico no Brasil e na maior parte do mundo, por muitos chamados de os *Trinta Anos Gloriosos*.

A esse período corresponde um paradigma tecnológico herdado da Segunda Revolução Industrial, combinado com um modelo de organização da produção dito *taylorista/fordista*. É o período áureo da sociedade industrial de massas, e tem como característica a criação de uma estrutura ocupacional bastante homogênea, cujo rompimento será, por sua vez, pleno de conseqüências, como se verá mais adiante.

Esse período se caracteriza pela produção em massa de produtos homogêneos, padronizados. Os produtos que melhor simbolizam esse tempo são os bens de consumo durável, como eletrodomésticos e automóveis, fabricados exatamente iguais em longas e tediosas linhas de montagem. Para sustentar uma economia desse tipo, fazia-se necessário um consumo de massas, que se tornou possível em face do *círculo virtuoso* que então se verificou: parte dos constantes e crescentes ganhos de produtividade podia ser repassada aos salários e parte resultava na redução dos preços dos produtos, o que permitia aos trabalhadores adquirirem os novos produtos que saíam de mais e mais fábricas, fruto de investimentos originados da realização dos gordos lucros oriundos do consumo de massas.

Anos e anos seguidos de crescimento sustentado e contínuo levaram a uma situação de pleno emprego no mundo central e originaram a construção de uma ampla e profunda rede de proteção e segurança social. Não foi um processo espontâneo nem uma dádiva dos industriais. Em troca de se submeterem à dinâmica desumana do taylorismo/fordismo e serem os agentes de imensa produção de riquezas, os trabalhadores obtiveram nesse período grandes compensações, seja no aumento de salários propriamente dito, seja na criação de benefícios sociais e previdenciários. É o chamado *Pacto Fordista*, ou *Pacto Social democrata*, em homenagem à força política hegemônica em sua construção na Europa.

---

(3) *Idem, ibidem.*

Antonio Prado, em participação em projeto de pesquisa coordenado pelo Departamento Intersindical de Estatística e Estudos Socioeconômicos — DIEESE a que nos referenciaremos inúmeras vezes neste trabalho, assim trata essa questão(4):

> "Esses anos gloriosos que brilharam do imediato pós-II Guerra Mundial até meados dos anos 1970, foram resultado de uma deliberada construção social que reuniu elementos que vinham sendo gestados desde a última década do séc. XIX até os anos 20 do séc. XX. Constituiu-se um padrão de acumulação de capital, aqui denominado de padrão de acumulação fordista/keynesiano (modelo de desenvolvimento fordista, para a escola francesa da regulação) que estabeleceu um círculo virtuoso de crescimento econômico e de distribuição de renda (*Lipietz*, 1988). Esse padrão de acumulação realizou uma articulação entre dimensões produtivas, econômicas e políticas, que operavam de forma funcional na reposição das condições de crescimento, realimentando esse processo continuamente e corrigindo as distorções distributivas geradas pela dinâmica do mercado. Sua fonte básica de geração de excedente econômico pode ser atribuída ao crescimento sustentado da produtividade industrial, resultado do modelo de organização de trabalho fordista, que se difundia por todo o sistema produtivo, como um novo paradigma produtivo."

O *Welfare State*, portanto, foi o resultado de décadas de luta social, quando os trabalhadores, em geral sob a direção da Social-Democracia, obtiveram a regulação de um emprego seguro, a construção de sistemas de saúde, educação e previdência eficazes e a consolidação de direitos democráticos, principalmente de organização e manifestação. Isso correspondeu a um período histórico de contínuo crescimento da produtividade, sob o parâmetro tecnológico

---

(4) PRADO, Antonio. *A controvérsia da crise do fordismo e a transição pós-fordista: algumas reflexões sobre o caso brasileiro, in* Emprego e Desenvolvimento Tecnológico, DIEESE, São Paulo, 1999, vol. III, p. 16.

O DIEESE desenvolveu, a partir de 1997, com o apoio do CNPq, o programa "Emprego e desenvolvimento tecnológico: projeto de pesquisa e formação técnica DIEESE/CESIT", que rendeu a publicação de 3 volumes com artigos e palestras de pesquisadores, estudiosos e sindicalistas sobre tais temas. Diversos desses trabalhos foram importantes fontes e são citados neste livro. Para comodidade dos leitores são referenciados como integrantes dos volumes I, II e III da série (inclusive na Bibliografia), respeitada a ordem cronológica de publicação. Como ditos volumes não são originalmente numerados, o vol. I corresponde ao "Brasil e contexto internacional", o vol. II ao "Artigos dos pesquisadores" e o vol. III ao "Processos de integração regional".

oriundo da 2ª Revolução Industrial, impulsionado pelas descobertas científicas da Segunda Guerra e estruturado nas formas de organização do trabalho tayloristas/fordistas.

Durante o século XX, pois, foi se consolidando uma forma de Estado que não pode ser visto como mero instrumento de dominação da burguesia, como simples garantia da reprodução acelerada e tranqüila do capital. As classes subalternas foram obtendo e formalizando conquistas. Para manter sua legitimidade, e, então sim, para manter a dominação burguesa, o Estado foi tendo de agregar tais interesses em sua base jurídico-legal.

Tarso Genro assim discorre sobre o tema:

> "Quanto ao antagonismo burguês-proletário, é óbvio que ele persiste. Mas é impossível convencer-se, nos dias de hoje, que ele se tornou mais "simples" ou que a sociedade também "simplificou-se". Ao contrário, por ação do Estado, e, em determinados momentos, contra os interesses da máxima reprodução do capital, a sociedade burguesa não só complexificou-se, elitizando uma boa parte da classe operária, como também produziu políticas públicas que melhoraram consideravelmente o padrão de vida de extensas camadas assalariadas, principalmente nos países desenvolvidos."(5)

A social-democracia fez tornarem-se realidade, pelo menos em parte, as promessas democráticas e sociais que a burguesia anunciava desde o século XIX. Diga-se, a bem da verdade, que o medo do Comunismo, fosse nos tempos em que a aurora bolchevique encantava o mundo, fosse nos tempos da Guerra Fria, teve importância decisiva para que os setores mais avançados do empresariado entendessem que o pacto proposto pelos sociais-democratas era de seu interesse.

O Direito do Trabalho e o Direito Sindical (ou Direito Coletivo do Trabalho) são exemplos magníficos de conquistas dos trabalhadores neste processo de complexificação da sociedade burguesa. A lógica do capitalismo é a lógica da exploração do trabalho alheio, e, sem regulação, leva diretamente à situação vivenciada nos primórdios da Revolução Industrial, que *Charles Dickens* genialmente relata em *Oliver Twist*, retrato do drama social britânico em meados do século XIX. A força organizada dos trabalhadores impôs freios na exploração do trabalho, regulando sua utilização e remunera-

(5) GENRO, Tarso. *In O Futuro por Armar*, Vozes, Petrópolis, 1999, p. 24.

ção. Não foi um processo pacífico, já que a existência, os princípios e a eficácia de um direito do trabalho desafiam os cânones fundamentais do capitalismo (*Menezes*, 2004).

Os sindicatos foram, sem dúvida, móvel fundamental nessas conquistas, ao lado dos partidos trabalhistas e sociais-democratas. O surgimento do movimento sindical se dá exatamente com o advento do capitalismo industrial. Muito embora existam estudiosos que vejam formas de organização de cunho corporativo desde a antigüidade, o sindicalismo tal como o entendemos contemporaneamente é fruto direto da Revolução Industrial. Com o advento da máquina a vapor e do trabalho em fábricas que, sob a nova hegemonia capitalista, darão surgimento à sociedade de massas, a organização sindical propriamente dita começou a tomar forma (*Bortolotto*, 2001).

Com o decorrer do século XX, em particular após a Segunda Guerra, como visto acima, o movimento sindical vai aperfeiçoando sua organização e aprofundando suas reivindicações e conquistas, para estabelecer a rede de proteção e segurança social que virá a caracterizar o *Welfare State*.

Recorramos novamente a *Tarso Genro:*

> "O Estado Moderno, porém, na sua etapa "madura", precisamente para reproduzir as próprias relações de dominação no âmbito da produção, precisa "afastar-se" daquela *identidade absoluta* com a classe burguesa, mostrada no Manifesto. Nessa etapa, esse Estado precisa *acentuar* determinadas funções que eram apenas formalmente proclamadas pela burguesia revolucionária . O Direito Coletivo do Trabalho é um exemplo desta tensão universal do Estado Moderno: ele "legaliza" o conflito de classes, via mecanismos para sua absorção, e, ao mesmo tempo, *institui direitos coletivos* contra os interesses concretos da burguesia, permitindo assim a expansão política do operário enquanto cidadão." (grifos no original)[(6)]

Fruto do desenvolvimento e normatização do Direito Sindical, aperfeiçoaram-se no pós-guerra os sistemas de relações de trabalho, fundados, particularmente na Europa, na negociação coletiva. O aprofundamento desses sistemas foi introduzindo cada vez mais o Estado nas relações de trabalho, o que facilitou sobremaneira a construção da rede de proteção e segurança social já citada (*Galvão* e *Trindade*, 1999).

---

(6) GENRO, Tarso, *op. cit.*, p. 18.

Como vivemos num regime capitalista, as conquistas sociais deveriam de ter uma contrapartida, um preço, imposto pelos donos do capital. E um dos principais componentes desse preço foi a submissão dos trabalhadores às formas de organização tayloristas/fordistas do processo do trabalho.

Já desde *Marx* se sabia o efeito que teria a introdução das máquinas na forma de prestar o trabalho:

> "Na manufatura e no artesanato, o trabalhador se serve da ferramenta; na fábrica, serve à máquina. Naqueles, procede dele o movimento do instrumental de trabalho; nesta tem de acompanhar o movimento do instrumental. Na manufatura, os trabalhadores são membros de um mecanismo vivo. Na fábrica, eles se tornam complementos vivos de um mecanismo morto que existe independente deles."(7)

Mas nem mesmo *Marx* poderia antever o grau de alienação e subordinação a que poderia chegar a organização do trabalho sob a égide capitalista.

Frederick Winslow Taylor, um ex-operário norte-americano, é o pai da "gerência científica do trabalho". Esta foi um produto emblemático de seu tempo, a virada do século XIX para o XX, época da afirmação industrial dos Estados Unidos. Observando e estudando os tempos e os movimentos de cada operação no processo de trabalho, Taylor desenvolveu uma teoria destinada a obter a máxima produtividade e eficiência. E a regra de ouro da teoria era liquidar completamente com a autonomia e a iniciativa do operário no processo de trabalho. Cada tarefa deveria ser detalhadamente descrita e previamente comunicada ao obreiro, para que este não tivesse que tomar nenhuma decisão no curso de seu trabalho. Todos os seus movimentos, todos os seus tempos, deveriam ser rigidamente controlados. Disciplina e hierarquia são pilares essenciais do taylorismo e o poder do capitalista, absoluto. A divisão do trabalho atinge seu paroxismo: haverá de se separar completa e totalmente a concepção e a gerência da execução do trabalho. O trabalho intelectual deve comandar o processo, e o trabalho manual, operá-lo.

Henry Ford, não por acaso outro norte-americano da mesma época, foi responsável por importantes desdobramentos nas teses de Taylor, com a introdução da linha de montagem. Estabelecia-se uma linha, um sistema de máquinas, desenvolvidas para fazer as

(7) MARX, Karl. *In O Capital*, Livro I, Ed. Civilização Brasileira, Rio, 1975, p. 483.

tarefas mais especializadas e simples possíveis, que pudessem ser operadas por obreiros de baixa qualificação, e, portanto, de baixa remuneração. Buscava-se a completa integração do operário na tarefa específica e individualizada que viria a fazer, que deveria, igualmente, ser a mais simples e repetitiva possível. Não mais se "controlava" o tempo; este agora era imposto ao trabalhador pelo ritmo da esteira ...

Não há, portanto, qualquer exagero, nem é mera figura de linguagem, falar em taylorismo/fordismo. *Benedito de Moraes Neto*, assim se pronuncia:

> "Observe-se a diferença fundamental: em vez de se retirar a ferramenta das mãos do trabalhador e colocá-la em um mecanismo, ocorre o contrário: mantém-se a ferramenta nas mãos do trabalhador e vai-se, isto sim, dizer a ele como deve utilizar essa ferramenta; ou seja, ao mesmo tempo que se mantém o trabalho vivo como a base do processo de trabalho, retira-se toda e qualquer autonomia do trabalhador que está utilizando a ferramenta. Essa é a idéia do taylorismo: é o controle de todos os passos do trabalho vivo, controle de todos os tempos e movimentos do trabalhador, claro que de forma necessariamente despótica. Em poucas palavras a transformação do homem em máquina, e não a utilização da máquina. Liberta-se o capital da habilidade dos trabalhadores, só que, em vez de fazê-lo introduzindo a máquina, busca-se objetivar o fator subjetivo, o trabalho vivo.
>
> A partir dessa diferenciação, passemos à discussão do fordismo. O fordismo é um desenvolvimento das propostas de Taylor; nada mais é que a utilização de elementos objetivos do processo, de trabalho morto, para objetivar o elemento subjetivo, o trabalho vivo (...). O que faz o fordismo? Fixa o trabalhador em um determinado posto de trabalho. O objeto de trabalho é transportado sem a interveniência do trabalho vivo. O trabalhador nunca perde tempo com o que Ford chama de "serviço de transporte", e só faz, se possível, um único movimento."[(8)]

Impossível afastar da mente as imagens do Carlitos, de Charles Chaplin, em *Tempos Modernos* ... Mas, este foi o drama da vida de milhões e milhões de operários, durante décadas e décadas. O processo de alienação das formas de trabalho, porém, não era apenas

(8) MORAES NETO, Benedito. *In Século XX e trabalho industrial*, Xamã, São Paulo, 2003, p. 21.

um elemento de busca de produtividade dentro da fábrica; ele continha, igualmente, uma disputa sobre o modo de vida, ou seja, o modo de compreender e viver a vida, dentro e fora da fábrica.

Maria da Graça Druck, ao estudar o taylorismo e o fordismo, afirma:

> "(...) o taylorismo e, posteriormente, o fordismo conformaram novas culturas do trabalho que têm, como ponto de partida, as relações estabelecidas no espaço fabril — no processo de trabalho —, onde se impõem determinadas relações de poder, enquanto expressão de um novo momento de reordenação das forças sociais e políticas na sociedade capitalista. Inscrevem-se, portanto, na história das lutas entre patrões e operários, na necessidade do controle e da disciplina do trabalho, de estabelecer e consolidar a "direção capitalista" na gestão da fábrica e da sociedade.
>
> Neste processo, as práticas dos sujeitos sociais em questão extrapolam o espaço fabril, assumem um conteúdo social maior, pois redefinem o modo de trabalho e o modo de vida. (...)."(9)

É verdade que dentro do parâmetro tecnológico então predominante, na esfera da chamada *automação dedicada*, a organização de trabalho taylorista/fordista obtinha considerável produtividade. Contudo, é igualmente verdade que numa época em que o tempo envolvido com o trabalho e a parcela de nossas vidas dedicadas a este eram extremamente altos, a imposição deste modo de organização do trabalho teve também nítido conteúdo ideológico: ficava claro que a vida dependia de rígida hierarquia e de uma drástica fragmentação, onde nossa parte era bem pequena, e o sucesso dependia, por sua vez, de um controle severo e disciplinador, exercido, é óbvio, pelos chefes intelectuais, os bem-nascidos, bem-instruídos e bem-fornidos de capital.

É fundamental compreender que, muito embora as limitações tecnológicas de então fossem incentivo à adoção das práticas tayloristas/fordistas, estas não eram, porém, a única opção existente. Mesmo dentro do parâmetro tecnológico da automação dedicada eram possíveis, por exemplo, formas de organização do trabalho como o *toyotismo*, de grande flexibilidade.

---

(9) DRUCK, Maria da Graça. In *Terceirização: (des)fordizando a fábrica*, Boitempo, S. Paulo, 2001, p. 40.

Muito provavelmente em face das características de seu mercado, modesto, fragmentado e disputado, no período posterior à absoluta destruição causada pela Segunda Guerra, os japoneses não puderam importar o modelo norte-americano de produção em massa de bens padronizados em suas imensas linhas de montagem. Fazia-se necessário adaptar "a composição da oferta à composição da procura", obtendo-se inédita flexibilidade na produção em massa (*Moraes*, 2003). Para obter essa flexibilidade na produção em massa, os nipônicos alteraram o desenho das máquinas, inovaram no *layout* das fábricas, mas, principalmente, revolucionaram a forma de organizar o trabalho.

O processo de bestialização fordista foi substituído pela qualificação dos operários, por sua "desespecialização". Foram transformados em trabalhadores multifuncionais, reduzindo-se os níveis de hierarquia e tornando-se mais informais as relações de poder dentro da fábrica (*Druck*, 2001). O saber e a atuação do empregado foram valorizados, na tendência contrária ao fordismo.

Havia, pois, alternativas ao taylorismo/fordismo, menos danosas ao trabalhador, ainda no âmbito do parâmetro tecnológico da automação dedicada. Mais tarde, com a explosão de produtividade da indústria japonesa — impulsionada exatamente pela automação de base flexível —, muitos conceitos do toyotismo foram copiados e incorporados no Ocidente. Mas, os japoneses já os aplicavam desde a década de 50[10].

O Pacto Social democrata, portanto, foi fruto de uma época histórica determinada. As notáveis conquistas democráticas e sociais, que sem dúvida melhoraram a vida de imensas massas de seres humanos, consolidaram-se a partir de um crescimento longo e contínuo da produtividade. Mas, durante esse tempo o capital impôs sua forma desumana e perversa de organização do trabalho, não só para alavancar a produtividade, como, também, para legitimar uma concepção hierarquizada da vida em sociedade, sob o seu indiscutível comando.

1.2. O FIM DE UM MODELO

Nos fins dos anos 70, o modelo fordista/keynesiano, tanto nos países centrais como nos periféricos, começa a ruir. Cessa o desenvolvimento econômico continuado, com seus ganhos crescentes de

(10) No capítulo 1.3.1 deste livro será aprofundada a discussão acerca de automação e flexibilidade.

produtividade, que era o fator de sustentação e legitimação política e social desse Estado do Bem-Estar Social, e a economia passa a avançar em passos de tartaruga.

Não há, ainda, um consenso de por que tal efetivamente se deu. Mais, não existe sequer uma resposta concatenada que seja plenamente satisfatória, mas um conjunto de explicações que interage entre si, com maior ou menor peso para uma ou outra dependendo do estudioso e de seu posicionamento ideológico...

Inúmeros fatores foram se acumulando. Em geral, as análises apontam como marco inicial da longa crise a decisão do presidente Nixon de decretar a inconversibilidade do dólar em ouro, tomada em 1971. O padrão dólar/ouro era a pedra de toque dos acordos de *Bretton Woods*, que organizaram a economia internacional no pós-guerra, firmados na Inglaterra, em 1946. Pouco depois, foram introduzidos os juros flutuantes, e agravou-se a crise cambial, com contínuas desvalorizações do dólar, que ancorava o comércio mundial (*Belluzzo*, 2004). Com os juros soltos, instabilizaram-se as relações financeiras, balançando um edifício tão sólido quanto previsível, há décadas.

Em 1973, o primeiro choque do petróleo foi um imenso desastre. A multiplicação do preço do petróleo de uma hora para outra atingia o coração do modelo fordista de desenvolvimento, que é consumidor intensivo de energia e matérias-primas. Os custos de produção explodem.

Antonio Prado, entretanto, na obra já antes citada, apresenta, ainda, dois elementos que teriam determinado a queda na produtividade geral, agravando, por outro lado, a crise do modelo fordista de produção.

O primeiro desses elementos, segundo a ótica da escola regulacionista, seria o "crescimento da resistência dos trabalhadores ao modelo degradante e alienador da organização do trabalho fordista". Neste período, os conflitos sindicais ampliaram-se, com greves e paralisações, ocasionando queda geral da produtividade. Os trabalhadores, porém, ainda detinham força política para manter íntegra a rede de proteção e segurança social criada nos 30 anos anteriores, o que custava muito caro. Os capitalistas, com seus lucros diminuídos pela queda da produtividade, reduziam os investimentos e o Estado, para manter a estrutura protetiva com menor arrecadação, começava a enfrentar déficits fiscais crônicos. Esboroava-se o círculo virtuoso do *Welfare State*.

O segundo elemento parte da constatação de que "o mercado de produtos típicos do fordismo já estava saturado, com a ampliação de domicílios com automóveis, geladeiras e todas as outras facilidades do padrão de consumo da época". A concorrência, portanto, não mais podia se dar pelo preço de produtos padronizados, mas sim pela diferenciação entre os produtos. Só que não havia, ainda, base tecnológica para a mudança desse padrão de concorrência. A automação rígida, ou dedicada, era adequada a produzir bens homogêneos, padronizados. A produção de "lotes menores de produtos diferenciados", com a tecnologia então disponível, ocasionava sensível queda de produtividade, e conseqüente aumento de custos[11].

Em 1979, novo choque do petróleo e nova explosão de custos abalam ainda mais uma estrutura produtiva já bastante combalida. Mas, os dois choques do petróleo tiveram, também, outra conseqüência, que terá importância fundamental na crise final do *Welfare State* e na formatação da globalização neoliberal que o seguirá: os países produtores de petróleo encheram-se de dinheiro, e os *petrodólares* foram abarrotar os bancos da Europa e dos Estados Unidos. Havia, portanto, muito dinheiro para emprestar.

Assim, os centros financeiros internacionais começaram a incentivar que as nações tomassem empréstimos, brandindo com aquele dinheiro barato. As nações do terceiro mundo tomaram bilhões de dólares para financiar seu desenvolvimento (*Stiglitz*, 2003). Todos aqueles que viveram, ou que estudaram, o governo Geisel, sabem o que significa explosão da dívida externa na América Latina. Mesmo os países desenvolvidos começaram a endividar-se pesadamente, principalmente com o fim de financiar o déficit oriundo da manutenção de estruturas de segurança social muito caras, que não mais se pagavam com constantes aumentos de produtividade, já que estes não mais se davam (*Naidoo*, 1999).

Quando o *Fed* (*Federal Reserve Bank*, o Banco Central dos Estados Unidos) eleva absurdamente os juros, no começo dos anos 80, além de criar uma situação de quase-falência na América Latina, ele consolida definitivamente a crise fiscal no *Welfare State*. A brutal crise de liquidez que daí se originou será a razão essencial pela qual foi muito mais fácil do que se supunha impor a todo o mundo a solução neoliberal. Examinando o processo de financeirização da economia mundial, assim afirma *Marcelo Ferrari Manzano:*

> "Cabe observar ainda que, com o crescente endividamento público ocorrido principalmente a partir da elevação das taxas de juros nos primeiros anos da década de 80, os Estados na-

(11) PRADO, Antonio, *op. cit.*, p. 20 e segs. Os trechos entre aspas foram também retirados desse texto.

cionais, constrangidos pelos mercados financeiros, vêem-se obrigados a se alinhar aos preceitos do liberalismo, sob pena de interrupção dos fluxos de capitais e conseqüente insolvência."(12)

É fundamental frisar, neste momento, que, embora se constatassem e se avolumassem diversos elementos concretos que abalaram o Estado do Bem-Estar Social, como a queda de produtividade, o endividamento e a crise fiscal, a forma como evoluíram os fatos não são, nem nunca foram, a conseqüência inelutável e necessária de coisa alguma. O curso dos fatos após a crise do *Welfare State*, com a imposição global da hegemonia neoliberal, é o resultado de decisões e ações políticas, que respondiam aos interesses daqueles que conseguiram dominar a cena na época.

Não há dúvidas que os governos simultâneos de Ronald Reagan e Margaret Thatcher, durante os anos 80, que incorporavam os interesses das elites mais conservadoras e do grande capital de seus países, foram de importância essencial para que se constituísse a hegemonia política que ditou os novos rumos da civilização. Confrontadas com a estagnação de suas economias, com a redução dos lucros e com uma perspectiva de quase-paralisação econômica, as grandes corporações, escoradas em governos que lhes foram instrumentais, passaram a buscar novos mercados, novas fontes de faturamento, novas estruturas de produção, estivessem onde estivessem (*Naidoo*, 1999).

O Tesouro dos Estados Unidos, o Banco Mundial e o Fundo Monetário Internacional (FMI), que se constituem no centro financeiro do planeta, impuseram ao mundo sua solução de uma liberalização de capitais, que se revelou fonte generalizada de instabilização econômica e de liberação comercial, que se revelou completamente desequilibrada, favorecendo os países ricos. Sediados, todos, na capital dos Estados Unidos, deram origem à expressão "Consenso de Washington", que batiza o ideário neoliberal de um Estado mínimo e de negócios máximos (*Stiglitz*, 2003). A Grã-Bretanha foi um sócio menor, mas importante, tanto porque significava uma cunha de implantação e legitimação do processo na velha Europa, quanto porque, embora não mais fosse a potência industrial de outrora, ainda tinha na *City* londrina um centro financeiro significativo.

Não era, portanto, o Fim da História, propagado por *Francis Fukuyama*. Era a construção política de uma ideologia, de um ideário e de um programa, com o qual as elites, na defesa de seus interes-

---

(12) FERRARI MANZANO, Marcelo. *In Financeirização e desemprego, os males do Brasil insano*, DIEESE/CESIT, São Paulo, 1999, vol. II, p. 128.

ses econômicos e sociais, responderam à crise do modelo de desenvolvimento fordista/keynesiano, que foi se esvaindo durante a década de 70. Mas, a solução neoliberal, a formatacão de globalização que se verificou no mundo, não teria conseguido se impor se não existisse um substrato tecnológico, que fora se desenvolvendo nas décadas anteriores e que permitiu o apequenamento do planeta, a aceleração dos negócios e a flexibilização da produção.

1.3. A MAIOR REVOLUÇÃO DO SÉCULO XX

Faz-se necessário, antes de analisarmos as características e as conseqüências da globalização neoliberal, estudar o substrato científico que a tornou possível, e que tornaria (e pode vir a tornar ...) possível qualquer forma de globalização, seja qual for sua hegemonia política.

A Revolução Tecnológica Microeletrônica (RTME) é a forma pela qual optamos para denominá-la neste livro. Sobre todo fato social recente, importante e complexo, existe verdadeira disputa pelo privilégio histórico de sua denominação, de seu batismo. Há, portanto, nomes para todos os gostos. Escolhemos o que nos parece mais preciso. É provável que o pouco criativo epíteto de "3ª Revolução Industrial" termine por triunfar (é o favorito da imprensa), mas registre-se que é uma restrição absolutamente injusta com seu alcance e profundidade.

A automação, a introdução de máquinas na produção, é uma tendência natural do capitalismo. Já quase há dois séculos os economistas clássicos se debruçavam sobre tal fenômeno, ao estudar o capitalismo em seus primórdios. *David Ricardo* afirmava que o capital utiliza-se de máquinas porque busca sempre o máximo rendimento que elas propiciam. *Marx* vai mais longe, e afirma que a tendência do capital é sempre substituir o trabalho vivo — a força de trabalho —, pelo trabalho morto — máquinas e equipamentos[13], e identifica a razão de ser deste comportamento:

> "Esse emprego [das máquinas], como qualquer outro desenvolvimento da força produtiva do trabalho, tem como fim baratear as mercadorias, encurtar a parte do dia de trabalho da qual precisa o trabalhador para si mesmo, para ampliar a outra parte que ele dá gratuitamente ao capitalista. A maquinaria é meio para produzir mais-valia."[14]

(13) CARDOSO, Sidnéia e GUEDES, Cezar. *Emprego e Inovações tecnológicas no pensamento econômico,* DIEESE/CESIT, São Paulo, 1999, vol. II, p. 25 e segs.

(14) MARX, Karl, *op. cit.*, p. 424.

O processo de introdução de novas tecnologias, seu impacto sobre o nível e o tipo de emprego, bem como a reestruturação produtiva daí decorrente e suas conseqüências sobre as relações internacionais, também não constituem um fenômeno novo. Algo bastante semelhante já se verificou na passagem do século XIX para o XX (*Salm* e *Fogaça*, 1998). Não parece haver, pois, novidade alguma em nossos questionamentos e estudos.

O que diferencia, então, o processo por que estamos passando? O que o torna tão diferente e revolucionário?

1.3.1. Um novo paradigma produtivo que afeta tudo e todos

A razão dessa profunda distinção é que a automação de base microeletrônica, o fenômeno que se deu nestas últimas décadas, caracteriza-se por ser uma automação flexível.

Aprofundar a automação significa ampliar o grau de autonomia da produção em relação ao trabalho humano. A automação clássica, de base eletromecânica, parâmetro tecnológico da época fordista, era uma automação rígida, dita *dedicada*. Era afeita apenas à produção de grandes quantidades de produtos padronizados. Se necessário diferenciar o produto, ou mudá-lo, a máquina não tinha capacidade de executar os novos movimentos que se tornavam necessários sem passar por profundos, demorados e custosos ajustes. Assim, a flexibilidade na produção, quando demandada, era introduzida pelo instrumento por natureza flexível, o homem — o trabalho humano.

A revolução da automação flexível foi, portanto, a capacidade de introduzir, em face dos avanços da microeletrônica, máquinas que podiam reproduzir algumas das faculdades humanas (*Moraes*, 2003). A sofisticação microeletrônica permitiu, ainda, o desenvolvimento dos "controles adaptativos", ou seja, sensores nas próprias máquinas que lhes permitem monitorar a produção, alterando elas mesmas as taxas, níveis e velocidade de alimentação daquela, de forma automática (*Melman*, 2002).

A automação de base microeletrônica, portanto, trouxe flexibilidade produtiva à velha linha de montagem. Passou-se a ter uma produção mais rápida, menos irregular, com redução de flutuações e paradas, geradora de produtos com menos defeitos e com maior garantia de funcionamento (*La Roux*, 1998). Tornaram-se possíveis inúmeros novos produtos, diferenciados uns dos outros e entre si; racionalizou-se o consumo de insumos, e a produção tornou-se muito mais poupadora de energia e matérias-primas (*Hirano*, 1999). E com tudo isso, ainda aumentou sensivelmente a quantidade produzida por unidade de trabalho.

As inovações tecnológicas não só alteraram a produção em si, como modificaram o próprio mercado. Novos sistemas de transporte e comunicação virão a tornar todas as nações mais próximas, e essa proximidade permitirá que os produtos sejam feitos, comparados e consumidos praticamente de qualquer lugar para qualquer lugar.

Estruturou-se, portanto, um novo padrão de acumulação, dito, como não poderia deixar de ser, *flexível*, radicalmente distinto e muito mais eficiente que o velho paradigma fordista. Anotem-se, ainda, algumas outras características do novo paradigma produtivo. Em primeiro lugar, verifica-se que a complexidade das novas máquinas, capazes de reproduzir, ainda que parcialmente, qualidades humanas, eleva radicalmente os custos do capital, que passam a dominar os custos de produção (*Melman*, 2002). Os robôs, as máquinas computadorizadas e outras, são muito caras e ficam obsoletas muito rapidamente, devendo ser substituídas por novas máquinas, ainda mais caras, e assim por diante ... Essa característica do novo paradigma produtivo terá imensa importância na formatação da globalização neoliberal, sendo causa fundamental, por exemplo, do processo de concentração empresarial — para enfrentar e racionalizar os altos custos —, e do afã desenfreado de reduzir os custos do trabalho — que são mais "controláveis" pelo empresário.

E, por fim, o novo paradigma produtivo, já que introduz máquinas que podem substituir atos humanos, com vantagens de produtividade, requer menos seres humanos na produção, e portanto, traz desemprego. Mas, este é tema para ser desenvolvido mais adiante.

A RTME, porém, não afetou apenas o chão da fábrica e a indústria. Todos os departamentos de uma empresa, todos os setores da economia, e, mais, todos os aspectos de nossa vida cotidiana, foram profundamente atingidos pelos avanços recentes da microeletrônica.

O processo de miniaturização e sofisticação eletrônica, que já evoluíra, e muito, da válvula triodo dos inícios do século XX ao transistor, no imediato pós-guerra, acelera-se com os circuitos integrados (*chips*) da década de 60 e torna-se uma vera revolução com o advento dos microprocessadores (*chips* com uma unidade de processamento central), em 1971. Desde os anos 60, o número de componentes dos *chips* continua dobrando a cada 18 meses (confirmando a chamada Lei de Moore, que estabelecia tal previsão), e a capacidade de armazenamento de memória vem crescendo na mesma proporção e rapidez, permitindo a produção de equipamentos cada vez menores, mais sofisticados e precisos[(15)].

---

(15) SIQUEIRA, Ethevaldo. *2015, como viveremos*, Saraiva, São Paulo, 2004, p. 23 e segs.

Numa empresa, além da linha de montagem, o *marketing*, o departamento de pessoal, o *design*, todos foram influenciados pelas novas tecnologias. Na economia, o setor de serviços foi o passo seguinte na rápida expansão das Tecnologias da Comunicação e Informação (TCI), como vieram a ser mais conhecidas, e o sistema financeiro (não por acaso, como se verá a seguir, um grande condutor da globalização neoliberal) foi radical e rapidamente transformado. Nossas vidas pessoais nunca mais foram as mesmas após o computador pessoal (PC), a *internet* e o telefone celular, só para citar os exemplos mais cristalinos.

As comunicações e os transportes evoluíram de tal maneira que o mundo encolheu numa proporção jamais imaginada. Os contatos humanos tornaram-se efetivamente instantâneos, não importa onde estejam as pessoas, e o envio de mercadorias (ou as viagens) foram de tal forma facilitados e barateados que hoje o que parece ficção é quando alguém conta como era o processo de importação/exportação, ou o turismo, nos anos 60.

Esse frenético avanço tecnológico está longe do esgotamento. Nas próximas décadas, o processo de *convergência digital*, que fundirá computadores, telecomunicações e multimídia, interligando em redes equipamentos de nosso cotidiano, concedendo-lhes inúmeras e novas utilidades e potencialidades, continuará a alavancar o desenvolvimento da microeletrônica. Bill Gates, o magnata da Microsoft, identifica as três "tecnotendências" dos próximos tempos: tudo cada vez menor, tudo em rede, tudo sem fio (*Siqueira*, 2004).

Essas novas tecnologias de base microeletrônica permitem desenvolver várias maneiras de fazer cada objeto, de prestar cada serviço. Não apenas os produtos deixaram de ser padronizados, podendo ter inúmeras variantes; mas, o mesmo objeto pode ser feito de inúmeras formas diferentes. Não mais existe a "única melhor maneira" de prestar cada trabalho. Dissolvem-se os pressupostos básicos de Frederick Taylor (*Melman*, 2002). Verifica-se, portanto, um processo de individualização da produção, de singularização da prestação de serviços. Uma fábrica não é mais igual à outra; cada escritório funciona diferentemente do outro. Ford certamente não conseguiria aceitar.

O impacto dessas novas tecnologias no mundo do trabalho, nas formas de prestar e de organizar o trabalho, é o tema central do Capítulo 3 em diante deste livro. Todavia, neste momento, é importante apresentar pelo menos um *trailer* da extensão de tal impacto. Uma produção mais flexível, apta a dar à luz produtos diferenciados e singularizados, exige para a prestação de uma tarefa uma compreensão mais global de todo o processo (*Rosandiski* e *Silva*, 1999). As tarefas não são mais isoladas, fragmentadas, como no taylorismo/ fordismo. Amplia-se a necessidade de qualificação do trabalhador, já que a produção flexível requer maiores conhecimentos, e mesmo o trabalho em si, rompida a fragmentação das tarefas, demanda a característica da *polivalência*, do exercício pelo obreiro de diversas funções no processo (*Geller*, 1998).

Quando as máquinas, portanto, exigem mais habilidades e conhecimentos, e quando os trabalhadores são chamados a exercer mais tarefas, e estas, por sua vez, são mais complexas, a organização do trabalho, ou seja, a forma como se organiza sua prestação, passa a ser fator preponderante de produtividade (*Melman*, 2002). Potencialmente, por conseguinte, a RTME proporciona aos seres humanos um trabalho muito mais prazeroso e recompensador, e traz maior qualidade de vida. Esta é uma das teses centrais deste livro, e será desenvolvida mais adiante. Temos consciência de que o processo de introdução dessas novas tecnologias tem sido doloroso, sendo o desemprego e a precarização dos empregos que sobraram características fundantes dele, tal como vem se dando. Também enfrentaremos esses temas mais adiante. Contudo, a reação às novas formas de trabalho não pode ser a "nostalgia do fordismo", como o diz o belo título do livro de *Ruy Braga*(16), mas uma nova forma de regulação daquelas.

Benedito de Moraes Neto, em sua obra já tantas vezes aqui citada, afirma:

> "A dimensão do sofrimento causado pelo desemprego, particularmente na ausência de proteção social, não deve levar ao saudosismo dos "bons tempos do fordismo". Uma das razões é sua inutilidade: o revolucionamento das forças produtivas no atual momento histórico é fato irreversível. Outra razão é que a crítica ao trabalho humano proposto por Taylor e Ford deve ser realizada de forma radical. Taylor e Ford não merecem saudades."(17)

1.3.2. Da guerra fria à infoeconomia

Como muitos outros dos avanços tecnológicos mais importantes de nossa história, o maior impulso para a RTME veio de interesses militares. A Guerra Fria, em seus dois principais elementos, a corrida armamentista e a corrida espacial, que opôs os Estados Uni-

(16) BRAGA, Ruy. *A nostalgia do fordismo*, Xamã, São Paulo, 2003.

(17) MORAES NETO, Benedito, *op. cit.*, p. 116.

dos e a União Soviética durante algumas décadas, foi o principal móvel de desenvolvimento de muitos dos componentes centrais da revolução microeletrônica.

O desenvolvimento de técnicas para enviar foguetes mais longe, e com maior precisão, seja para pousar na Lua, seja para destruir a capital inimiga; para manter submarinos no fundo do mar e aviões no ar por mais tempo; para localizar os submarinos e os aviões do inimigo, e outros interesses dessa ordem, estão por trás de imensos avanços na microeletrônica. Vários dos objetos e serviços hoje mais comezinhos e universais têm origem estritamente militar, como a própria *internet*, o *e-mail*, as videoconferências, o sistema de localização via satélite GPS. Os testes atômicos sem explosões foram essenciais no desenvolvimento das técnicas de realidade virtual na computação (*Siqueira*, 2004).

A incapacidade da URSS de transferir essa tecnologia originalmente de uso militar para aplicações civis, com a perda de produtividade que isso significa (em particular pelas restrições impostas ao uso de micro e pequenos computadores) foi, talvez, a maior causa, individualmente tomada, da derrota soviética na Guerra Fria (*Siqueira*, 2004). O projeto da *perestroika* de Gorbatchev, a reconstrução econômica que envolvia um esforço de atualização tecnológica, veio tarde demais.

No Ocidente, coube ao Japão a primazia da utilização generalizada da microeletrônica na produção industrial civil. E tal primazia tem uma explicação simples: como já antes visto, em face das peculiaridades de seu mercado, o Japão desenvolveu uma organização flexível da produção ainda dentro do parâmetro tecnológico fordista, que não se prestava facilmente a tanto. Quando surge uma tecnologia que potencializa a organização flexível do trabalho em direção a seus píncaros, esta ajusta-se como uma luva numa estrutura industrial que já se encontrava organizada daquela forma. Aqueles que têm mais de 40 anos de idade sabem que nos anos 80 "produto eletrônico" era sinônimo de "produto japonês" e viram os automóveis nipônicos chegar às vias de destruir as grandes fábricas americanas e européias, produzindo, graças exatamente à utilização intensiva da microeletrônica, carros mais baratos, mais eficientes e modernos. O sentimento antijaponês, a xenofobia, nos Estados Unidos, retratado, por exemplo, no filme *O Sol Nascente*, atingiu níveis altíssimos naqueles tempos, expressando o imenso crescimento nipônico. Durante os anos 80, o Japão passou da participação de 6% para 14% no Produto Interno Bruto (PIB) mundial, enquanto os Estados Unidos caíam de 36% para 23% no mesmo período (*Hirano*, 1999). Custou um terrível esforço aos norte-americanos recuperar a liderança tecnológica mundial nos anos 90.

Repita-se, todavia, não se tratava de clarividência, ou de mágica japonesa. Foi a organização *toyotista* do trabalho, com sua flexibilidade, valorizando o trabalhador, seu conhecimento e sua participação, que permitiu aos nipônicos apropriarem-se das tecnologias microeletrônicas com rapidez e eficiência, consolidando-se como uma megapotência econômica. O sucesso japonês, porém, não passou despercebido, e a RTME espraiou-se pelo mundo todo, impulsionada pela ofensiva da globalização neoliberal, que a capturou e lhe concedeu o regime e o estatuto de utilização que convinha aos interesses dos grupos políticos e econômicos que a hegemonizavam.

E estes pouco mais de 20 anos mudaram, e muito, a face do mundo. Não foi só a economia tradicional que se tornou mais dinâmica e eficaz com novas formas de produção e novos produtos nunca antes imaginados. Na verdade, as inovações tecnológicas fizeram surgir o que alguns chamaram de Nova Economia, refletindo a transposição de seus pólos dinâmicos da indústria para os serviços: a mudança da produção de bens para a produção de idéias; o processamento de informações e não o processamento de estoques (*Stiglitz*, 2003). Essa economia "intangível"(18), economia do conhecimento ou da informação, abre perspectivas para além do já acelerado crescimento da produtividade industrial, introduzindo, além de novos produtos, novos negócios.

As inovações tecnológicas já haviam agregado novos negócios ao comércio neste período de globalização neoliberal. A gênese da pressão pelas privatizações de amplos setores centrou-se exatamente na possibilidade real de ganhar-se dinheiro onde antes se tinham "monopólios naturais", em face de seus custos (*Stiglitz*, 2003). Os casos mais paradigmáticos desse tipo são a energia e as telecomunicações. Antes do advento das inovações da RTME, eram setores econômicos estatizados em todo o mundo, em face de seus altos custos e da pequena lucratividade. Com as novas tecnologias, logo tornou-se óbvio que poderiam ser explorados privadamente com grandes lucros. Poucos resistiram à pressão.

Agora, contudo, não se trata de agregar ao mercado setores já existentes que podem se tornar lucrativos, mas de criar novos negócios e novas formas de fazer negócio; comerciar, explorar e vender informação, conhecimento e cultura, codificada e decodificada (*Siqueira*, 2004). O processo de convergência digital já tratado acima criará inúmeros novos produtos, mesclando tarefas e funções existentes em diversos equipamentos distintos, ou mesmo criando ou-

(18) STIGLITZ, Joseph. *Os exuberantes anos 90*, Companhia das Letras, São Paulo, 2003, p. 201.

tras, com o quase ilimitado potencial da microeletrônica. Os ganhos de produtividade que decorrem da constatação da também já citada Lei de Moore permitirão, por sua vez, que estes produtos sejam cada vez menores, mais baratos e potentes. Mas, a *infoeconomia*, como a trata *Ethevaldo Siqueira*[19], inovará tornando objeto do comércio, fonte de riqueza, o que há bem pouco tempo atrás era mero diletantismo de alguns.

É evidente, pois, que no atual estágio do capitalismo, as forças produtivas continuam a crescer de forma acelerada. O que importa debater, portanto, é quem está a ganhar com isso.

1.4. A GLOBALIZAÇÃO NEOLIBERAL

Muito se tem debatido sobre a definição e a caracterização da globalização ora em curso. Por ser um processo recente, doloroso para milhões, que sobreveio destruindo um mundo razoavelmente ajustado, tal debate tem sido particularmente polêmico. Ideologias à parte, faz-se necessário entender, da forma mais precisa possível, como e por que se deu esse processo de globalização, e também quais são suas principais características, para que se possa incidir sobre ele. Simplesmente rejeitá-lo, ou minimizá-lo, enfim, não compreendê-lo, é o caminho mais curto para dele ser apenas um paciente, uma vítima.

A forma mais segura de definir a globalização é agregar seus principais elementos, dos quais posteriormente se possa deduzir uma lógica que os unifique, que por eles perpasse, com mínima coerência.

José Eduardo Faria faz interessante compilação dos elementos centrais da globalização:

> "(...) a internacionalização dos fluxos financeiros, a integração das economias periféricas nos mercados globais, a reorganização dos padrões de produção propiciada pela expansão tecnológica e o advento das técnicas de comunicação em tempo real, que intensificaram a circulação de informações, bens serviços e capitais e, com isso, colocaram em patamares novos e inéditos a gestão da riqueza capitalista contemporânea."[20]

---

(19) SIQUEIRA, Ethevaldo, *op. cit.*, p. 17.

(20) FARIA, José Eduardo *et alii*, Introdução, *in Regulação, Direito e democracia*, Perseu Abramo, S. Paulo, 2002, p. 7.

Ravi Naidoo, em sua participação no projeto DIEESE/CESIT avança, cautelosamente, na dedução de um conceito e afirma:

> "Uma definição de globalização, que se sustenta como verdadeira, é a de que ela é um processo que visa à integração progressiva das mercadorias, do capital, das finanças e do mercado de capital nacionais, no sentido de um único mercado global, operando segundo regras universais. Não se trata de um processo natural, mas do resultado de um esforço consciente, realizado por corporações transnacionais, instituições multilaterais e governos dos países desenvolvidos, para operar além dos mercados nacionais."[21]

Foi visto que o mundo já enfrentara, em outras eras, surtos de globalização e internacionalização. Mas, a simples leitura dos parágrafos acima vê surgir uma distinção fundamental entre o atual processo e aqueles anteriores: o profundo abalo sofrido pelo estado nacional soberano (*Menezes*, 2004). O século XX viu a consolidação do Estado nacional e a afirmação do conceito de soberania das nações, sendo o esgotamento do colonialismo uma de suas heranças históricas mais significativas. O modelo fordista/keynesiano era armadura adequada para a estruturação do estado nacional, e o grande *Keynes* via na fixação dos juros a expressão máxima da soberania da nação. Hoje em dia, sob as atuais condições de convertibilidade dos juros e taxas de câmbio flexíveis, a fixação dos juros se dá no mercado internacional, e as margens de manobra nacionais são muito estreitas[22]. Tal fenômeno, porém, não se verifica apenas quanto à fixação dos juros. Todo país deve manter sua produtividade industrial constantemente atenta à variação dos outros, e mesmo a fixação dos salários numa determinada nação não mais pode se dar sem a influência direta da concorrência internacional (*Geller*, 1998).

É evidente o componente político nessa internacionalização exacerbada. Entretanto, temos de admitir que estados nacionais comercialmente fechados, com absoluto controle sobre seus juros, sua moeda e seu mercado, como nos "saudosos" anos 60, certamente não mais existirão.

---

(21) NAIDOO, Ravi. *A globalização neoliberal e seu impacto no emprego e desenvolvimento tecnológico: construindo uma resposta do movimento sindical*, DIEESE, São Paulo, 1999, vol. III, p. 175.

(22) ALTVATER, Elmar. *In Colóquio Capital e Estado na América Latina*, Indicadores Econômicos FEE, vol. 23, maio de 1995.

Outra característica fundante, e distintiva, do processo de globalização, é a hegemonia do capital financeiro. A predominância do capital financeiro foi o resultado das opções políticas das elites nos primórdios do processo neoliberal. *Marcelo Manzano* enxerga a financeirização da riqueza como produto do colapso do sistema de *Bretton Woods*, e como a causa mais profunda da reestruturação produtiva ocorrida. A radical liberalização financeira teria criado um "círculo perverso", ao alimentar o processo de liberalização econômica, que demanda uma concorrência desregulada, que por sua vez "amplifica os riscos e incertezas do cálculo econômico, exigindo taxas de retorno cada vez maiores". Este estudioso da financeirização da economia afirma que o processo de endividamento do setor público, em particular dos países emergentes, com o conseqüente giro dos títulos públicos para tal emitidos, tornou-se a "principal forma de valorização capitalista do mundo globalizado"; valorização esta fictícia, que tem, ainda, a conseqüência de desestimular os investimentos produtivos (*Manzano*, 1999).

Joseph Stiglitz, ao estudar a década de 90 nos Estados Unidos, identifica que a hegemonia política do sistema financeiro foi absoluta e afirma que a "verdade das finanças" efetivamente ditava a "regra máxima". Ele identifica, igualmente, que a globalização financeirizada foi exportada como modelo-padrão para todo o mundo e que "no caso dos países em desenvolvimento, dependentes da assistência do FMI, [eram] efetivamente obrigados a aceitar o que foi descrito como o movimento inevitável da história" (*Stiglitz*, 2003).

1.4.1. Desregular e lucrar

A exacerbação da concorrência internacional, livre de maiores obstáculos, é outra marca essencial da globalização neoliberal. As inovações tecnológicas de base microeletrônica permitiram o apequenamento do planeta e a aproximação dos mercados. A comunicação instantânea permite a efetivação de negócios em qualquer escala, em qualquer lugar. Buscando recompor seus lucros, as empresas começaram a fabricar, buscar e levar, componentes e produtos, para as regiões e locais onde obtinham maior produtividade ou novos mercados. A obsessão pelos ganhos de produtividade e pela redução de custos, para conquistar um mercado que, apesar de global era extremamente disputado, forçou um processo generalizado de eliminação de barreiras alfandegárias e nacionais e de destruição de instrumentos de proteção econômicos regionais. O mercado foi internacionalizado à força e em benefício dos países ricos e das grandes empresas (*Stiglitz*, 2003).

A liberalização financeira e comercial e a concorrência desenfreada, portanto, demandaram um intenso e profundo processo de desregulação.

O neoliberalismo promove o endeusamento do mercado. A "mão invisível do mercado" é considerada o único instrumento capaz de equilibrar a oferta e a procura, as necessidades e a disponibilidade; é tido, também, como o meio mais adequado de garantir a produção e mesmo a distribuição de riqueza. Assim, a regulação correta seria aquela que conseguisse reproduzir as condições do mercado onde este não impera naturalmente. E como os teóricos liberais afirmam que ele não pode ser reproduzido artificialmente, concluem que o melhor é deixá-lo por si só. Surge o fundamento da desregulação(23).

Toda e qualquer forma de regulamentação, por conseguinte, em especial as de natureza jurídica, que impusessem limitações e restrições ao "livre mercado", passaram a ser vistas como obstáculos ao desenvolvimento da produtividade e da competitividade das empresas, devendo ser eliminadas. A batalha pela desregulação foi a expressão no mundo normativo da batalha pela ampliação dos lucros, a qualquer custo. *Stiglitz* registra com clareza:

> "Quando feita corretamente, a regulamentação ajuda a garantir que os mercados funcionem competitivamente. Há sempre algumas empresas que querem tirar vantagem de sua posição dominante. Idealmente, a regulamentação impede que as empresas tirem vantagem de seu poder de monopólio quando a competição é limitada porque há um "monopólio natural", um mercado no qual haveria naturalmente uma ou duas empresas, mesmo que nada se faça para bloquear a entrada ou eliminar os concorrentes. As regulamentações ajudam a conter os conflitos de interesse e as práticas abusivas, de modo que os investidores possam estar confiantes em que o mercado propicia um jogo de iguais e que aqueles que deveriam defender seus interesses realmente o fazem. Mas o lado reverso de tudo isso é que a regulamentação restringe os lucros e, assim, a desregulamentação significa mais lucros."(24) e (25)

Obtida, em grande medida, a desregulação, a competição desenfreada levou a um intenso processo de concentração empresa-

---

(23) MARQUES DE CARVALHO, Vinicius. *Regulação de serviços públicos e intervenção estatal na economia, in Faria et alli, op. cit.*, p. 21.

(24) STIGLITZ, Joseph, *op. cit.*, p. 112.

(25) Verificamos que, dependendo do autor ou tradutor, utiliza-se de forma indiscriminada os vocábulos regulação/desregulação e regulamentação/desregulamentação.

rial, outra conseqüência marcante da globalização neoliberal. Há um conjunto de fatores que impulsionaram essa concentração empresarial. Não é o caso de aprofundar aqui o tema, mas podemos citar o alto custo das novas tecnologias e sua rápida obsolescência; os ganhos de produtividade obtidos numa economia de escala, num mercado muito disputado; a maior capacidade de barganha junto a um mercado financeiro extremamente ávido por lucros; o alcance global imediatamente obtido com a aquisição (ou fusão) de empresas de outros países, e, por fim, mas não menos importante, o maior peso e influência política que deriva do gigantismo econômico.

John Kenneth Galbraith identifica no surgimento de grande corporações, extremamente poderosas, capazes de mobilizar com imensa eficácia "recursos científicos, organizacionais, culturais e políticos", uma das características mais importantes da economia moderna. Mas, este economista norte-americano identifica, igualmente, nessas superempresas, uma capacidade de imiscuir-se nas políticas governamentais e de moldar as políticas públicas, que classifica como uma ameaça à democracia[(26)].

Por um lado, a superconcentração empresarial, aliada à desregulação, permite a manipulação do mercado por uns poucos, em seu proveito. Afinal, o mercado não é um objeto, nem um ser animado. É apenas um conceito abstrato utilizado para proteger a identidade de quem de fato decide (*Melman*, 2002). E por outro lado, esse problema torna-se ainda mais grave quando a concentração do poder econômico dá vazão ao solapamento da lógica da distribuição da autoridade política por meios democráticos[(27)]. O processo de concentração do poder econômico que acompanhou a globalização neoliberal, portanto, não é apenas uma ameaça à soberania nacional, mas uma ameaça à soberania popular.

Já vimos que a introdução das novas tecnologias por si só gerou uma redução dos empregos, e sua difusão desproporcional entre o 1º mundo e o resto do planeta agravou tal fenômeno. Todavia, a forma como foi (des)regulada a competição desenfreada aprofundou sobremaneira o processo. Superempresas, competindo loucamente mundo afora, intensificaram, e muito, o desemprego.

Dispondo de constantes avanços tecnológicos e premidas para ganhos crescentes de produtividade, as empresas julgaram que demitir era um bom negócio, um meio seguro e garantido de reduzir custos e melhorar resultados. Os gerentes autonomizaram seus in-

---

(26) Entrevista nas páginas amarelas da *Revista Veja* n. 1.884, 15.12.2004.

(27) GALBRAITH, John K., *idem, ibidem*.

teresses, e passaram a demitir, às vezes independentemente de um planejamento mais longo, como forma, também, de reduzir sua dependência do trabalho humano e a incerteza advinda da luta sindical (*Melman*, 2002).

Associado à frenética busca por quaisquer vantagens que façam diferença na competição, este processo derivou na mobilidade contínua do capital, à procura de locais que tenham menores garantias sociais e trabalhistas (*Menezes*, 2004). A exportação de fábricas tornou-se, no dizer abalizado de *Seymour Melman* "sozinha, a estratégia anti-sindical mais poderosa dos empregadores", poderoso fator de redução de empregos, ou de chantagem para diminuição de salários e benefícios (*Melman*, 2002).

No Brasil, vimos esse processo mesmo dentro do território nacional, marcado por imensas diferenças regionais. A guerra fiscal entre estados, tendo a renúncia fiscal como coração, foi arma colocada à disposição das empresas para reduzir salários e benefícios, diminuir postos de trabalho e enfraquecer sindicatos.

O conceito da desregulação foi de imediato transposto para o mundo do trabalho, e as normas jurídicas protetivas tornaram-se alvo das pressões neoliberais. Junto à diminuição dos empregos, surgiu o processo de precarização das vagas que restaram, com menores direitos e garantias, reduzidos através de ofensivas legislativas e judiciais. Como a redução do custo do trabalho era um dos pilares estruturantes da capitalização das empresas no mundo neoliberal, era fundamental obter chancela e legitimação de Estado, e também social, para a pauperização dos trabalhadores. Isso foi parcialmente obtido ao atribuir-se ao custo do trabalho a responsabilidade pela queda de competitividade das empresas, justificativa do processo de precarização dos empregos.

A instabilidade global é outro resultado necessário da forma como se deu esta internacionalização descontrolada. A interdependência das economias, aliadas à comunicação *on line* e à desregulação, permite a rápida disseminação das crises inicialmente localizadas, bem como a globalização instantânea da especulação (*Menezes*, 2004).

1.4.2. A ganância como virtude

A globalização neoliberal é fundamentalmente um processo econômico, mas não somente isto. A destruição consciente e sistemática de uma estrutura de proteção social e de solidariedade humana não poderia ser feita tão-somente com justificativas orçamentárias e fiscais que, na melhor das hipóteses, teriam efeito passageiro. Passou-se a uma glorificação diária, amparada em verdadeira campanha de mídia, das virtudes do individualismo, da força produtiva do egoísmo, das diferenças entre seres humanos como fonte de riqueza, e não como razão de fraternidade. Os conceitos de solidariedade, igualdade e fraternidade foram "filosoficamente" combatidos como ultrapassados, como obstáculos à plena realização do ser humano, que só poderia se dar no triunfo econômico individual.

No auge dos anos 80, pouco antes do escândalo financeiro nos Estados Unidos que levou à prisão o megaespeculador Michael Milken, um de seus parceiros cunhou a expressão que melhor define a nova moralidade neoliberal: *Greed is good*, que em tradução livre significa "A Ganância é uma Virtude"...

A sociedade neoliberal cria consumidores no lugar de cidadãos, e o consumo se valoriza por si só, transformado em fim em si mesmo e apresentado como única forma válida de inserção social do indivíduo. Será um imenso desafio para a humanidade entender e aceitar que a incrível capacidade de produzir novos e distintos bens do paradigma produtivo oriundo da RTME não pode levar à exacerbação do consumo infindável, mas sim, a uma produção responsável, ética, ambiental e socialmente.

Não há dúvidas de que uma incrível capacidade de produzir bens e serviços, e uma perspectiva quase ilimitada de avanço tecnológico e produtivo, são algumas das conseqüências da globalização neoliberal. Mas, isso veio acompanhado de um processo de exclusão social e regional e de uma concentração de renda e poder, sem precedentes na História. Nunca se produziu tanto, mas nunca tantos foram excluídos da produção. Continentes inteiros, como a América Latina, foram pauperizados, com seus Estados desmontados e suas massas trabalhadoras jogadas na informalidade e na miséria. Em relação à África, sequer se conseguem palavras que possam retratar com mínima justiça sua assustadora realidade. Parece fazer parte de outro planeta, ou de outra dimensão temporal, séculos atrás. Mesmo nos países ricos, a concentração de renda se acentuou na era neoliberal. Nos Estados Unidos, centro irradiador da nova ordem econômica, os 20% mais pobres detinham 4,1% da renda em 1970, e passaram para 3,7% em 1995; enquanto isso, os 20% mais ricos cresceram de 43,3% para 48,7% no mesmo período (*Melman*, 2002).

A verdadeira debacle da moralidade e da honestidade na política e na administração da *res publica* nos últimos tempos, com um expressivo crescimento dos casos de corrupção, desvio e malversação de dinheiro público em todo o mundo, mesmo em grupos políticos e nações antes impensáveis, também é, parcialmente, conseqüência da nova moral do neoliberalismo. Valorizam-se o triunfo e o enriquecimento do indivíduo como única real medida de seu sucesso como ser humano, ao mesmo tempo em que se desvalorizam os sentimentos de fraternidade e solidariedade, transformados em obstáculos à vitória individual, e se combatem o Estado e os serviços que presta, como negativos ao crescimento das pessoas. Tudo isso faz que a privatização de recursos públicos, qualquer que seja o meio, se torne objetivo de inúmeros políticos.

Registre-se, ainda, que a quebra de padrões morais, aliada à redução das barreiras entre fronteiras e queda dos orçamentos das agências policiais, devido ao esforço de apequenamento do Estado, fizeram o crime organizado, em escala internacional, atingir níveis inéditos na história da humanidade. Estudos técnicos sugerem números gigantescos, estimando o tráfico de drogas em 900 bilhões de dólares anuais, o comércio ilegal e a "pirataria" em 630 bilhões e a lavagem de dinheiro em 1,5 trilhão[28].

Tem plena razão *Benedito de Moraes Neto*, que assim sintetiza a realidade que se vislumbra após este processo:

> "Volta o capital a ser brilhante em termos de sua capacidade de desenvolver forças produtivas, mantendo, todavia, sua mediocridade como forma social."[29]

---

(28) *Revista Newsweek*, edição de 24.10.2005, pp. 46/52.

(29) MORAES NETO, Benedito, *op. cit.*, p. 116.

CAPÍTULO 2

A GLOBALIZAÇÃO EM DISPUTA

2.1. O CAMINHO ÚNICO?

Nestes vinte anos de hegemonia neoliberal, consolidou-se uma revolução tecnológica e estabeleceram-se relações econômicas e políticas internacionalizadas e subordinadas ao Norte. A revolução tecnológica é irreversível. A explosão das forças produtivas verificada nos últimos anos e a perspectiva de sua expansão futura modificaram o mundo de tal maneira que inexiste hipótese teórica de sua reversão. O fordismo sobrevive em inúmeras regiões, setores e unidades econômicas (assim como até o extrativismo escravagista sobrevive em algumas regiões da Amazônia), mas está fadado ao desaparecimento. É uma tendência inelutável. O mundo parte da microeletrônica para frente. Da mesma forma, o mundo não mais retorna ao Estado nacional keynesiano, plenamente soberano sobre juros, moeda e fronteiras comerciais, dotado de uma autonomia capaz de sustentar um projeto de desenvolvimento nacionalista e auto-suficiente (*Genro*, 1999).

Devemos concluir, portanto, que a globalização neoliberal era o caminho único da civilização? Durante estes 20 anos tentaram nos impor tal idéia. A mídia internacional, que nesse período foi um dos exemplos mais cristalinos da tendência de concentração empresarial e intervenção no processo democrático de que *Galbraith* nos falava, incessantemente repetiu o mantra da inevitabilidade do modelo de globalização que estava em curso.

Francis Fukuyama e o *Fim da História* foi, talvez, o exemplo mais paradigmático desse processo de mistificação. Um pensador sem maior brilho foi subitamente transformado em estrela internacional ao encadear os conceitos que eram desesperadamente necessários à legitimação intelectual do pensamento neoliberal. Pouco importava que não resistissem à mais mínima e séria análise. Capas e capas de revistas foram publicadas, entrevistas e palestras foram oportunizadas em todo o planeta, para celebrar o triunfo, econômico e intelectual, da sociedade da ganância. Tão grande foi esse esforço, que muitos ficaram sinceramente surpresos quando as gigantescas manifestações de Gênova e Seattle fizeram ruir o totem erigido naquela celebração. Não é que o ídolo tivesse pés de barro. Ele era todo feito de barro.

A verdade é que o neoliberalismo fracassou, seja em comparação ao que se propunha, seja, até mesmo, em relação ao que poderia hipoteticamente trazer.

Esta globalização fracassou de forma, literalmente, miserável, na promessa de levar o progresso a todos os países, ou seja, ao globo. Na América Latina, região que foi exemplar em aplicar ortodoxamente o receituário do Consenso de Washington, o crescimento econômico na década de 90, a década neoliberal, foi pouco mais da metade daquele verificado nas décadas de 50, 60 e 70 (*Stiglitz*, 2003). A pobreza cresceu 150%, entre 1980 e 1997, com o número de pobres passando de 135,9 milhões para 204 milhões (*Arouca*, 2003).

A transição da Rússia e do leste europeu para a economia de mercado, que deveria ser a concretização da glória do capitalismo neoliberal, é um dos mais trágicos processos de pauperização coletiva de que se tem notícia. Durante esse período, o PIB russo caiu 40%, e o índice oficial de pobreza cresceu 10 vezes (*Stiglitz*, 2003). A queda do império soviético, produto da vitória dos Estados Unidos na Guerra Fria, causou um brutal incremento nas estatísticas da pobreza mundial. Mesmo se fizermos a análise de desempenho do neoliberalismo pela ótica dos negócios, não conseguiremos fugir da conclusão do fracasso.

Obteve-se a estabilização das economias, freando-se a inflação galopante e cristalizando-se o equilíbrio fiscal como princípio. Mas o crescimento econômico ficou muito aquém do desejado e esperado, em todo o primeiro mundo (*Prado*, 1999). A disseminação das novas tecnologias, que deveriam ser a base da explosão generalizada de produtividade, foi muito mais lenta e difícil que o previsto, mesmo dentro dos países mais desenvolvidos. O desemprego continua a ser um problema social gravíssimo em toda a Europa, e tem regredido, lentamente, muito mais graças a políticas governamentais inclusivas do que à mão onisciente do mercado. Nos Estados Unidos, a redução dos níveis de desemprego começou a ser obtida graças, principalmente, a *part-time jobs* (empregos de tempo parcial) bastante precários, fruto de políticas específicas do governo Clinton.

A liberalização financeira e comercial açodada gerou, nos Estados Unidos, um *boom* no início dos anos 90, que por artificial, levou logo a seguir a um colapso de igualmente intensas proporções, que custou centenas de bilhões de dólares de prejuízos, bancados em grande parte pelo contribuinte americano (*Stiglitz*, 2003).

Recordemos que o projeto neoliberal foi a resposta das elites ao esboroamento do modelo fordista/keynesiano. Porém, se foi eficaz em capturar a revolução tecnológica e desenvolver um novo paradigma produtivo e em desmontar as instituições protetivas do modelo derrubado, ficou muito longe de obter um crescimento econômico sustentável, expressivo e constante, como verificado nos Trinta Anos Gloriosos. Frustrada a promessa do crescimento econômico continuado, natural que começasse o questionamento às verdades e justificativas neoliberais. Quando ficou evidente que os países que seguiram seu receituário disciplinadamente haviam amplificado seus problemas, o que passou a evidenciar-se, também, foi a hipocrisia da pregação dos ricos.

De fato, nem sequer Reagan ou Thatcher construíram em seus países o "estado mínimo" que impuseram aos demais. Na Alemanha e no Japão, a capacidade de intervenção do Estado na formulação e implementação de políticas industriais cresceu naquele período. O gasto público em relação ao PIB aumentou nos países do G-7[(1)], se comparados os períodos de 1978/1982 e 1991/1995, de 36,3% para 39,4%[(2)]. As barreiras alfandegárias foram destruídas ... no terceiro mundo. Os Estados Unidos e a Europa mantiveram barreiras eficazes, muitas vezes disfarçadas de "técnicas", e os subsídios, seja nos EUA, seja na Europa, consomem bilhões de dólares e euros de modo a impedir que os países do Sul vendam os poucos produtos em que são competitivos e qualificados, em geral produtos agropecuários (*Stiglitz*, 2003). A manutenção das barreiras comerciais e subsídios não foi compensada por outras formas de ajuda. Pelo contrário, a ajuda dos países ricos para o desenvolvimento caiu de US$ 70 bilhões para US$ 50 bilhões por ano nesses 20 anos[(3)].

Evidenciou-se, portanto, um duplo padrão no comportamento dos países ricos: um que praticam, outro que impõem aos países pobres. A hipocrisia desse comportamento não poderia passar des-

(1) O G-7 é composto por Estados Unidos, Alemanha, Japão, Grã-Bretanha, França, Itália e Canadá.

(2) CARDOSO, Adalberto Moreira. *A década neoliberal,* Boitempo, São Paulo, 2003, pp. 82/83.

(3) Entrevista de Guillermo de la Dehesa ao *Jornal Gazeta Mercantil*, 25.7.2004.

percebida, tão logo o fracasso econômico dos países do Sul e o pífio crescimento do Norte desmantelaram a couraça que protegia a pregação do centro financeiro e político mundial.

Por isto houve o impacto das manifestações públicas em Seattle e depois em Genôva, por ocasião das reuniões da Organização Mundial de Comércio — OMC. A plutocracia internacional podia conviver com o protesto dos pobres e excluídos, por óbvio motivado porque estes não entendem que a riqueza tardará um pouco, mas chegará ... Mas, quando os *incluídos* foram às ruas, abalando o coração do império com manifestações de uma envergadura e de uma agudeza que não deixavam dúvidas quanto à sua gravidade, começou o desmoronamento da legitimação do modelo que se entendia triunfante. Seattle e Gênova foram um sinal, a tomada de consciência de que a globalização pode e deve ser disputada. Não existe um caminho único, não existe uma só maneira de integrar o mundo e de organizar as relações econômicas, sociais e trabalhistas. Ali, viu-se que a História continuava a correr seu curso, malgrado os esforços teóricos de *Fukuyama*.

2.2. *DISPUTAR A GLOBALIZAÇÃO*

A crescente imposição unilateral americana também trouxe novas tensões à globalização neoliberal. A vitória dos Estados Unidos na Guerra Fria deixou-os como única superpotência no planeta, e o bem-sucedido processo de retomada da liderança tecnológica e econômica mundial nos anos 90 agregou ainda mais poder ao império de Washington. Os interesses norte-americanos passaram a cada vez mais ser identificados como os interesses mundiais, criando choques com os demais países do condomínio dos ricos, cujo peso político decresceu na mesma medida em que se reduziram as tensões militares pós-União Soviética. A Guerra do Iraque, decidida unilateralmente pelo governo Bush II, arrastando consigo, em geral a contragosto, a maior parte de seus aliados, expôs com crueza o grau de poder americano.

O aumento da pressão por relações multilaterais mais equilibradas deverá ser uma conseqüência direta da aventura iraquiana. O notável crescimento da China, cuja economia poderá ultrapassar a americana em menos de 15 anos, segundo os analistas mais bem informados, colocará mais combustível na pressão por um multilateralismo internacional.

Está posto, portanto, o cenário para que se disputem os rumos da globalização, do processo de integração econômica do planeta.

Já há elementos suficientes para que se abandone de vez a compreensão que se teve por muito tempo que identificava a globalização com o neoliberalismo. Globalização e neoliberalismo não são sinônimos. Aliás, obter essa identidade foi justamente o esforço que as elites fizeram por 20 anos.

Mauro Menezes, amparando-se em *Otávio Ianni*, assim se pronuncia sobre o tema:

> "Estamos, enfim, de acordo com *Ianni*, na sua rejeição ao argumento de que a globalização — ou globalismo — como prefere, seja mera fabulação do neoliberalismo. Este, na verdade, constitui um substrato ideológico daquela. A globalização não se reduz à ideologia neoliberal, muito embora esta tenha nela assumido a hegemonia, em dado momento. A globalização, portanto, é o cenário no qual o neoliberalismo ora triunfa. Mas nesse palco há tendências ideológicas diversas buscando o seu espaço, aptas a desempenhar um papel, se tiverem oportunidade. A globalização, assim, não deve ser encarada como um jogo de cartas marcadas o será caso não haja resistência e reação à tendência hegemônica. Antes, constitui um imenso e original desafio político e científico, que requer urgente enfrentamento."(4)

A Organização Internacional do Trabalho — OIT, a mais antiga das instituições multilaterais de nosso mundo, a única sobrevivente do Tratado de Versalhes, que pôs fim à Primeira Guerra Mundial em 1919, e cujos méritos na defesa do sindicalismo e do trabalhador ninguém põe em dúvida, chegou a conclusões semelhantes. Foi constituída uma comissão de 26 membros, co-presidida por 2 chefes de estado, o presidente da Finlândia e o presidente da Tanzânia, para estudar o processo de globalização. Suas conclusões, publicadas num relatório em Genebra, em princípios de 2004, são de leitura indispensável para quem se dedica à matéria:

> "A nossa é uma mensagem crítica, mas positiva. (...) A globalização pode e deve mudar . (...) Construir uma globalização justa e inclusiva deveria se tornar uma prioridade mundial. (...) Nós achamos que os problemas que identificamos não se devem à globalização em si mesma, mas a deficiên-

---

(4) MENEZES, Mauro de Azevedo. *Constituição e reforma trabalhista no Brasil*, LTr, São Paulo, 2004, p. 229. *Mauro Menezes*, por sua vez, apõe nota neste trecho, referenciando à obra *A era do globalismo*, de Otávio Ianni, Ed. Civilização Brasileira, 4ª ed.

cias em seu governo. (...) O sistema não é suficientemente democrático. (...) Maior acesso aos mercados não é uma panacéia. (...) É essencial uma estratégia mais equilibrada que combine crescimento econômico sustentável com pleno emprego."(5)

Outro estudo anterior da OIT já havia concluído que o paradigma produtivo introduzido pela RTME tem grande potencial para impulsionar um novo ciclo de crescimento econômico sustentável (*Gusmão*, 1999). Para os trabalhadores, as novas tecnologias, cada vez mais sofisticadas, poderão oferecer mais oportunidades de terem uma vida profissional mais rica e prazerosa, ampliando não só o seu bem-estar como o de suas comunidades (*Melman*, 2002). Para que se possa, porém, usufruir dos benefícios da RTME, em primeiro lugar se faz necessária uma difusão mais equilibrada das novas tecnologias pelo globo, superando-se as dificuldades impostas pela abertura comercial em duplo padrão, pró-ricos, e pelas restrições do estatuto da propriedade intelectual. Não é paradoxal afirmar que mesmo a redução do desemprego causado pela automação microeletrônica, através da alocação dos trabalhadores substituídos em novos setores, depende da difusão do progresso técnico por toda a economia (*Geller*, 1998).

Há, pois, que disputar a globalização, seu conteúdo e seus rumos. Devemos partir da realidade: ela é um fato, mas não é una, nem imutável. É um fato social, hegemonizado durante décadas por um conjunto de interesses, que podem ser suplantados, afastados ou compelidos à redução política. Nosso objetivo deverá ser propor, e obter, uma nova regulação que renove a capacidade de intervenção do Estado na economia e que reequacione o cenário internacional, adaptada às novas realidades sociais e tecnológicas, resgatando os valores da solidariedade, igualdade, fraternidade e divisão do desenvolvimento.

Antonio Prado aponta que não há ainda nada definitivo, identificando um período de transição:

> "O padrão de acumulação pós-fordista é mais uma transição para um padrão de acumulação material, que ainda está por ser definido. Seu modelo de organização do trabalho pode estabelecer-se efetivamente, mas o regime de acumulação e o modo de regulação ainda estão em aberto."(6)

(5) World Comission on the Social Dimension of Globalisation (synopsis), ILO, Geneva, February 2004, www.ilo.org/public/english/wesdg/doc/synope.pdf. Tradução livre pelo autor, de trechos pinçados e escolhidos ao longo do relatório.

(6) PRADO, Antonio, *op. cit.*, p. 25.

A interdependência das economias e o novo paradigma produtivo impõem-nos novidades para a conquista de uma nova regulação. Nossas lutas mais significativas se deram em época muito diferente. Há 20 anos que somente resistimos. Dar o salto de qualidade para que possamos regrar uma sociedade nova e complexa em nosso favor é o grande desafio. Mas, ele está a nosso alcance.

2.3. UMA NOVA REGULAÇÃO COM PARTICIPAÇÃO SOCIAL

O fracasso da desregulação neoliberal repõe o debate sobre formas, organismos e instrumentos de regulação sobre a economia, libertando-o da histeria dos últimos 20 anos: bastava falar em regras econômicas para que um coro funéreo de políticos, jornalistas, empresários e economistas se levantasse e previsse as maiores desgraças imagináveis.

Quando, entretanto, em nível internacional, verifica-se que a liberalização financeira promoveu o capital especulativo e o *hot money* improdutivo e quando se constata que a liberalização comercial se deu apenas numa direção, em favor dos ricos, que mantiveram suas barreiras alfandegárias e fizeram os subsídios, em particular os agrícolas, atingir o cume do Monte Everest, não se pode ignorar que algo deve mudar. Devemos, porém, ir mais além. Mesmo em nível nacional, verifica-se que a desregulação ampliou as oportunidades de conflitos de interesses na disputa econômica, ampliando, portanto, a instabilidade geral, e a manipulação dos mercados e seu domínio por poucas hipercorporações causou prejuízos bilionários à sociedade, em geral pagos com o dinheiro dos contribuintes. Nunca como no mundo neoliberal foi tão verdadeira a máxima de "privatizar os lucros e socializar os prejuízos".

Na verdade, a sociedade vem paulatinamente se conscientizando de que não houve uma "desregulação" de caráter técnico, remédio "neutro" para acentuar a produtividade econômica. *Guy Standing* afirma:

> "Regulamentações estatutárias protetoras — de salários mínimos a normas ocupacionais e de saúde — são, em geral, consideradas como "rigidez", "custos trabalhistas não-salariais", causa do "desemprego estrutural" e "empecilho ao investimento estrangeiro". O resultado tem se apresentado como uma erosão global constante de muitas formas de regulamentações protetoras institucionais e estatutárias. Não é correto chamar isso de "des-regulamentação" — o termo é profundamente en-

ganoso —, pois no lugar de regulamentações estatutárias, protetoras e pró-coletivas aparecem cada vez mais regulamentações pró-individualistas, anticoletivas, fiscais e outras pró-mercado."(7)

O fracasso neoliberal, portanto, faz abrir a oportunidade de buscar um novo equilíbrio para as relações internacionais e uma nova regulação para os conflitos de interesses da economia do século XXI.

Já vimos como o fim da Guerra Fria e o colapso de *Bretton Woods* foram a senha para o unilateralismo americano impor o projeto neoliberal, ancorado em alguns sócios menores e nas instituições econômicas internacionais. A superação do neoliberalismo demanda uma profunda reforma das instituições internacionais, base necessária para novas relações mais equilibradas. Não há fórmulas mágicas nem necessidade de brilhantes idéias inovadoras. A vetusta Internacional Socialista disponibiliza em seu portal uma proposta de reforma da Organização das Nações Unidas — ONU que, sem dúvida, é um belo ponto de partida para qualquer debate sério sobre o tema(8). E esse debate haverá de ser espraiado, e muito, como condição essencial para que se possam obter quaisquer modificações numa estrutura cuja permanência serve às elites dominantes ... Registre-se que no V Fórum Social Mundial, em Porto Alegre, no início de 2005, pela primeira vez a Ordem Democrática tornou-se um dos eixos centrais estruturantes do encontro (Globalização e Democracia), demonstrando a crescente importância do tema. Houve mais de uma mesa-redonda sobre a reforma das instituições internacionais.

O projeto mais consistente é basear o novo multilateralismo no Sistema das Nações Unidas, que possui potencial para tanto, e, mesmo com suas falhas e fragilidades, goza de plena legitimidade em todo o planeta. A questão econômica deve ser trazida para dentro da ONU, que tem um Conselho de Segurança; mas, que não tem um Conselho de Desenvolvimento Econômico Sustentável. As grandes instituições econômicas internacionais devem ser incluídas no Sistema das Nações Unidas. O FMI, o Banco Mundial e a OMC, devem perder suas "autonomias", ou seja, sua submissão exclusiva aos interesses das grandes potências e dos Estados Unidos em particular, e passar a integrar a estrutura da ONU, alterando, como conseqüência, suas formas de tomada de decisão e designação de dirigentes.

---

(7) STANDING, Guy. *Em busca da igualdade de segurança na era da globalização, in* DIEESE, São Paulo, 1998, vol. I, p. 289.

(8) Ver em www.socialistinternational.org.

A apropriação da questão econômica como tema central para a atuação da ONU e como elemento essencial para a manutenção e o desenvolvimento da paz e do bem-estar da humanidade é a grande inovação a ser obtida na próxima regulação das relações internacionais. Paralelamente, há de se despender intensos esforços na desmercantilização de temas que se tornaram mercadorias sob a égide do neoliberalismo. Atualmente, por exemplo, o Brasil sofre intensa pressão para submeter a Educação como serviço à regulamentação da OMC, o que significaria não só a redução de nossa capacidade de regular e supervisionar o ensino, como seria a extensão da lógica mercantilista do lucro a setor essencial de serviço público. O Ministério da Educação — MEC tem se oposto a essa inclusão da Educação como serviço na OMC.(9)

O movimento sindical deve, ainda, lutar para que a qualidade do trabalho passe a ser objeto de preocupação da ONU. Grandes centrais, como a Confederação Internacional de Organizações Sindicais Livres — CIOSL e a Confederação Munidal do Trabalho — CMT, têm pressionado para que o conceito de *trabalho decente* seja incluído nos Objetivos do Milênio para o Desenvolvimento, em iniciativa que deve ser apoiada com vigor.

A reforma do Conselho de Segurança — CS é um passo neste sentido, significando que há outras regiões e outras culturas às quais se deve conceder papel essencial na defesa da paz e do bem-estar. A limitação e a restrição do direito de veto das 5 potências e a ampliação das cadeiras permanentes (objeto de intenso esforço da diplomacia brasileira), possibilitando novos *players* mundiais com real influência, devem estruturar a reforma do CS.

As instituições da ONU não podem ficar, também, restritas apenas à participação de Estados, devendo ser abertas à sociedade civil internacionalmente organizada. É claro que não será fácil estabelecer critérios de escolha e formas de acesso, mas não se pode conceber uma organização internacional que se apresente como instrumento para a paz e o desenvolvimento da humanidade e que não tenha a participação constante e efetiva da Anistia Internacional, do *Greenpeace*, dos Médicos sem Fronteira e das grandes centrais sindicais mundiais, como a CIOSL, para ficar nos exemplos mais consagrados. Num ambiente de globalização, não basta resgatar a influência dos estados, mas há de se dotar a humanidade de instituições que a protejam enquanto tal, e não apenas como população de estados nacionais determinados.

---

(9) Depoimento do Ministro da Educação Tarso Genro em audiência pública na Comissão de Educação da Câmara dos Deputados, 7.6.2005.

A democratização das instituições multilaterais é, por sua vez, um passo essencial no processo de frear a concorrência tresloucada e suprimir os *tsunamis* financeiros internacionais. A competição desregulada predatória é o impulso maior no processo de ampliação do desemprego, e a liberdade desordenada da circulação de capitais é fonte apenas de crises e movimentos especulatórios. Fóruns internacionais renovados devem ter a missão de examinar e rever várias propostas que há muito vêm sendo apresentadas, superado o tempo de seu descarte automático pelo fundamentalismo neoliberal. Destacam-se, entre outras, as cláusulas sociais em acordos comerciais, a taxa Torbin e a regulamentação da quarentena de entrada de capitais. Todas as propostas desse tipo são complexas e polêmicas, com inúmeros prós e contras. Este trabalho não é a defesa de nenhuma delas, nem as combaterá. Apenas se quer apontar que existem debates e propostas cujo aprofundamento e implementação podem levar a uma regulação efetiva e justa do mercado internacional.

A implementação de cláusulas sociais, ou seja, de cláusulas de defesa de direitos trabalhistas básicos a serem respeitados nos acordos comerciais, é exemplo típico da complexidade e polêmica deste debate. Em tese, restringiriam em muito a mobilidade predatória do capital na busca de locais com menores custos, o que em geral significa menores custos da mão-de-obra, o que já vimos ter sido uma das armas mais eficientes do neoliberalismo na luta antisindical. Mas, é evidente o interesse comercial dos países desenvolvidos nesse discurso "protetivo", bastando a estes colocar como padrão de comparação seus próprios parâmetros de remuneração e proteção social, o que por definição seria injusto com qualquer sociedade em desenvolvimento.

É fundamental, contudo, enfrentar este debate, não para defender a equalização imediata de direitos em sociedade tão diferentes, mas para estabelecer parâmetros internacionalmente aceitos que terminem por impedir a exploração desmedida da mão-de-obra para alavancar lucros fáceis de corporações transnacionais. *Nogueira Batista*, em estudo, ainda na década passada, aponta alguns conceitos:

> "A partir de uma nova visão do problema, por que não se conceber a aceitação de um vínculo formal entre abertura comercial e observância de *labour standards*, levando em conta que o problema nos interessa na América Latina pelo fato de sermos exportadores de manufaturas para países de altos salários, mas também importadores destes produtos de países de salários ainda mais baixos que os nossos.

Não toleraríamos, entretanto, que na apreciação de nossos *standards* sociais não se leve em conta que os países mais desenvolvidos devem concorrer lealmente conosco através da maior produtividade de suas economias e não pelo subterfúgio protecionista e discriminatório da prematura e súbita equalização das condições de remuneração e trabalho entre economias em diferentes patamares de desenvolvimento. Exigiríamos ainda, que na consideração de nossos níveis salariais, se leve na devida conta tanto os custos diretos quanto indiretos, além do efetivo poder aquisitivo interno das moedas nacionais envolvidas."(10)

A criação de taxas internacionais, como a supracitada Taxa Torbin, que seria uma alíquota sobre a movimentação financeira, a exemplo de nossa Contribuição Provisória sobre Movimentações Financeiras — CPMF (e há, também, propostas de uma taxa incidente sobre o comércio de armas) tem o mérito de obter fontes de financiamento para os organismos multilaterais independentes da boa vontade dos governos dos países mais desenvolvidos. Esta é, também, uma razão das resistências que enfrenta. Outro mérito da proposta é expandir para a sociedade globalizada, para a arena internacional, os conceitos de tributação, ou seja, de ônus das pessoas privadas em relação ao bem-estar geral, que fundamentam qualquer Estado nacional.

A quarentena de capitais foi obtida por alguns países, por razões diversas, como o Chile e a China. É uma medida eficiente contra o capital especulativo e a internacionalização das crises, que será tão mais eficiente quanto mais ampla for sua utilização, deixando de ser iniciativa isolada de uns poucos que conseguem contrapor-se ao capital financeiro. Regulamentar o direito nacional de quarentena na transferência de capitais deveria ser uma prioridade das instituições multilaterais.

A formação e desenvolvimento de blocos econômicos regionais é outra forma de reduzir e minorar as incertezas e instabilidades trazidas pela globalização neoliberal, e mesmo aquelas que, após a superação de sua fase mais selvagem, devem permanecer como tendência imanente de uma nova economia global. Num ambiente de interconexão das economias, a formação de blocos seriamente planejados e integrados pode desenvolver as qualidades de cada país-membro, e torná-los mais eficientes na convivência com

(10) BATISTA, Paulo Nogueira. *Cláusula Social e comércio internacional: uma antiga questão sob nova roupagem, in* www.políticaexterna.com.br/artset94.htm, retirado do portal em 23.3.05.

as demais economias do globo, protegendo-os, ainda que parcialmente, das incertezas e crises da competitiva arena internacional (*Menezes*, 2004). Esses blocos regionais podem servir, igualmente, de importante porta de entrada para a introdução de interesses pró-classe trabalhadora na agenda econômica, negociados na esfera dos acertos entre as economias daquela região. A construção desses blocos pode redundar em estruturas nacionais e regionais fortes, que protejam os interesses dos trabalhadores frente à concorrência predatória internacional, sem significativa perda de produtividade (*Naidoo*, 1999).

Há, pois, inúmeras formas de frear-se a tresloucada concorrência e movimentação de capitais trazida pelo neoliberalismo. Outras tantas deverão surgir nos próximos tempos. O que se deve fazer é tirá-las das meras divagações teóricas e levá-las aos fóruns internacionais. Com a devida pressão social será possível tornar algumas delas realidade nos próximos anos.

A nova economia que emerge da globalização e da RTME não mais pode ser regulada de acordo com normas e instituições velhas de 70 anos ou mais, calcadas no paradigma produtivo fordista e nos problemas oriundos da quebra da Bolsa de Nova York, em 1929. A rapidíssima transformação da economia tornou a estrutura regulatória inadequada e ultrapassada, e tal inadequação foi usada de forma brilhante pelo neoliberalismo para impor sua *regulação desregulatória*. Mas, a economia de mercado precisa ser regulada para funcionar a contento, garantindo a competição, o meio ambiente e os direitos dos cidadãos, consumidores e investidores. Há de se construir uma estrutura de regulação que responda aos novos tempos (*Stiglitz*, 2003).

Aliás, as transformações recentes são tão intensas que escancaram a inadequação das próprias estruturas do Estado e de sua representação política tradicional. Afinal, há quase 200 anos não se inovam nos instrumentos de organização e representação política do estado, malgrado tudo que já mudou nesse período, e não devem restar dúvidas de que os novos conflitos oriundos da globalização e do paradigma produtivo flexível não mais cabem dentro do estado burguês oitocentista (*Genro*, 1999).

Vinicius Marques de Carvalho assim define a atividade reguladora do Estado:

> "(...) e aquelas em que ele [o Estado] se apresenta como regulador, enquadrando nesse âmbito as medidas de cunho legislativo e administrativo por meio das quais determina, con-

trola ou influencia o comportamento dos agentes econômicos, tendo em vista orientá-los em direções desejáveis e evitar efeitos lesivos aos interesses socialmente legítimos. Nessa perspectiva ampla, a idéia de regulação inclui toda forma de organização da atividade econômica por intermédio do estado, seja a intervenção por meio da concessão de serviço público, seja o exercício do poder de polícia."[11]

Qual, entretanto, o conteúdo da idéia de regulação? Como "se orienta nas direções desejáveis, ou se evitam os efeitos lesivos aos interesses socialmente legítimos"? O conteúdo da ordem regulatória é a medida de sua eficácia. Dependendo de como se estruturar, pode ser tornar, de fato, apenas um obstáculo, que em geral será, então, transposto de forma fraudulenta.

Joseph Stiglitz, ao estudar os efeitos da desregulação neoliberal, propõe como conceito entender a regulação como sendo um balanço entre incentivo e punição, entre o que se incentiva o produtor a fazer, recompensando-o se assim agir e como nos propomos a puni-lo, se atuar de forma diversa ou contrária. Não adianta estabelecer fortes e severas punições, se a normatização incentivar a agir em direção do ilícito, se a recompensa estiver na transgressão e não no seu cumprimento. O equilíbrio haverá de ser obtido sopesando cuidadosamente o que se incentiva o cidadão a fazer com aquela norma reguladora, e o que seu cumprimento lhe trará de positivo e o descumprimento, de negativo (*Stiglitz*, 2003).

A lição deste debate, portanto, há de ser que não adianta gastar bilhões em sistemas de fiscalização, impor inúmeras dificuldades na obtenção de benefícios e tomar outras atitudes de repressão, se a norma reguladora incentivar o comportamento transgressor. Apenas estaremos aumentando ainda mais gastos inúteis.

Ressaltemos que, na sociedade moderna a regulação não existirá apenas para o capital. Regular nem sempre é popular, e os benefícios sociais, por exemplo, em face de seu custo, devem ser rigidamente controlados. A reação à desmontagem das estruturas protetoras do *Welfare State* não pode ser negar seu custo para a sociedade; mas, reestruturá-las de forma que este seja econômica e socialmente suportável.

É evidente, contudo, que é em relação ao capital, mormente após os 20 anos neoliberais, que vamos encontrar os maiores exemplos de descontrole econômico oriundo da (des)regulação defeituosa. *Stiglitz*

(11) CARVALHO, Vinicius Marques de, *op. cit.*, p. 14.

dedica seus *Os Exuberantes anos 90* a examinar os diversos casos em que a desregulação trouxe bilhões de dólares de prejuízo à economia americana, em escândalos relativos a bancos, instituições de poupança, energia, telecomunicações, gás, o caso Enron (bilionária falência fraudulenta) e outros. Seria muito interessante estudo semelhante sobre o Brasil nos anos 90.

Durante os anos 90, que *Adalberto Moreira Cardoso* batizou de a *década neoliberal*, o Brasil sofreu um processo de liberalização financeira e econômica, conjuntamente com uma privatização acelerada, que desmantelou o estado oriundo do período desenvolvimentista. Esse processo será analisado com mais vagar adiante. Neste momento, cabe ressaltar suas conseqüências para as estruturas de regulação existentes e sua herança com a chegada do crepúsculo neoliberal. Com o desmantelamento do Estado brasileiro, suas funções de regulação foram transferidas às *agências reguladoras,* supostamente organismos técnicos, desvinculados das paixões políticas, que deveriam administrar de forma racional os setores de serviços como as telecomunicações (Anatel), eletricidade (Aneel) e outros.

O açodamento do processo privatista impediu que se tivesse mínimo debate sobre o caráter da regulação dos serviços públicos num país como o Brasil, de tamanho continental e abissais diferenças sociais. Aliás, *regular* já era quase um palavrão nos anos 90, e os novos donos das concessionárias não queriam, na verdade, quaisquer controles. As agências nasceram desarmadas para exercer um controle eficaz. Num país como o nosso, a regulação dos serviços públicos deve ter um caráter de política pública com fins redistributivos. Os serviços públicos devem ser universalizados, mesmo sob concessão privada, de forma diferenciada sempre que necessário, para que os mais pobres possam ter acesso a este tipo de bens — luz, água, telefone —, da forma mais barata que for possível[12].

O gigantesco processo de privatização brasileiro foi sustado, sendo de difícil reversão, em face dos custos envolvidos, pelo menos a curto e médio prazos. Mas, a realidade da privatização não pode nos eximir de estabelecer instrumentos e normas de regulação que apontem para a universalização e barateamento dos serviços públicos. O grande desafio da regulação num sistema privatizado é, como o diz *Diogo Coutinho*, "conciliar a lógica do lucro com a prestação de serviços públicos", de forma eficiente, universal e barata (*Coutinho*, 2002).

---

(12) COUTINHO, Diogo. *Privatização, regulação e o desafio da universalização do serviço público no Brasil, in Faria et alii, op. cit.*, p. 67 e segs.

O debate, inclusive judicial, que vem sendo travado sobre a assinatura da telefonia fixa é bom exemplo dessas contradições. As companhias telefônicas cobram cerca de 15 dólares mensais (R$ 35,50, em junho de 2005) de assinatura por telefone fixo, ou seja, valor sem qualquer serviço prestado. Tal preço significa um reajuste de 2300% acima da inflação nos últimos 10 anos. A tarifa básica em 1995 equivalia a R$ 0,61[(13)]. Isso torna a telefonia fixa caríssima para a população mais pobre, muito embora o custo de seus serviços seja pequeno. Para ter acesso à comunicação instantânea a que todos temos direito numa sociedade tecnológica, buscam-se, então, os telefones celulares, sem custo de assinatura, mas com serviços muito mais caros, sendo muito mais lucrativos para as companhias concessionárias, até pela rapidez da obsolescência dos equipamentos, novos serviços inventados, etc. A regulação deficiente e distorcida, portanto, *incentiva* o consumidor a usar o serviço mais caro e lucrativo para as empresas, em seu próprio prejuízo.

O modelo *técnico* das agências não consegue dar solução a esse tipo de problema. As agências não dispõem de legitimidade social efetiva para enfrentar os grandes grupos econômicos que com elas convivem e em geral acabam por ser *capturadas* pelos interesses de seus administrados, a quem terminam por servir[(14)].

Uma nova estrutura regulatória deve, pois, igualmente resgatar outro conceito que foi transformado em anátema nos anos neoliberais: a decisão política. A tecnicização das decisões se constitui, na verdade, em subterfúgio para impor uma determinada linha de pensamento. Em geral, toda atitude de caráter regulador, ou pelo menos parte expressiva delas, não tem nível elevado de certeza nesta ou naquela alternativa a tomar. Assim, a tomada de decisão se constitui numa escolha, no que os norte-americanos chamam de *trade-off*. Toda decisão que envolva um *trade-off*, uma escolha, há de ser eminentemente política; concedê-la a tecnocratas é concedê-la à posição política daqueles tecnocratas (*Stiglitz*, 2003). O neoliberalismo ao impor-se como pensamento dominante buscou tecnicizar todo instrumento regulatório e controlador, eternizando-se pela ausência de alternativas e escolhas.

---

(13) Pró Teste-Associação Brasileira de Defesa do Consumidor, no portal www.msn.com.br/finanças/notícias, em 8.6.2005.

(14) MATOS, Paulo Lessa. *Regulação econômica e democracia, in Faria et alii, op. cit.*, p. 43 e segs. A teoria da captura das agências foi desenvolvida nos EUA, a partir do estudo do fenômeno do domínio destas pelo setor regulado ou por interesses políticos governamentais, o que significaria o fim de seu sentido regulatório. Ver, também, no mesmo livro, *Vinicius Marques Carvalho*, pp. 20/21.

Superar essa tecnicização não significa dispensar o substrato técnico do processo regulatório, tão mais necessário quanto mais complexo for o mundo e mais sofisticadas as tecnologias envolvidas. Mas, as escolhas da sociedade têm caráter político, e a ela cabe fazê-las, de forma consciente e responsável. A regulação do século XXI há de ser uma ***regulação política, com base técnica e participação social***. A introdução de mecanismos de participação social nos órgãos reguladores há de ser a essência da nova estrutura regulatória. Devemos entender esse conceito da forma mais direta possível, ou seja, como a capacidade da sociedade civil organizada de intervir nos processos decisórios dos organismos reguladores, de neles estar representada de forma efetiva e com poder deliberativo (*Lessa Matos*, 2002). É a participação efetiva da sociedade, de forma direta, que concederá a um sistema regulatório a credibilidade e a legitimidade para enfrentar os interesses econômicos, evitar o processo de captura e promover a universalização dos serviços públicos em condições socialmente aceitáveis.

Não é, contudo, só na regulação dos serviços públicos que há de se ampliar a participação da sociedade. Todo o sistema regulador há de se submeter à participação civil. Exemplo paradigmático dessa nova reivindicação social é a recente campanha da Central Única dos Trabalhadores — CUT e da Confederação Nacional da Indústria/Federação das Indústrias do Estado de São Paulo — CNI/FIESP, para ampliação e democratização do Conselho Monetário Nacional — CMN, que tem amplo poder de regulação sobre a economia. A lógica deste movimento é exatamente fazer com que os setores sociais diretamente envolvidos na produção — empresários e trabalhadores, tenham voz e voto sobre os temas das grandes linhas econômicas do país, que envolvem, é óbvio, constantes e imensos *trade-offs* ...

Se o modelo técnico das agências, ou seus parentes diretos, como a proposta do Banco Central independente, não é adequado à resolução dos conflitos oriundos da nova economia, muito menos o é retornar às formas de regulação e controle exercidas diretamente pela burocracia estatal. Na verdade, o atual modelo de Estado, já o dissemos, não mais resolve os novos conflitos sociais.

2.4. DEMOCRACIA E PARTICIPAÇÃO SOCIAL DIRETA

A sociedade que emergiu da RTME e da globalização é uma sociedade muito dinâmica, intrincada, que funciona, evolui e, às vezes, involui, em velocidades fantásticas; que se encontra interrelacionada, de forma instantânea e permanente, mas que permite a insulação mais absoluta, se for a opção de vida do cidadão. Novas formas de autonomia se desenvolveram, mas, estamos sempre às portas da captura por interesses arrasadores, os quais muitas vezes sequer conhecemos. É um mundo gelatinoso e deslizante, que não cabe mais na rigidez formal do Estado burguês desenvolvido ao longo dos séculos XIX e XX. As estruturas políticas desenvolvidas por tão longo tempo, e a um preço tão alto, não são mais capazes de administrar e dirimir os conflitos de interesses e as contradições que surgem com a superação do paradigma produtivo que deu origem àquele Estado.

Afirmemos, de imediato, que considerá-las insuficientes não significa considerá-las desprezíveis ou equivocadas. A tarefa há de ser agregar novas formas de participação às formas tradicionais de representação política do estado burguês, e não eliminar estas. Há de se radicalizar a democracia, e não combatê-la (*Genro*, 1999).

O exemplo do Orçamento Participativo — OP, de Porto Alegre, é o mais emblemático que nos ocorre. O OP desenvolveu-se como forma de participação direta da população no estabelecimento das prioridades orçamentárias do Município, na escolha da efetivação de obras e na definição da prestação de serviços pelos órgãos públicos. Cresceu durante 16 anos e inscreveu-se de tal forma na cidade que teve de ser mantido mesmo com a troca de grupo político no governo. Sempre conviveu com a Câmara de Vereadores e sua atuação legiferante, de forma às vezes tensa, é verdade, mas não causou nem a *sovietização* de Porto Alegre, nem a desmoralização da Câmara. Deu-se exatamente a construção de novos espaços democráticos ao lado daqueles tradicionais.

Tarso Genro, que ajudou a construir esse espaço, como Prefeito e vice de Porto Alegre, assim teoriza sobre a questão:

> "Este espaço não é um espaço "estatal", porque suas decisões não são decisões determinadas pelo Estado, nem estão sujeitas — em princípio — ao direito público estatal. Também não é um espaço "privado", porque as suas demandas, para terem validade, devem estar presididas pelo interesse público, embora possam interessar a apenas uma parte da sociedade.
>
> Trata-se, entendo, de um espaço público não-estatal, no qual é possível organizar uma esfera para disputas e consensos — uma nova esfera pública organizada por lei, ou por con-

trato político, ou por ambos — para articular a representação política tradicional com a presença direta e voluntária da cidadania, à medida que reduza sua fragmentação, integrando demandas setoriais na cena pública."(15)

Alertemos, por essencial, que o OP de Porto Alegre não se trata de um modelo único, ou de uma panacéia. Pelo contrário. Cada local, cada setor, cada questão, pode e deve ter soluções próprias e distintas para agregar a participação da sociedade no processo de deliberação das políticas públicas envolvidas. O fundamental é assentar que no momento em que começarmos a repensar as estruturas de regulação e administração do Estado após a destruição neoliberal, não podemos deixar de entender que será a ampliação da participação direta da sociedade e a construção de espaços públicos não-estatais que democratizem de forma radical o processo de tomada de decisão política que farão a diferença para evitarmos um nova tragédia como a que sofremos nas últimas décadas.

A questão democrática é a chave para a superação do neoliberalismo. Na verdade, não apenas a complexificação das relações sociais da atualidade tornaram a democracia liberal burguesa insuficiente: com a brutal concentração de poder e recursos e a profunda internacionalização das relações econômicas, será impossível efetivar um programa de reformas pró-trabalhador dentro dos atuais limites desta forma de Estado. A relativa simplicidade dessa estrutura a torna presa fácil da manipulação pelos centros de poder real ultraconcentrados da sociedade pós-neoliberal. A implementação de um programa pró-trabalhador e pró-popular depende da alteração de correlação de forças na sociedade, o que tem como *conditio sine qua non* uma nova estrutura de poder democratizada, com participação direta da população.

Uma das características mais positivas da RTME é que ela nos concede, e nos concederá ainda mais, substratos técnicos para o exercício de uma cidadania mais plena (*Genro*, 1999). A disponibilidade da informação, seu processamento, a *internet*, os meios de comunicação instantâneos, tudo permite que os grupos organizados e os cidadãos tenham acesso às informações públicas como nunca se teve, podendo exercer controles efetivos nunca antes sonhados. A tecnologia poderá agregar formas de participação e deliberação diretas, como consultas plebiscitárias, mega-reuniões por videoconferências, atuações interativas e tantas outras, que terminarão por fazer a urna eletrônica um objeto antiquado. A tecnologia

(15) GENRO, Tarso, *op. cit.*, p. 41.

pode criar um *1984*[16], mas pode, também, fazer exatamente o contrário: criar um mundo radicalmente democrático. Depende da vontade política da cidadania organizada.

O fracasso do neoliberalismo, pois, abre oportunidades. Velhas bandeiras devem ser retomadas. Novas propostas devem ser pensadas. As possibilidades democratizantes das novas tecnologias devem ser exploradas. Há um estado por reconstruir, mas seu produto não será igual aos modelos já superados. A História não anda para trás. Devemos recuperar o papel do Estado de construtor da igualdade, de motor de fraternidade e segurança social, mas devemos fazê-lo a partir da realidade pós-RTME e globalização.

E, insista-se, compreender o papel, o potencial e as limitações das novas tecnologias em desenvolvimento é condição prévia ao processo de disputa da globalização, e sua regulação, condição essencial à afirmação de um novo tempo mais justo.

2.5. A CIVILIZAÇÃO TECNOLÓGICA

Já na década de 70, ainda antes da explosão da RTME, mas perante a corrida espacial e o advento da "cibernética", filósofos e estudiosos chamavam nossa era de *A Civilização Tecnológica*. Hoje não conseguimos imaginar definição mais apropriada para nosso tempo. A essencialidade da tecnologia como elemento estruturante de todas as relações econômicas e sociais é marca própria e distintiva de nossa época.

O impacto da revolução microeletrônica em nosso mundo e nossas vidas haverá de ser a lição final para que nos conscientizemos de que o desenvolvimento e a adoção de novas tecnologias não são um assunto privado, a ser deixado para pesquisadores, produtores e o velho mercado. Particular atenção haverá de ser dada, portanto, a organismos e instrumentos de regulação do desenvolvimento de novas tecnologias. Recordemos que o paradigma produtivo flexível permite que exista mais de uma forma de fazer cada objeto ou de prestar cada serviço. Assim sendo, cabe à sociedade influir na adoção desta ou daquela solução tecnológica, em face das conseqüências que desta adoção advirão para o emprego, o meio ambiente, a saúde, a economia, etc.

Exemplo da forma como pode se dar a influência social sobre estes *trade-offs* tecnológicos é vedar a utilização de recursos públicos

---

(16) *1984* é o título de um livro do escritor George Orwell, retratando uma sociedade totalitária, com apoio em recursos tecnológicos.

ou de financiamentos oriundos de instituições públicas para o desenvolvimento de tecnologias desempregantes ou alienantes, ou mesmo para empresas que se utilizem destas. Já há exemplos de vinculação de benefícios fiscais ou financeiros à não redução do nível de emprego na empresa solicitante, mas há que se aprofundar esse tipo de vinculação para o debate sobre a solução tecnológica adotada por aquela, inclusive em relação à qualidade do trabalho, temas que aprofundaremos mais adiante.

O Movimento Sindical haverá de postular a utilização de verbas públicas a fim de se inverta o processo, ou seja, para que se parta do trabalho, das situações concretas, para atingir a geração de tecnologias, e participar da administração e regulação dessas pesquisas(17). O desenvolvimento de novas tecnologias em geral acontece a partir da constatação de um problema concreto, mas, via de regra sob a visão do dono da empresa ou de seus gerentes. O desenvolvimento de novas tecnologias há de se dar com responsabilidade social, com o fim de melhorar as condições de trabalho e o bem-estar dos trabalhadores e de suas comunidades (*Melman*, 2002). O sindicalismo há de lutar para que se construa um ponto de vista do trabalho para o funcionamento da empresa, no que o tema das tecnologias empregadas é essencial (*Duraffourg*, 1998).

Abram-se parênteses para evidenciar a importância do tema do meio ambiente. As limitações ambientais devem ter papel central no desenvolvimento de novas tecnologias, impondo-se à humanidade restrições cada vez mais severas para a aplicação de tecnologias destrutivas ou agressivas para com o meio ambiente. O Protocolo de Kyoto, que recentemente entrou em vigor, referendado por 141 países, vem exatamente nesse sentido e é um gigantesco esforço de redução do efeito estufa, principalmente através da redução da emissão de gás carbônico e metano. Fruto da Conferência Rio 92, vem sendo negociado desde 1997, e não é à toa que os Estados Unidos não o ratificaram, retirando-lhe boa parte do efeito, já que os norte-americanos são os maiores emitentes daqueles gases. A lógica neoliberal ainda predominante nos EUA, particularmente com a gestão Bush II, não pode acatar a restrição à "liberdade produtiva" que se estabelece com o Tratado ora em questão, mesmo que isso possa significar imenso dano à Terra. De toda sorte, com a adesão da Rússia, da China e de toda a Europa, a entrada em vigor do Protocolo de Kyoto terá como conseqüência um processo de desenvolvimento de novas tecnologias, de amplo espec-

(17) DURAFFOURG, Jacques. *Um robô, o trabalho e os queijos: algumas reflexões sobre o ponto de vista do trabalho*, DIEESE, São Paulo, 1998, vol. I, p. 123 e segs.

tro, já que os combustíveis fósseis, principais fontes da emissão daqueles gases, estão presentes em quase todos os setores da economia. Será uma oportunidade imperdível para que se exerça influência social na adoção de novas tecnologias, não só limpas, como também pró-emprego e pró-trabalhador.

2.5.1. Propriedade intelectual e poder

Na sociedade do conhecimento, o domínio sobre a criação, produção e desenvolvimento de novas tecnologias, e sobre a utilização e processamento da informação, será a fonte última de todo o poder. Não é à toa, portanto, que o neoliberalismo passou a forçar a compreensão do conhecimento como uma forma de propriedade, e estas últimas décadas viram brutal transformação no estatuto da propriedade intelectual em nosso planeta. Resultado visível disso é como Bill Gates, com menos de 20 anos de comércio, conseguiu amealhar a maior fortuna da Terra, mesmo competindo com pessoas cujas famílias e grupos há mais de 100 anos acumulam fortunas.

Este, porém, não é um debate encerrado, e o crepúsculo neoliberal deve-nos fazer retomá-lo. *Seymour Melman* expressa o pensamento de muitos estudiosos:

> "Mas a reivindicação a um direito de propriedade sobre o conhecimento é um exercício legal que é construído sobre areia, pois a reivindicação de identificar "o inventor" de determinado conhecimento não pode ser provada. Pelo contrário, cada avanço do conhecimento é feito sobre uma base indispensável de trabalho e de conhecimentos anteriores que representa a herança a humanidade."(18)

Stiglitz, outro intelectual norte-americano tem, igualmente, lúcida posição no tema:

> "Os direitos de propriedade intelectual devem equilibrar os interesses dos usuários do conhecimento com os dos produtores. Sendo muito rígido, o regime de propriedade intelectual pode, na verdade, prejudicar o ritmo de inovação; afinal de contas, o conhecimento é o insumo mais importante na produção de conhecimento."(19)

---

(18) MELMAN, Seymour. *Depois do capitalismo*, Futura, São Paulo, 2002, p. 106.

(19) STIGLITZ, Joseph, *op. cit.*, p. 225.

Antes do ataque neoliberal, o estatuto da propriedade intelectual no mundo se apoiava na Convenção de Paris, realizada em 1883, origem de uma série de tratados, administrados pela Organização Mundial da Propriedade Intelectual — OMPI. A OMPI tinha hegemonia européia, e contava com grande peso dos países do terceiro mundo. As regras então em vigor concediam ampla autonomia às nações signatárias, inclusive com o direito de estipular áreas em que não se acatariam patentes. No exercício desse direito, a antiga legislação brasileira proibia a patente de alimentos, substâncias químicas e medicamentos.

Incapazes de romper com o sistema da OMPI, os EUA transferiram o debate sobre a propriedade intelectual para o *General Agreement on Tariffs and Trade — GATT*, ou seja, para o processo de criação da OMC, que hegemonizavam solidamente. No curso da chamada Rodada Uruguai, que culminará com a criação da OMC, foi desenvolvido, então, o *Trade-related aspects of Intelectual Property Rights-TRIPS*, um tratado específico sobre a questão da propriedade intelectual, que liquidava com os aspectos libertários da antiga ordem da Convenção de Paris. Foi, literalmente, a completa mercantilização do tema.

O TRIPS, por exemplo, veda o direito das nações participantes de excluir qualquer área tecnológica da proteção por patentes, significando que o Brasil passaria a ter de patentear medicamentos, alimentos e substâncias químicas, como queriam as grandes indústrias do setor. Para deixar bem clara a nova ordem, a adesão ao TRIPS foi tornada obrigatória para a filiação à OMC, ou seja, sob pena de transformar-nos em párias no comércio internacional da era neoliberal. Os EUA, portanto, trouxeram para o centro da onda neoliberal o regime da propriedade intelectual, e lhe concederam nova roupagem, adequada à concentração econômica e ao monopólio, impondo-a aos demais países, sob o peso de sua influência econômica e comercial.

A Lei de Patentes brasileira (Lei n. 9.279/96), pela qual nos incluímos no novo regime, é o exemplo mais perfeito da inserção subordinada e impotente na globalização neoliberal, que é a natureza do governo de Fernando Henrique Cardoso (FHC). Mesmo o TRIPS previa a possibilidade de um prazo de até 10 anos para entrar completamente em vigor, de modo que a indústria nacional pudesse se adaptar. FHC fez com que vigorasse de imediato no país, surrupiando da indústria nacional esse precioso prazo de carência. O regime possibilita o não-patenteamento de organismos vivos, mas FHC correu para excluir dessa proibição os transgênicos — organismos geneticamente modificados, produto de poderosas transnacionais. O sistema de registro foi simplificado de modo a reduzir a oposição de eventuais reclamantes, permitindo que as grandes empresas obtenham patentes expeditas, possibilitando utilizá-las como arma contra a concorrência, no que os americanos chamam de *patent wars*, recurso dos grandes contra os pequenos e médios. Mesmo a derradeira salvaguarda nacional, presente no art. 68 da Lei, que permitia a quebra de patentes de medicamentos em certas condições, foi objeto de uma queixa, um *panel,* por parte dos EUA na OMC. O Brasil, em 2001, finalizou a lide por acordo, comprometendo-se a negociar prévia e bilateralmente com os norte-americanos na ocasião de valer-se desse instituto, restringindo, portanto, sua eficácia[20].

Mesmo em seu entardecer, os neoliberais continuam a pressionar por alterações profundas no estatuto da propriedade intelectual, de modo a concentrar recursos e poder nas mãos das grandes corporações. O atual objeto do desejo das megacorporações é a aprovação pela União Européia de uma legislação que permitirá o patenteamento de *software* para computadores. Não se trata do *copyright*, o direito do autor, sobre os programas desenvolvidos, o que já existe e é protegido internacionalmente, mas sim da patente de idéias, sistemas, métodos e algoritmos que fazem parte de qualquer *software*. A aprovação dessa legislação liquidará com o sistema *Linux* e com o movimento do *Software* Livre, potencialmente o maior instrumento de difusão de conhecimento pela informática, e praticamente impedirá o desenvolvimento autônomo ou local de qualquer programa. Toda a produção de programas de computação ficará concentrada em meia dúzia de megacorporações[21].

A lógica do estatuto da propriedade intelectual sob a égide neoliberal, viva ainda na pressão pela patente de *softwares*, é, pois, a de concentrar conhecimento e informação, tornando-os mercadoria e instrumento de poder nas mãos de muito poucos . E, lembremos, nós estamos a viver na sociedade do conhecimento e da informação. Por isso, é que este tema nos há de ser vital.

2.5.2. Pesquisa e regulação

É preciso ter claro que no século XXI, o crescimento econômico sustentável só será alcançado mediante uma política agressiva e ousada de pesquisa e desenvolvimento de novas tecnologias. Mas,

(20) Ver notícia em www.jbonline.terra.com.br/jb/papel/brasil/2001, retirada do portal em 28.3.2005.

(21) Obtenha-se mais informações em www.nosoftwarepatents.com, em diversas línguas.

desde seu começo, o desenvolvimento e aplicação de novas soluções tecnológicas há de ser submetido ao debate e à regulação social, pelas evidentes possibilidades de efeitos danosos ao meio ambiente, à saúde, ao emprego e ao bem-estar da humanidade, como já vimos em alguns exemplos. As novas tecnologias certamente nos trazem, também, novos dilemas éticos e morais, em particular face ao aprofundamento da biotecnologia, aos quais deveremos estar aptos a responder.

Regular não é censurar, nem restringir, embora razões éticas (como em relação à clonagem humana) ou científicas (como o perigo constatado aos seres vivos) possam justificar a proibição da pesquisa em certas áreas ou do desenvolvimento de certos produtos. Regular é, principalmente, estabelecer metas, objetivos, socialmente debatidos e acordados, e daí fazer derivar a pesquisa e a aplicação de novas soluções tecnológicas, e não meramente arranjar utilização para soluções desenvolvidas anarquicamente pelo mercado.

Na corrida pela atualização tecnológica da nação, há de se dedicar especial cuidado aos programas de inclusão digital. Como o futuro é indissociável da aplicação vigorosa das novas tecnologias, e estas, tanto para seu desenvolvimento como para sua utilização prática, dependem da informação e do conhecimento dos usuários, somente sua extensão, planejada, impulsionada e incentivada às classes menos favorecidas impedirá verdadeiro *apartheid* social em relação aos que ficarem de fora do mundo digital.

Ethevaldo Siqueira, em sua análise do futuro próximo, afirma:

> "Nesse novo cenário, a maior alavanca de transformação da economia e da vida humana, será, sem dúvida, a *internet* de banda larga e alta velocidade, a que podemos chamar de forma sintética de *B-Web* (de *Broadband Web*), rede mundial que derrubará praticamente todas as fronteiras e inundará o mundo de informação, conhecimento, idéias, notícias, modismos, críticas, contestações, campanhas ou apelos de qualquer natureza"[22].

O acesso à *internet*, portanto, é o fator maior de inclusão digital, que evitará a marginalização intelectual de amplos segmentos sociais, se ficarem segregados dessa fonte infindável de informação e conhecimento. Seja através de programas de popularização de computadores, como o Projeto *PC Conectado*[23] desenvolvido

(22) SIQUEIRA, Ethevaldo, *op. cit.*, p. 14.

(23) Oficialmente denominado *Projeto Cidadão Conectado-computador para todos.*

pelo governo Lula — que permite o acesso a uma máquina moderna, conectada à rede num pacote de custo subsidiado —, seja pela construção dos *telecentros* comunitários, que permitem o acesso coletivo das populações mais carentes; a sociedade deve impulsionar fortemente a disseminação da *internet* por todo o país, como condição *sine qua non* de nosso salto para o futuro.

Recém-deparados com a extensão e as conseqüências da RTME, e já devemos estar prontos para novos sobressaltos. A RTME deverá de longe ser superada pelo desenvolvimento da *nanotecnologia* e de seu potencial. Talvez as conseqüências sobre o mundo do trabalho não sejam tão revolucionárias como o advento da microeletrônica. Haverá, para o trabalho, provavelmente um aprofundamento dessa nova qualidade trazida pela RTME. Mas, o impacto científico, ético e natural será incomensurável, e o exemplo da RTME e suas conseqüências fazem com que não se possa deixar essa nova revolução ao léu.

O processo de miniaturização que resultou na revolução microeletrônica está prestes a dar outro salto que por si só é ainda mais revolucionário: passar da escala do *micro* para a escala do *nano*, mil vezes menor[24].

Acontece que a manipulação da matéria na escala nanométrica não é uma simples redução de tamanho, que acelera a produtividade e reduz custos. Toda a matéria, viva ou não, organiza-se em nanoescala. A manipulação da matéria em nanoescala, portanto, é o controle dos elementos da natureza, dos ladrilhos constituidores de tudo, os átomos e moléculas. Esse enunciado por si só torna evidente que a aplicação de uma tecnologia dessa natureza é potencialmente benéfica, mas igualmente encerra riscos fantásticos.

As aplicações da nanotecnologia nas TCI são uma continuidade multiplicada do processo de redução microeletrônico, agora numa escala muito mais avançada. Entretanto, são suas aplicações na biotecnologia, no desenvolvimento de novos materiais e de novas propriedades em materiais já existentes, que nos devem encantar, impressionar e assustar. A manipulação em escala nanométrica de átomos, moléculas e partículas subatômicas permite notável interferência humana na natureza. Torna-se possível obter alterações surpreendentes nas propriedades de materiais comumente encontrados na natureza, ou desenvolver materiais novos com proprieda-

---

(24) As informações sobre a nanotecnologia aqui utilizadas foram obtidas no estudo "La imensidad de lo mínimo", produzido em 2003 pelo Grupo ETC, sediado no Canadá, em trabalho subvencionado pela Fundação Rockfeller, e editado em espanhol com o apoio da Fundação Heinrich Böll. Endereço eletrônico www. etcgroup.org.

des nunca antes identificadas. E, mais, como é na escala nanométrica que se dão os processos biomoleculares, torna-se factível construir máquinas que alterem os sistemas biológicos ou fazer com que processos biomoleculares trabalhem como máquinas.

O salto na "imensidão do mínimo", como diz o Grupo ETC, é, pois, fascinante e aterrador. O exemplo das conseqüências da RTME deve nos levar a estabelecer formas de regulação mais estreitas no desenvolvimento e aplicação da nanotecnologia. Não são apenas as questões éticas e morais envolvidas com a manipulação da vida que estão em cheque; mas, se colocam, também, os temas relativos à propriedade privada sobre elementos e processos fundamentais de sistemas biológicos, e de novos materiais.

Tivemos recentemente no Brasil um intenso e produtivo debate que resultou numa legislação de regulação sobre pesquisa científica, a Lei de Biossegurança, Lei n. 11.105/05. Com todos os defeitos que tal lei possa ter, e nós veremos alguns deles mais adiante, ela é, em primeiro lugar, um importante rompimento com o princípio neoliberal de não-intervenção do Estado na economia. E, mais, temos de admitir que existem na Lei de Biossegurança, nem que seja de forma embrionária (perdoem-nos a ironia pouco sutil ...) todos os elementos que constituem uma boa legislação de regulação de pesquisa científica de ponta.

Examinemos seus principais conceitos:

a) Restringe a pesquisa e o desenvolvimento dos Organismos Geneticamente Modificados — OGM (os transgênicos) e regula seu licenciamento e liberação. Esse processo pode ser facilitado ou dificultado, acelerado ou travado; isto depende da disputa social em cada momento histórico, mas é importante estabelecer o princípio da necessidade de exame e licenciamento deste tipo de organismo.

b) Permite a pesquisa com células-tronco, ou seja, a pesquisa de ponta num setor eticamente sensível, mas ao mesmo tempo proíbe a engenharia genética em célula germinal humana, embrião humano e em zigoto humano, bem como proíbe textualmente a clonagem humana. Estabelece, portanto, fronteiras éticas precisas na pesquisa.

c) Determina restrições à propriedade em engenharia genética, tentando evitar a apropriação privada de todo o conhecimento relativo à vida.

d) Estabelece um sistema de fiscalização complexo, atribuído a diversos órgãos públicos especializados.

e) Cria um sistema deliberativo que, com certos problemas, é a realização do princípio do sistema de regulação política com base técnica, ao criar o Conselho Nacional de Biossegurança — CNBS, um órgão superior de regulação e deliberação de caráter político, integrado por autoridades governamentais, ao lado da Comissão Técnica Nacional de Biossegurança — CTNBio, que é um órgão técnico, com poderes deliberativos específicos.

f) Estabelece um sistema de informação em biossegurança, que é uma forma de registro e publicização de informações para conhecimento técnico e leigo nestas novas tecnologias.

g) Estabelece penalidades civis, administrativas e criminais específicas, criando um sistema punitivo razoavelmente rígido e severo para quem desrespeitar a lei.

h) determina a obrigação de rotulagem para informar o público consumidor da presença de elementos transgênicos nos produtos.

Analisando com vagar a lei, verificaremos, é claro, vários problemas, alguns razoavelmente graves. Em primeiro lugar, exsurge a falta de participação social direta nos organismos de deliberação e fiscalização, em particular na CTNBio, o que compromete parte de sua isenção e legitimidade. Algumas entidades, como a Sociedade Brasileira para o Progresso da Ciência — SBPC, Conselhos de Reitores e outras dessa ordem, poderiam ter assento direto na CTNBio, para que esta ampliasse sua representatividade. O sistema de informações é tímido na exigência da publicização de estudos e pesquisas relativos aos riscos dos OGM, e a rotulagem não tem, igualmente, determinações específicas, ficando suas regras por definir.

Não é alentadora, também, a simples chancela do fato consumado da soja transgênica, embora derive da má condução política do tema já há vários anos no Rio Grande do Sul, quando se tornou uma forma de desobediência civil das elites, criando um problema econômico e social potencialmente gravíssimo num estado que depende em boa parte desse produto. Não pode tal fato, porém, servir como precedente para a facilitação da liberação de outros produtos transgênicos. A recente publicação na imprensa do problema do milho MOM 863 da Monsanto (na Inglaterra há estudos que demonstraram que poderia ser a causa de anormalidades nos órgãos e no sangue de ratos onde foram testados), deve servir de alerta para que sejam restritivos e severos os procedimentos de liberação de organismos transgênicos[25].

---

(25) *Jornal Folha de São Paulo*, edição de 23.5.2005.

Vê-se, portanto, que a Lei de Biossegurança tem problemas, mas vê-se, também, que a partir dela e de seus elementos pode-se estruturar um complexo normativo que regule o desenvolvimento científico na nanotecnologia, na microeletrônica; enfim, em todos os setores de ponta onde haja simultaneamente benefícios e riscos potenciais à sociedade.

A globalização neoliberal e a revolução tecnológica microeletrônica não foram apenas dois processos que se deram de forma simultânea. Houve uma *captura* da segunda pela primeira, que a dominou e a submeteu a seus desígnios e interesses. Mas, as inovações microeletrônicas são potencialmente capazes de dar substrato a um trabalho humano libertador e desalienante, bem como de sustentar um novo ciclo econômico virtuoso de crescimento. A disputa da globalização; portanto, passa pela disputa do desenvolvimento e aplicação das novas tecnologias.

CAPÍTULO 3

O MUNDO DO TRABALHO

A RTME e a globalização neoliberal que a capturou causaram imenso impacto em todas as esferas da vida humana, em todos os setores da civilização. Provavelmente, porém, em nenhum deles o impacto teve a dimensão que se verificou no mundo do trabalho, na forma como se organiza e como se presta o trabalho humano.

3.1. O IMPACTO MAIOR

A automação flexível de base microeletrônica permitiu intenso aprofundamento na substituição do trabalho humano, colocando máquinas em pontos da produção antes por nós ocupados. Esse tipo de automação permitiu, igualmente, que fossem atingidos níveis antes impensados de velocidade, precisão e variação na produção.

O novo parâmetro produtivo fez com que as tarefas restantes atribuídas ao homem exigissem uma compreensão global maior do processo, fazendo-o integrar-se de forma mais crítica e criativa no sistema produtivo. O trabalho humano residual torna-se mais interessante, dotado de mais responsabilidades, fixado em pontos e funções da produção em que não podem nos substituir vantajosamente por máquinas (*Melman*, 2002). Surge o conceito de trabalhador *polivalente* ou *multifuncional*, um avanço de inegável qualidade em relação ao apertador de parafusos humano do parâmetro produtivo fordista.

O processo de implantação das novas tecnologias foi acompanhado de uma redução nos postos de trabalho, principalmente na indústria, e por uma concentração empresarial muito intensa. Esse processo resultou numa maior focalização e especialização das empresas, e, contraditoriamente, gerou uma fragmentação da produção, envolvendo inúmeras pequenas e microempresas prestadoras de serviços e fornecedoras de partes e de detalhes para os produtos de suas irmãs maiores. Esse processo expressa-se, igualmente, em unidades menores das empresas e numa produção segmentada e descentralizada, o que faz ampliar a demanda por produtos e serviços de terceiros.

Gilberto Dupas, ao examinar as contradições do capitalismo, assim se pronuncia:

> "A primeira é a que chamei de dialética da concentração *versus* fragmentação. De um lado, a enorme escala de investimentos necessários à liderança tecnológica de produtos e processos continuará forçando uma concentração que habilitará como líderes das principais cadeias de produção apenas um conjunto restrito de algumas centenas de empresas gigantes mundiais. Simultaneamente, esse processo radical em busca da eficiência e conquista de mercados força a criação de uma onda de fragmentação — terceirizações, franquias e informalização — que abre espaço para uma grande quantidade de empresas menores que alimentam a cadeia produtiva com custos mais baixos. A outra contradição é a dialética da exclusão *versus* inclusão. À medida que exclui progressivamente postos formais do mercado de trabalho, o processo de globalização estimula a flexibilização e incorpora a precarização como parte de sua lógica."[(1)]

Criou-se então uma dicotomia característica dessa época: uma mão-de-obra central de trabalhadores polivalentes, incluídos e plenos de direitos, e uma mão-de-obra periférica, com relações de trabalho precárias. Pode-se, ainda, avançar e subdividir essa mão-de-obra periférica entre os que têm um emprego precário, mas legalizado, e aqueles que estão na informalidade, uma forma extrema de precarização.

A terceirização, como é conhecida no Brasil, é a ilustração mais precisa desse processo de precarização das relações de trabalho. A terceirização é uma conseqüência do novo parâmetro produtivo, cuja busca frenética por crescente produtividade leva à especialização da empresa, que se concentra em suas atividades mais produtivas, contratando terceiros para fornecer serviços ou partes em que não é eficiente.

---

(1) DUPAS, Gilberto. *In Economia Global e Exclusão Social, apud* AROUCA, José Carlos. *O sindicato em um mundo globalizado*, LTr, São Paulo, 2003, p. 365.

Para a empresa contratante, a terceirização deveria servir para liberar recursos para a aplicação no processo produtivo, em novas tecnologias e no desenvolvimento de novos produtos, comprando-se as partes e os serviços em que outros, por sua especialização e focalização, sejam mais eficientes e produtivos, reduzindo-lhes o custo. Por outro lado, para as empresas contratadas, a plena especialização e o domínio de processos produtivos rotinizados e simplificados deveriam ser a base da redução de custos que seria o atrativo para que lhe fosse adquirido o produto ou o serviço.

Na prática, porém, o centro da redução desses custos se dá no custo do trabalho, criando-se um emprego precário, com baixos salários e poucos direitos, gerador de novas categorias desprotegidas. É muito caro, difícil e trabalhoso desenvolver tecnologias e *know-how* produtivos mais eficientes e baratos, o que leva, ainda, a que inúmeros empresários, para manter suas empresas competitivas, aprofundem-se na fraude a direitos trabalhistas e sociais, seja através da contratação sem carteira assinada — informalidade direta —, seja por meio da utilização de falsas cooperativas, as *coopergatos*.

A estrutura constitucional brasileira da relação de trabalho não admite a terceirização de atividade-fim da empresa, e, mesmo em tempos de jurisprudência reacionária, o Tribunal Superior do Trabalho — TST, consagrou este princípio em seu Enunciado n. 331. Uma das primeiras medidas precarizadoras da época FHC, porém, já em dezembro de 1994, ainda antes de sua posse, foi introduzir o parágrafo único no art. 442 da Consolidação das Leis do Trabalho — CLT que abriu o caminho para as *coopergatos*. Ao vedar-se a possibilidade de reconhecimento do vínculo de emprego entre o "cooperativado" e a tomadora de serviços da cooperativa, permite-se a relação de trabalho precarizada dentro da empresa, inclusive em atividade-fim desta, burlando-se de forma legalizada a estrutura constitucional protetiva.

De toda maneira, as relações de trabalho em si ficaram mais instáveis que no velho emprego de padrão fordista. O novo parâmetro produtivo demanda maior qualificação do trabalhador, mais habilidades e maior conhecimento. A necessidade de qualificação do trabalhador atingiu novo patamar, inclusive em relação ao ensino fundamental e médio. Quanto maior a qualidade da formação comum, menor será a necessidade de qualificação profissional específica (*Geller*, 1998).

Já vimos que as inovações tecnológicas trazem por si sós ameaça direta ao nível de emprego, já que a automação flexível tende a reduzir a necessidade de trabalho humano. Mas, mesmo quando não há necessidade dessa redução numérica, a inovação tecnológica pode ameaçar o emprego em face de uma nova exigência de qualificação para qual o trabalhador não está preparado no nível necessário.

Antigamente, um operário podia passar trinta anos seguidos numa mesma empresa, não raro na mesma máquina, com alguns poucos treinamentos e alguns *upgrades*. Agora, mesmo um bom operário, que em determinada máquina, com determinada tecnologia, produza com eficiência e presteza, deparado com nova máquina, de tecnologia diversa, poderá vir a perder seu emprego, substituído por outro mais qualificado e adaptado. A constante renovação tecnológica impulsiona, portanto, intensa pressão sobre o emprego e seu ocupante, seja por ameaçar suprimi-lo, seja por demandar qualificação superior ou distinta a que não consegue responder.

Não restem dúvidas de que, sob o novo parâmetro produtivo, estão se acabando os empregos de velho tipo, empregos para toda a vida. Surge, então, o conceito de *empregabilidade*. Face à incapacidade de garantir-se o emprego para toda a vida, há de se instituir a capacidade de empregar-se durante toda a vida, facilitando-se o deslocamento de um emprego para outro (*Stiglitz*, 2003). A chave para uma política de empregabilidade é o estabelecimento de sistemas de formação permanente, de qualificação constante do trabalhador, que nesta nova época tem de ter a capacidade de aprender durante toda sua vida útil, pois tal lhe será exigido (*Sala Zabala*, 1998). Se a própria empresa não quiser requalificar o trabalhador para as novas funções, a sociedade deve estar pronta para fornecer-lhe a instrução necessária para que possa adaptar-se às demandas tecnológicas do mercado. Mas, o conceito de empregabilidade é muito delicado e perigoso. Não raro é usado como forma de atribuir aos trabalhadores a responsabilidade pelo desemprego, isentando as políticas públicas (ou a falta delas) e a ganância empresarial de suas culpas, ou mesmo para justificar a redução do nível emprego nas diferenças entre os indivíduos[(2)]. Pensado com a devida cautela, porém, é a expressão de uma realidade de instabilidade nas relações de trabalho, que mesmo sem a selvageria neoliberal parece ser imanente ao novo parâmetro produtivo.

Surgem, também, outras formas de contratação, novos tipos de relação de trabalho, adaptadas às novas formas de organização deste, fragmentadas, segmentadas e descentralizadas, como o parâmetro tecnológico microeletrônico torna possível.

---

(2) CARDOSO, Adalberto Moreira, *op. cit.*, p. 99 e segs.

Entre as formas mais conhecidas, e em franco crescimento, está o *teletrabalho*, o trabalho a domicílio, prestado através de redes de computadores e outros *gadgets* eletrônicos. Inúmeros tipos de profissionais, particularmente nas antigas profissões liberais, não mais precisam estar na sede da empresa, onde ocupariam espaços, demandariam serviços auxiliares e causariam custos, para prestar com rapidez e eficiência seu labor, podendo exercê-lo de sua casa.

As relações de produção mais flexíveis e variáveis fazem surgir todo um campo de prestação de serviços não-subordinado, de uma *eventualidade regular*, dotado de grande autonomia. Há um incentivo, pois, a uma informalidade não-fraudulenta, causada não tanto pela vontade da empresa de fraudar custos sociais e fiscais, mas pelos custos e dificuldades que o prestador de serviços encontra para legalizar o trabalho autônomo, alguns, de fato, muito exagerados.

Em outros casos, diversos empregadores se reúnem para contratar os mesmos empregados, já que as necessidades são temporalmente compatíveis. É a origem dos *consórcios de empregadores*, que inovam profundamente a relação de emprego.

Mesmo na relação de emprego remanescente, dentro da unidade econômica, há grandes transformações. Na medida em que existe maior autonomia e mais responsabilidade na prestação do trabalho, o conceito de subordinação, que é a base fundamental da relação de emprego celetista, fica profundamente alterado (*Menezes*, 2004).

Na verdade, o novo cenário produtivo caracteriza-se por demandar uma produção muito flexível. A intensa competitividade exige que as empresas estejam prontas, a todo momento, para apresentar novos produtos, alterar os produtos em curso, ou mesmo reverter processos de produção em andamento (*Rosandiski* e *Silva*, 1999). Inúmeros tipos de percalços produtivos — obsolescência, novos concorrentes, importação, etc. —, demandam constantes alterações na produção, exigindo aprimoramento tecnológico e produtivo igualmente constante. Não é mais possível produzir durante anos e anos o mesmo produto, da mesma maneira, com alterações cosméticas ou na embalagem, sem comprometer a posição da empresa no mercado.

Essa flexibilidade produtiva, por um lado, exigirá do trabalhador maior capacidade de adaptação, de aprendizagem, possibilitando maior variação em suas funções. Por outro lado, será *per si* um fator de instabilidade, pressionando por seguidos e constantes saltos qualitativos, o que pode levar à sua demissão ou à sua substituição por um novo trabalhador mais qualificado.

A competitividade exacerbada, assoma, portanto, como mais um fator instabilizador das relações de trabalho, impondo à empresa seguidos choques de custos para recuperar seu espaço, ou somente para reposicionar-se no mercado, o que usualmente leva os empresários à demissão de trabalhadores.

A administração neoliberal da economia, portanto, é um elemento de instabilização acentuada das relações de trabalho, mas a verdade é que o novo parâmetro produtivo e sua demanda por uma produção flexível cria um ambiente que, mesmo libertado da administração neoliberal, será muito mais instável que o modelo fordista de produção, caracterizado por relações produtivas e empregatícias duradouras.

3.2. DESEMPREGO: ESTRUTURAL OU PASSAGEIRO?

Não há dúvidas de que o desemprego foi a conseqüência mais visível, e dolorosa, das inovações da RTME. A automação de base microeletrônica, particularmente com sua captura pelo programa neoliberal, reduziu sensivelmente os postos de trabalho, em especial na indústria, carro-chefe do emprego na época do parâmetro produtivo da 2ª Revolução Industrial, mas também em outros setores, como serviços financeiros e bancários. Constatava-se que essa automação e o aumento de produtividade que a acompanhava, geravam menos emprego por dólar investido na expansão da economia real(3).

Esse debate acentuou-se e radicalizou-se no início dos anos 90, e muitos viram a redução do nível de emprego como definitiva, surgindo a expressão *desemprego estrutural*, aqui utilizada no sentido de caracterizar um alto nível de desemprego que seria permanente em face do novo parâmetro produtivo. Pouco a pouco, porém, a realidade foi tornando o debate mais complexo.

A observação do avanço das novas tecnologias nos países desenvolvidos começou a criar a dúvida sobre haver ou não, na verdade, um período inicial de adaptação, com uma profunda desorganização da economia pela introdução dessas novas tecnologias, no qual se verificavam altos níveis de desemprego. Este seria seguido, posteriormente, com a expansão do novo parâmetro tecnológico para toda a economia, pela absorção dos trabalhadores substituídos tecnologicamente pelos outros setores, recuperando-se o nível

---

(3) DUPAS, Gilberto. *In* O Emprego em crise, *Revista Teoria e Debate*, n. 33, nov./dez. 1996.

de emprego. Foram resgatados estudos de economistas, como *J. A. Schumpeter*, que haviam analisado o processo de introdução de tecnologias em outras épocas, com conclusões semelhantes(4).

Estudos da OIT e da Organização para a Cooperação e Desenvolvimento Econômico — OCDE sobre o desemprego ao longo dos anos 80 e 90 constataram que, de fato, "o intenso surto de inovações tecnológicas e as profundas mudanças organizacionais contribuíram significativamente para a expressiva eliminação de postos [de trabalho]", mas constataram, igualmente, que "existem outros constrangimentos de ordem econômica, social e institucional que impedem que elas impulsionem um novo surto de desenvolvimento sustentado e a recuperação dos níveis de emprego"(5).

Hoje entende-se o surto de desemprego elevado e persistente do período neoliberal mais como conseqüência das políticas de ajuste fiscal e financeiro impostas pelo FMI e seus associados, que tiveram nítido caráter depressivo, do que devido a uma pretensa característica estruturalmente desempregante do novo parâmetro tecnológico.

O exame dos recentes dados sobre o desemprego levantados pela OIT, que comparam os níveis de 1979, quando havia 45 milhões de desempregados no mundo, dos quais 1/3 nos países do G-7, com os níveis atuais, que constatam 160 milhões de desempregados no mundo, mas apenas 11 milhões nos mesmos países, parecem indicar que o avanço tecnológico termina, de fato, por recuperar os níveis de emprego anteriores em suas etapas iniciais(6). Já dissemos antes que não é um paradoxo afirmar que a difusão ampla e equilibrada das novas tecnologias, por todo o globo e por todos os setores da economia, é a forma mais eficiente de enfrentar o desemprego tecnologicamente causado.

O estudo do processo vivido no Brasil nos anos 90, que veremos mais adiante, igualmente demonstra que o repentino e intenso aumento do desemprego naquele período se deve mais às políticas pelas quais se optou para ingressar, de forma subordinada e acrítica, no mundo globalizado, com o choque das importações e a extrema severidade fiscal e financeira, do que às características imanentes do novo parâmetro tecnológico.

---

(4) CARDOSO, Sidnéia e GUEDES, Cezar, *op. cit.*, p. 44 e segs.

(5) GUSMÃO, Paulo. *Desemprego, crescimento econômico e inovações tecnológicas nos países capitalistas avançados: as abordagens da OIT e OCDE*, DIEESE, São Paulo, 1999, vol. II, p. 51.

(6) POCHMANN, Márcio, em entrevista ao portal www.anamatra.org.br, retirada em 24.5.2005.

Jacques Freyssinet, no bojo de sua participação no projeto DIEESE/CESIT, constata, ao estudar este tema:

> "A mudança técnica, não é, por natureza, criadora ou destruidora de empregos; ela modifica as condições de determinação do nível de emprego. Resultarão dela mais consumo, mais tempo livre, mais desemprego? A resposta não reside no progresso técnico, mas sim nos modos de regulação do sistema produtivo."(7)

Reafirme-se, porém, de fato mudaram a natureza e o perfil dos empregos. A indústria não mais é o carro-chefe do emprego neste período. Tendencialmente, reduzem-se os postos de trabalho na indústria, e o carro-chefe do nível de emprego transfere-se para os serviços (*Gusmão*, 1999).

O elevado ritmo de inovações tecnológicas e de surgimento de novos produtos também confere especial instabilidade à estrutura ocupacional, mesmo tomada em seu sentido mais estrito. O desenvolvimento e implantação da televisão digitalizada, e sua conexão aos computadores, por exemplo, causará tremendo impacto no mercado de DVDs, locadoras de vídeos, etc., pela facilidade que trará de serem obtidos os filmes diretamente da rede. O mercado de CDs também está ameaçado pela popularização das tecnologias que *baixam* músicas da *internet* e as gravam em pequenos aparelhos portáteis. Por outro lado, a telefonia celular, cuja expansão alcançada hoje nenhum estudioso previa há 15 anos, cria inúmeros novos negócios e milhares de empregos em nichos que antes sequer eram imaginados. Só o mercado de músicas como tom de telefone movimentará 100 milhões de dólares no Brasil em 2005(8).

O processo de convergência digital que se verificará nos próximos anos criará e destruirá inúmeros produtos, instabilizando o mercado e modificando constantemente a estrutura ocupacional, contribuindo para jogar empregos de um lado para outro. Nem de perto, portanto, teremos com o novo parâmetro tecnológico, a estrutura ocupacional homogênea que caracterizava o modelo fordista. Criador de uma imensa classe operária industrial, presente muitas vezes em fábricas gigantescas, o fordismo desenvolveu o sindicalismo tal como o conhecemos e deu origem a sistemas de proteção e previdência social baseados na identidade de vidas e de interes-

---

(7) FREYSSINET, Jacques. *Mudanças Tecnológicas e relações profissionais: experiências sindicais*, *in* DIEESE, São Paulo, 1998, vol. I, p. 203.

(8) Ver *Jornal Zero Hora*, edição de 20.4.2005.

ses que esta homogeneidade produtiva e ocupacional trazia. A nova estrutura ocupacional é fluida, diversificada, com interesses diversos e distintos, retratando uma produção fragmentada, descentralizada e diluída em inúmeros locais de trabalho, menores e mais diferentes uns dos outros. E, acrescente-se ainda, essa diluição e fragmentação das classes causada pelo novo parâmetro produtivo, tendendo à extinção das velhas classes homogêneas, é um dos móveis fundamentais da crise pela qual passa hoje o movimento sindical em escala global.

É possível, e até provável, que os novos tempos não sejam necessariamente trágicos, como há pouco se pensava, e que se consiga implementar uma nova regulação e novas políticas que impulsionem novo ciclo sustentável e prolongado de crescimento. Mas, o *trabalho* mudou, e para sempre.

3.3. O SINDICALISMO E SEU TEMPO

As profundas alterações observadas na produção e no trabalho por si sós demandariam uma modificação na atuação do movimento sindical, com uma conseqüente transformação de suas estruturas organizacionais. Mais ainda se estas alterações foram o pano de fundo para não menos profundas alterações nas estruturas de poder da sociedade.

Não se pode entender a organização e a atuação sindical fora do momento histórico em que está situada. Em cada fase de nossa História, dependendo do momento político e da situação econômica, o movimento sindical terá condição de florescer de uma ou de outra maneira, deverá se organizar ou atuar de uma ou de outra forma.

Entender esse processo, como ele se deu no Brasil, será essencial para compreender os desafios que o movimento sindical enfrenta hoje. Uma rápida visão da história do movimento sindical em nosso país, sob esse prisma, facilitará a apreensão do panorama que hoje se descortina.

3.3.1. A pré-história sindical no Brasil rural

Tendo sido o Brasil o último país do chamado mundo ocidental a abolir a escravidão, em 1888, não se pode falar propriamente em movimento sindical durante o Império, já que aquele pressupõe o trabalho assalariado livre. Nossa História registra alguns movimentos reivindicatórios durante o Segundo Reinado, com destaque para aquela que foi a primeira greve de trabalhadores assalariados livres, os tipógrafos, no Rio de Janeiro, em 1858[(9)]. Mas, a economia brasileira era fundamentalmente rural e escravagista, o que exclui a possibilidade de uma vida sindical mais intensa.

Com a abolição da escravatura e a Proclamação da República, começa um amplo programa imigratório no país, que combinado com uma incipiente industrialização (que se aceleraria um pouco mais apenas com o advento da 1ª Grande Guerra), dá início à história sindical brasileira. Entre 1891 e 1910 entrarão no Brasil 1.769.892 imigrantes, mais de dois terços dos quais italianos e espanhóis[(10)]. A maior parte irá para o campo, destino prioritário da imigração numa economia que ainda era basicamente rural[(11)]. Contudo, os primeiros anos do novo século verão um incremento dos estabelecimentos industriais nos poucos centros urbanos importantes do país, que se utilizarão da mão-de-obra dos imigrantes.

Durante a República Velha, portanto, a industrialização e a urbanização avançaram lentamente. Conseqüência natural desse processo foi o paulatino crescimento do movimento operário e sindical. O próprio processo de consolidação da República foi fator de impulsionamento do movimento sindical e popular em seus primórdios, já que parte da oficialidade do Exército, para fazer frente aos inúmeros esforços restauradores do período e afirmar-se nos conflitos internos dos republicanos, buscou alianças com os trabalhadores. O próprio presidente Floriano Peixoto, o *Marechal de Ferro*, assistiu à comemoração do 1º de maio de 1892, uma das primeiras no Brasil, no Rio de Janeiro.

A República Velha tem sido estigmatizada como um regime socialmente insensível e eminentemente repressivo, sendo muitas vezes resumida na famosa frase atribuída a Washington Luiz, "A questão social é uma questão de polícia". À parte o fato de que o então presidente da República (1926/1930) sequer tê-la-ia pronunciado[(12)], o estudo daquele período denota ser a situação mais complexa. No caso do movimento sindical, fica evidente que às ações repressivas, que são efetivamente inúmeras e pesadas, somaram-se sempre iniciativas que buscaram cooptar e tutelar o movimento e seus líderes.

---

(9) SILVA, Jorge E. *In O nascimento da organização sindical no Brasil e as primeiras lutas operárias*, extraído do *site* www.agrorede.org.br, em 16.4.2004.

(10) HUGON, Paul. *In Demografia Brasileira*, Fundação IBGE, *apud* Coleção Nosso Século, Abril Cultural, São Paulo, 1980, vol. I, p. XII.

(11) FRANCO, Afonso Arinos Melo. *In Rodrigues Alves, Apogeu e declínio do Presidencialismo*, Senado Federal, Brasília, 2001, vol. I, p. 199.

(12) AROUCA, José Carlos, *op. cit.*, p. 70.

Entre 1900 e 1903 vai ocorrer uma série de greves, particularmente no Rio, São Paulo e Porto Alegre, tendo a reivindicação da redução de jornada de trabalho como principal centro. Boa parte delas é bem sucedida, e foram dirigidas por variadas formas de associações de classe.

Rodrigues Alves (1902/1906), "representante genuíno da nova burguesia em ascensão"(13), assumiu a Presidência com ímpetos reformistas, que se expressaram principalmente nas grandes obras que remodelaram o Rio de Janeiro. Esta forma mais progressista de pensar a política está certamente, também, na base da edição da primeira legislação brasileira sobre sindicatos, a Lei n. 979/1903.

Essa norma disciplinava somente os sindicatos rurais, expressando ainda a relativa desimportância da economia industrial e urbana em 1903 (Rodrigues Alves era ele mesmo um cafeeiro(14)), e, na verdade, tinha mais finalidades de cunho cooperativo e creditício. Os sindicatos, apesar do nome, eram mistos, reunindo "profissionais da agricultura e das indústrias rurais de qualquer gênero", fossem patrões, empregados ou autônomos . A lei regulava-lhes a vida jurídica de forma bastante completa, mas concedia-lhes razoável autonomia, autorizando até a formação de "uniões ou sindicatos centrais".

Nos anos seguintes da primeira década do século XX, acelera-se a organização sindical dos trabalhadores, já sob plena hegemonia anarco-sindicalista, sobre cujas causas muito se tem debatido. As respostas a essa indagação variam desde a influência dos imigrantes italianos e espanhóis, maioria no período, como já visto(15), ao isolamento político da classe operária após a consolidação dos governos civis oligárquicos na República(16).

De toda sorte, não restam dúvidas de que sob essa hegemonia floresceu um movimento sindical sólido, autônomo e solidário, que já em 1906 foi capaz de realizar no Rio de Janeiro o 1º Congresso Operário Brasileiro, deflagrando o processo que culminaria na criação, dois anos depois, da Confederação Operária Brasileira — COB, congregando mais de 50 organizações operárias de vários

---

(13) FRANCO, Afonso Arinos Melo, *op. cit.*, p. 192.

(14) *Idem, ibidem*, p. 140.

(15) AROUCA, José Carlos, *op. cit.*, p. 31.

(16) BOITO JR., Armando. *In A presença do Sindicalismo na História Política do Brasil*, extraído do portal www.apropucsp.org.br em 15.4.2004.

estados do país[17]. Em 1906 uma greve geral em Porto Alegre obtém a jornada de 9 horas e, em 1907, inúmeras categorias em São Paulo conquistam as 8 horas diárias.

A resposta do governo ao crescimento da agitação operária combinará a regulação e a repressão. Em janeiro de 1907, de forma quase simultânea, são editadas a Lei n. 1.637, que regulamenta a criação e o funcionamento dos sindicatos, e a Lei n. 1.641, mais conhecida como a Lei Adolfo Gordo, que permite a expulsão dos estrangeiros "que por qualquer motivo comprometam a segurança nacional ou a tranqüilidade pública".

A nova regulamentação sindical em muito copiava a antiga lei de 1903 (tinham, aliás, o mesmo autor, o deputado baiano Inácio Tosta, e expressavam a influência católica originada da encíclica *Rerum Novarum*, do Papa *Leão XIII*), mas continha importantes inovações. Permitia a presença dos sindicatos em juízo, na defesa dos interesses de seus membros, determinava a separação contábil das funções de cooperativa, previdência e crédito que quisessem manter, mas, principalmente, permitia a existência de sindicatos "puros", ou seja, não-mistos, apenas de empregados. Assinale-se, ainda, que era um regime de pluralidade sindical: bastavam sete associados para formar um sindicato, sem outras restrições quantitativas.

Já a Lei Adolfo Gordo, da lavra deste deputado paulista que era cunhado de Prudente de Morais, tem lugar reservado na história nacional da infâmia. A partir da óbvia constatação da influência das lideranças estrangeiras no movimento sindical, o que derivava da própria existência da classe operária no país, já que naquela época, em São Paulo, 90% dos operários eram estrangeiros, foi aprovada uma lei que permitia a expulsão sumária dos "indesejáveis". Mais de 1.000 pessoas foram expulsas durante sua vigência, inclusive brasileiros natos, que por óbvio não eram estrangeiros, mas líderes sindicais indesejáveis[18]. Nota-se a utilização vanguardista da expressão "segurança nacional", de triste memória algumas décadas depois, no texto de seu art. 1º, acima citado.

Nem a repressão desmantelou os sindicatos, nem a regulamentação domesticou-os . A maior parte dos estudiosos concordam em considerar que foram nulas ou quase nulas as conseqüências práticas daquelas duas primeiras normas de organização sindical. As elites brasileiras partiram então para um esforço de cooptação

(17) SILVA, Jorge E., *op. cit.* Assinale-se que a primazia da realização de um congresso operário no Brasil cabe aos gaúchos, que realizaram em 1898, em Porto Alegre, o 1º Congresso Operário do Rio Grande do Sul. Haveria ainda outros três até 1927.

(18) SILVA, Jorge E., *op. cit.*

pura e simples. Em 1912 realiza-se no Rio de Janeiro um Congresso Operário presidido pelo filho do presidente da República, mal. Hermes da Fonseca (1910/1914). O dep. Mário Hermes reuniu no belo Palácio Monroe algumas entidades sindicais, para fundar a Confederação Brasileira do Trabalho (*Arouca*, 2003). A resposta do sindicalismo combativo será o 2º Congresso Operário, em 1913, que rearticula a hegemonia anarquista no movimento.

Com a chegada da Grande Guerra, às lutas operárias contra a crise soma-se a luta pela paz. A pequena aceleração industrial a partir de 1916 não evitou, porém, a aceleração dos preços. A combinação destes elementos com a agitação do momento político internacional tornou 1917 um ano histórico para o movimento sindical brasileiro, marcado por inúmeros movimentos reivindicatórios. Com a declaração de guerra pelo Brasil à Alemanha, em outubro daquele ano, a aprovação de uma lei de exceção deu mais efetividade à repressão das autoridades contra o movimento sindical[(19)].

Mesmo assim, 1918 será um ano de intensas lutas, particularmente na então Capital federal. Já sob o exemplo da Revolução Russa, o momento culminante daqueles anos anarquistas será uma tentativa de insurreição no Rio de Janeiro com vistas à tomada do poder, planejada para 18 de novembro de 1918, que fracassa sob o comando militar de um tenente do exército que era um agente provocador[(20)]. Este episódio pode ser definido como o marco inicial do declínio da hegemonia anarquista sobre o movimento sindical brasileiro. Daí em diante, durante toda a década de 20, vai-se esvaindo o domínio anarco-sindicalista. Com a fundação do Partido Comunista Brasileiro — PCB, em 1922, agrega-se o acirramento da competição interna no movimento, algumas vezes de forma bastante violenta.

O governo ainda faz alguns movimentos na direção da regulação e cooptação, como a edição da Lei n. 3.724, de 15.1.1919, que torna compulsório o seguro contra acidentes de trabalho em algumas atividades, e que prevê funções para os sindicatos em sua mecânica. Os anos 20, porém, serão marcados pela repressão. Conseqüência das agitações e da tentativa de insurreição, são editadas várias leis repressivas. De julho de 1922, após o famoso episódio dos "18 do Forte", até o final do governo Artur Bernardes (1922/1926), o país viverá sob estado de sítio. Serão longos anos de retração do movimento sindical.

---

(19) SILVA, Jorge E., *op. cit.*

(20) *Coleção Nosso Século*, Abril Cultural, São Paulo, 1980, vol. II, p. 98.

Neste período, porém, florescerá o Tenentismo, e a radicalização das classes médias urbanas que o caracteriza abrirá caminho para o fim do isolamento político do movimento operário. Começam a criar-se as condições para o novo ciclo que terá início na década seguinte.

Vê-se, portanto, que mesmo antes da Revolução de 30 o movimento sindical brasileiro apresenta uma trajetória de organização e lutas, de pioneirismo e heroísmo. Mas, por suas características singulares, num período conturbado, com parca industrialização, num país ainda essencialmente rural, deixou esparsas conseqüências visíveis para o futuro. Nossa história sindical começa realmente com Getúlio Vargas.

3.3.2. A Era Vargas — Sindicalismo e projeto nacional

A Revolução de 30 é um marco essencial na História do Brasil. Não foi uma simples quartelada, como desdenhosamente alguns intelectuais classificam-na. Constituiu-se numa forma de movimento de massas que levou ao poder uma elite modernizante, hegemonizada pelo positivismo gaúcho, com um projeto nacional de estruturar um Estado forte e autoritário, com capacidade de intervir em todos os setores da sociedade e que promovesse o desenvolvimento econômico, a partir de um processo de industrialização calcado na substituição das importações e em investimentos estatais de vulto, sobre os escombros do modelo agroexportador e importador que morrera com a Crise de 29. *Armando Boito Jr.* aponta:

> "A Revolução de 30 não foi um mero golpe de estado. Apresentada como tal pela antiga direção do PCB e por parte dos historiadores, como o historiador Edgar de Decca, ou como uma mera dissidência oligárquica, tal qual 1930 aparece nos trabalhos de Boris Fausto, esse movimento tem sido redimensionado pela pesquisa mais recente, na história e na ciência política, pesquisa que, na verdade, revaloriza e desenvolve, com enfoques e métodos novos, algumas teses que já estavam presentes em Nelson Werneck Sodré, Celso Furtado e outros. A Revolução de 30 pode ser vista como parte do processo de revolução burguesa no Brasil. A revolução política burguesa é um processo prolongado. Seu ponto de partida foi, como demonstrou Décio Saes, a ruptura no Estado brasileiro provocada pela Abolição e pela República — surge então no Brasil um Estado baseado no direito (formalmente) igualitário burguês, com instituições políticas (formalmente) universalistas. Este é um tipo de Estado necessário para a difusão das

relações de produção baseadas na exploração do trabalho livre, isto é, capitalista. A Revolução de 30 deve ser situada nesse processo porque, ao encerrar a hegemonia da grande burguesia ligada ao comércio de exportação e importação, deu novo impulso ao desenvolvimento do Estado e da economia capitalista no Brasil: ela ampliou a cidadania, com o desenvolvimento dos direitos políticos e sociais, unificou o mercado nacional e desencadeou o processo de industrialização, permitindo a constituição das forças produtivas especificamente capitalistas no Brasil."(21)

As questões sindical e trabalhista foram desde sempre um dos centros da plataforma da Aliança Liberal. Logo após a tomada do poder, Vargas criou o Ministério do Trabalho, chamado de o *Ministério da Revolução*. Na verdade, era o Ministério do Trabalho, Indústria e Comércio, agregando estes dois últimos departamentos que estavam no Ministério da Agricultura durante a República Velha. Para seu titular foi designado Lindolfo Collor, fidelíssimo discípulo castilhista, antigo diretor de *"A Federação"*, e deputado estadual e federal do Partido Republicano Rio-grandense. Desde seu discurso de posse, fica claro que aquele Ministério foi pensado como instrumento de uma política de desenvolvimento, para onde deveriam ser atraídos empresários e trabalhadores:

> "É o Ministério do Trabalho, especificamente, o Ministério da Revolução. (...) Idealizado a começo, como órgão que houvesse de superintender apenas as questões relativas ao trabalho, entendeu depois o Chefe do Governo Provisório que suas funções devessem ser alargadas com o acrescentar-lhe das matérias administrativas atinentes à produção e à circulação da riqueza."(22)

Desde logo se fará sentir a ação do Governo Provisório nas questões sociais. Já em dezembro de 1930, o Decreto n. 19.482 exigirá que pelo menos 2/3 do pessoal das empresas urbanas seja brasileiro nato. Em março de 1931, surgirá o Decreto n. 19.770, a primeira legislação sindical da Era Vargas. Aparecem aqui os primeiros elementos da estrutura sindical varguista, que sofrerá diversas modificações até sua perfectibilização na CLT, em 1943. Introduz-se a necessidade do reconhecimento do Estado e da aprova-

---

(21) BOITO JR., Armando, *op. cit.*

(22) AROUCA, José Carlos, *op. cit.*

ção dos estatutos da entidade sindical, estabelece-se complexo sistema de controle e interferência do Estado sobre a vida associativa; cria-se a estrutura vertical de federações e confederações, a simetria entre entidades patronais e profissionais e, principalmente, impõe-se a unicidade.

Inúmeros estudiosos apontam o modelo da *Carta del Lavoro* do fascismo italiano (1927) sobre o Decreto n. 19.770. O exame comparativo de seus textos faz parecer exagerada esta conclusão. Redigido basicamente por *Evaristo de Moraes* e *Joaquim Pimenta*, dois notórios pensadores de cunho socialista reformista, este decreto parece refletir mais a ideologia positivista da Revolução do que o modelo corporativo de Mussolini. Mas, de fato existem similitudes entre alguns conceitos e, sem dúvida, o decreto pátrio é um texto autoritário e intervencionista, cimentando o Estado como o árbitro obrigatório das tensões entre patrões e empregados.

Interessante levantamento de *Azis Simão*[23] demonstra que entre 1930 e 1933, açambarcando todo o período de Collor e o período inicial da gestão de Salgado Filho, seu sucessor no Ministério[24], foram editadas mais de 30 normas, regulando ampla gama de matérias, tais como horário de trabalho, férias, criação da Carteira Profissional, trabalho do menor, convenções coletivas, condições físicas de trabalho, criação e funcionamento de institutos e caixas de pensão e aposentadoria, estruturação do Ministério e criação de suas inspetorias, além da criação da Justiça do Trabalho, ainda fora do Poder Judiciário.

Diferentemente da situação da República Velha, portanto, onde havia alguma legislação social esparsa e sem condições de efetividade, o Governo Vargas estruturava, desde seu início, um sistema completo, com legislação de cunho trabalhista e previdenciária bastante abrangente, com organismos eficazes de fiscalização e mesmo com os primeiros órgãos para composição e solução dos conflitos.

Por outro lado, com a implementação da política de industrialização do Governo Provisório, começam a chegar ao Brasil as novas formas de organização do trabalho, destinadas a ampliar a produtividade. Em 1931, empresários paulistas criam o Instituto de Organização Racional do Trabalho — IDORT com o fim de introduzir

(23) SIMÃO, Azis. *Sindicato e estado*, Dominus, São Paulo, 1966, p. 90 e segs.

(24) Lindolfo Collor saiu do Ministério na esteira da crise de 1932, tendo sido substituído por Joaquim Pedro Salgado Filho, outro revolucionário da mais pura cepa gaúcha, que veio da Chefia de Polícia do Distrito Federal e mais tarde seria o primeiro Ministro da Aeronáutica.

no Brasil os métodos tayloristas de gerenciamento da produção, que, através da repartição e simplificação das tarefas e da retirada da iniciativa e da autonomia do operário, busca obter ganhos de produtividade com a "racionalização" do trabalho. O taylorismo é introduzido também no serviço público e a criação do Departamento Administrativo do Serviço Público — DASP, marco fundamental na profissionalização dos serviços públicos no Brasil, constituiu-se em importante reforço para o IDORT e a propaganda de novas formas de gestão do trabalho. *Maria da Graça Druck*, em estudo sobre o tema, assim afirma[(25)]:

> "Na verdade, é somente quando o projeto industrializante de Getúlio — o modelo de substituição de importações — se consolida que se pode afirmar sobre a implementação do taylorismo no Brasil. Ou seja, é quando se generaliza o industrialismo, compreendido não somente como produção industrial propriamente dita, mas como uma etapa do desenvolvimento do capitalismo, cujos pressupostos estão assentados na difusão do trabalho assalariado como norma e referência, na 'disciplina fabril' dentro e fora do trabalho (num novo modo de produzir e de viver) e no uso racional da ciência (tecnologia) combinada com o uso racional da força de trabalho.
>
> Mas para que estas práticas tayloristas conseguissem ser implementadas foi de fundamental importância a intervenção do Estado brasileiro, em especial o controle sobre o movimento sindical, através de sua nova estrutura, erguida no pós-30, oficializada pelo Ministério do Trabalho, corporativa e sob total controle do Estado. Ou seja, foi necessário vencer a resistência operária através de seus sindicatos livres, colocando-os na ilegalidade, reprimindo e prendendo seus dirigentes, para estabelecer, a contento, o ideário taylorista."

Verifica-se, portanto, que não apenas foi estruturado um sistema de proteção social que era harmônico e coerente entre si, mas que tal sistema estava por sua vez inserido num projeto de industrialização e desenvolvimento, em não menor harmonia com novos métodos de administração do trabalho destinados a ampliar a produtividade.

Assim, nestes primeiros anos da década de 30, o Ministério do Trabalho vai cooptando o movimento obreiro, trazendo-o para den-

---

(25) DRUCK, Maria da Graça, *op. cit.*, pp. 54/57.

tro do oficialismo, utilizando-se, sim, de repressão, mas igualmente utilizando-se, e bem, das vantagens que a nova estrutura trazia. *Maria Hermínia Tavares* pontua(26):

> "Com todas as suas óbvias limitações, a estrutura oficial oferecia saída para dois grandes problemas que o movimento dos trabalhadores urbanos não lograra resolver adequadamente até então: o do reconhecimento do sindicato pelo patronato e o da estabilidade organizatória das associações de trabalhadores. De fato, ao mesmo tempo que colocava o sindicato sob controle, a lei impunha-o ao empresariado, como o único representante legal dos empregados nos processos de negociação salarial. Por isso mesmo, a legislação sindical criava condições para a constituição de organizações permanentes como nunca o tinham sido as velhas associações de trabalhadores."

O Estado brandia, ainda, com outras vantagens e benesses, como a participação dos dirigentes em organismos estatais, ou a atribuição aos sindicatos de poderes de fiscalização nas empresas, como fazia o Decreto n. 23.103/33, que previa férias a comerciários e bancários, instituto que como já visto, não era cumprido a contento naquela época. Desse modo, mesmo que houvesse resistências, inclusive com uma tentativa de recriar a COB anarquista, durante 1933 e 1934 a maioria dos sindicatos livres sobreviventes vai buscar sua oficialização(27).

Mesmo derrotando a Revolução de 1932, Vargas teve que ceder e convocar a Assembléia Constituinte. Mais uma vez combinando repressão e cooptação, por um lado o governo afastou do processo, mediante a cassação de direitos, em face do movimento constitucionalista, inúmeros oposicionistas, mas por outro lado criou um dos mais notáveis instrumentos de atração do movimento operário e sindical, os deputados classistas. Através dos Decretos ns. 22.653 e 22.696, de 1933, criaram-se 40 vagas de deputados na Assembléia Constituinte, 20 para os empregados, dentre os quais 2 funcionários públicos e 20 para os empregadores, dentre os quais 3 para profissionais liberais. Cada sindicato ou associação, desde que legalizados até 20 de maio daquele ano, elegia um delegado, que reunidos no Rio de Janeiro, após reconhecimento pelo Ministro do Trabalho, e em pleito presidido por este, elegiam os deputados.

---

(26) TAVARES, Maria Hermínia. *In A Revolução de 30 e a questão sindical*, texto inserido no "Simpósio sobre a Revolução de 30", ERUS, Porto Alegre, 1983, p. 239 e segs.

(27) *Idem, ibidem.*

A Carta de 1934, inspirada nos exemplos daquela do México, de 1917, e da República de Weimar, da Alemanha de 1919, constitucionalizou direitos sociais, previu direitos trabalhistas mínimos e estabeleceu a pluralidade e autonomia sindicais. A bancada classista atuou fortemente no sentido de positivar algumas conquistas, juntamente com deputados tenentistas, revitalizando a aliança que houvera por ocasião do movimento de 30[(28)].

A adoção do pluralismo sindical, porém, foi uma vitória da aliança entre o empresariado e o movimento católico, organizado na Liga Eleitoral Católica (LEC). Os empresários não queriam interferências em sua organização classista, que já se consolidara plural (originando as até hoje existentes associações comerciais, federações e centros industriais) e tinham receio do sindicato único operário como fonte de força, mesmo controlado pelo Estado[(29)]. O movimento católico defendia a pluralidade desde sua origem, na Encíclica *Rerum Novarum*.

Aliás, frise-se que a resistência patronal às políticas sociais e à legislação sindical e trabalhista de Vargas foi muita intensa neste período. Embora cientes de seu caráter autoritário e controlador e acordes com ele, não viam com bons olhos as características de cunho corporativo que abriam espaço político e organizativo para os trabalhadores.

Vargas, porém, golpeou de forma brilhante o nascente pluralismo. Quatro dias antes da promulgação da Constituição, editou o Decreto n. 24.694, que mantinha as demais disposições básicas do Decreto n. 19.770/31, e que, regulando a pluralidade, ao exigir a reunião como associados de no mínimo 1/3 dos empregados da profissão na localidade, limitava na prática ao máximo de 2 sindicatos possíveis em cada caso (seria absurdo conseguir a perfeita divisão em três terços da categoria ...). Getúlio, por óbvio, tinha plena consciência do que fazia e não apenas em relação à questão sindical. Em seus *Diários*, nas entradas referentes aos dias 1º a 7 de julho de 1934, há várias referências à ultimação do que chama de "derradeiros atos ditatoriais" em diversas áreas[(30)]. Para os profissionais liberais e para os empregadores, entretanto, não se estipularam limitações tão drásticas, permitindo a efetiva pluralidade.

---

(28) *Coleção Nosso Século*, Abril Cultural, São Paulo, 1980, vol. III, p. 86.

(29) GOMES, Ângela Castro. *In Empresariado e Legislação Social na década de 30*, texto inserido *in* "Simpósio sobre a Revolução de 30", ERUS, P. Alegre, 1983, p. 252 e segs.

(30) *Diários de Getúlio Vargas*, Siciliano/FGV, Rio, 1995, vol. I, pp. 304/305.

A Constituição de 1934 manteve, ainda, os deputados classistas, e após sua promulgação acelerou-se ainda mais o processo de fundação e oficialização de sindicatos. Entre 1931 e 1933 o Ministério do Trabalho registra o reconhecimento de 256 sindicatos de empregados. Entre 1934 e 1936, somarão mais 426. Estes 682 sindicatos de 1936 reunirão mais de 300 mil associados (*Arouca*, 2003). O peso do operariado no país igualmente crescia, em face do processo de industrialização. O censo de 1940 registrará mais de 780 mil operários, e em relação ao total da população isso significa cerca do triplo dos números de 1920. Este foi, ainda, período de intenso crescimento econômico. Após profunda depressão nos turbulentos anos de 1930 e 1931, no qüinqüênio 32/36 haverá expressiva expansão da economia.

Mais uma vez, uma insurreição fracassada teria profundas conseqüências sobre a história sindical brasileira. O trágico desfecho do movimento que ficou conhecido como a *Intentona Comunista*, em novembro de 1935, deu início ao período mais repressivo do longo governo de Vargas. De saída, Getúlio obtém do Congresso a decretação do Estado de Sítio, e são efetivadas centenas de prisões. O PCB é desmantelado, e, evidentemente, seus quadros sindicais são sugados no turbilhão. Entre as baixas se encontra a Confederação Sindical Unitária Brasileira *(CSUB)*, criada sob a égide do PCB em maio daquele ano, a primeira tentativa desde a COB de ter uma central sindical no país. A máquina repressiva, porém, não era nada seletiva, e o movimento sindical como um todo quase desaparece na época. O pouco que restou estava completamente domesticado e sem capacidade real de mobilização.

A partir daí, Vargas acelera seus desígnios autoritários. Após um pioneiro "autogolpe", em 10 de novembro de 1937, inaugura-se oficialmente o Estado Novo, com a promulgação da *Polaca*, carta constitucional redigida por Francisco Campos, inspirada na autoritária constituição polonesa de então. No tocante à matéria sindical e trabalhista, possui trechos que são uma cópia quase literal da *Carta del Lavoro* da Itália fascista. Declara a organização sindical "livre", mas apenas a entidade reconhecida pelo Estado exercerá as prerrogativas sindicais, que lhe são "delegadas pelo Poder Público". A greve é considerada "recurso anti-social", e a economia nacional será organizada em "corporações". É mantida, porém, a constitucionalização dos direitos sociais inaugurada na Carta de 1934, inclusive a previsão do salário mínimo, que em breve seria por fim efetivado.

Estabelecido o novo patamar geral, Vargas retoma a construção de sua estrutura sindical e trabalhista. Em julho de 1939, sai das mãos de Oliveira Viana a nova legislação sindical, o Decreto-lei n. 1.402. Retorna-se à unicidade e à seara controladora de 1931, e introduzem-se mais dois conceitos essenciais, o de categoria profissional e o de enquadramento sindical pelo Ministério do Trabalho. Fica perfectibilizado o ambiente para o mais absoluto fracionamento do movimento sindical, dividido em categorias e tendo como base territorial preferencial o município, o que, somado à proibição da existência de centrais horizontais, condena-o à inanição política.

Como o DL n. 1.402, por uma ardilosa combinação de dispositivos, determinava na prática um novo registro dos sindicatos (pós-34 houve um regime de pluralismo sindical, e, agora, somente um, "o mais representativo" — art. 57 — poderia sobreviver), dar-se-á sensível redução do número de entidades sindicais no país, ampliando o controle do governo sobre o movimento. Dos 1.337 sindicatos de assalariados e profissionais liberais existentes em 1939, restavam 940 ao fim do Estado Novo, em 1945[31].

Vargas, porém, era um renomado mestre em agregar a cooptação à repressão. Nesta época, a Justiça do Trabalho deixa de ser um órgão administrativo e torna-se parte do Poder Judiciário. Surge, resplandescente, o Poder Normativo, jóia da estrutura sindical varguista, ao prever como árbitro supremo para os conflitos trabalhistas um poder que a opinião pública via sendo por definição neutro e imparcial, mas que era, contudo, parte integrante da estrutura política do Estado. Em 1940 o Salário Mínimo é implementado e cria-se o Imposto Sindical, que resolve de vez o problema do sustento econômico dos sindicatos oficiais. Colocava-se, então, a derradeira pedra num edifício sindical que perduraria por décadas e décadas.

Movimentos sociais manietados, identidades regionais sufocadas, vozes dissidentes amordaçadas, patriotismo exacerbado nas ruas, propaganda oficial onipresente. No início dos anos 40, o cenário é perfeito para a caracterização daquilo que *Adalberto Moreira Cardoso* chamou de "a ideologia da dádiva" (*Cardoso*, 2003).

O surgimento da CLT é a síntese de tudo quanto fora construído, em suas marchas e contramarchas, desde o início da Revolução de 30. Como seu nome bem o diz, e poucos o notam, é uma Consolidação: de fato, quase tudo o que lá está já preexistia, embora existam inovações em seu texto. Foi compilada, organizada, lapidada e ampliada por uma comissão de alto quilate jurídico que incluía, dentre outros, o então jovem advogado *Arnaldo Süssekind*. A cerimônia da edição da CLT na festa do 1º de Maio de 1943, no

---

(31) *Coleção Retrato do Brasil*, *op. cit.*, fasc. 18.

estádio do Vasco da Gama, no Rio de Janeiro, é a consagração de Getúlio Dornelles Vargas como o "Pai dos Pobres". Não por ironia, começaria a viger no dia 10 de novembro, aniversário do Golpe ...

A vitória da Democracia nos campos de batalha da Segunda Grande Guerra torna impossível a continuidade do Estado Novo. Nem o gênio político de Getúlio Vargas conseguiu manter-se no poder mais do que uns poucos meses após o desembarque dos "pracinhas", de volta, no porto do Rio de Janeiro. Já seu modelo sindical e trabalhista manter-se-á por muito tempo. A questão que imediatamente se coloca é: Por que?

Não era um sistema de abrangência universal. Muito antes pelo contrário: não se aplicava aos trabalhadores rurais, que ainda eram a maioria na força de trabalho dos anos 40; não se aplicava aos funcionários públicos, que tinham suas regras próprias, que por mais benéficas que fossem não incluíam a sindicalização; não se aplicava aos empregados domésticos, significativa parcela dos que trabalham no Brasil até os dias de hoje. Era, pois, um sistema de inclusão social, sim, mas parcial, limitado, que à época não chegava a um terço da força de trabalho do país.

Era, porém, um sistema perfeitamente adaptado aos setores mais dinâmicos da economia. Como vimos, além de coerente e harmônica em si, a estrutura sindical e trabalhista que se expressou por fim na CLT estava completamente integrada no projeto industrializante do governo pós-30. As formas de produção industrial da época, que foram mais tarde aprofundadas com a plena introdução do Brasil no "fordismo periférico", caracterizam-se por sua homogeneidade. Havia poucas variações no *modus operandi* de uma fábrica para outra, de uma região para outra. Era perfeitamente possível, portanto, que uma só norma legal, externa e centralizada, atendesse à regulação do modo de trabalho no Brasil.

Por sua vez, a estrutura sindical em si era um fator de inclusão do obreiro na lógica produtiva que vinha sendo implantada. Recordemos, em primeiro lugar, que tal estrutura sindical não foi produzida de uma só vez, foi sendo criada e aperfeiçoada aos poucos, com o desenrolar das políticas do governo de Getúlio Vargas, desde o primeiro decreto de 1931 até a compilação na CLT, passando pela Constituição e pelo decreto de 1934, pelo texto de Oliveira Viana de 1939, pela criação do imposto sindical em 1940. Seu resultado final, é o sindicato único, fracionado a seu extremo, controlado pelo Estado, economicamente sustentado, praticamente sem funções de regulação do uso do trabalho na fábrica, a não ser pontuais e secundárias (já que a Lei tudo supre), e, por ausência de instrumentos e de autonomia, sem poder de intervenção na "grande política". As atividades sindicais ficaram reduzidas a pouco mais do que regulares e espaçadas negociações sobre o reajuste salarial, e no resto do tempo as entidades serviam de vetor de transmissão das formas de "produzir e viver" dominantes(32).

Para explicar sua longevidade, também, não se pode menosprezar o fato de que o caráter tutelar deste sistema, travando qualquer trajetória mais ousada de organização e conscientização dos trabalhadores, agradava sobremaneira às elites brasileiras, tivessem elas apoiado ou enfrentado Vargas. A estrutura sindical e trabalhista construída naquela época, é uma das mais perfeitas expressões do projeto nacional autoritário e modernizante advindo da Revolução de 30, quando, para se obter a efetivação e a garantia reais de alguns direitos básicos pelo Estado, inseridos numa estratégia geral de desenvolvimento, abre-se mão da liberdade. Mas, independentemente de que nos anos posteriores possa ter havido uma alteração aqui ou ali, modificando certo instituto para um lado ou para outro, a característica mais duradoura, mais marcante, que consolidada por Vargas atravessou os regimes seguintes, é a de que foi construído no Brasil um *sistema legislado de relações de trabalho.*

Adalberto Moreira Cardoso examina o tema nestes termos:

> "O conceito de modelo legislado de relações de trabalho é antigo, mas recebeu elaboração interessante em *Jeaummaud* (1980), em referência ao caso francês, no qual a produção das regras e normas de uso do trabalho, bem como a regulação da negociação entre capital e trabalho, ocorrem preferencialmente no nível da legislação federal, sendo, portanto, produzidas no Parlamento e não em mecanismos composicionais. (...)
>
> Ressalte-se que enquanto os modelos negociais ou contratuais têm na contratação coletiva o espaço privilegiado de produção das normas, nos modelos legislados, o Estado ocupa esse lugar (no Executivo, no Parlamento ou no Judiciário."(33))

Pouco, quase nenhum, espaço foi deixado aos sindicatos, às partes, para produzir normas e regulações do uso do trabalho no Brasil. Desde que Getúlio Vargas e a geração de 1930 se arvoraram

(32) *Vide* DRUCK, Maria da Graça, nota 25 *supra*.

(33) CARDOSO, Adalberto Moreira, *op. cit.*, pp. 137/138.

em usurpar da nação seus direitos democráticos, muito aconteceu na História do Brasil. Mas, os trabalhadores nunca mais recuperaram o poder de normatizar suas vidas profissionais.

3.3.3. O interregno democrático — A busca do protagonismo político

Com a aproximação do fim da Segunda Guerra, Getúlio, antevendo o que lhe poderia acontecer se insistisse no Estado Novo, começa a manobrar para atender às reivindicações democráticas da população, e, por óbvio, para manter-se no poder. Com as restrições legais então existentes, formaram-se apenas 12 partidos e destes, somente 4 (Partido Social Democrático — PSD, União Democrática Nacional — UDN, Partido Trabalhista Brasileiro — PTB e o PCB) eram efetivamente nacionais. A máquina dos interventores do Estado Novo criou o PSD e a máquina do Ministério do Trabalho, com o ex-ministro Alexandre Marcondes Filho à frente, criou o PTB. Vargas era o Presidente de honra de ambos! Getúlio, porém declarou que o PTB era o verdadeiro herdeiro dos postulados da Revolução de 30. Mas, como sempre, Vargas manobrava em mais de uma frente, e buscou aliança com os comunistas para agregar mobilização de massas a seu projeto continuísta. Libertando Prestes e seus camaradas da prisão e tirando o tacão da polícia de cima do PCB, Getúlio obteve o apoio deles para o movimento *Queremista* ("Queremos Constituinte com Getúlio").

Com a queda do ditador e o fracasso do *Queremismo*, o PCB enfrenta as eleições com face própria. Lança um candidato desconhecido e sem carisma, e mesmo assim alcança quase 10% dos votos. Elege 15 parlamentares para a Constituinte, dentre eles mitos da esquerda como João Amazonas, Carlos Marighela, Gregório Bezerra, Jorge Amado e Luis Carlos Prestes.

O PTB também alcança sucesso naquelas eleições. Elegeu 24 parlamentares, com mais de 700 mil votos, dentre eles *Segadas Vianna*, um dos patriarcas da CLT. O PTB apóia Dutra, o general fiador do Golpe de 37 que se elegeu presidente da República, e obtém o Ministério do Trabalho, concedido a Negrão de Lima. Mantinha, assim, o controle da máquina de controlar sindicatos.

A Constituição de 1946 de fato democratiza o país, apagando a mancha da Carta de 1937. No campo sindical e trabalhista, mantém o princípio da constitucionalização dos direitos básicos inaugurado em 1934: em seu art. 158 reconhece o direito de greve e no art. 159 assegura a liberdade sindical. Ocorre, porém, que em ambos estes artigos estava presente a remissão à regulamentação da lei ordinária. Além disso, o art. 159 previa expressamente o exercício pelos sindicatos de "funções delegadas pelo Poder Público". O texto constitucional, portanto, trazia todas as pré-condições necessárias para que se afirmasse que estava recepcionada pela nova ordem a integralidade da CLT. Mudava-se, mas não mudava nada ...

Ademais, pouco antes da promulgação da Carta de 1946, Dutra editou o Decreto-lei n. 9.070, que regulamentava o direito de greve, submetendo-o a prévias e complexas negociações e a diversos procedimentos atados à Justiça do Trabalho, agregando novos *Crimes contra a Organização do Trabalho* no Código Penal e criando novas hipóteses autorizativas de intervenções nos sindicatos. Da mesma forma que Getúlio em 1934 em relação à pluralidade, Dutra frustrava a nova conquista antes mesmo que ela entrasse em vigor pela Constituição.

Reconstitucionalizado o país, as novas instituições democráticas, porém, não se estendiam para o movimento sindical, que continuaria aprisionado dentro do mesmo ordenamento jurídico do Estado Novo. Mas, não há dúvidas de que o novo ambiente democrático fazia crescer a agitação e o movimento sindical. Nos seis primeiros meses de 1946, registram-se pelo menos 70 greves, envolvendo mais de 100.000 trabalhadores(34), 12 das quais deflagradas e dirigidas por Conselhos de fábrica. Em um ano, de 1945 para 1946, o número de filiados a sindicatos cresceu 68%, chegando a quase 800 mil membros(35).

Os comunistas mantinham suas postulações de liberdade, pluralidade e autonomia sindicais, criticando a estrutura vigente, mesmo enquanto atuavam conjuntamente com os trabalhistas. Em setembro de 1946, realiza-se no Rio de Janeiro o Congresso Sindical dos Trabalhadores do Brasil, reunindo tanto os comunistas quanto os oficialistas do PTB. Mais de 1.700 delegados se reúnem, demonstrando a força do movimento; mas, não é possível manter a unidade. Os oficialistas se retiram no meio do Congresso, e os comunistas criam a Confederação dos Trabalhadores do Brasil — CTB, mais uma tentativa de central sindical, com Uniões Sindicais estaduais. Os oficialistas dirigem-se ao Ministério do Trabalho e combinam a criação da Confederação Nacional dos Trabalhadores, que não chegará, porém, a sair do papel (*Arouca*, 2003).

---

(34) MUNHOZ, Sidnei J. *In Ecos da Emergência da Guerra Fria, in* www.dhi.uem.br.
(35) *Coleção Retratos do Brasil, op. cit.*, p. 94 e segs.

Uma central sindical comunista, autônoma e organizada, era um pesado desafio à Ordem pós-Estado Novo. Além disso, o PCB continuava a crescer: no pleito de 1947, elege 46 deputados estaduais e obtém maioria na Câmara de Vereadores do Rio de Janeiro. Naquela época, chega a 200 mil filiados e congrega intelectuais do porte de Graciliano Ramos, Di Cavalcanti, Portinari, Drummond de Andrade e Aparício Torelly, o *Barão de Itararé*, o que lhe traz grande prestígio social.

Dutra, um dos mais germanófilos de nossos generais na década de 30, era um cruzado anticomunista da melhor estirpe macarthysta. Manobrou fortemente no sentido de obter a ilegalidade do PCB, e em maio de 1947, o Tribunal Superior Eleitoral (TSE), por 3 votos a 2, cassa o registro do *Partidão*. Simultaneamente, Dutra editou o Decreto n. 23.046 que "suspendia" por seis meses a CTB e as Uniões Sindicais, e determinava a intervenção em todos os sindicatos que tivessem se filiado ou apenas contribuído para tais entidades. O movimento sindical comunista foi dizimado. Entre 1947 e 1948, o governo interveio em 217 sindicatos[36].

A Guerra Fria atropelava o PCB, mas o PTB também se livrava de um forte e incômodo adversário pela hegemonia do movimento sindical.

Os comunistas resistiram bravamente. Criaram sindicatos paralelos, organizaram greves, como, em dezembro de 1947, as dos ferroviários de Sorocaba e dos estivadores de Santos, fundaram jornais e revistas para substituir os que iam sendo fechados, e por fim chamaram o voto em branco nas eleições de 1950, como protesto[37].

A vantagem trabalhista, porém, era muito grande. Desfrutava da legalidade, da liberdade e da máquina ministerial. Em 1950, o próprio Getúlio volta ao poder, pelo voto popular, e pela legenda do PTB. Em seu mandato, Danton Coelho, então presidente do partido, depois Segadas Vianna e o nascente ídolo João Goulart assumirão o Ministério do Trabalho, politizando cada vez mais sua atuação em prol dos trabalhistas. Em dezembro de 1951, Vargas mais do que triplica o salário mínimo, passando-o de 380 para 1.200 cruzeiros. Criado em 1940 para ter reajustes a cada três anos, tivera o primeiro e único em 1943, ainda no Estado Novo. Dutra nunca o reajustou durante seu mandato, e Getúlio o descongelava após 8 anos[38].

---

(36) *Coleção Retrato do Brasil*, *op. cit.*, fasc. 18.

(37) SEGATTO, José Antonio (org.), PCB, 1922-1982, *Memória Fotográfica*, Brasiliense, São Paulo, 1982.

(38) VILLA, Marco Antonio. *In Jango, um perfil (1945-1964),* Globo, S. Paulo, 2003, p. 24. Mesmo assim restava um saldo inflacionário a repassar aos trabalhadores. Três

Foi demais para os comunistas, e eles capitularam. Perseguidos e isolados, não podiam seguir numa linha sectária de enfrentamento a um governo nacionalista e popular. Em julho de 1952, a Comissão Nacional do PCB aprovou a famosa *Resolução Sindical* que enterrou de vez a resistência à estrutura sindical, e determinou a volta aos sindicatos oficiais e a adesão à unicidade. Nos 30 anos seguintes não haveria mais qualquer significativa proposta de modificação da estrutura sindical varguista.

Ao contar-se a história do sindicalismo no período 46/64, é necessário abrir um parêntese para tratar especificamente do sindicalismo rural, que finalmente sairá do papel e da teoria. Chega a ser irônico lembrar que nossa primeira Lei sindical, a já citada Lei n. 979/1903, tratasse do sindicalismo rural, porque este somente se efetivará cerca de sessenta anos depois.

Sendo o Brasil dos princípios do século XX um país fundamentalmente agrário, em que a produção industrial somente viria a superar a do campo na metade da década de 50 (e a população urbana superaria a rural apenas dez anos mais tarde)[39], o peso político das conservadoras elites rurais sempre foi decisivo para a estabilidade dos governos, que evitavam confrontá-las. Getúlio deixará os trabalhadores rurais à margem da CLT e apenas no ocaso do Estado Novo tratará do sindicalismo rural, sem maiores conseqüências. Mas, os novos tempos democráticos, que permitirão aflorar as tensões sociais, e o início da modernização do campo no Brasil, que no pós-guerra começa a caminhar para superar o descompasso em relação à economia urbana, inevitavelmente vão trazer a questão agrária, em sua plenitude, à cena política.

No período anterior à sua Resolução Sindical, o PCB já se preocupava com a questão do sindicalismo no campo e dedicou-se a formar ligas de camponeses e outras organizações independentes. A virada de 1952 levará ao abandono dessa política (que deixou apenas conseqüências locais) e se refletirá na organização da Conferência Nacional de Lavradores e Trabalhadores Agrícolas, em setembro de 1954, de onde surgirá a União de Lavradores e Trabalhadores Agrícolas do Brasil (ULTAB), instrumento fundamental da intervenção dos comunistas nas lutas rurais e pela reforma agrária[40].

---

anos depois, em 1º de maio de 1954, Getúlio deu novo aumento de 100% ao salário mínimo, por pressão de Jango, e as resistências a este fato foram de fundamental importância na aceleração da crise final de seu governo.

(39) *Coleção Retrato do Brasil*, *op. cit.*, fasc. 39 e p. 435.

(40) SEGATTO, José Antonio, *op. cit.*, p. 105.

Ainda em 1954, surgirá no mítico Engenho Galiléia, em Pernambuco, a Sociedade Agrícola de Plantadores e Pecuaristas de Pernambuco, que dará origem ao movimento que ficou conhecido como as Ligas Camponesas, depois que seus fundadores procuraram um jovem advogado e deputado estadual para defendê-los da reação dos latifundiários, chamado Francisco Julião.

O crescimento das Ligas Camponesas será muito rápido e trará para o centro da política brasileira não só a questão agrária como a "questão Nordeste", já que a profunda pobreza daquela região de nosso país e de seu povo será um permanente objeto de denúncia de seus ativistas[41]. Em 1958, o I Congresso de Foreiros e Pequenos Proprietários de Pernambuco reunirá 3.000 pessoas em Recife, e em 1960 as Ligas terão 35 mil associados naquele Estado e 70 mil em todo o Nordeste. Em 1961 existirão em 10 estados do Brasil e no ano seguinte chegarão ao Estado do Rio de Janeiro[42]. Com a conquista da desapropriação do Engenho Galiléia (1959), as Ligas Camponesas tornam-se um potente símbolo de luta pela Reforma Agrária e espalham seu exemplo por todo o país. No ano seguinte surgirá o Movimento dos Trabalhadores Sem-Terra (MASTER), no Rio Grande do Sul, sob o beneplácito do governador Leonel Brizola, do PTB, que realizará algumas desapropriações para reforma agrária. Todavia, em face das radicalizadas concepções políticas de seu líder Francisco Julião, as Ligas Camponesas não incluíam os assalariados rurais, nem mesmo em Pernambuco, onde eram muito numerosos em face dos imensos canaviais, mas apenas pequenos proprietários, parceiros e "foreiros". Havia, portanto, bastante espaço para o crescimento da atividade sindical não só do PCB e de sua ULTAB, mas também de um novo ator político na cena rural, a Igreja.

Desde o fim dos anos 40 a Igreja vinha se preocupando com a situação de penúria de seus fiéis no campo. A fundação da Conferência Nacional dos Bispos do Brasil (CNBB) em 1952, sob a liderança de D. Hélder Câmara, será um passo fundamental na aglutinação do clero progressista brasileiro para sua intervenção nas lutas sociais, em particular na zona rural. Durante toda a década de 50, amplos setores da Igreja vão se radicalizando e aprofundando sua atuação no campo, embora houvesse outros tantos setores católicos reacionários. Mas, os Círculos Operários, no Rio de Janeiro e

(41) A atuação das Ligas Camponesas e a grande seca de 1958 são citadas como causas fundamentais no surgimento da SUDENE, primeira agência de desenvolvimento regional do Brasil, em 1959, sob o comando de Celso Furtado.

(42) *Coleção Retrato do Brasil*, *op. cit.*, p. 394.

em São Paulo, algumas arquidioceses no Norte e no Nordeste, padres e bispos por todo o país, vão ser importantíssimos propulsores da organização dos trabalhadores, particularmente entre os rurais.

O divisor de águas no movimento rural será o I Congresso Nacional de Lavradores e Trabalhadores Agrícolas, realizado em Belo Horizonte, em novembro de 1961.

Com a chegada de João Goulart ao poder, após a renúncia de Jânio Quadros e a vitória da Campanha da Legalidade contra o veto militar à sua posse, o tema das Reformas de Base, dentre elas a Reforma Agrária, assume a centralidade na conjuntura política. Com pouco mais de dois meses da nova Presidência, ainda sob as restrições do Parlamentarismo, mais de 1.600 delegados se reúnem em Minas Gerais para debater as reivindicações do campo. Francisco Julião vence os debates naquele Congresso, com uma posição bastante radicalizada e sectária, defendendo uma reforma agrária radical e imediata, sem quaisquer concessões, táticas que fossem, ao governo de João Goulart, embora este tivesse até ido pessoalmente ao encontro. O Congresso mineiro foi a expressão política da famosa bandeira "Reforma Agrária, na lei ou na marra".

O resultado dessa "vitória" foi que o governo resolveu intervir e participar nas lutas do campo, e os comunistas e católicos se afastaram das Ligas Camponesas. Em seu maior momento, começou o processo de isolamento das Ligas, enfraquecendo-as, por fim, de tal modo que não tiveram qualquer condição de reação ao Golpe de 1964.

Após anos de estagnação, entre maio e novembro de 1962 são reconhecidos 82 sindicatos rurais. Em novembro de 1962, são alteradas as Portarias regulatórias pelo ministro Pinheiro Neto, facilitando o reconhecimento e a formação de sindicatos, e no ano seguinte entre abril e outubro, são oficializadas mais 131 entidades[(43)]. A sindicalização rural finalmente toma forma, mas ainda dentro da lógica celetista, com o enquadramento sindical feito por categorias profissionais fracionadas, o que viria a ser modificado após o Golpe de 1964, quando o Decreto-lei n. 789/69 cria a estrutura de um só sindicato rural de empregados e um de empregadores por base territorial

Em março de 1963, surge o Estatuto do Trabalhador Rural, a Lei n. 4.214/63, que estende os direitos trabalhistas aos trabalhadores rurais, com previsão específica e detalhada, e consolida as regras de organização sindical, copiando a essência da CLT e do De-

(43) *Idem, ibidem*, p. 110 e segs.

creto n. 7.038/44, e adaptando-as às novas necessidades que então se apresentavam. Vinte anos depois de seu surgimento, a CLT, ainda que parcialmente, chegava ao campo.

A coroação deste processo de organização sindical rural será a fundação, em dezembro de 1963, da Confederação Nacional dos Trabalhadores na Agricultura (CONTAG), com sua direção sendo fruto de um acordo político entre PCB, Igreja e a Ação Popular (AP), organização de esquerda surgida em 1961, oriunda principalmente dos movimentos de juventude católicos (JEC e JUC). Sessenta anos depois da primeira lei que tentou organizá-lo, por fim havia um expressivo sindicalismo rural no Brasil.

Enquanto isso, mesmo tendo aderido à unicidade e à estrutura sindical oficial, a partir de sua Resolução Sindical de 1952, o PCB não abdicava de obter alguns avanços na organização dos trabalhadores. Durante esses anos democráticos, os sindicalistas começam a sentir a necessidade de ultrapassar as fronteiras de seu próprio quintal, de superar os interesses meramente corporativos e de obter protagonismo político na sociedade brasileira, que passava por período de intensa efervescência. Neste sentido, a luta mais significativa do período foi a do estabelecimento de organizações horizontais, da efetivação da articulação intersindical, instrumento indispensável à obtenção de protagonismo político: a luta por uma Central.

Já em março de 1953, uma grande greve congregando diversas categorias em São Paulo, que ficou conhecida como a "Greve dos 300 mil", deu origem ao Pacto de Unidade Intersindical (PUI). O movimento envolvera têxteis, metalúrgicos, pedreiros, gráficos e marceneiros, reivindicando reajuste salarial. A natural dispersão causada pela organização sindical por categorias era um obstáculo ao congraçamento de esforços. O PUI era objetivamente uma vitória contra o fracionamento do sistema oficial, e perdurou até 1958, quando foi substituído pelo Conselho Sindical dos Trabalhadores de São Paulo.

Estávamos ainda em pleno governo Getúlio Vargas, e o velho ex-ditador era bastante apegado à ortodoxia de sua estrutura sindical. Não tinha a menor intenção de permitir a organização horizontal das entidades, e em 1954, mesmo já plena crise terminal de seu governo, encontrou tempo para determinar uma reestruturação do Enquadramento Sindical e para deixar bem claro, no que depois veio a se expressar na Portaria n. 129 do ministro Napoleão Guimarães, que uniões intersindicais não eram nem bem-vindas nem legalizáveis.

O suicídio de Vargas, em agosto de 1954, pôs fim à crise institucional deflagrada pelo fracassado atentado à vida de Carlos Lacerda e adiou o golpe militar por dez anos. Pouco depois, em 3 de outubro, realizaram-se eleições parlamentares, e a combinação do crescimento do PTB com a derrota da UDN deixou claro a todos os observadores que a velha dobradinha getulista PSD/PTB continuava a ser a força dominante da política brasileira. De fato, nas eleições presidenciais seguintes, a vitória de Juscelino Kubitschek (JK) e João Goulart revalidava o pacto político que há anos e anos governava o Brasil. A tentativa golpista contra sua posse foi desbaratada pelo General Henrique Lott, e o Brasil entrou num de seus períodos mais fascinantes, os *anos JK*.

O governo de JK foi um período democrático, de intenso crescimento econômico e grande dinamismo social. O PCB continuava ilegal, mas agia com enorme desenvoltura, o PTB retornou ao Ministério do Trabalho e o movimento sindical tomou significativo impulso. Além de seus avanços no campo, já analisados anteriormente, o movimento sindical crescia nas cidades em organização e maturidade política. Os esforços pelo estabelecimento de entidades horizontais se multiplicavam por todo o país e significavam objetivamente subir do patamar das lutas corporativas para o das lutas políticas e sociais gerais. Os trabalhadores se habilitavam a disputar um projeto para o país.

Naquela época, trabalhistas e comunistas em geral atuavam bastante próximos no movimento sindical. As organizações intersindicais eram, entretanto, um dos pontos de tensão nessa relação de parceria e rivalidade. O PCB era seu grande incentivador, e nos primeiros momentos os trabalhistas, clientes do oficialismo, não as viam com bons olhos. Surgiam, porém, nos pólos mais dinâmicos do movimento, como resultado direto de seu crescimento. Registrem-se o Fórum Sindical de Debates — FSD, que congregava 40 sindicatos da região de Santos; o Pacto de Unidade e Ação — PUA e a Comissão Permanente de Organizações Sindicais — CPOS, no Rio de Janeiro, dentre as mais consistentes das intersindicais pioneiras.

Foi, contudo, no governo JK que o flagelo da inflação introduziu-se efetivamente na realidade brasileira. De um índice de meros 12,4% em 1955, a inflação passou a 24,4% em 1956 e chegou a 39,5% em 1959. O aumento do custo de vida em tal velocidade é um poderoso acelerador para o movimento sindical. O crescimento da inflação levou a uma ampliação significativa das greves, espalhadas por todo o país. De 15 greves assinaladas em 1956, verificaram-se 29 em 1958 e chegaram a 65 em 1959. É nesse período, também, que cresce a mobilização no campo, e as Ligas Camponesas incendeiam o Nordeste.

A crise econômica rapidamente evolui para uma crise política, principalmente em face da derrota do governo nas eleições de 1958, quando crescem o PTB e a UDN, em detrimento do PSD de JK. O país começa a marchar para a polarização que explodiria alguns anos mais tarde.

A incapacidade de JK em deter o processo inflacionário e combater a carestia que penalizava os trabalhadores, foi afastando cada vez mais o movimento sindical do governo. Por fim, nas eleições presidenciais de 1960, rompe-se a aliança PSD/PTB. O PTB lança novamente João Goulart (Jango) candidato à vice-presidência, mas não apóia o marechal Lott, candidato do PSD. A partir exatamente de uma iniciativa de Dante Pellacani, um dos mais importantes líderes sindicais petebistas, surge a fórmula JAN-JAN, Jânio para presidente e Jango para vice. Parecia inacreditável, mas o PTB apoiava a UDN para a presidência, numa dobradinha que venceu as eleições com larga margem de votos e fez o país embarcar numa aventura inolvidável. Jânio, porém, não agradeceu o apoio do PTB, que não recebeu nenhuma pasta em seu governo, nem o bem-amado Ministério do Trabalho, desvinculado da Indústria e Comércio, que carregava desde 1930, passando a ser o Ministério do Trabalho e Previdência Social.

Os conturbados anos que vão da posse de Jânio Quadros até o Golpe de 1964 caracterizam o auge do movimento sindical brasileiro, que conhecerá seu período de maior poder e influência sobre a sociedade. Suas atividades moldarão aqueles tempos e estarão no epicentro da crise que leva à Ditadura Militar.

Ainda em 1960, o III Congresso Sindical Nacional, realizado em julho, no Rio de Janeiro, concluía pela premente necessidade de criar-se uma central sindical. Os trabalhadores conscientizam-se de que há muito em disputa e que um órgão central tinha fundamental importância. Ao mesmo tempo, conscientizam-se, igualmente, de sua força crescente. Em novembro daquele ano, a Greve da Paridade reúne 400 mil marítimos, ferroviários e portuários, reivindicando paridade com os vencimentos dos militares. Muito embora o movimento fosse severamente reprimido, o Congresso Nacional atendeu a reivindicação e aprovou uma lei naquele sentido. A pressão social dobrava o Parlamento.

Com a grave crise que se seguiu à renúncia de Jânio, em agosto de 1961, com o veto dos militares, secundados pela UDN e pelas forças conservadoras, à posse de Jango, o movimento sindical pôde verificar a extensão e a profundidade antipopular do projeto político das elites. A posse de Jango na presidência, portanto, mesmo com a solução paliativa do Parlamentarismo, acirra a disputa política no país e traz à tona a proposta das *Reformas de Base*, que terá nos sindicatos um de seus apoios fundamentais. Lembremos, ainda, que em novembro de 1961, o I Congresso Nacional dos Lavradores e Trabalhadores Agrícolas, em Belo Horizonte marcará um salto de qualidade no sindicalismo rural e trará a Reforma Agrária para o centro da conjuntura política.

Em 1961 verificaram-se 105 greves, bem mais do que as 68 de 1960, e destas, 8 já podem ser qualificadas de greves políticas. Em dezembro, mesmo a oficialista Confederação Nacional dos Trabalhadores na Indústria — CNTI ensaia uma greve geral, reivindicando a concessão de um abono de Natal, que embora parcialmente fracassada, obtém a aprovação deste pelo Congresso.

Para Jango, porém, o centro político era recuperar seus poderes, castrados pelo Parlamentarismo. Logo passará a contar com o apoio sindical para seu objetivo. Aliás, o remancho parlamentarista será a causa da mais importante greve política que o país até então conhecera, da qual nascerá a mais importante organização sindical que o país até então tivera ... Em 5 de julho de 1962, o movimento sindical, articulado num Comando centralizado, deflagrou uma greve geral em todo o país, pela formação de um governo nacionalista. A greve durou 24 horas, e foi inusualmente violenta para os padrões brasileiros, registrando em todo o país conflitos com cerca de 50 mortos e 500 feridos. Mas, foi um sucesso organizacional e político. Os trabalhadores intervieram de forma decisiva e precisa nos rumos políticos da nação e ainda obtiveram do Congresso a aprovação da lei que criava o 13º salário. Entusiasmados com a experiência, pouco mais de um mês depois, cerca de 2.500 delegados de mais de 550 entidades, reunidos no IV Encontro Sindical Nacional, criam o Comando Geral dos Trabalhadores (CGT). Por fim, surgia uma autêntica, forte e representativa Central Sindical nacional, que reunia as mais importantes correntes políticas do movimento e as mais significativas lideranças dos trabalhadores. Era um fantástico salto de qualidade no movimento sindical, que agora dispunha de um instrumento adequado para atuar na disputa política do país, em prol das Reformas de Base e de um projeto de desenvolvimento nacional e popular. Menos de um mês após sua criação, o CGT já convoca mais uma greve política de grande importância, ao marcar para 14 de setembro uma greve geral pela antecipação do plebiscito que decidiria pelo retorno ao Presidencialismo. Foi mais uma vitória dos trabalhadores. Pressionado, o Congresso convocou o plebiscito para 6 de janeiro de 1963, como queria Goulart.

Registraram-se, ao todo, 128 greves em 1962, denotando o crescimento da mobilização dos trabalhadores. Nas eleições daquele ano, o PTB quase dobra sua bancada, passando de 66 para 112 deputados federais, muitos deles comunistas, já que o PCB se utilizava de sua legenda. O Partidão, porém, amargaria seu mais profundo "racha", quando surge o Partido Comunista do Brasil (PC do B), finalizando a crise interna que se arrastava desde a publicação do Relatório Secreto de Kruschev, denunciando os crimes de Stalin, em 1956. Embora Jango apelasse por uma pausa nas greves, a persistência da inflação (47,7% em 1961; 51,3% em 1962 e 81,3% em 1963) e a radicalização política no país impulsionam o movimento sindical durante 1963, seja em suas pressões políticas, como a Caravana que o CGT organiza em junho pela Reforma Agrária, seja na realização de 149 greves durante o ano, com destaque para uma greve nacional dos bancários, em setembro. O ambiente político deteriorava-se rapidamente, mas o movimento sindical parecia cada vez mais forte, aumentando no número de entidades e de filiados e ganhando em representatividade. Mediante a Portaria n. 125, o ministro do Trabalho Almino Afonso reconhecia o CGT, rompendo com a antiga política oficial de hostilizar as entidades horizontais. Em agosto de 1963, Jango comparece a um comício no Rio de Janeiro com a direção da central. Estava sacramentada a bênção oficial ao CGT. Recordemos, por fim, que 1963 se encerra com a fundação da CONTAG, concedendo aos rurícolas uma entidade centralizadora específica.

Não cabe neste livro a análise dos motivos e circunstâncias que levaram ao Golpe Militar de 1964. Contudo, é fundamental lembrar que não por acaso um dos fantasmas mais brandidos pelos conspiradores à assustada classe média era a criação no Brasil de uma *República Sindicalista*, seja lá o que isso significasse. Mas, certamente significava o medo que as elites golpistas tinham da organização operária. Não por acaso, também, no último movimento que poderia ter abortado o golpe, o até então indeciso gal. Amaury Kruel, comandante do importante II Exército, sediado em São Paulo, exigiu do presidente que abandonasse e fechasse o CGT. Jango, é óbvio, recusou.

Os sindicatos eram um alvo prioritário dos golpistas.

3.3.4. A Ditadura Militar e, depois, o **Novo Sindicalismo**

A intensidade da repressão contra o movimento sindical foi diretamente proporcional ao peso e à importância que este havia adquirido nos anos anteriores ao golpe. Entre 1964 e 1965, houve intervenções em 428 entidades sindicais, inclusive em confederações. Das primeiras ondas de cassados pela ditadura, nada menos de 84 eram dirigentes sindicais(44). A repressão não foi de tipo seletivo, pelo contrário, buscou desmantelar o movimento como um todo, a partir do despedaçamento das grande entidades: 70% dos sindicatos com mais de 5.000 membros sofreram intervenções (*Arouca*, 2003). Embora os primeiros tempos da ditadura não fossem tão violentos como a etapa que se seguiu ao AI-5, dos 13 mortos contabilizados pela repressão em 1964, pelo menos 5 são sindicalistas ou ativistas das ligas camponesas(45).

Não bastava, entretanto, esmagar as entidades. Era preciso impedir que depois continuassem a atuar. Ainda no primeiro semestre de 1964, já é imposta a Lei n. 4.330, que na prática proibia as greves, ao exigir um tal número de condições e requisitos para sua deflagração que inviabilizavam sua legalidade. Decapitado o movimento, e amordaçado o que dele restou, escancara-se a ofensiva para arrochar os salários. Em julho de 64, surge o Decreto n. 54.018, que cria a primeira das inúmeras fórmulas que existirão no país durante décadas para permitir a redução "científica" dos salários, sofisticada pelo Decreto n. 54.228, de setembro daquele mesmo ano. Em agosto de 1966, uma das mais importantes medidas da ditadura no campo sindical: o fim da estabilidade decenal e a instituição do Fundo de Garantia do Tempo de Serviço (FGTS). A aquisição da estabilidade pelo empregado após dez anos na mesma empresa era um dos elementos a impedir a rotatividade da mão-de-obra, que é fundamental para a imposição de uma política de arrocho salarial. A garantia do emprego era, também, forte elemento de atração do obreiro para a vida sindical. A instituição do FGTS foi um dos golpes mais profundos sofridos pelo movimento sindical naquele período.

A ditadura militar buscou aliar à repressão o redirecionamento da atividade sindical, criando uma cultura assistencialista nas entidades. Foi incentivada a prestação de todo tipo de serviços, do mais amplo caráter, culminando até com uma política de alfabetização e educação moral e cívica, instituída pelo Decreto n. 61.314, de setembro de 1967. A prestação de serviços, mormente os mais populares — médicos, odontológicos e jurídicos —, custava, porém, bastante caro, e a ditadura possibilitou o provimento dos novos recursos necessários, permitindo a criação do "desconto assistencial" nos acordos coletivos, destinado a financiar a estrutura assistencialista

---

(44) Fonte: www.cpdoc.fgv.br/dhbb.

(45) GASPARI, Elio. *A ditadura envergonhada*, Companhia das Letras, São Paulo 2002, p. 131.

das entidades. Nada nobre, portanto, a origem dessa fonte de financiamento, que se tornou, ao lado do velho imposto sindical varguista, a coluna vertebral da arrecadação das entidades sindicais até os dias de hoje.

Mesmo com toda a combinação de repressão e impulsionamento assistencialista, tão logo surgiu alguma brecha, o movimento reapareceu. Em 1967, aproximando-se o fim do mandato do gal. Castelo Branco, o país ganha um arremedo de Constituição, votada às pressas por um Congresso manietado, mas que traz alguma aparência de democracia. Ao fim daquele ano surgirá a primeira tentativa de rearticulação horizontal, o Movimento Intersindical Antiarrocho (MIA), em São Paulo, basicamente constituído pelos metalúrgicos. Com o advento do mítico ano de 1968, e sua elevação de temperatura social e política em escala mundial, os fatos se aceleram também no Brasil. Já no início do ano, em outra tentativa de articulação intersindical, aparece o Comitê Intersindical Antiarrocho — CIA, em Minas. Nenhuma dessas duas primeiras organizações sobreviverá muito tempo, mas eram clara demonstração de que o movimento sindical estava renascendo.

E, então, em abril de 1968, tem lugar a primeira greve importante pós-golpe, a dos metalúrgicos de Contagem (MG). Foi um movimento bastante espontâneo, mas muito bem organizado, motivado pelo arrocho que vinha impondo seguidas perdas salariais à categoria. Mesmo o ministro do Trabalho mais simbólico da ditadura, Jarbas Passarinho, foi obrigado a considerar a greve "justa, mas ilegal", embora a entendesse como "uma provocação ao governo do presidente Costa e Silva"[(46)]. Os militares foram obrigados a negociar, e a categoria arrancou 10% a título de abono salarial.

Motivados pelo sucesso mineiro, em julho os metalúrgicos de Osasco, em São Paulo, liderados por José Ibrahim, igualmente vão à greve. Agora, porém, os militares estão preparados. Embora a greve seja ampla, a repressão age ferozmente. Mais de 400 pessoas são presas, e o Exército é mobilizado para desocupar a COBRASMA, fábrica ocupada durante aqueles dias. O movimento termina sem nenhuma conquista. Passarinho foi peremptório: a greve tinha "caráter insurrecional"[(47)].

Ocorre, contudo, que a insurreição era generalizada no país. No mesmo mês de julho, além da greve de Osasco, acontece no

(46) PASSARINHO, Jarbas. *Um híbrido fértil*, Expressão e Cultura, Rio, 1996, 3ª ed., pp. 277/278.

(47) *Idem, ibidem*, p. 291.

Rio a *Passeata dos 100 mil*, maior manifestação popular da época, mobilizando toda a sociedade civil contra a ditadura. Os estudantes também se organizam e se agitam, e nem a prisão de 1.000 de seus líderes no Congresso da União Nacional dos Estudantes — UNE de Ibiúna, em outubro, arrefece o movimento estudantil. A igreja progressista se alia aos estudantes e aos operários. Quando o Congresso Nacional se nega a dar licença para que o deputado Márcio Moreira Alves seja processado, a ditadura parece balançar.

Grave engano. Em dezembro de 1968, os militares reagem, e o AI-5 inaugurará longa noite sobre a terra brasileira. Quando começar a amanhecer, o movimento sindical será outro.

Vão se passar quase dez anos até que o movimento sindical possa de fato recomeçar a aparecer no cenário nacional. Neste período, o *milagre econômico* brilhará, quase legitimando a ditadura e cooptando as classes médias, e depois murchará, deixando uma dívida fantástica e um sentimento generalizado de frustração. A luta armada, nas cidades e no Araguaia, surgirá, crescerá e será derrotada. A tortura tornar-se-á instrumento corriqueiro de poder, e ao final será, timidamente, combatida pelos próprios militares. A oposição será duramente reprimida, resistirá e voltará eleitoralmente forte e politicamente atuante.

Este período verá, também, uma verdadeira "troca de guarda" no movimento sindical. A pesada repressão desmantelou as forças políticas então dominantes, PCB e PTB, principalmente, e desarticulou suas elites sindicais, muitas delas aderindo à luta armada, e desaparecendo; outras tantas recorrendo ao exílio, interno ou externo, para sobreviver. A sistemática das intervenções sindicais (que foram centenas, recordemos) proibia que os integrantes de uma diretoria cassada concorressem nas eleições seguintes, levando a uma renovação forçada dos quadros militantes. A industrialização e a urbanização aceleradas do período trouxeram milhões de novos trabalhadores às cidades, com novas culturas, novas vivências e novas linguagens.

Quando as brechas na ditadura tornaram possível a rearticulação do movimento, havia uma nova geração no comando das entidades. Essa combinação de fatores é a gênese do *Novo Sindicalismo* do fim dos anos 70, forma como é tratado esse fenômeno social, respeitosamente por seus apoiadores, ou de maneira desdenhosa pelos apoiadores dos grupos políticos que perderam a hegemonia nesse processo, notadamente comunistas e trabalhistas. Todavia, a verdade é que o movimento sindical que vai ressurgir no ABC é, por óbvio, descendente de seus antecessores de tão heróica história, mas, de fato, não é o mesmo ...

O elemento catalisador do ressurgimento sindical é a admissão pelo governo, em fins de 1977, que houvera um erro no cálculo da inflação de 1973, fruto de evidente manipulação dos dados, com o fim de manter uma política de arrocho salarial legalmente mascarada. A denúncia da ilegalidade do ato do governo, e a reivindicação dos trabalhadores de ver aplicada de forma correta a própria lei salarial que lhes era imposta, será um poderoso fator de legitimação do movimento, em direção a uma greve que somente poderia ser ilegal, sob a égide da draconiana Lei n. 4.330[48].

Em maio de 1978 estoura a primeira grande greve dos metalúrgicos do ABC no período, movimento que projeta esse Sindicato e seu presidente, Luis Inácio da Silva, o *Lula*, para a vanguarda do movimento sindical e popular brasileiro[49]. Aquela greve foi um símbolo, um marco. Estava rompida a legalidade ditatorial. O ano seguinte, 1979, será de intensa mobilização, e não apenas sindical. Os estudantes reorganizam a UNE, proscrita igualmente havia dez anos, num Congresso em Salvador, com milhares de delegados de todo o país. No fim do ano, farão uma eleição direta para a direção da entidade, a primeira eleição nacional direta desde aquela que elegeu Jânio. O movimento popular pró-anistia ganha as ruas, e a aprovação da Anistia em agosto pelo Congresso será um momento fundamental no processo de redemocratização do país.

Serão, contudo, as greves que darão força e consistência ao combate à ditadura. Não só os metalúrgicos do ABC repetiram sua paralisação em maio daquele ano, como inúmeros outros movimentos grevistas em todo o país demonstraram que os sindicatos haviam voltado para ficar. Registram-se greves da construção civil em Belo Horizonte e Porto Alegre, trabalhadores rurais em Pernambuco, bancários em Porto Alegre, motoristas de ônibus e metalúrgicos no Rio de Janeiro. Registram-se, ainda, movimentos grevistas em Betim e João Monlevade (MG), Volta Redonda (RJ), Guarulhos e São Paulo (SP). Mais de três milhões de trabalhadores entraram em greve durante o ano de 1979.

As reações do governo militar em geral foram bastante duras, muito embora houvesse negociações e cessões em muitos movimentos. Em agosto de 1978, para evitar que o mau exemplo do

---

(48) OLIVEIRA, Isabel Ribeiro. *Trabalho e Política*, Vozes, Petrópolis, 1988, p. 48 e segs.

(49) Em 1969, 1973 e 1974 já houvera alguns movimentos isolados em diversas fábricas do ABC (Mercedes, Chrysler, Volkswagen e outras), mas ainda de forma desarticulada, em geral sem a participação do sindicato — Ver *Coleção Retratos do Brasil*, vol. I, p. 205 e segs.

ABC se espraiasse, a ditadura proibiu as greves em inúmeros setores nominados de essenciais, como bancários, petroleiros e motoristas. Diversos sindicatos sofreram intervenção, como o dos metalúrgicos do ABC e de Santo André, e o dos bancários de Porto Alegre, quando Olívio Dutra, seu presidente, foi preso incomunicável durante a greve da categoria. A repressão às greves causou, também, vítimas fatais, como o assassinato de Oracílio Gonçalves, a 30 de julho de 1979, em Belo Horizonte, durante a greve da construção civil, e o de Santo Dias da Silva, em outubro, em São Paulo, que motivou fortes protestos capitaneados pela Igreja progressista[(50)]. Mas, a ditadura acaba por recuar, e em fins de 1979, o gal. Figueiredo editará a Lei n. 6.708, que estabelece os reajustes semestrais de salário, principal reivindicação de grande parte dos grevistas, visando a arrefecer o movimento no ano seguinte. Quando em abril de 1980 os metalúrgicos do ABC decretam a terceira greve consecutiva, a ditadura está mais preparada para enfrentá-la. Há nova intervenção no sindicato, Lula e outros 10 dirigentes são presos, a repressão endurece. A categoria fica mais de 40 dias em greve, mas volta ao trabalho sem nada obter.

O ano de 1980 ficará marcado pela ascensão do terrorismo de direita, com inúmeros atentados e atos de violência, como aquele perpetrado contra a sede da Ordem dos Advogados do Brasil — OAB, que matou Lyda Monteiro da Silva. O gatilho salarial de fato reduz o ímpeto grevista, e o resultado disso tudo é que a liderança sindical mais combativa começa a despender esforços para organizar a tão desejada central, e um novo partido político.

A remobilização sindical levou à retomada dos encontros e congressos. Por ironia, a primeira grande oportunidade veio através do arquipelego Ari Campista, *dono* da CNTI e ministro classista do Tribunal Superior do Trabalho — TST, que em julho de 1978 abriu o V Congresso da entidade ao lado do gal. Geisel. O Congresso em si não teve grandes resultados, mas oportunizou o encontro dos líderes sindicais combativos de todo o país, que realizaram verdadeiro congresso paralelo, que gerou, inclusive, uma Carta de Princípios. Três meses depois, em outubro, os metalúrgicos do ABC, na esteira de seu vitorioso movimento, realizam seu Terceiro Congresso. O tema? Estrutura Sindical (*Arouca*, 2003).

Desde os primórdios do movimento sindical combativo contemporâneo, vê-se, pois, que está presente a postulação da superação da estrutura sindical varguista. A Central Única dos Trabalha-

(50) SEGATTO, José Antonio, *op. cit.*, p. 163.

dores — CUT, posteriormente, assumirá desde sua fundação as bandeiras da liberdade e da autonomia sindical, forjadas na atuação efetiva das entidades e não na representação cartorial.

E, de fato, a aceleração do movimento sindical recolocou o tema da organização de uma central, tão caro aos trabalhadores. Paralelamente, a extinção do sistema bipartidário imposto pela ditadura colocou o tema da organização partidária. Essa simultaneidade foi o móvel das grandes dificuldades internas do período.

A partir do novo sindicalismo, Lula e seus companheiros começaram o movimento de criação e desenvolvimento do Partido dos Trabalhadores — PT. Os comunistas, ainda muito fortes no movimento sindical, defendiam que tal organização já existia, fosse o PCB, fosse o PC do B. Mesmo os trabalhistas, com alguns sobreviventes no movimento, postulavam a reorganização do velho PTB, ou, depois de ver surrupiada a sigla pelas artimanhas do gal. Golbery, a entrada no Partido Democrático Trabalhista — PDT de Leonel Brizola.

A disputa partidária contaminou o caminho da criação da central. A partir de 1979 foram sendo realizados os Encontros Preparatórios da Classe Trabalhadora — ENCLATs em todo o país. Eram encontros unitários, e visavam à criação de uma central única. Desaguaram na Conferência Nacional da Classe Trabalhadora — CONCLAT, de agosto de 1981, na tradicional colônia de férias sindical de Praia Grande, São Paulo. Foi um grande encontro, muito representativo, com 5.247 delegados, de 1.126 entidades, e aprovou a criação da Comissão Pró-CUT. Mas, a cisão do movimento já estava selada.

A CUT foi criada em agosto de 1983, em São Bernardo, levada basicamente pelas forças que se referenciavam no PT. Mesmo com a cisão, o Congresso rivalizou com a CONCLAT, reunindo 5.059 delegados, de 912 entidades.

Em 1986 surgiria a CGT, partilhada em 1989 em duas centrais com a mesma sigla, a Central Geral dos Trabalhadores e a Confederação Geral dos Trabalhadores. Nenhuma delas teve qualquer efetividade real no movimento. Em 1991, alguns líderes da Central-CGT criarão a Força Sindical, e somente então a CUT terá de fato uma rival pela hegemonia do movimento sindical.

A esquerda terminou por integrar-se à CUT. O PCB, embora antigamente sólido, desmanchou-se no ar. O PC do B e o PDT tornaram-se correntes internas da Central. Os anos 80 foram os anos da CUT. A nova central assumiu forte protagonismo na condução da luta social antiditadura e, depois, contra os vários planos econômicos que se sucederam para tentar domar a inflação e que, de uma forma ou de outra, terminavam por achatar salários e jogar seu custo nas costas dos trabalhadores.

Com o surgimento do sindicalismo do serviço público, depois da Constituição de 1988, criaram-se inúmeras entidades, que em geral filiaram-se à CUT, dando ainda mais fôlego à central. Nos anos 90, com a retração do setor privado, que abordaremos mais adiante, e com a ofensiva pela redução e desmonte do estado, as entidades sindicais de servidores públicos, escudadas em seus altos índices de sindicalização, ocuparão o protagonismo central na cena sindical, inclusive na vida interna da CUT.

O processo constituinte e o teor da Carta Magna que dele resultou refletem a importância do papel desempenhado pelo movimento sindical na redemocratização do Brasil. Os direitos do trabalhador foram alçados à condição de direitos fundamentais e explicitados com grande detalhamento. Os direitos sindicais foram regulados de forma razoavelmente libertária, garantindo-se a autonomia sindical, a greve, a sustentação financeira das entidades, a substituição processual, o sindicalismo público e até alguma forma de organização no local de trabalho.

É claro que todos sabiam que a aplicação na prática dos termos de uma Constituição dependeria das lutas sociais e da correlação de forças. Mas, após a promulgação da *Carta Cidadã*, em outubro de 1988, confiava-se que o movimento sindical estava pronto e totalmente preparado, na defesa dos interesses dos trabalhadores.

Ninguém sequer desconfiava do que estava por vir.

3.3.5 A década neoliberal(51)

Durante os anos 80, a partir da ofensiva de Reagan e Thatcher, o mundo se aprofundava no projeto neoliberal. No Brasil, porém, por suas circunstâncias particulares, trilhava-se caminho distinto. De fato, a década de 80 no Brasil verá o fim da longa ditadura militar, o processo de redemocratização e de constitucionalização do país, o crescimento e afirmação do movimento sindical e popular. Após a anistia, em 1979, houve a reorganização partidária, com o surgimento do PT, que não se enquadrava no plano original do gal. Golbery, e a consolidação do pluripartidarismo. Em 1982, tivemos as primeiras eleições razoavelmente livres em duas décadas, e, embora ainda conspurcadas pela *Lei Falcão,* houve sensível cresci-

(51) Título de um livro de *Adalberto Moreira Cardoso*, que se tornou o epíteto mais apropriado aos anos 90 no Brasil.

mento da oposição ao regime. Em 1985, Tancredo Neves e os dissidentes da Aliança Renovadora Nacional — ARENA derrotam os militares e seus aliados no Colégio Eleitoral e põem o ponto final na ditadura. Morto Tancredo, o ex-dissidente José Sarney toma as rédeas do governo, tutelado por Ulisses Guimarães e o Partido do Movimento Democrático Brasileiro — PMDB, e dá início ao processo da Constituinte. A Carta de 1988, a *Constituição Cidadã*, consagra direitos sociais e princípios libertários. A CUT é fundada, o PT se consolida, as associações de bairro e o movimento ecológico se espraiam, e a organização social por fim supera a hibernação da ditadura militar e passa a ocupar um espaço significativo na política brasileira.

Não houve, portanto, condições políticas para que, durante os anos 80, as elites impusessem no Brasil o projeto do neoliberalismo. Mas, as contradições foram se acirrando, e o combate decisivo se dá nas eleições presidenciais livres de 1989: Collor x Lula. Fernado Collor vence. Jogando sujo, é verdade, mas vence. E o Brasil ingressa na era neoliberal.

Abra-se rápido parêntese para afirmar que o período neoliberal no Brasil poderá ser conhecido, também, como a Era Collor/FHC. Muito embora entre esses dois presidentes tenha havido o governo de Itamar Franco, e este, na essência, não tenha contrariado as políticas de seu antecessor e de seu sucessor, seu comportamento nacionalista, e, em particular, sua atuação durante o período da Revisão Constitucional (quando poderiam ter sido destruídas muitas das conquistas da Carta de 1988), são suficientes para que não seja justo em termos históricos equipará-lo aos dois Fernandos.

Verificando o atraso tecnológico e a falta de competitividade de nossa economia, em particular da indústria, o que era real, Collor anunciou um *choque de capitalismo*. É famosa sua observação acerca do fato de serem os automóveis nacionais da época verdadeiras *carroças*, o que, admitamos, era a pura verdade. Frutos de uma indústria ultraprotegida, até a sua venda era assegurada num sistema de capitanias. Proibia-se ao cidadão adquirir um veículo em concessionária fora de certos limites territoriais de sua residência.

A Lei de Reserva de Mercado na informática, oriunda do regime militar, era outro exemplo do protecionismo exagerado da época, ao proibir que empresas que não tivessem capital 100% nacional produzissem computadores, periféricos e material eletrônico. Em plena revolução microeletrônica, o Brasil era proibido por lei de entrar nela[52] ...

---

(52) ASSMAN, Walter. *Balanço de nossa pesquisa, in* SIQUEIRA, Ethevaldo, *op. cit.*, p. 222.

Collor abriu as comportas da importação, numa economia fechada há muitos anos, e o choque que produziu, de forma negligente e descuidada, sem planejamento ou salvaguardas adequadas, causou profundo impacto e quase levou à bancarrota inúmeros setores como têxteis, calçados, autopeças e brinquedos, dentre outros. Optou por deixar a "esquerda perplexa e a direita indignada", no lugar de pensar uma reestruturação não-destrutiva de nossa matriz industrial, que era bastante sólida (*Prado*, 1999).

Premidas por um quadro muito desfavorável, as empresas brasileiras partem para projetos de modernização, concentrando-se em reduzir, de maneira acelerada, a defasagem que as separava dos padrões internacionais de preço, qualidade e prazo de entrega (*Rosandiski* e *Silva*, 1999). Como resultado, acelera-se o desemprego, avançando para índices nunca dantes verificados.

Com o advento do Plano Real, soma-se a âncora cambial. A sobrevalorização da moeda amplia e facilita as importações. É a época da fartura de latinhas de cerveja estrangeira nos supermercados, mas ampliou-se, também, a importação de bens de capital, e se acelerou o processo de atualização tecnológica de nossa economia.

FHC sofistica e aprofunda as políticas neoliberais iniciadas por Collor. Toma impulso um processo de privatização que para ganhar mais velocidade inverte as recomendações da OCDE, que aconselhava primeiro regular, estabelecer os marcos institucionais e regulatórios do setor e só depois privatizá-lo. Com a solitária exceção da telefonia, no Brasil primeiro se privatizou, e depois, apenas, foi se pensar em regular o setor. É fácil imaginar as dificuldades e problemas que advêm dessa inversão, e isso traz conseqüências até hoje, com as constantes queixas aos "ataques à segurança jurídica", quando se busca apenas regular a prestação de serviços públicos privatizados (*Coutinho*, 2002).

Adalberto Moreira Cardoso assim analisa este período:

> "A década neoliberal reverteu, um a um, todos esses vetores de politização da economia. Em lugar de imposição de externalidades a setores econômicos específicos, de patrocínio da acumulação via subsídios de toda sorte, o que se viu foi a abertura comercial desregrada, sem políticas industriais de preservação do que se havia acumulado ao longo de décadas (o chamado "choque competitivo" ao qual já me referi outras vezes). Em lugar de investimentos em infra-estrutura, privatização das empresas antes patrocinadas pelo desenvolvimentismo, repassadas a preços irrisórios aos capitais internacio-

nais, porém com financiamento público do BNDES. E em lugar da intermediação do conflito de interesse, transferência dos embates para o âmbito das relações privadas."(53)

O saldo das transações correntes do balanço de pagamentos, que até 1994 era superavitário, acumulou de 1995 a 2002 um déficit conjunto de US$ 188,8 bilhões. Como conseqüência, a dívida externa aumentou de US$ de 148,3 bilhões para US$ 227,7 bilhões no período. Os juros são mant dos em patamares estratosféricos por anos a fio, e a dívida mobiliária federal mais do que decuplica no período, passando de R$ 61,5 bilhões em dezembro de 1994 para R$ 623,2 bilhões em dezembro de 2002. Foram, portanto, as opões macroeconômicas dos governos Collor/FHC que levaram à ausência de crescimento econômico durante largo tempo.

O processo de reestruturação produtiva no Brasil gerou distorções industriais e desnacionalização generalizada do sistema produtivo e financeiro. Para se obter competitividade econômica, trouxe-se desemprego, maior precariedade das condições de trabalho e informalidade (*Geller*, 1998).

Esse processo de reestruturação produtiva e atualização tecnológica demandou enormes quantidades de capital. Para obtê-lo, além da associação com o capital estrangeiro, impôs-se significativa redução do custo do trabalho.

O Estado brasileiro patrocina, então, durante os anos 90, brutal reforma trabalhista precarizadora, destinada a fundamentar o barateamento do custo da mão-de-obra e quebrar a espinha dos sindicatos. E frise-se que devemos de fato dizer o ***Estado***, porque foi um esforço conjunto do Executivo, do Legislativo e do Judiciário ...

Essa ofensiva começa ainda no governo Collor. Exemplo disso é o barateamento das ações trabalhistas, através da alteração do sistema de atualização monetária e juros pela Lei n. 8.177/91. Essa é uma das razões principais da demora na tramitação das lides trabalhistas: tornou-se ótimo negócio dever na Justiça do Trabalho. Mas, em particular durante os dois mandatos de FHC foi tomado um grande número de medidas precarizadoras das relações de trabalho, sem paralelo na história do Brasil. Examinaremos, abaixo, as mais significativas:

a) o Plano Real, depois Lei n. 10.192/01, já o marco fundamental do futuro governo FHC tinha como um de seus pilares a

(53) CARDOSO, Adalberto, *op. cit.*, p. 299.

proibição de cláusula de reajuste salarial nos instrumentos normativos coletivos vinculadas a quaisquer índices de preço, proibindo, portanto, os chamados "gatilhos", que foram o centro das reivindicações e lutas sindicais durante o período inflacionário. O Plano Real incluía, também, uma série de normas sobre arbitragem e sobre o ajuizamento de dissídios coletivos, prevendo, como destaque, a competência do Presidente do TST para conceder efeito suspensivo aos recursos interpostos em decisões normativas, de modo a centralizar em Brasília o Poder Normativo da Justiça do Trabalho. Esse arcabouço legal impedia que os trabalhadores pudessem ter garantido o ganho da inflação passada, abrindo a porta para o arrocho salarial institucionalizado pelo reajuste inferior à variação dos preços, e assegurava, pela ação do TST, que a Justiça dos Trabalho nos estados não sucumbiria de forma efetiva à pressão do movimento sindical;

b) a introdução do parágrafo único ao art. 442 da CLT, pela Lei n. 8.949, de dezembro de 1994 — já falamos sobre este dispositivo, que permitiu a criação das *coopergatos* e a legalização da fraude trabalhista no país, constituindo-se em poderoso instrumento de arrocho salarial;

c) o Decreto n. 2.066/96 — limitava a ação sindical no serviço público, restringindo o número de servidores liberados às entidades sindicais. Durante os anos 90, o sindicalismo do serviço público, novidade introduzida pela Constituição de 1988, cresceu enormemente, tornando-se uma das vigas mestras do movimento popular no país. Restringir sua atuação era fundamental para os desígnios privatistas, e para projeto de desmonte do Estado do governo FHC;

d) o Decreto n. 2.100/96 — a denúncia da Convenção n. 158 da OIT, que o Brasil ratificara, foi uma das medidas mais brutais do Governo FHC. Adotada pela OIT em 1982, a Convenção n. 158 tratava do Término da Relação de Trabalho por Iniciativa do Empregador. Fora ratificada pelo Brasil em janeiro de 1995, logo no início do primeiro mandato de FHC, e realizava a disposição constitucional do art. 7º, I da Carta Magna, que previa a proteção contra despedida arbitrária ou sem justa causa. Era uma das mais importantes vitórias da história do movimento sindical;

e) a Lei de Arbitragem, Lei n. 9.307/96 — nem todas as iniciativas precarizadoras de FHC foram bem-sucedidas ou renderam os frutos que ele almejava. A resistência social em inúmeros casos frustrou seus objetivos. Um deles foi a aplicação da Lei de Arbitragem ao Direito do Trabalho, defendida por muitos em seus primórdios[54]. Na realidade, a arbitragem no Direito Coletivo, em que pode ter mais serventia, demanda legislação específica, por suas peculiaridades, e a cultura sindical brasileira dificilmente tem aceito a arbitragem privada. Ademais, os direitos trabalhistas são individualmente irrenunciáveis, e não admitem transação, o que impede a arbitragem privada no campo do Direito Individual do Trabalho. Isso não evita que até os dias de hoje persistam tentativas de obter o reconhecimento da aplicação da Lei n. 9.307 no Direito do Trabalho[55];

f) o Banco de Horas, Lei n. 9.601/98 — a alteração do art. 59 da CLT, permitindo um sistema inovador de compensação de horário, foi uma das modificações mais duradouras do período. Seu caráter precarizador se acentua ao não ser limitada à produção sazonal. Sua utilização irrestrita permite a prestação de horas extras sem remuneração extra;

g) o Contrato de Trabalho a Prazo Determinado, instituído pela mesma Lei n. 9.601 — antes de FHC, o trabalho a prazo certo era permitido se a natureza do negócio ou do serviço fossem transitórias (além do contrato de experiência). A novidade foi estendê-lo para todo e qualquer negócio ou momento, desde que verificado aumento de vagas na empresa. Ao romper com o princípio da continuidade máxima da relação de emprego, é um baque na regulação tradicional do trabalho no Brasil (*Menezes*, 2004);

h) o Contrato a Tempo Parcial, criado pela MP n. 1.709, de 6.8.98 — os contratos de tempo parcial são exemplo típico de trabalho precarizado, instituídos para criar empregos de segunda linha, como forma de reduzir mais rapidamente o nível geral de desemprego quando muito expressivo. Foi assim usado nos EUA e na Europa. Não teve impacto significativo no Brasil. A redução do tempo de férias, prevista no art. 130-A da CLT, é no mínimo de duvidosa constitucionalidade, porque não amparada em justificativa razoável para elidir direito fundamental consagrado;

i) a Suspensão Temporária do Contrato de Trabalho, criada pela MP n. 1.709-4, de 27.11.98 — mais conhecida como a *demissão temporária*, apelido que demonstra claramente seu grau de crueldade. A possibilidade de o empregador deixar de honrar a íntegra dos direitos trabalhistas e sociais da relação de emprego por certo tempo, na prática transfere para o empregado o risco do negócio;

(54) Ver AROUCA, José Carlos, *op. cit.*, p. 832.

(55) Em 2005, o TST ainda debatia esta matéria, em sua 4ª Turma, através do RR n. 1.650/99. O recurso da empresa, que buscava validar cláusula compromissória inserida em contrato individual de trabalho, não foi conhecido.

j) a Lei de Conciliação Prévia — Lei n. 9.958/00 — foi uma das iniciativas mais polêmicas do período, porque a instituição das Comissões de Conciliação Prévia — CCP tinha defensores ferrenhos inclusive dentro do campo da CUT e da esquerda, como forma de agilização da solução dos conflitos trabalhistas. O caráter precarizador do projeto do governo FHC se cristaliza, porém, no texto do art. 625-D da CLT, quando busca tornar obrigatório o exame de qualquer conflito trabalhista nas CCPs. A imposição da obrigatoriedade, retirando o direito do cidadão de optar pela via judicial direta, se assim o desejar, tem a nítida intenção de constranger todos à conciliação. A obrigação de submeter todo conflito previamente cara a cara com o empregador, certamente reduzirá o número dos que virão à tona, ou, no mínimo, servirá como forma de barateamento de seus custos;

l) a Participação nos Lucros e Resultados — PLR, Lei n. 10.101/00 — outra lei que rendeu, e ainda rende, muita polêmica. Também era antiga reivindicação dos trabalhadores, sendo princípio presente na Constituição há muitos anos. Três elementos dessa legislação, porém, conspurcam seriamente seus princípios positivos. O primeiro é que foi a mais bem-sucedida tentativa do projeto neoliberal no Brasil de efetivar a negociação coletiva sem sindicatos, enfraquecendo as entidades. Nossa Carta Magna obriga a participação dos sindicatos nas negociações coletivas (art. 8º, VI), o que na prática significou sempre a sua condução daquelas. A Lei n. 10.101 transformou esse princípio na mera presença através de um membro representante, criando a negociação direta com os empregados. O afastamento do sindicato da negociação coletiva, para que ela seja levada diretamente entre o empregador e seus funcionários, com a conseqüência da fragilização da posição destes, é um dos objetivos mais caros da política neoliberal. A segunda questão é que o salário móvel criado não tem qualquer conseqüência nos demais direitos trabalhistas. Reduz-se, portanto, a um prêmio de utilização imediata, sem que gere vantagens futuras no contrato de trabalho do empregado. Tal formato é prejudicial ao empregado, beneficiando basicamente a empresa, que pode estruturar um sistema de remuneração de baixo custo, calcado na parcela móvel da PLR. Por fim, a presença do art. 6º da lei, que liberava o trabalho aos domingos no comércio varejista, matéria que não tinha qualquer relação com lucros ou resultados, exemplifica a prática do *contrabando*, que foi muito comum no período FHC: dispositivos prejudiciais aos direitos dos trabalhadores e cidadãos são inúmeras vezes enxertados em legislação sem qualquer relação, como forma de contraponto, ou mesmo com o intuito de disfarçar sua proposição;

m) o Procedimento Sumaríssimo na Justiça do Trabalho, instituído pela Lei n. 9.957/00 — aqui, mais uma vez um instituto que pode ter boas conseqüências na agilidade de tramitação judicial de causas de pequeno valor é conspurcado pela imposição de sua obrigatoriedade. Retirando-se do advogado o direito de optar ou não pelo procedimento sumaríssimo, de acordo com a natureza do pedido ou da prova a ser produzida, fragiliza-se a posição da parte. Assim como no caso das CCPs, a inexistência do direito de opção por um modo ou outro de submeter-se um conflito trabalhista à solução demonstra que estes não são institutos propostos para ampliar possibilidades, mas para fazer com que suas fragilidades — no caso a precariedade da produção da prova —, se sobreponham, ajudando a parte mais forte, no caso, a empresa;

n) a Lei n. 10.243/01 — são alterados dois artigos da CLT, em desfavor do empregado. Primeiro, no art. 58, são positivadas duas correntes de decisões conservadoras do TST em matéria de registro e controle de horário. A parceria FHC/TST tem aqui um de seus maiores momentos, quando as decisões deste último passam a ser lei *mesmo*. A segunda alteração, efetuada no art. 458 da CLT, amplia as situações em que benefícios trazidos pelo empregador perdem seu caráter salarial, e, portanto, suas conseqüências em outras parcelas, ferindo-se o princípio da proteção(56);

o) a Emenda Constitucional n. 28/00 — sendo o Brasil país que ainda tem considerável parte de sua força de trabalho no campo, onde a situação de hipossuficiência do trabalhador é bem mais acentuada que nas áreas urbanas, a inexistência de prazo prescricional na ação trabalhista do rurícola era um elemento de garantia contra sua exploração exacerbada. A "equiparação" entre trabalhadores rurais e urbanos, instituída pela Emenda n. 28, obedece à forma de modernização capitalista subordinada patrocinada pelo governo FHC e se constitui, a nosso ver, em *alteração constitucional inconstitucional*, por ferir cláusula pétrea da Carta Magna. Nosso ordenamento jurídico recepciona o entendimento de que podem existir alterações na Constituição que sejam inaceitáveis juridicamente, por ferir princípios constitucionais pétreos. Já há precedentes do STF neste sentido(57). Os direitos sociais previstos no art. 7º da Constituição hão de ser considerados cláusulas pétreas, e não poderiam ser modificados para pior.

---

(56) GONÇALVES, Antonio Fabrício Matos. *Flexibilização Trabalhista*, Mandamentos, B. Horizonte, 2004, p. 228.

(57) MENEZES, Mauro, *op. cit.*, p. 327. O autor se refere à ADIn n. 939/DF, citada nessa obra.

Houve, igualmente, medidas administrativas nesse sentido precarizador, como a limitação da atividade fiscalizadora do Ministério do Trabalho, através da Portaria n. 865/95, que substituiu a aplicação de multas às empresas, quando verificados conflitos entre a legislação e as cláusulas de contratos coletivos de trabalho, por mera comunicação ao Ministério Público do Trabalho[(58)].

A ação política do Governo FHC foi, também, fortemente antisindical como marca o grande episódio da greve dos petroleiros, de 1995. Estes reivindicavam o cumprimento de uma cláusula de gatilho salarial. FHC tomou o embate como um símbolo, até porque os petroleiros desafiavam um dos pilares do Plano Real, a desvinculação dos reajustes salariais da inflação. A repressão foi brutal, e todo o peso do Estado foi jogado contra os grevistas.

O exame da atuação do TST neste episódio serve para introduzir a análise do papel que teve o Judiciário Trabalhista na ofensiva precarizadora daquela época. O Tribunal julgou a greve com severidade absurda e aplicou multas aos sindicatos destinadas a quebrar e fechar as entidades sindicais dos grevistas. Não atuou como corte julgadora, mas como aliado do governo na repressão ao movimento, substituindo-o, inclusive, nas atitudes mais duras.

Não foi, porém, uma atitude isolada. Ainda antes de FHC, o TST já tomara duas outras atitudes de central importância para viabilizar o sucesso da ofensiva neoliberal no país.

A primeira foi a adoção do Enunciado n. 310, em maio de 1993. A substituição processual ampla, que permitia aos sindicatos defenderem na justiça os interesses coletivos de sua categoria, foi uma das grandes inovações da Carta de 1988. Com os vários planos econômicos do período Sarney e Collor, ampliaram-se os processos que dela se utilizavam, postulando as diferenças salariais que eram surrupiadas dos trabalhadores através de vários engenhosos mecanismos. Dito Enunciado afirmava simplesmente que não existira a Constituição, que esta não dizia o que dizia. Com base no Enunciado n. 310, milhares e milhares de ações puderam ser extintas, sem que os tribunais tivessem de julgar dizendo que os trabalhadores não tinham direito, mas sim afirmando, apenas, que a ação não podia prosperar, por motivos processuais. Bilhões de reais foram tirados dos trabalhadores desta forma. Ademais, novas infrações de cunho coletivo não poderiam se valer dessa proteção constitucional, reduzindo a eficácia da ação jurídica dos sindicatos na defesa de suas categorias.

---

(58) KREIN, José Dari. *Reforma do sistema de relações de trabalho no Brasil DIEESE/CESIT*, São Paulo, 1999, vol. II, p. 274.

Pouco depois, em junho de 1993, a Instrução Normativa n. 4 do TST estabelecia exigências formais e processuais que tinham como objetivo extinguir os processos de dissídio coletivo. Estima-se, aliás, que naquela época cerca de 90% desses processos foram extintos por motivos formais, com base na IN n. 4/93. A lógica era semelhante àquela do Enunciado n. 310. Não se precisava julgar que os trabalhadores não tinham direito a tal cláusula, ou a tal reajuste. O processo era extinto antes. Somada, mais tarde, com a ampla competência do TST para conceder efeito suspensivo às decisões dos TRTs, oriunda do Plano Real, tem-se naquela época, na verdade, a auto-extinção do Poder Normativo da Justiça do Trabalho. A extinção sistemática dos dissídios teve, ainda, um efeito terrível sobre as negociações coletivas. Não mais os sindicatos negociavam com a retaguarda razoavelmente garantida pelo recurso ao Judiciário, que normalmente julgava com base na decisão ou acordo anterior. Agora, invertia-se o processo: ou se aceitava o pífio acordo imposto pela patronal, ou muito provavelmente não haveria nada no lugar, porque o dissídio não prosperaria. A IN n. 4/93 foi um eficientíssimo mecanismo de redução de direitos trabalhistas.

O TST foi consagrando, também, jurisprudência contrária às prerrogativas e fundamentos sindicais, sempre no sentido de enfraquecer as entidades. Declarou-se que o art. 522 da CLT, que limitava severamente o número de dirigentes sindicais protegidos pela estabilidade e imunidade constitucionalmente garantidas, fora recepcionado pela nova Constituição, revogando na prática o princípio da liberdade e autonomia de organização, mesmo que exercido de forma razoável. As decisões que limitavam o desconto assistencial, principal fonte de financiamento das entidades, apenas aos associados, revertendo décadas de compreensão no sentido de sua aplicação a toda a categoria, foram fundamentais na ofensiva de enfraquecimento do movimento sindical por seu estrangulamento econômico. O direito individual foi sendo da mesma forma precarizado por levas sucessivas de aprofundamento reacionário da jurisprudência, não raro revertendo linhas de decisão que estavam consagradas há muitos e muitos anos.

Mesmo a Justiça comum, embora sem a importância da trabalhista, fez a sua parte para garantir a ofensiva neoliberal contra os sindicatos. Necessário se faz destacar os *interditos proibitórios*, decisões que impedem que os sindicatos se aproximem das sedes das empresas, obrigados a manter-se a X ou Y distância, particularmente durante movimentos grevistas, sob pena de severas multas, que são medidas de grande eficiência para revogar toda a Carta

Magna quanto aos direitos e prerrogativas sindicais. Como é possível defender os interesses de uma categoria se não se pode ir até onde seus integrantes trabalham? Pulularam, também, muitas ações que concedem indenizações às empresas por prejuízo causado por *greve abusiva*, conceito que não tem o menor tratamento racional em nosso ordenamento jurídico, e que esquece que uma greve é um direito social assegurado para exatamente causar prejuízo aos empresários.

Com a assunção do governo Lula, sinal para o início do crepúsculo neoliberal no país, o TST começou a reverter muitas de suas decisões, revogando, por exemplo, tanto o Enunciado n. 310 quanto a IN n. 4/93. Devem ser saudadas essas iniciativas, que demonstram que nossa mais alta corte trabalhista tem sabido evoluir com os novos tempos. Esperemos que continue assim. Mas, durante a década neoliberal, o Judiciário, em particular o TST, foi um fator fundamental para que esse projeto pudesse ser implementado, patrocinando diretamente atitudes que permitiram viabilizar intenso arrocho salarial, ampla redução e precarização de direitos e expressiva transferência direta de renda dos trabalhadores para os empresários.

O resultado dos anos neoliberais é conhecido. Tivemos pífio crescimento econômico, sendo a média anual meros 1,9%. O desemprego mais que triplicou, passando de 3,0% em 1989 para 9,6% dez anos depois. A massa salarial reduziu-se em 7%. Mas, por outro lado, obteve-se a estabilidade que se buscava avidamente há tantos anos; a inflação desabou de patamares que chegaram a 80% ao mês para um dígito anual, e o índice de produtividade industrial mais que duplicou entre 1985 e 2001. Com um custo social altíssimo, pago pelo povo trabalhador e pela sociedade, o Brasil superou boa parte de suas deficiências mais graves e desenvolveu uma economia razoavelmente competitiva em nível internacional.

3.3.6. O resultado sindical

O movimento sindical (MS), ao fim da Era Collor/FHC, sai profundamente abalado e não menos profundamente modificado. Não se pode falar que foi uma época só de derrotas. Não foi. A resistência sindical foi muito forte, sendo um dos motivos fundamentais pelos quais a intensidade da ofensiva neoliberal no Brasil não foi igual à de outros países latino-americanos, como a Argentina e o México, para ficar apenas nos exemplos mais significativos. Mas, foi uma época de lutas defensivas, que impediram uma vitória neoliberal mais extensa, ao custo de inúmeras derrotas pontuais.

Estes anos difíceis, porém, exigiram seu preço do movimento sindical. O expressivo incremento do desemprego é o primeiro fator de diminuição da representatividade dos sindicatos, reduzindo sua base, e, portanto, sua arrecadação. A menor arrecadação e a menor representatividade levarão a uma menor capacidade de mobilização, diminuindo a efetividade da atuação sindical, e assim por diante, num infernal círculo vicioso.

A automação flexível substituiu trabalhadores e reduziu drasticamente as categorias. A descentralização das empresas, a redução das unidades econômicas e a multiplicação dos modos de trabalho contribuíram para diluir, também, a base sindical, enfraquecendo os laços de solidariedade e criando inúmeros interesses particulares distintos, que dificultam a mobilização sindical e a construção de bandeiras e propostas que sejam capazes de unificar tal heterogeneidade.

A difícil situação econômica atua como incentivo à ampliação da participação da mulher no mercado de trabalho. Cria-se expressivo contingente de trabalhadoras que, por estar em geral submetidas, por nossa cultura machista ainda predominante, à dupla jornada, como donas de casa, têm menor disponibilidade de tempo para a militância sindical.

Os jovens, que também são parcela muito expressiva de nossa força de trabalho, não são atraídos pelos sindicatos, que em muitos casos são verdadeiras gerontocracias, dominadas pelos interesses dos aposentados, em face de seu peso eleitoral. As entidades estão, ainda, muito distantes do dinamismo eletrônico em que os jovens de hoje vivem, paradas, em grande parte, até visualmente, na década de 80.

A luta eminentemente defensiva atua, também, como fator de estagnação das elites sindicais, dificultando um processo de renovação das lideranças, porque não se ampliam as oportunidades de crescimento político dos quadros antigos. E a falta de renovação ajuda no processo de esclerose política das entidades.

A constante redução da capacidade de arrecadação reduz, de igual forma, o assistencialismo das entidades, afastando de seu convívio significativa parcela da base que buscava a entidade por estes serviços. Os médicos, dentistas e outros serviços oferecidos em tempos de bonança econômica atraíam importantes parcelas da base, que se tornavam, então, permeáveis à mobilização.

Abalados e enfraquecidos, os sindicatos, como toda instituição humana nessa situação, começam a priorizar sua sobrevivência. Mais e mais acordos pífios são assinados com a patronal para assegurar o desconto assistencial que manterá a máquina sindical funcionando. O índice de confiabilidade do Movimento Sindical cai pela metade[59]. *Adalberto Moreira Cardoso*, em sua análise daqueles tempos, é impiedoso:

> "A luta frenética por manutenção dos "aparelhos" em que as entidades sindicais foram transformadas, fonte de recursos cada vez mais escassos, porém ainda assegurados por lei, pôs os interesses de autopreservação (material) das lideranças muito adiante dos interesses propriamente coletivos das categorias formalmente representadas. Parte importante da perda de legitimidade dos sindicatos, mesmo entre seus representados, decorrerá deste fato preciso: no salve-se-quem-puder do desemprego, da precariedade das condições de vida e da insegurança socioeconômica, uma proporção considerável de sindicalistas decidiu salvar-se primeiro."[60]

Nos anos 90, ressurge no movimento sindical outro fator que será pleno de conseqüências: a disputa intersindical. Na década de 80, a CUT reinara sozinha. Em 1991, surge a Força Sindical (FS), uma segunda proposta, forte, de central, e a disputa intestina começará a drenar preciosas energias e recursos do movimento. A FS se alinhará com o governo FHC e defenderá as políticas neoliberais deste. Apoiará as privatizações, a redução e o desmonte do Estado e mesmo a legislação precarizadora, em nome da modernidade. Trazendo a ideologia neoliberal para dentro da classe trabalhadora, a FS presta inestimável serviço às elites, pelo grau de legitimação que aquela pode então atingir.

O surgimento e o papel desempenhado pela FS vão incidir, também, no processo de redução do protagonismo político do movimento sindical naquela época. Nos anos 80, o MS capitaneava a oposição, em luta primeiro pela democracia e depois contra os planos econômicos e o preço que cobravam dos trabalhadores e da sociedade. O sindicatos ocupavam, portanto, papel central no palco político brasileiro. A ofensiva neoliberal empurra o MS para fora do palco, e o apoio da FS ao projeto enfraquece ainda mais a capacidade dos sindicatos de manter efetivo protagonismo político (*Cardoso*, 2003).

---

(59) CARDOSO, Adalberto, *op. cit.*, p. 304. Em 1990, 60% dos eleitores consideravam os sindicatos instituições confiáveis. Em 2001, este número era de 27% nas regiões metropolitanas.

(60) *Idem, ibidem*, p. 305.

Os sindicatos em geral não estavam preparados para o desafio da reestruturação produtiva e da crise dos empregos. A FS se aliou ao governo FHC, e a CUT esgotou seu arsenal de alternativas e sua capacidade de ofensiva de disputa nas Câmaras Setoriais, ainda no governo Itamar Franco, sob intensa polêmica interna. Com o fim destas no Governo FHC, o MS não mais produziu elementos de disputa do processo, limitando-se a resistir ao ataque. Não foi apenas a ofensiva neoliberal, portanto, que fragilizou o movimento sindical. A forma como este reagiu àquela ofensiva não foi percebida como a mais adequada pela população e por suas próprias bases.

Se tal panorama por si só já seria trágico num ambiente de estrutura sindical estável, ele foi multiplicado e potencializado pelo intenso processo de fragmentação sindical que se tem verificado. A combinação oriunda da Constituição de 1988 de manutenção da unicidade, da base por categoria e da arrecadação garantida com a inexistência de regulação estatal teve como conseqüência a possibilidade quase infinita de cisão e fragmentação sindical. Não há, nem nunca houve, um conceito definido e estrito de *categoria* no Brasil. Era o Ministério do Trabalho, através da Comissão de Enquadramento Sindical, que as definia. Impossibilitado o Estado de estabelecer a base sindical, o impulso de constituir uma pequena "maquininha", com representação garantida e arrecadação assegurada, levou à fragmentação acelerada do movimento. Não havendo definição científica de categoria, e submetido os eventuais conflitos à Justiça Comum, que não tem vivência sindical, em geral obtém-se o registro de quase qualquer coisa que se invente com um mínimo de criatividade. Atualmente, são criados dois sindicatos por dia no Brasil. O número de entidades, portanto, explodiu. São mais de 12 mil sindicatos de trabalhadores no Brasil hoje. Mas, recordemos, nesse período reduziu-se o número de sindicalizados, e mesmo o de representados; caiu drasticamente a arrecadação e erodiu-se a confiabilidade do movimento. Quando Fernando Henrique Cardoso deixou o governo, o movimento sindical brasileiro estava à beira da falência.

CAPÍTULO 4

UMA NOVA AGENDA

Diz-se que é nos momentos de crise que se abrem as oportunidades, porque então se desnudam os problemas em suas reais dimensões, e lhes aparecem as verdadeiras causas.

O sindicalismo no Brasil atravessa uma crise extremamente profunda, uma *Crise de Representatividade* em seu sentido mais amplo e abrangente, a qual não é apenas fruto de uma década de conjuntura neoliberal e de precarização de direitos. Se assim fosse, seria suficiente uma melhora das expectativas econômicas para que começássemos a verificar um acelerado processo de reconstrução sindical, mas basta olhar ao redor para constatar que isso não vem ocorrendo.

Essa crise, portanto, foi não só o resultado do impacto da ofensiva neoliberal, mas também a conseqüência da inadequação e ineficácia das respostas que o movimento tentou dar a ela.

É uma crise de representatividade em seu sentido mais amplo porque verificamos, em primeiro lugar, que as entidades cada vez representam, literalmente, menos gente[(1)]. A base sindical vem diminuindo, tanto pelo processo de reestruturação produtiva, que reduz a quantidade de pessoas envolvidas em cada cadeia produtiva, em cada setor da produção — e ainda as fraciona em subgrupos de distintas realidades e interesses —, como também porque se fragmentam as entidades, num acelerado processo de cisão até mesmo intracategorial. E é uma crise de representatividade também porque as entidades não conseguem exprimir as novas reivindica-

---

(1) A base metalúrgica do ABC, por exemplo, diminuiu de 183.001 empregados em janeiro de 1980 para 88.397 em dezembro de 2002. Ver RODRIGUES, Iram. Mudança no padrão de ação sindical dos metalúrgicos do ABC, *Revista Democracia e Mundo do Trabalho* n. 1, p. 66.

ções e perspectivas de vida de sua base, presas que estão, ainda, a um modelo de atuação cada vez mais arcaico, centrado na realidade da década de 80 e no mundo do parâmetro produtivo fordista.

A RTME e a globalização neoliberal que dela se apropriou mudaram profundamente o mundo. Algumas dessas mudanças são irreversíveis; outras não. O movimento sindical tem de compreender esse processo, conscientizar-se de que a globalização está em disputa, que a regulação do novo modo de acumulação está em disputa e que devemos definir uma agenda que responda aos novos tempos.

A agregação de uma nova agenda de forma alguma significa o abandono da pauta de reivindicações atual, ou das propostas políticas que vêm sendo levadas pelo movimento sindical. Há uma década de direitos retirados para buscar, e o fim dos planos econômicos e das políticas salariais oficiais renovou a pauta salarial nas entidades. Programas como o da Economia Solidária, levado pela CUT, são essenciais na criação de uma realidade mais fraterna e menos penosa para as classes mais desfavorecidas. A pauta de inclusão social desenvolvida nos anos 90 — trabalho infantil, assédio e exploração sexual, saúde do trabalho, trabalho escravo, trabalho da mulher —, foi um dos pilares da resistência e do desenvolvimento do sindicalismo diante da ofensiva neoliberal, fundamentalmente excludente. Da mesma forma, deve-se aprofundar, e não abandonar, o diálogo e a interação com os desempregados e os informais, buscando a inclusão via organização, processo que também começou a tomar rumo nos anos 90.

Agregar uma nova agenda significa inovar, ou dar a devida importância, para temas que serão o diferencial para o avanço do movimento num novo tempo, temas que permitirão ao movimento inserir-se em plenitude no momento histórico pelo qual passa a humanidade. Em primeiro lugar, o movimento sindical terá de olhar para a questão tecnológica em si, a forma como a microeletrônica alterou o modo de prestar e de organizar o trabalho. Reitere-se que não há determinismo tecnológico, mas a automação de base microeletrônica abre perspectivas antes inexistentes de que se possa ter um trabalho desalienado, num nível impensável na esfera produtiva fordista, no parâmetro da Segunda Revolução Industrial. Tanto a execução das tarefas, a partir das máquinas, instrumentos e ferramentas, como a sua organização, o comando decisório do processo produtivo, podem ganhar nova qualidade para os seres humanos envolvidos, sem que disso sequer decorra qualquer perda de produtividade, muito antes pelo contrário. Libertar o ser humano do trabalho mecânico e sem sentido e da hierarquia servil é hoje uma possibilidade que abre rotas inéditas para a História.

Em segundo lugar, o movimento sindical deve definir formas e objetivos de intervenção no processo de disputa das relações de poder que se firmaram na sociedade com a globalização neoliberal. A globalização neoliberal diminuiu o arco de soberania das nações; reduziu o estado à custa das instituições de segurança social; transferiu poder para instituições e empresas privadas, ou sob o controle de interesses privados; desempregou e empobreceu as classes trabalhadoras. A alteração desse processo será fruto de uma disputa de caráter coletivo, e não nos levará de volta ao velho estado nacional keynesiano, expressão, repitamos uma vez mais, do parâmetro produtivo fordista. A transformação do modelo neoliberal ocorrerá com o aprofundamento da democracia, sob crescente controle direto da sociedade, e com o desenvolvimento de uma nova regulação pró-social e não pró-indivíduo.

O movimento sindical é um protagonista fundamental nessa luta porque, num mundo fragmentado e em constante mutação, é uma das formas de organização social mais antigas, tradicionais e respeitadas, ocupa uma posição estratégica como instituição e congrega as pessoas através daquela que ainda é a principal fonte de identificação do indivíduo com o mundo e a sociedade que o cerca: seu trabalho. Há plenas condições, portanto, de o movimento sindical vir a pontear as organizações populares e da sociedade civil na luta pelo aprofundamento da democracia e pela instituição de novas formas de regulação social, em face de seu potencial de mobilização e representação.

Para que possa renovar com eficácia sua agenda, porém, o movimento sindical terá de construir instituições que estejam adequadas às condições dos tempos pós-neoliberais. Um mundo por um lado concentrado e por outro fragmentado, num ambiente de concorrência e ambições desenfreadas, com um padrão de produção que demanda constante flexibilidade e que gera incessantemente tensões antitrabalhador, anti-sindicais e antidemocráticas, não pode ser enfrentado com eficiência com a estrutura sindical do Frankenstein 88, fonte apenas de fracionamento e enfraquecimento das entidades(2). O movimento sindical deve desenvolver uma estrutura, um instrumental, que lhe conceda potência, ou seja, capacidade real para enfrentar os conflitos, tanto os de natureza trabalhista como os de natureza social e política mais gerais. Um instrumental que esteja adequado à nova natureza dos conflitos, no mundo globalizado e da produção microeletronicamente estabelecida.

---

(2) Embora seja bastante comum comparar a estrutura sindical que derivou da Carta de 1988 com Frankenstein, o imortal personagem de Mary Shelley, aqui, mais uma vez, rendemos nossas homenagens ao fantástico trabalho de Adalberto Moreira Cardoso em seu *A década neoliberal*.

Não existe uma estrutura sindical perfeita, prévia e a-historicamente definida. As formas como se organiza e atua o movimento sindical dependem das condições concretas do momento histórico e político por que passa o país. A estrutura sindical brasileira se originou no primeiro governo Vargas, na década de 30 do século passado, e se constituiu à sombra da introdução no país de um projeto de industrialização e das formas tayloristas de gestão do trabalho. Foi, por conseguinte, uma estrutura formatada para o parâmetro produtivo taylorista/fordista. Deu origem a um sindicalismo fracionado, categorial e geograficamente, excluído da fábrica e proibido de organizar-se horizontalmente, tendendo sempre à mínima unidade municipal. Um sindicalismo, portanto, incapaz de disputar um modelo de industrialização ou mesmo um modo de gestão. Impôs-se, também, um modelo de sindicato amarrado em suas funções, severamente limitado, porque a regulação do trabalho vai se dar através de uma legislação externa, o que era possível em face da homogeneização das formas de produção então dominantes. Não cabia ao sindicato qualquer atuação na definição das formas de prestação do trabalho. Desprovido dos instrumentos horizontais que lhe permitiriam intervir na grande política, e afastado da regulação do modo de trabalho, o sindicato ficou restrito à pauta salarial, que em geral se dava apenas uma vez por ano.

O processo histórico somente acentuou as características restritivas de nosso sindicalismo. Com o advento das políticas salariais, com a ditadura militar, e depois com os planos econômicos, mesmo a pauta salarial foi se esvaindo, o que ampliou a força do processo de fracionamento das entidades. Com o esvaziamento das funções sindicais, não há incentivo à manutenção de entidades de grande porte. A pequena máquina sindical, tendo seu sustento assegurado por lei, pode cumprir a contento com as limitadas funções remanescentes, permitindo, por outro lado, sua apropriação por grupos de interesse que podem se perpetuar em seu controle. O Frankenstein 88, porém, acelerou ainda mais o processo de fragmentação, ao permitir que se desse até intracategorias. A preservação de um espaço político cativo passou, em muitos casos, a ser o interesse central na criação das novas entidades.

A superação do parâmetro taylorista/fordista e o desenvolvimento de um novo padrão de acumulação, que já envolve todos os setores mais dinâmicos de nossa economia, termina por deixar anacrônica essa estrutura sindical. Não é à toa que o movimento não conseguiu produzir uma resposta adequada e eficiente à ofensiva neoliberal dos anos 90. Doze mil pequenos reinos, castrados em suas funções e atrelados a um sistema sufocante, tendo de se reunir às vezes em grupos de 30 ou 40 para encetar um processo de negociação com a patronal, não podiam ser capazes de impor-se à pressão neoliberal.

Aqui, está a atualidade do tema da Reforma Sindical em nosso país. A constatação de que se verificou profunda e definitiva alteração no modo de acumulação capitalista impõe a construção de uma nova estrutura sindical, significando modificar suas formas de organização, seus instrumentos de custeio e de atuação, seus sistemas de negociação coletiva e de solução de conflitos, bem como a definição de sua base, de modo a que possa responder à nova realidade. Não se trata, pois, de apenas defender a liberdade de organização sindical, princípio com o qual concordamos integralmente. Não se pode negar aos trabalhadores, enquanto sujeitos da relação de trabalho, direito que todos os cidadãos têm, qual seja, o da liberdade de organizar-se como quiserem. Chega às raias do preconceito o entendimento de alguns de que a liberdade sindical levará à destruição do movimento, porque por trás dessa idéia há aquela que considera os trabalhadores incapazes de decidir sobre suas vidas livremente, sob pena de virem a prejudicar seus próprios interesses. Mas, a defesa da liberdade de organização sindical por si só não resolve as questões que este livro se propõe. Afirmar o direito à liberdade de organização não significa que, por vontade divina, ou por geração espontânea, surgirão as formas de organização hábeis e capazes de enfrentar o mundo globalizado. Contudo, igualmente, não pode significar reconstruir um manto tutelar sobre o movimento, impondo-lhe a forma *correta e única* de organizar-se e defender seus interesses. Repita-se: há de ser um direito básico das sociedades civilizadas que cada grupo social decida como organizar-se. A legislação sindical, porém, pode e deve *incentivar* a adoção da estrutura sindical mais adequada ao momento histórico, fruto do mais amplo e democrático debate possível. A lei não deve proibir ou impor formas específicas de organização, mas é lícito que estabeleça regulação que incentive a adoção de formatos democraticamente debatidos.

Nossa contribuição para este debate, que será desenvolvida mais adiante, é que a estrutura sindical deste início do terceiro milênio deve se apoiar no tripé *organização por local de trabalho/ sindicatos por ramo de produção/centrais fortes*. A nova estrutura sindical deverá, também, incentivar a negociação coletiva de modo que o sindicato possa aprofundar sua intervenção na gestão da produção e na normatização dos processos de trabalho. A ampliação dos instrumentos e do alcance da negociação coletiva é condição essencial para que os sindicatos possam responder aos interesses de suas bases num ambiente de produção flexível e internacionalizada. Hoje já não mais é possível que uma legislação única externa regule os modos de trabalho, e sua plena aplicação restringir-se-á cada vez mais aos setores mais atrasados da economia. Isso não significa, diga-se de uma vez, a revogação da CLT, como muitos querem (mal) interpretar. Denota, sim, que um código externo não mais consegue prever a miríade de situações diversas que se dão na produção, e que as entidades sindicais, sem abrir mão da estipulação de direitos legalmente estabelecida, devem ter maior poder de negociação sobre o cotidiano das formas de organizar e de prestar o trabalho.

Este debate deverá definir, igualmente, um novo papel para o Estado: não mais o tutor da Era Vargas, com poder de vida e morte sobre o movimento sindical, mas também não o seu afastamento completo que propõe a ideologia neoliberal, entendendo as relações de trabalho como assunto unicamente privado entre as partes contratantes. Ao Estado deve caber um papel de animador das relações democráticas do trabalho, de garante dos processos democráticos de negociação coletiva, de promotor do conceito de desenvolvimento econômico sustentável e socialmente justo.

A superação da crise do movimento sindical no Brasil, portanto, passa pela redefinição de sua agenda, introduzindo os novos temas com sua devida importância, e pela adaptação de sua estrutura às condições que lhe permitam desenvolver potência e capacidade real de enfrentar os conflitos dos novos tempos. Após a tempestade neoliberal, é fundamental, também, reafirmar os valores da dignidade do trabalho, da solidariedade, da igualdade, da primazia do ser humano, que sempre animaram o movimento sindical. Em épocas de crise, é sempre importante reafirmar os princípios fundamentais, para que não soçobrem com a conjuntura adversa.

Revigorado, e em sintonia com os tempos que vivemos, o movimento sindical poderá se tornar o elemento central na construção de um novo contrato social para o século XXI, um contrato social de nova qualidade, que permita a retomada de um período significativo de crescimento econômico e distribuição de riqueza, mas sem a fragilidade dos institutos do século XX.

4.1. UM TRABALHO, UMA VIDA DE MAIS QUALIDADE

As inovações tecnológicas de base microeletrônica, pela possibilidade de criar um processo produtivo que demanda um maior conhecimento, melhor formação educacional e profissional, uma compreensão mais profunda de todas as suas etapas, uma atuação mais variada, mais polivalente do ser humano, têm amplo potencial para que com elas se possam estabelecer formas de prestar e de organizar o trabalho desalienantes. Torna-se possível, pois, um trabalho mais ativo e criativo, de execução mais interessante e satisfatória, dirigido, com vantagens, pelos próprios executores.

Já afirmamos e reafirmamos no curso deste livro que inexiste um determinismo tecnológico. O que há, de fato, é um intenso potencial nesse sentido, em face das características da automação flexível de base microeletrônica. A adoção de soluções tecnológicas desalienantes na produção será, porém, objeto de disputa. Os gerentes que comandam a produção no capitalismo não estarão voluntariamente dispostos a ceder o poder de mando que significa estabelecer formas de produção com a participação ativa, criativa e decisória do obreiro. O objetivo dos gerentes com as novas tecnologias em geral tem sido reduzir sua dependência em relação ao trabalho humano, o que tende a gerar um novo ciclo de alienação, um *neotaylorismo* de alta tecnologia (*Melman*, 2002). De todo modo, tem-se uma grande diferença em relação ao parâmetro taylorista/fordista, que se caracteriza por ser uma forma perversa de organização do trabalho, fundada no parcelamento máximo das tarefas, no controle despótico das atividades e na desqualificação da força de trabalho(3).

Mesmo em seus estágios mais recentes, a organização do trabalho capitalista continua a se caracterizar por relações empregatícias hierarquicamente estabelecidas de forma severa e disciplinada. O empregador, ou seus gerentes e prepostos, decidem cada aspecto da produção, cabendo aos empregados apenas agir de acordo com a decisão (*Melman*, 2002). A novidade, porém, é que as inúmeras formas de produzir um bem ou de prestar um serviço que as tecnologias microeletrônicas permitem implantar, torna possível que se lute pela adoção de soluções tecnológicas em que os trabalhadores sejam dotados de poder de decisão e em que executem funções intelectualmente satisfatórias a eles.

Essa pluralidade de opções tecnológicas deverá, igualmente, ser móvel de aprofundamento das preocupações com a saúde do trabalhador. A superação da "mecanização" do ser humano, inerente ao padrão fordista, permite que se possam adotar medidas efetivamente preventivas, nas formas de organizar e montar a prestação

---

(3) CACCIAMALI, Maria Cristina, no prefácio de MORAES NETO, Benedito, *op. cit.*, p. 9.

do trabalho, que contribuam para diminuir significativamente os acidentes do trabalho, as doenças ocupacionais, as lesões por esforços repetitivos e mesmo o *stress* pelo exercício de tarefas desagradáveis ou demasiado exigentes. Do mesmo modo, ficam mais acentuadas as preocupações de natureza ergonométrica, pela maior riqueza de opções na formatação dos métodos de trabalho e na concepção física dos objetos, máquinas e instrumentos.

O objetivo deste livro, entretanto, é ir além dessas possibilidades, é despertar a atenção não para a perspectiva de se ter um trabalho menos perigoso e lesivo, exercido de forma mais confortável, mas sim para o potencial de se obter um trabalho mais satisfatório, mais realizador, mais prazeroso. Essa é sem dúvida uma pauta difícil, que enfrentará grandes resistências. A crescente singularização do processo produtivo agregará, ainda, a dificuldade de ter de vir a ser disputado em cada empresa, em cada unidade. Quais são os trunfos com que contam os trabalhadores para que dessa luta surja um processo de trabalho desalienante e libertador? Em nossa opinião, são pelo menos dois.

4.1.1. Os ganhos de produtividade

Num ambiente de máquinas complexas e custo de capital elevado, dominando os custos de produção, como vimos que é típico do parâmetro tecnológico microeletrônico, um processo de trabalho que se fundamente na tomada de decisões pelos trabalhadores implica um incremento de produtividade. Quando os trabalhadores detêm efetivo poder de decisão sobre o processo produtivo, são capazes de reduzir o tempo de inatividade e ampliar a estabilidade das operações, propiciando mais atenção à manutenção, ao ajuste das máquinas e à correção dos defeitos (*Melman*, 2002).

Num quadro de intensa competição, as menores vantagens de produtividade podem fazer a diferença entre as empresas. Obter ganhos de produtividade apenas a partir da sofisticação tecnológica constante das máquinas é, ademais, um processo extremamente caro. Assim, a organização do processo de produção sob o comando dos que o executam, calcado em soluções tecnológicas que incentivam um trabalho ativo e criativo do ser humano, pode ser expressivo diferencial no aumento da produtividade. Numa produção computadorizada, a organização do trabalho é o fator essencial da produtividade. A concentração do poder de decisão sobre o uso do capital fixo, nessas circunstâncias, age como um freio para o potencial dos meios de produção, que é liberado quando sob gestão dos próprios trabalhadores. A apropriação da gestão da produção pelos trabalhadores pode gerar, portanto, uma significativa ampliação da produtividade, sem depender da redução de postos de trabalho, o que permitirá a transferência de parte do ganho de produtividade para os salários, recompondo o círculo virtuoso verificado no auge do parâmetro fordista.

Seymour Melman, examinando essas questões em seu livro, assim o coloca:

> "O que muda é a atenção à manutenção prestada pelos trabalhadores da produção na operação das máquinas, o cuidado tomado com o ajuste dessas máquinas e a atenção do trabalhador para descobrir e corrigir possíveis fontes de defeitos.
>
> Como o interesse de manter o emprego e a renda é característica fundamental da tomada de decisão dos trabalhadores, os *downsizings* que destruíram as vidas de milhões de indivíduos podem ser substituídos pelo emprego garantido e por processos ordenados de conversão — isso quando forem necessárias mudanças."(4)

A gestão da produção pelos trabalhadores, pois, pode vir a ser importante fator a frear a tendência, que parece ser natural do novo parâmetro produtivo, de reduzir os postos de trabalho por unidade econômica, sem que se interrompa um processo de ganho de produtividade.

A partir dessas constatações, os trabalhadores podem disputar as opções tecnológicas da empresa e a gestão de sua produção oferecendo como contrapartida os ganhos de produtividade e a recomposição de um círculo econômico virtuoso, do qual todos vão lucrar.

4.1.2. A obtenção da flexibilidade laboral

Um processo de trabalho democraticamente gerido pode tornar possível a adequação flexível da mão-de-obra ao processo produtivo, sem significar necessariamente a precarização das relações de trabalho e a redução de direitos, como hoje se tem. O processo produtivo hoje é bastante flexível, e demanda uma maior maleabilidade na administração da mão-de-obra, o que se acentua com o fenômeno da concorrência desenfreada e com a crescente singularização da produção. Sob o sistema da hierarquia gerencial, a *flexibilização* significou tão-somente a *precarização* e a diminuição de

---

(4) MELMAN, Seymour, *op. cit.*, p. 579.

direitos. Num ambiente de produção flexível, a empresa deve estar sempre pronta a adaptar-se a uma demanda de volume e composição incertos. Essa demanda imprevisível exige que a empresa esteja pronta a adequar-se às novas condições do mercado, de forma instantânea[5]. Para obtê-lo, a administração gerencial impõe novas condições de trabalho aos empregados, alterando funções, remuneração, horários, que em geral significam infração à regulação laboral. O processo de *precarização* foi uma das principais fontes de tensão dentro das empresas, sendo, ao lado da luta contra o desemprego, a gênese das mais expressivas mobilizações sindicais dos últimos anos. As tensões e lutas sindicais dentro da empresa são importantes fatores de instabilização das operações, e, por sua vez, uma das causas mais expressivas de perda de produtividade.

Num processo de trabalho democrático, gerido pelos próprios trabalhadores, é possível obter a adequação da prestação do trabalho às variações da demanda, o que é o significado original do conceito de flexibilização, deturpado por sua realidade precarizadora, inegável e brutal. Se a prestação do trabalho for suficientemente flexível para acompanhar as variações da demanda e da produção (que num ambiente de regulação da concorrência tendem a ser menores), sem criar as tensões que se originam da imposição da precarização, obter-se-á notável estabilidade nas operações, que é pressuposto de um salto de produtividade. Somente a gestão democrática do trabalho torna isso possível de ser obtido. Só através da gestão do cotidiano da produção pelos próprios trabalhadores, poder-se-á verificar uma efetiva negociação coletiva que aponte para o atendimento das variações da produção, mas com o estabelecimento de controles, compensações e contrapartidas que tragam outras vantagens para os obreiros.

O debate acerca da flexibilização é um dos mais polêmicos da atualidade. Embora se originasse de uma constatação real — a flexibilidade da produção —, e de uma necessidade real — a adequação da mão-de-obra —, foi integralmente instrumentalizada pelos ideólogos neoliberais para justificar a supressão e a redução de direitos do trabalhador. E não há dúvidas de que a compatibilização das necessidades flexibilizatórias da produção com a preservação dos direitos do trabalhador a um emprego decente e resguardado contra a exploração é o maior desafio hoje para a equalização do mundo do trabalho frente às novas tecnologias.

Atualmente na Europa, em particular na Holanda e Alemanha, começa a ser desenvolvido o conceito de *"flexicurity"*, neologismo

(5) Foro Empleo Decente, *in* www.cioslorit.org/foroed, retirado do portal em 19.4.2005.

oriundo da fusão de *flexibility* (flexibilização) e *security* (segurança/seguridade). Esse conceito expressa o desafio que se apresenta de compatibilizar a tendência de um modo de trabalho cada vez mais flexível com a segurança necessária às relações laborais e previdenciárias dos obreiros. Reconhecem-se as indesejáveis e problemáticas conseqüências desse modo de produção crescentemente mais diferenciado e flexível e busca-se regulá-las na proporção que se faz necessária para assegurar relações de trabalho razoavelmente protegidas. Não se trata aqui de importar um conceito estrangeiro e aplicá-lo no Brasil. Mas, é importante observar que internacionalmente já se busca elaborar soluções a partir da constatação de que há um conflito, com uma tendência geral negativa aos interesses dos trabalhadores, que vem sendo administrado até o momento pelas elites e em seu próprio favor. Necessário se faz, portanto, que os trabalhadores busquem a iniciativa de propor, regular e administrar os instrumentos legais de adaptação aos novos modos de produção, única forma que possibilitará que se migre para um universo normativo que não lhes seja prejudicial(6). E essa adequação somente se fará a contento, repita-se, sob a realidade da gestão da produção pelos próprios trabalhadores.

A mudança do momento histórico, com a regressão da ofensiva neoliberal, pode significar a redução do impulso precarizador, abrindo espaço para formas mais avançadas de normatização do trabalho.

Mauro de Azevedo Menezes, amparando-se em *Jeammaud*, assim, expressa sua opinião:

> "Ademais, noticia *Jeammaud*, proliferaram as situações de prática ilegal das formas flexibilizadas de emprego, expressando uma tendência sociológica a ampliar as avarias causadas pela legislação flexibilizante. Com efeito, pensamos que a aprovação de medidas flexibilizantes contribui para desestimular os empregadores a cumprir a remanescente legislação protetora dos direitos trabalhistas. A síntese do mestre francês traduz essa nossa convicção: 'Disons, au risque de simplifier, que la dégradation observée resulte moins des reformes normatives flexibilisatrices elles-mêmmes que du contexte pratico-idéologique dans lequel elles s'inscrivent'."(7)

---

(6) Busque-se mais informações sobre *flexicurity* no Tilburg University Flexicurity Research Programme, no portal www.tilburguniversity.nl.

(7) MENEZES, Mauro A., *op. cit.*, p. 271. Tradução livre do francês pelo autor: "Digamos, com o risco de simplificar, que a degradação observada resulta menos das reformas normativas flexibilizantes elas mesmas que do contexto prático-ideológico no qual elas se inscrevem".

Assim, se o movimento sindical absorver essa pauta, construir a gestão democrática do trabalho e promover a adoção de soluções tecnológicas desalienantes, conseguirá superar o processo de precarização, aprofundando, por outro lado, os ganhos de produtividade essenciais à retomada de um período de crescimento continuado da economia com distribuição de renda.

4.1.3. Um processo necessariamente sindical

O processo de negociação para a conquista de uma gestão democrática do trabalho e de soluções tecnológicas desalienantes é um processo necessariamente sindical, ou seja, a ser proposto, impulsionado e dirigido pelo sindicato.

Em primeiro lugar, porque é um processo complexo e coletivo. É um processo complexo, porque demanda inúmeros debates e discussões, fundados na compreensão precisa do funcionamento da empresa, do setor e da economia, necessitando de assessoria técnica especializada; pressupõe o desenvolvimento de tecnologias de tomada de decisão, e com seu aprofundamento, demandará pesquisas científicas, envolvendo inclusive recursos públicos e de fundos de trabalhadores; necessariamente deverá seu resultado formalizar-se em contratos que serão fontes de direito, pelo que devem ser os mais claros e precisos possíveis. Não será, pois, apenas o fruto da vontade de alguns ou do esforço de muitos. E é um processo coletivo porque é calcado nos valores da solidariedade, da confiança mútua e da igualdade (*Melman*, 2002). Para sua implementação, dependerá do estabelecimento de metas comuns, através de regras imparciais, e será fundado no compartilhamento das vidas profissionais de todos os envolvidos. Estes não são valores que nasçam de forma espontânea pela simples reunião de um grupo de seres humanos. São valores culturais, levados por instituições. São os valores básicos do movimento sindical. Na construção de um processo de gestão democrática do trabalho, portanto, o movimento sindical poderá realizar seus valores fundamentais no cotidiano do trabalhador, e não apenas em ações externas.

Em segundo lugar, o controle sindical é essencial porque a negociação descentralizada, que chega no nível de fábrica ou de unidade, como tende a vir a ser esta ora proposta, desenvolve poderosa força de cooptação dos trabalhadores, de submissão à lógica empresarial[8]. Não são poucos os patrões que já se deram conta

(8) GALVÃO, Andréa e TRINDADE, Edi. *Sistemas de relações de trabalho nos países avançados: características e mudanças recentes*. DIEESE/CESIT, São Paulo, 1999, vol. II, pp. 235/237.

das vantagens produtivas da ampliação da iniciativa do trabalhador e que buscam atrair os contingentes envolvidos, separando-os de suas organizações sindicais, muitas vezes ajudados pelas próprias entidades, que se recusam a considerar a hipótese de envolver-se com os destinos da empresa. Esse é um problema grave, e não é de fácil solução. O fato é que assim como o novo parâmetro tecnológico demanda um maior envolvimento do trabalhador no processo produtivo, a nova formatação concorrencial global demanda um maior envolvimento deste com o destino da empresa. A instabilidade das relações econômicas e a constante alteração do mercado e de suas circunstâncias exigem que os integrantes da empresa, todos eles, inclusive os empregados, avulsos e eventuais, envolvam-se com seus objetivos, produtos e estratégias, sob pena de verem a empresa soçobrar.

A questão, portanto, é saber se os sindicatos vão se envolver no processo, ou se vão deixá-lo para os próprios patrões, que desenvolverão suas formas, seus instrumentos e seus mecanismos de negociação direta, e, por conseqüência, de cooptação dos trabalhadores. O sindicato personaliza, encarna, os interesses corporativos estratégicos dos trabalhadores. Estes não devem esforçar-se por ganhos de produtividade para a empresa com o fim de apenas dar-lhe lucros, mas como fundamento para estabelecer um círculo virtuoso de crescimento continuado em toda a sociedade, com distribuição de renda e a melhoria das condições de vida do povo. O comando do sindicato na disputa da gestão democrática do trabalho e da adoção de soluções tecnológicas desalienantes permite que os trabalhadores desenvolvam a consciência de que o seu envolvimento na produção não significa revogar os conflitos entre o capital e o trabalho; mas, pode, pelo contrário, significar um ganho fundamental para este.

Repita-se que não é um processo fácil. Mas, se não for absorvido pelos sindicatos, será definitivamente apropriado pelos patrões, o que expulsará lenta, porém inexoravelmente, as entidades sindicais do cotidiano das empresas, aprofundando a crise de representatividade do movimento.

Frise-se que, embora seja um processo que tenderá sempre a singularizar-se, a tornar-se específico de cada empresa ou unidade, não é contraditório; porém, com a luta pelo estabelecimento de legislações que regulem ou incentivem a democratização da gestão do trabalho em nível geral. Já há exemplos de países, como a Alemanha, que têm leis de co-gestão. Regrar a participação dos empregados na direção das empresas, em suas decisões estratégicas (como as tecnológicas), ou prever benefícios fiscais para as empresas que implantem programas dessa natureza, são exemplos de regulações gerais que criarão as condições para o espraiamento das negociações desse tipo, com nítidas vantagens sindicais e sociais.

E, mais, a tendência à singularização e à especificidade não pode impedir que o sindicato aja como *força de generalização*, buscando sempre ao máximo estender as conquistas organizacionais e tecnológicas no campo mais amplo possível de sua base. O sindicato não pode se render à singularização, mas trabalhar com esta realidade, visando a estender o mais possível as conquistas da gestão democrática do trabalho.

Esse processo de disputa pelas tecnologias e organização da produção não é apenas uma possibilidade teórica. Vem ocorrendo no mundo todo, particularmente nos Estados Unidos, que nos anos 90 travou intensa luta para reconquistar a liderança na produtividade, ameaçada pelo crescimento japonês na década anterior. *Seymour Melman* analisa em seu livro diversos casos, envolvendo Ford, General Motors, Boeing, Harley Davidson, Kaiser Permanente (um grupo de planos de saúde), USX (a maior siderúrgica americana), Bethlehem Steel (a segunda maior) e outras: todas empresas gigantescas e altamente competitivas, onde cada pequeno ganho de produtividade terá conseqüências globais.

Processo semelhante a este deu-se, também, no Brasil, embora menor e em condições muito mais adversas. Com a reestruturação produtiva em andamento nos anos 90 em nosso país, o movimento sindical mais desenvolvido do Brasil, o dos metalúrgicos do ABC, transferiu parte de sua atenção para as condições de trabalho. Verificando a tendência ao desemprego e à precarização, começou a intervir no processo, buscando uma reestruturação negociada[9]. Foi um processo, pois, que partiu da luta contra o desemprego e a precarização de direitos, demonstrando que não há qualquer contradição entre essa nova agenda e a pauta sindical tradicional, ou em relação às suas prioridades conjunturais[10]. Dada uma reestruturação produtiva que era eminentemente negativa para os trabalhadores, o Sindicato dos Metalúrgicos do ABC agiu para reduzir seus efeitos mais perversos, debatendo e acordando temas como a terceirização, jornada, remuneração, etc.

O melhor exemplo para ser analisado é, sem dúvida, o da Mercedes Benz. Mesmo sendo a líder da produção de veículos pesados

(9) ODA, Nilson Tadashi e BRESCIANI, Luis Paulo. Reforma sindical, desenvolvimento e trabalho, *Revista Democracia e mundo do trabalho*, n. 1, jan./jun. 2005, p. 46.

(10) RODRIGUES, Iram Jacome. Mudanças no padrão de ação sindical dos metalúrgicos do ABC, *in Revista Democracia e Mundo do Trabalho*, n. 1, p. 67.

no Brasil, quando confrontada com a abertura da concorrência por Collor, a Mercedes se propôs a um processo de modernização que chamou de *Fábrica 2000*. O sindicato começou a negociar com a empresa para que a reestruturação tivesse o máximo de efeitos positivos e um mínimo de efeitos negativos para os trabalhadores[(11)]. O processo resultou numa série de Acordos Coletivos de Trabalho, firmados durante vários anos (1990/1999), que mudaram profundamente a forma como se dava o trabalho na Mercedes, e transformaram a maneira como o sindicato e as empresas se relacionavam no ABC paulista. Dezoito acordos foram assinados no período[(12)], dos quais podemos destacar seis, por sua importância e conteúdo[(13)]:

a) *terceirização* — qualquer processo de terceirização deveria ser antes debatido com a Comissão de Fábrica e o Sindicato; previa-se um procedimento de reaproveitamento para os trabalhadores cujos postos de trabalho fossem afetados; exigia-se o pleno cumprimento das normas de segurança e dos encargos sociais pela prestadora, sob pena de distrato;

b) *manufatura celular* — os instrumentos e ferramentas eram reagrupados, de modo que um trabalhador pudesse fazer vários tipos de peças; o ritmo do trabalho e o nível de emprego (ou pelo menos a realocação) eram assegurados;

c) *kaizen* (ou *melhorias contínuas*) — previa a implantação de novos fluxos produtivos, reduzindo estoques, atividades, desperdício, etc.; eram garantidos o controle do ritmo do trabalho, o treinamento e a realocação do obreiro eventualmente atingido;

d) *trabalho em grupo* — efetivava a prestação do trabalho com ampla autonomia, em relação ao fluxo produtivo, férias, folgas, treinamento; era garantida a eleição do porta-voz do grupo, e o acompanhamento geral era feito por uma comissão mista entre a empresa e a comissão de fábrica;

e) *reestruturação salarial horista* — reduzia a distância entre os níveis salariais dos empregados horistas (o que permite maior deslocamento de um posto para outro) e normatizava os incrementos salariais do sistema;

f) *redução da jornada de trabalho* — reduzia a jornada de trabalho em duas horas e meia por semana, e regulava o sistema de folgas.

---

(11) PAULINO, Ana e MARCOLINO, Adriana. *A busca de novos espaços de negociações sindicais frente à reestruturação produtiva: o caso da Mercedes Benz do Brasil de São Bernardo do Campo, in* DIEESE/CESIT, São Paulo, 1999, vol. II, p. 327 e segs.

(12) PAULINO Ana e MARCOLINO, Adriana, *op. cit.*, p. 329.

(13) RODRIGUES, Iram, *op. cit.*, pp. 66/67.

São, sem dúvida, acordos no sentido de flexibilizar a prestação do trabalho, permitindo maior adaptação às flutuações da produção. As autoras do trabalho supracitado observam:

"Todos os ACTs analisados encaminham-se para a flexibilização do trabalho e do salário, a especialização da produção e a mudança do perfil da mão-de-obra, através do emprego de trabalhadores polivalentes, que operam mais de uma máquina, proporcionada, inclusive, pela diminuição do número de funções/cargos e dos níveis hierárquicos.

Na visita à planta da Mercedes Benz do Brasil em São Bernardo do Campo, observou-se a produção de vários tipos de caminhões intercalados em uma mesma linha de montagem. De acordo com a demanda, a empresa pode definir a quantidade e o modelo de caminhão a ser produzido. Para tanto é necessário dispor de uma mão-de-obra flexível, que tenha habilidades para atuar em diferentes postos de trabalho, produzindo diferentes produtos."(14)

Concedida autonomia e assegurada qualidade do trabalho, o que se vê é que os operários são capazes de desenvolver condições e meios de adaptar-se às flutuações da produção, sem que isso signifique necessariamente perda de seus direitos. Mas, esse tipo de processo há de ser levado apenas com a permanente participação ativa dos empregados e de sua entidade. Caso contrário, não atinge os mesmos resultados, como o demonstra o estudo do próprio caso da Mercedes Benz, quando, após o rompimento das relações do Sindicato dos Metalúrgicos com a empresa, em 1995, em face da demissão de 1.500 operários, registrou-se perda de qualidade, aumento de acidentes e de descontrole do ritmo da produção e deficiente nível de treinamento, mesmo com a empresa continuando a aplicar, apenas por si, alguns dos elementos que havia antes negociado(15).

Numa década muito difícil, conseguiu-se reduzir os efeitos mais deletérios da reestruturação produtiva açodada que foi imposta à economia brasileira. Essa conjuntura muito adversa evidentemente estabeleceu limites e criou percalços no processo. Entretanto, o que importa assinalar é que não se tratou de um processo de adoção de medidas paliativas ou compensatórias, mas que avançou profundamente, apropriando-se, ainda que em parte, de uma parcela do

(14) PAULINO, Ana e MARCOLINO, Adriana, *op. cit.*, p. 341.

(15) *Idem, ibidem*, pp. 338/339.

mundo do trabalho que antes pertencia exclusivamente aos patrões. Como conseqüência dessas iniciativas pioneiras, os temas tratados antes no bojo da reestruturação produtiva dos anos 90 passaram a integrar a agenda normal do Sindicato dos Metalúrgicos do ABC. E com todas as diferenças existentes no movimento sindical, não há quem possa acusar esta entidade de pelega, ou de ser cooptada pela patronal ...

A pauta da definição das formas de prestar e de organizar o trabalho tem um potencial incrivelmente transformador. A RTME abre possibilidades de haver um trabalho ativo e criativo, gerido pelos próprios executores, o qual, trazendo ganhos expressivos de produtividade às empresas, pode gerar um novo círculo virtuoso na economia. Mais, ainda, abre rotas ainda inexploradas que decorrem da libertação da forças advindas do processo de tomada de consciência que acompanha a prestação cotidiana de um trabalho prazeroso, sob seu próprio comando.

4.2. UMA SOCIEDADE RADICALMENTE DEMOCRÁTICA

No mundo globalizado, internacionalizado à força da pressão neoliberal, não poderá o movimento sindical ficar restrito à pauta corporativa, às reivindicações salariais e às relações de trabalho. Estruturaram-se novas relações de poder, cuja reversão é tarefa coletiva a ser exercida pela sociedade organizada que não deseje ser apenas paciente da política.

É uma realidade, porém, que o trabalho vem ocupando um lugar cada vez menor em nossas vidas. Passamos cada vez menos tempo trabalhando, e menos tempo envolvidos com o trabalho. Em 1850, o trabalho ocupava 70% do tempo que o ser humano ficava acordado durante toda a sua vida; hoje, no assim chamado *primeiro mundo*, mal ultrapassa os 15%[(16)]. Além disso, a sociedade moderna é crescentemente fragmentária, criando incessantemente novos interesses particularistas, novos temas, novas fontes de identificação do ser humano com a sociedade, novos instrumentos de expressão de sua individualidade e de seu senso social. Mas, também é verdade que o trabalho ainda é o principal fator de identidade do indivíduo e o principal vetor de sua socialização, e ainda o será por bom tempo. *Hannah Arendt* resumia com notável precisão: "Eu sou o que eu faço".[(17)]

(16) The future of work in Europe-Ethics and globalization, "OIC-Culture e Développement" Association, Paris, 2004, p. 10.

(17) *Idem, ibidem*. Tradução livre do inglês pelo autor: *I am what I do.*

E numa sociedade que produz, também, brilhos cada vez mais fugazes, celebridades de 15 minutos (e cada vez mais celebridades de 30 segundos, ou menos ...) e em que os interesses privados e egoístas se estenderam e dominaram inúmeras instituições, o movimento sindical se constitui numa das mais antigas, sólidas e tradicionais formas de organização que, mesmo com seus altos e baixos, tem a seu favor a memória da construção de uma sociedade melhor para quem nela vive e trabalha.

A crise por que passa o movimento sindical, que tem caráter geral, não sendo apenas brasileira (embora, por óbvio, aqui tenha suas especificidades marcantes), não necessariamente evoluirá para a falência deste como forma de organização social, como tantos arautos da desgraça vêm prevendo. Reencontrando seu espaço e desenvolvendo uma agenda adequada aos novos tempos produtivos, o movimento sindical poderá voltar a ocupar um lugar de primazia na vida organizada dos seres humanos. E esta agenda, repita-se, não pode se restringir às relações de trabalho.

O movimento sindical nasceu fazendo política, cresceu e desenvolveu-se nesta seara; é o principal responsável pela consolidação da democracia liberal na Europa e o principal ator da redemocratização brasileira. Longe da política, o sindicalismo definha e morre. Mesmo nessa conjuntura internacional adversa, o movimento sindical vem mais e mais assumindo funções de representação geral dos trabalhadores, funções de proteção de seus interesses mais gerais, enquanto cidadania social[18]. Num momento, portanto, em que a globalização neoliberal se constitui numa ameaça não só à soberania estatal, mas à própria soberania popular; quando as instituições democráticas estão de fato sob ataque, o movimento sindical deve empunhar decididamente a bandeira do aprofundamento da democracia.

O movimento sindical tem a oportunidade de capitanear a luta social pela efetivação de uma democracia participativa, com crescente controle social direto sobre o Estado e, em nível internacional, atuar pela reformulação democrática das instituições e pela formatação de regras de convívio mais igualitárias num planeta globalizado. Para tanto, deve-se ir além da pauta economicista e buscar a construção de uma ampla agenda comum com a sociedade civil organizada. Mesmo nessa sociedade fragmentada, é possível verificar que o isolamento conduz à impotência, e que os diversos grupos de interesse, sejam ecológicos, culturais, de gênero, religio-

---

(18) BAYLOS, Antonio. Democracia Política e sistema sindical, reflexões sobre a autonomia sindical, *in Revista Democracia e Mundo do Trabalho*, n. 1, p. 8 e segs.

sos, etc. não conseguirão atingir minimamente seus objetivos se não construírem instrumentos de influência sobre o Estado e o processo decisório das políticas públicas e da normatização da vida em sociedade. A construção de novas estruturas democráticas de poder há de ser uma bandeira do movimento sindical e da sociedade civil organizada porque serão estes que nelas serão incluídos, através dos espaços públicos não-estatais e dos organismos de participação social direta no processo decisório das políticas públicas. Não se trata de substituir ou de negligenciar os partidos políticos, mas de assumir de forma direta reivindicação essencial para os movimentos, independentemente dos instrumentos de sua veiculação ou viabilização.

O movimento sindical tem o peso social, econômico e histórico para capitanear esse processo, dispondo de um potencial de mobilização que nenhum outro movimento social pode sequer rivalizar. Já citamos exemplo prático da possibilidade dessa postura, na Campanha pela Ampliação e Democratização do Conselho Monetário Nacional (máxima autoridade do sistema financeiro brasileiro), levada em conjunto com organismos patronais, acadêmicos e ONGs.

A definição das políticas econômicas há de ser, evidentemente, um dos centros principais de atenção e interesse do movimento sindical e da sociedade civil organizada. Democratizar e ampliar a participação social nas instituições e organismos definidores de políticas econômicas e financeiras há de ser meta essencial do movimento sindical. Mas, isso implicará, igualmente, ter propostas e alternativas. Quando se pleiteia a participação efetiva da sociedade nos organismos de decisão de políticas públicas, ou a construção de espaços públicos não-estatais, onde tais políticas sejam debatidas, disputadas e decididas, tal participação não pode se esgotar no trio *assistir, criticar e denunciar*. Essa nova qualidade de participação demanda a produção e a disputa de projetos de políticas, num ambiente de pressão social direta sobre os órgãos deliberantes. E isso, por sua vez, implicará que temas complexos e polêmicos não possam ser evitados e adiados, devendo ser enfrentados quando trazidos à arena política por iniciativa de algum dos contendores. Dê-se como exemplo, para não ficar um alerta demasiado genérico, a regulação das micro e pequenas empresas, que está em debate atualmente no Brasil, tema que tem passado ao largo das preocupações centrais do movimento sindical e que deveria ter sua intensa participação. As micro e pequenas empresas não só são o maior número de estabelecimentos no país e as maiores empregadoras — sendo, também, as últimas a demitir em períodos de crise —, como são os maiores repositórios de empregos de tipo antigo, mais estáveis e seguros. O problema, porém, é que debater uma política de incentivo às pequenas e microempresas (algo a que em tese ninguém se opõe) implica enfrentar temas como incentivos fiscais e tributários, regulações diversas para a previdência, sistemas variados e distintos de normatização do trabalho, etc. Temas difíceis, complexos, politicamente pantanosos, mas cujo enfrentamento será a expressão da maturidade dos movimentos sociais que querem influir diretamente na condução de suas vidas.

Por tudo quanto já se disse neste pequeno trabalho, outras áreas em que há de ser prioritária a ação do movimento sindical para a construção de espaços públicos de disputa de políticas são a Ciência e Tecnologia e a Educação.

Pela importância do tema tecnológico, a ação sindical deve se dar em seus mais diversos níveis, seja nas instâncias nacionais de definição da política científica e tecnológica, seja nas políticas de formação de mão-de-obra para as novas tecnologias, seja nas definições estratégicas das empresas, seja, ainda, nos próprios organismos de pesquisa[19].

Há de ingressar na pauta do movimento nos próximos anos a exigência de programas governamentais conjuntos do Ministério do Trabalho e Emprego, Ciência e Tecnologia e Educação, pelo menos, para o desenvolvimento de projetos de tecnologias desalienantes, com a participação de empresas, sindicatos e universidades. São programas necessariamente conjuntos, amplos, em face dos esforços que demandam, mesmo que venham a ser singularizados, posteriormente, em sua aplicação. Os Fundos de Pensão, embora formados com dinheiro dos trabalhadores e muitas vezes administrados com sua decisiva participação, pouco têm contribuído para um conceito mais solidário e sustentável de desenvolvimento em nosso país, deverão ser igualmente chamados a colaborar no esforço do financiamento do desenvolvimento de tecnologias desalienantes. Aliás, os Fundos de Pensão deveriam elevar um pouco o grau de preocupação com a geração de empregos de boa qualidade, bem como com a adoção de políticas tecnológicas como aqui defendidas, na hora de decidir seus disputadíssimos investimentos.

E como as novas tecnologias demandam crescente qualificação dos indivíduos, o movimento sindical deve ampliar sua atuação em relação à educação formal e à formação profissional, condições inafastáveis para a inclusão do trabalhador. Quanto mais eficiente

(19) FREYSSINET, Jacques, *op. cit.*, pp. 204/205.

for a educação formal, fundamental e média e quanto mais acesso tiverem os trabalhadores à universidade e à formação de grau superior, mais estarão preparados para o constante processo de aprendizado que as novas tecnologias exigem. Já a formação profissional deverá ser desenvolvida para ser constante e acumulativa, desenvolvendo permanentemente o trabalhador. Não haverá mais como ficar parado em um nível estático de conhecimento e habilitação. Hoje em dia tem crescido muito a preocupação do movimento com a formação profissional, a partir, principalmente, de programas financiados pelo Fundo de Amparo ao Trabalhador — FAT, com verbas do FGTS. Haverá de ingressar nesta seara o debate sobre o *Sistema S*, criado por contribuições compulsórias, gerindo cerca de US$ 2,5 bilhões por ano, e quase inteiramente apropriado pelos interesses da patronal. O potencial e a legitimidade do *Sistema S* para o envolvimento em programas de formação, pesquisa e desenvolvimento de tecnologias desalienantes não pode ficar restrito ao comando patronal e à burocracia nele instalada[20].

Reitere-se, ainda, a necessidade de intervenção do movimento sindical no desenvolvimento e consolidação dos blocos econômicos regionais e multilaterais. Tais blocos são importantes entraves à instabilidade crônica da economia globalizada e um não menos importante elemento de entrada para a discussão e defesa dos interesses dos trabalhadores no cenário internacional. O regionalismo econômico poderá levar à criação, no chamado *terceiro mundo*, de interesses nacionais comuns, que permitam viabilizar ganhos para os trabalhadores.

Uma agenda dessa natureza impõe ao movimento sindical desenvolver efetivas relações internacionais, que não se limitem à mera filiação a entidades gerais, ou à participação em congressos de quando em vez. Os interesses divergentes, que são reais e ainda importantes (diferenças nacionais, subsídios, protecionismo) são uma agenda a ser enfrentada com maturidade e urgência. Mas, numa sociedade globalizada pelo neoliberalismo, com uma concentração inédita de poderes e de recursos, os ganhos que podem advir de relações intersindicais internacionais efetivas e solidárias é muito maior que o esforço a despender para resolver as barreiras de interesses paroquiais contrariados. A pauta dos entraves à concorrência desenfreada, à livre movimentação dos capitais, à transferência de empresas; o debate sobre a inclusão de cláusulas sociais nos

---

(20) O Sistema S inclui o SESI, SENAC, SESC, SEBRAE, SENAI, SENAR, SENAT, SESCOOP e SEST. Seu orçamento geral anual conjunto é de cerca de R$ 7 bilhões. Fonte: artigo do *Jornal Gazeta Mercantil*, *O Financiamento do Sistema S*, em 20.8.2004.

acordos de comércio, a construção de blocos regionais e multilaterais protetivos, tudo isso se constitui no futuro da solidariedade sindical internacional. O caráter internacionalista do movimento sindical, apregoado há décadas, mas muito poucas vezes levado a efeito concreto, é chave para que se supere a globalização neoliberal e para que os interesses do trabalho voltem a ocupar espaço de importância central na política. Hão de se desenvolver redes de sindicatos e redes de militantes, bases comuns de dados e de troca de informações. Devem ser lançadas campanhas conjuntas de caráter internacional, sejam de disputa sindical, em empresas transnacionais, sejam de influência sobre a opinião pública. Para tanto, é fundamental, também, prover o movimento de assessorias técnicas especializadas, compartilhadas ao máximo possível, e de estruturas de suporte ao enfrentamento internacionalizado. Disputar a globalização não é assunto para amadores.

Democratizar a empresa e democratizar o Estado. Um movimento haverá de ser visto como complementar do outro, levando a uma radical democratização da sociedade em todos os seus setores. A experiência do século XX é fundamental para que verifiquemos que é uma quimera atingir-se uma sociedade democrática, mantendo-se a gestão despótica nas empresas. O centro da globalização foram as transformações das relações econômicas e da produção. Participar dos processos de gestão, nas empresas e na sociedade, é o ponto de partida do movimento sindical no século XXI. Sequer se obtém uma real democracia, que resista às forças de apropriação privada do Estado, se não assegurarmos participação efetiva e decisiva na estrutura deste para a sociedade civil organizada. Os mecanismos da democracia representativa são já insuficientes.

Há, portanto, necessidade de uma nova postura do movimento sindical, que não se reflete mais numa agenda que se limita a reivindicar dos que gerem a empresa e a economia um naco um pouco maior para os trabalhadores. A pauta deve evoluir para a reivindicação de um espaço de gestão na empresa e no processo de trabalho, bem como na regulação e administração da economia e dos processos de normatização da sociedade.

CAPÍTULO 5

UMA NOVA ESTRUTURA

Não basta, porém, redefinir a agenda de lutas para trazer o movimento sindical de volta para um protagonismo político central na sociedade globalizada.

Esta é uma agenda de conflito, que se resolverá na disputa, com a patronal e na sociedade, através do uso das formas civilizadas de pressão política. E se é uma agenda de conflito, há de se dotar o movimento sindical de potência, de capacidade efetiva de realizar o conflito, para que ele esteja apto a propor e sustentar o confronto, e daí possam resultar a conquista de suas reivindicações corporativas e o aprofundamento da democracia, seja na empresa, seja na sociedade.

É necessário, para tanto, um conjunto de instrumentos, de cunho organizativo e de atuação, que se constituem na Estrutura Sindical do país, *lato sensu*.

Já vimos que a estrutura sindical brasileira está superada, criada e desenvolvida sob a égide do taylorismo/fordismo e moldada de maneira a incentivar a fragmentação da ação sindical, fragilizando-a. A globalização neoliberal e a realidade específica brasileira nos últimos vinte anos, aprofundaram ainda mais este processo de pulverização da ação sindical, terminando por incapacitar o movimento a dar uma resposta adequada aos novos tempos.

Uma Reforma Sindical, portanto, não poderá ser uma mera adaptação; mas, a constituição de uma nova estrutura que torne eficaz a ação sindical, dotando-a de instrumentos potentes, para que se possam atingir os fins propostos.

O debate sobre a necessidade e os termos de uma reforma sindical, porém, não é recente. Desde o surgimento do *novo sindicalismo* do ABC, e depois com o processo de criação e estruturação da CUT, o tema voltou à cena, e vem sendo muito discutido. Aliás, todo o processo de crescimento da CUT foi marcado pelo debate da estrutura sindical e da necessidade de alterá-la profundamente.

Dentro da esquerda e nas agremiações políticas ligadas à classe trabalhadora, é pequeno o debate sobre essas matérias, e ainda menor foi a preocupação em elaborar propostas de reforma das estruturas existentes. Mas, na CUT, que nasceu com as bandeiras da plena liberdade e autonomia sindicais e da livre e ampla negociação entre patrões e empregados, já existe um significativo acúmulo político e jurídico, oriundo de mais de 20 anos de discussões, que há de ser resgatado e estudado para qualquer proposta de formatação de uma reforma.

Dentro da CUT tais temas foram sempre tratados não só com uma postura filosófica e política, mas também com a preocupação de se tornarem propostas concretas de normatização. As assessorias jurídicas da CUT, desde sua criação, debateram e formataram textos legais que buscassem implementar as propostas e princípios da Central. A postura inicial da CUT refletia a antítese da tutela varguista e encontrava perfeito resumo no título de um artigo que *José Francisco Siqueira Neto* publicou na Folha de São Paulo em 1988, "O Estado de Fora".

Já em 1989, *Siqueira Neto* apresenta um primeiro projeto de legislação de sustento. Sintético e genérico, com apenas 9 artigos, definia os conceitos básicos, assegurava o acesso a informações, a amplitude das negociações, concedia um polêmico poder de fiscalização e estabelecia o princípio da vigência continuada dos instrumentos em caso de impasse.

Em 1990, *Douglas Braga* apresenta um projeto que é um desenvolvimento aperfeiçoado daquele pioneiro. Em 11 artigos, estabelecia precisamente as pré-condições do sistema, afirmava a faculdade do recurso à Justiça do Trabalho e propunha a positivação do princípio da interpretação mais benéfica.

Em 1991, Douglas apresenta dois projetos simultâneos que se constituem em importante inovação conceitual. É agregado um anteprojeto de organização sindical, exigência óbvia para que possa funcionar um sistema democrático de contratação, deduzido em 9 artigos com as garantias fundamentais. O próprio projeto de regulação da negociação coletiva ficou mais explicitado e detalhado. Em 18 artigos, agregou conceitos como a impossibilidade de recusa às negociações, reforçou o caráter tutelar do Direito do Trabalho, estabeleceu penas para o descumprimento das pré-condições e incluiu a negociação coletiva no setor público. Nesse texto, é importante inovação, também, a fixação de data-base nacional para as centrais sindicais.

O debate ampliou-se, espraiou-se, e progrediu para uma coletânea de textos que incluía as emendas constitucionais que se faziam necessárias e os projetos ordinários que introduziam conceitos e alteravam e revogavam disposições da CLT. Apresentado em primeira versão em 1996, sofreu diversas modificações até sua aprovação como "Projeto de Reforma da Constituição e Transição da Estrutura Sindical" pela 9ª Plenária Nacional da CUT em 1999. Não se conhece texto mais recente formalmente aprovado nesse sentido.

Antes de adentrar no exame deste Projeto, cumpre registrar que as propostas da CUT, em seus diversos Congressos e Plenárias, têm mantido notável coerência, denotando a presença de princípios e conceitos solidificados. A ampla liberdade e autonomia sindical é buscada com fundamento nas diversas Convenções da OIT sobre o tema (87, 98, 135, 141, 151 e 154). A liberdade de negociação e contratação é buscada a partir de um sistema articulado, com expressiva presença das centrais, de modo que não sejam prejudicadas as pequenas entidades e os setores mais fracos. Existe forte preocupação na eficácia da representação sindical frente aos novos modos de produção, que se expressa na defesa dos sindicatos por ramos de produção (incluindo terceirizados, trabalhadores sem carteira e todos quantos prestem serviços à empresa), superando o modelo por categoria. Notável preocupação, igualmente, demonstram as propostas da Central em modernizar e revigorar a Justiça do Trabalho e sua estrutura, denotando que a liberdade de contratação não é entendida como a redução das proteções ao obreiro. A posição original da CUT do afastamento do Estado das relações de trabalho foi em muito abrandada e mitigada nos últimos anos.

Infelizmente, o texto do Projeto aprovado na 9ª Plenária não expressa a complexidade e a sofisticação de todo o debate histórico na CUT. Constituído de uma Proposta de Emenda à Constituição (PEC) de 13 artigos e um Projeto de Lei de Transição (PLT), com 19, há de ser tal Projeto entendido como ousado produto de um momento histórico defensivo. É o mais sintético e conciso possível, expressando a óbvia compreensão de que qualquer detalhe a mais do que aquilo ali proposto, naquele momento, em plena ofensiva neoliberal, não passava de sonho numa noite de verão ... Frente à nova conjuntura, há de se entender que a reforma a ser proposta terá de ser mais abrangente e completa, única garantia para que não venha a ser mais tarde utilizada como instrumento de eliminação de direitos e redução da representação dos trabalhadores.

O Projeto, porém, contém uma boa série de elementos que haverão de ser considerados no estudo para uma reforma, embora contenha, também, evidentes inadequações de redação.

Na PEC, destacam-se a alteração do art. 11 da Constituição, ampliando o conceito de organização dos trabalhadores no local de trabalho e a inclusão no art. 37 da Carta Magna dos necessários conceitos da sindicalização no serviço público (negociação e greve legal).

No PLT, destacam-se o enfrentamento da questão da entidade mais representativa para negociar no ambiente de ampla liberdade sindical; a regulação da formação de seções sindicais e representação nos locais de trabalho; a definição do alcance do Contrato Coletivo de Trabalho e o estabelecimento das formas da execução judicial de seu descumprimento. É bastante ousada e interessante a regulação das multas e penas para as empresas, destacando-se a exclusão dos créditos e benefícios oficiais (e a proibição de participação em licitações) para aquelas que descumprirem a lei.

O acúmulo jurídico e político da CUT nos temas da estrutura trabalhista e sindical brasileira, que se constitui na proposta do que foi denominado de *Sistema Democrático de Relações do Trabalho*, há de ser tido, portanto, como uma contribuição essencial à elaboração de uma reforma. Não haverá, porém, de ser tomado como condicionante, para que o debate possa fruir com maior liberdade por todos os setores sindicais.

A eleição de Luis Inácio Lula da Silva como presidente da República, em 2002, levando ao comando da nação o principal líder do *novo sindicalismo* do ABC, o mais expressivo dirigente sindical do processo de idealização e fundação da CUT, teria como obrigatória conseqüência trazer o tema da Reforma Sindical de volta à cena.

Chegava ao Palácio do Planalto um grupo político que construiu sua trajetória pública a partir das lutas sindicais, vinculadas desde seus primórdios à superação do modelo varguista. Mas, exatamente por sua inserção no mundo sindical, o núcleo do governo Lula sabia como ninguém das dificuldades que enfrentaria um processo de mudança de um modelo tão antigo e tão arraigado, por maiores que fossem as razões de sua necessidade.

Foi criado então o Fórum Nacional do Trabalho — FNT, sob a coordenação geral do Ministério do Trabalho, que se constituiu provavelmente no mais amplo processo de discussão de uma reforma legislativa na história do país. Ele se deu através de uma série quase infindável de reuniões e debates, em níveis regional, estadual e, por fim, nacional, incluindo representantes dos trabalhadores, dos empresários, da sociedade civil e dos poderes públicos, num formato que incentivava a adoção das propostas e conceitos que fossem consensuais, ou que gozassem da mais ampla concordância.

Embora nenhum grupo político expressivo do mundo sindical possa alegar legitimamente que tenha sido excluído do processo de discussão, tantas e tão amplas foram as oportunidades para dele participar, o sistema do FNT não foi cumulativo, ou seja, as decisões dos níveis anteriores não só não vinculavam, como não eram sequer o ponto de partida das decisões finais da plenária nacional do Fórum, que originou a proposta de reforma. Não havia, também, qualquer forma de delegação dos estados para a plenária nacional, que foi estruturada autonomamente.

Assim, as conclusões finais do FNT e a proposta de reforma que daí foi gerada estavam plenamente informadas por um longo processo de debates, e, portanto, pela posição dos mais amplos setores do mundo sindical, mas refletiam a posição e o entendimento dos membros da plenária nacional, constituída por alguns dos setores mais vanguardistas dos trabalhadores e dos empresários brasileiros.

Essa dicotomia do processo de formatação da reforma explica tanto o fato de seu caráter bastante avançado, para um movimento sindical ainda muito reticente à modificação de suas estruturas tradicionais, como o grau de oposição que sofre, mesmo após tão longo e intenso debate.

Apresentado em princípios de março de 2005 ao Congresso Nacional, o projeto de Reforma Sindical, que será analisado logo mais adiante, foi pouco depois travado pela crise política instalada após as denúncias de corrupção nos Correios.

5.1. O COMEÇO DA REFORMA: A EMENDA N. 45

A Reforma do Judiciário certamente rivaliza com a Reforma Sindical em relação a dois aspectos: tempo em que vem sendo discutida em nosso país, e dificuldades que enfrenta para sua implementação. A Emenda Constitucional n. 45, de fins de 2004, foi, finalmente, o começo da Reforma do Judiciário e, também, o começo da Reforma Sindical.

Ao mexer-se com certa profundidade na estrutura do Poder Judiciário, era impossível não aproveitar a oportunidade para dar início às modificações em direção a uma nova estrutura sindical, tantas são as inter-relações entre uma e outra. Foram inseridas, então, no corpo da Emenda n. 45, diversas disposições que se constituem nos passos iniciais de uma nova regulação do trabalho e das entidades sindicais no Brasil. Não foram meros remendos ou adaptações, mas sim a inscrição de alguns conceitos inovadores, que visam a transformar profundamente o sistema brasileiro de relações de trabalho e sindicais.

A Emenda n. 45 consagra três das demandas estruturais para uma nova organização da vida sindical em nosso país: amplia a competência da Justiça do Trabalho em direção a um conceito abrangente de relação de trabalho; concentra na Justiça do Trabalho a competência em matéria sindical e restringe severamente o Poder Normativo.

A Justiça do Trabalho nasceu e cresceu sob a égide da relação de emprego, que era a relação de trabalho largamente preponderante àquela época. Com a chegada dos novos tempos produtivos, se quisermos construir uma nova rede protetiva ao trabalhador, é fundamental trazer para essa justiça especializada a nova amplitude das relações de trabalho que se verificam na sociedade. Será, porém, bastante polêmica a definição do real alcance desta nova competência. Muitos defendem que o conceito de *relação de trabalho* não pode ser confundido com o de *relação de consumo de serviços*, que não deve ser posto sob a égide da Justiça do Trabalho. As relações de trabalho a serem submetidas a essa justiça especializada deveriam ser aquelas que se inserem dentro do sistema produtivo, ou dentro de algum dos sistemas a este são equiparados, como, por exemplo, aqueles previstos no § 1º do art. 2º da CLT[1]. O centro desta tese é a compreensão que, mesmo em face da característica mutante e instável das novas relações de produção, a competência da Justiça do Trabalho não deve extrapolar as fronteiras da utilização do serviço, mediante remuneração ou outra forma de contrapartida, para atingir os fins produtivos, ou, repita-se, os fins que sejam àqueles equiparados. Quando a relação jurídica for destinada ao consumidor final, a seu bem-estar, prazer ou proveito, o que se tem é uma relação de consumo, que não haverá de ser inserida no universo das relações de trabalho a que se destina a norma constitucional. A Justiça do Trabalho é compreendida como a *Justiça da mais-valia*, evitando ser transformada numa Justiça de Ações de Cobrança, o que viria a desconstituir seu caráter protetivo. As relações de trabalho a que se refere a nova redação do inciso I do art. 114 da Carta Magna, portanto, teleologicamente devem caber dentro das finalidades de uma Justiça que foi criada para regrar a relação entre

(1) Profissionais liberais, instituições de beneficência, associações recreativas ou outras instituições sem fins lucrativos.

empregador e empregado.[2] Não poderia a JT, pois, receber a cobrança de honorários de profissionais liberais, a postulação de pagamento de serviços de artesãos, a queixa do sapateiro, da manicure, do motorista de táxi, do mecânico, a não ser que a prestação destes serviços não tenha se destinado ao consumidor final (tal como definido no art. 2º da Lei n. 8.078/90), mas sim faça parte da viabilização do negócio do contratante. Nesta compreensão, seria, então, preponderantemente, o destino do serviço contratado que rege sua natureza — relação de trabalho ou relação de consumo de serviços —, portanto, o que determinará qual deva ser a competência para examinar a lide daí decorrente.

Creio, porém, que tal compreensão é demasiadamente restritiva. A introdução de novas tecnologias, já dissemos, ampliou enormemente a capacidade de produção de bens e de prestação de serviços. Cada vez mais será comum que tais relações de comércio se dêem diretamente entre o produtor/prestador e o consumidor. Novos produtos e novos serviços não demandam grandes unidades econômicas, e permitem o empreendedorismo (quase) individual. Se a Justiça do Trabalho for compreendida como a justiça da proteção da dignidade do trabalho humano, entendido este como o modo de ganhar a vida do cidadão, não poderá ficar à *justiça da mais-valia* e deverá açambarcar a proteção do produto do trabalho quando entregue diretamente pelo produtor ou prestador ao consumidor. Num momento de redefinição de seu papel e de seu espaço na sociedade, a Justiça laboral não pode excluir-se da corrente natural para onde vai fluir o trabalho humano...

Nesse sentido, não deve passar despercebido, ainda, que a nova redação do art. 114 da Constituição retirou a restrição antes existente em seu *caput* constante da locução "entre trabalhadores e empregadores", ampliando, por conseguinte, a competência da Justiça do Trabalho para além da pessoa física do trabalhador. *Francisco Antonio de Oliveira* assim registra em seu estudo:

> "A nova redação, diversamente do que sucedia com a redação anterior, não premia os termos "trabalhadores e empregadores". A exclusão de "empregadores" não traria, em princípio, mais dificuldades, face à locução "relação de trabalho". Todavia, a exclusão do termo "trabalhadores" traz um complicador. A relação de trabalho não mais estará limitada à força de trabalho da pessoa física, podendo a força de trabalho ser prestada por pessoa jurídica; competente, assim, a Justiça do

(2) OLIVEIRA, Francisco Antonio. Emenda Constitucional n. 45/2004 — Uma Ligeira visão, *in Revista LTr*, n. 69-03, p. 295 e segs.

Trabalho, para as ações movidas pelas empresas de prestação de serviços contra as empresas tomadoras de mão-de-obra e aquelas ações ajuizadas por empresas terceirizadas para certas fases da produção contra empresas terceirizantes (...)."[3]

Mais uma vez, não há de importar a carapaça jurídica montada para os fins de formalização do contrato, seja por razões comerciais ou fiscais. Há de se perquirir seu substrato — a condição do serviço prestado. Se pessoal, haverá de ser abrangido pela Justiça do Trabalho. Não há sentido em retirar-se da JT o exame das ações das cooperativas legais contra as empresas que as contratam, ou das empresas terceirizadas de vigilância ou limpeza, que são fundamentalmente prestadoras de serviços de natureza pessoal. Ademais, a tecnologia permitirá, cada vez mais, uma crescente *despersonalização* da prestação do trabalho, que não precisará ser prestado exatamente pela mesma pessoa para ser obtido com a necessária precisão, já que muitas vezes será mera operação de máquinas abrangentes. Mas, não deixará de ser *trabalho pessoal*, prestado por pessoas naturais, e a competência da Justiça Laboral, para as lides daí advindas será importante fator de proteção de sua dignidade. Este certamente será um tema muito polêmico, e a tendência da jurisprudência, pelo menos nos primeiros tempos, será limitar e restringir essa competência. Dada, porém, a incrível variedade de formas de prestar e organizar o trabalho que são viáveis sob o novo parâmetro produtivo, é extremamente importante que a Justiça do Trabalho possa exercer seu manto protetor inclusive quando elas se derem através de formas jurídicas associativas, sejam comerciais, cooperativas ou outras que venham a ser inventadas, dada a não menos incrível criatividade do ser humano.

Entendemos que as alterações constitucionais da Emenda n. 45 trouxeram, igualmente, para a Justiça do Trabalho a competência para o exame das ações relativas aos servidores públicos estatutários. É um princípio que se afigura correto, já que faz cada vez menos sentido partilhar a competência sobre a matéria das relações de trabalho. Mas, a reação da Justiça Comum e da Justiça Federal foi feroz e aqui certamente o debate será muito mais sobre política judiciária, acerca da disputa de espaços de poder entre ramos do Poder Judiciário, e, a final, serão estes interesses os preponderantes a decidir o alcance dessas disposições. De toda sorte, com tal disputa em andamento, foi correta a concessão de medida

(3) *Idem, ibidem.*

liminar pelo STF que suspendeu a competência da Justiça do Trabalho nestes temas, por cautelosa, para evitar a possibilidade de verdadeiro caos jurídico e processual.[4]

Tem grande importância, ainda, a concentração da competência em matérias do Direito Sindical na Justiça do Trabalho, deslocando várias delas antes atribuídas à Justiça Comum. A nova redação dos incisos II e III do art. 114 da Carta Magna, que hão de ser lidos de forma cumulativa, envolvem o conjunto das competências relativas à estrutura e à atividade sindical, inclusive em relação ao direito de greve, expressamente mencionado[5].

Assim, saem da égide da Justiça Comum as ações relativas à definição da base dos sindicatos, onde se consolidou o processo de fragmentação sindical em nosso país, bem como as ações de interditos proibitórios, através das quais os juízes inúmeras vezes frustraram o exercício do direito de greve. Não restem dúvidas de que a Justiça do Trabalho é o local apropriado para que esses temas sejam judicialmente disputados, por ser esta afeita às matérias trabalhista e sindical.

A expressão "entre sindicatos e trabalhadores", presente no inciso III, faz incluir, também, na competência da Justiça do Trabalho, as ações referentes aos processos eleitorais e às questões estatutárias, ou seja, os temas relativos à vida associativa sindical, inclusive quanto ao estabelecimento e cobrança de contribuições.

Quando se busca ampliar o espectro da atuação sindical, concedendo-lhe maior eficácia e abrangência, a concentração da competência relativa às matérias de Direito Sindical na Justiça do Trabalho é fator fundamental para que se possa desenvolver um sistema harmônico e coerente, protetivo do hipossuficiente. Ademais, a fragmentação e diluição das relações de trabalho levam, por necessária contraposição, a que se busque concentrar a competência sobre o exame dos temas a elas concernentes, tanto em caráter individual como coletivo, de forma que se possibilite a construção de um ordenamento jurídico abrangente e, repita-se, harmonioso e coerente.

Os §§ 2º e 3º do art. 114 se constituem em severa restrição, quase eliminação, do Poder Normativo da Justiça do Trabalho. E é exatamente essa sua intenção, parte essencial de uma reforma sindical em nosso país.

---

(4) A ADIn n. 3.995-6, proposta pela AJUFE — Associação dos Juízes Federais do Brasil, afastou a competência da Justiça do Trabalho para as ações entre "o Poder Público e seus servidores, a ele vinculados por típica relação de ordem estatutária ou de caráter jurídico-administrativo", em fevereiro de 2005.

(5) VARGAS, Luiz Alberto e FRAGA, Ricardo Carvalho. Relações coletivas e sindicais — novas competências após a EC n. 45, *in Justiça do Trabalho: competência ampliada*, LTr, São Paulo, 2005.

O § 2º estabelece que o dissídio coletivo de natureza econômica somente poderá ser proposto se de comum acordo entre as partes. Tal não significa, é óbvio, obrigatoriamente uma petição conjunta entre as partes, mas significa, sim, que, se houver oposição de uma delas, não poderá se submeter tal conflito à apreciação e decisão do Poder Judiciário.

Essa disposição necessita de urgente regulamentação. É impossível superar-se um sistema que vige há décadas com base apenas em quatro ou cinco genéricas linhas de um texto constitucional. Solta no tempo e no espaço, ou se tornará letra morta, levando o Poder Judiciário, para não perder competência, e, portanto, poder, a interpretar que nada mudou, ou dará ensejo a uma miríade de interpretações distorcidas, que terminarão por implantar o caos, frustrando o avanço que poderia significar.

O § 3º mantém a existência do Poder Normativo para a hipótese de greve em serviço essencial quando verificada a "possibilidade de lesão do interesse público", restringindo a legitimidade para a propositura da ação ao Ministério Público. Igualmente é dispositivo que haverá de ser regulamentado com rapidez. Nesse grau de generalidade, o Ministério Público poderá frustrar o exercício da greve nas atividades essenciais, o que não seria aceitável.

Aliás, com a generalidade dos dispositivos constitucionais, não há um indicativo claro do grau de "autonomia" do Poder Normativo que foi mantido. Em outras palavras, foi ele mantido, ainda que parcialmente, em sua compreensão anterior — decidindo os tribunais com liberdade —, ou foi mesmo tal resíduo transformado em verdadeira arbitragem pública, vinculada a propostas ou ofertas finais da partes?

As disposições da Emenda n. 45, portanto, deram apenas início à Reforma Sindical, o que torna ainda mais premente que ela tenha seguimento. A edição de um conjunto de normas de caráter constitucional, desacompanhadas de uma regulamentação mais precisa, mormente num ambiente normativo muito antigo e solidificado, fazem o ordenamento jurídico tornar-se instável, suscetível a pressões de toda ordem, que podem terminar, repita-se, por frustrar a intenção do legislador.

Já em relação aos temas da Emenda n. 45, tivemos o exemplo das disposições do inciso VI do art. 114, que concede a competência para "as ações por dano moral ou patrimonial, decorrentes da relação de trabalho" à Justiça trabalhista, retirando-as da Justiça Comum. Malgrado a clareza da redação desse dispositivo, a reação da Justiça Comum havia levado o Supremo Tribunal Federal, num primeiro momento, a simplesmente decidir que nada havia sido modificado. Alguns meses depois, porém, face a novas pressões, o STF reformulou sua posição, afirmando a competência da Justiça do Trabalho[(6)].

Na ausência de definições mais precisas, da constituição de um sistema harmônico e completo, esse tipo de marchas e contramarchas tende a se multiplicar, em prejuízo dos trabalhadores e do movimento sindical.

É fundamental, portanto, dar continuidade à Reforma Sindical.

5.2. O PROJETO DO FÓRUM NACIONAL DO TRABALHO — FNT

O projeto originado do FNT caracteriza-se por ser completo e abrangente. Cria um verdadeiro Código Sindical, com mais de 230 artigos e é antecedido por uma Emenda Constitucional que altera as disposições da Carta Magna necessárias a dar suporte ao novo sistema. Não cabe neste trabalho aprofundar o exame dessa proposta, que se encontra apenas em seus estágios iniciais de tramitação no Congresso Nacional. Mas por sua importância, já que se trata do mais amplo e profundo esforço de fazer a Reforma Sindical no Brasil, cabe pelo menos uma análise preliminar, comparando-a com os princípios, pressupostos e temas que abordamos neste livro como necessários a tal reforma.

5.2.1. A PEC n. 369

O governo Lula enviou ao Congresso Nacional simultaneamente os projetos de Emenda Constitucional e de Lei Ordinária, permitindo que se visualize o sistema como um todo. Todavia, a aprovação da PEC precede, por óbvio, àquela do projeto de lei, que não pode se realizar, em muitos de seus aspectos centrais, na atual ordem constitucional. É essa aprovação anterior da PEC que cria o maior problema que verificamos nesses projetos.

A PEC promove alterações em 4 artigos da Constituição — 8º, 11, 37 e 114. Chama atenção, imediatamente, que sejam alterados os termos de disposições recém-incorporadas pela Emenda n. 45, como o inciso III e os §§ 2º e 3º do art. 114. Contudo, são alterações que adaptam aquelas disposições aos conceitos na forma como são

---

(6) A decisão originária do RE n. 438.639 foi posteriormente alterada, em junho de 2005, pelo julgamento do Conflito Negativo de Competência (CC n. 7.204) entre o Tribunal Superior do Trabalho e o Tribunal de Alçada de Minas Gerais.

explicitados no projeto da legislação ordinária, sem modificar-lhes significativamente o conteúdo, como a troca de "sindicatos" por "entidades sindicais". No art. 37, que trata da administração pública, inclui-se a negociação coletiva como direito dos servidores públicos, suprindo uma das falhas do atual sistema, a ser explicitado em lei própria. No art. 11, substitui-se uma regulamentação esdrúxula, que não saiu do papel, pela previsão das organizações por local de trabalho — OLT, a ser definida em lei.

As grandes alterações, é claro, estão no art. 8º, que se constitui na coluna vertebral do Direito Sindical brasileiro. Elimina-se a unicidade, a vinculação às categorias e o imposto sindical. Enfim acaba a Revolução de 30 ...

A PEC estabelece os pressupostos de um sistema de arrecadação que mantém a compulsoriedade e a ampla abrangência (buscado de todos quantos forem atingidos pela negociação), mas limitado por lei e vinculado à aprovação expressa da base. Avança, também, ao assegurar o desconto dos valores pela patronal.

Especialmente polêmica tem sido a previsão de atribuição da personalidade sindical pelo Estado, para muitos o retorno da Carta Sindical de Getúlio Vargas. Não é, porém, a mesma coisa. Não se trata de outorga, mas de reconhecimento da personalidade sindical, diferença que não é perfunctória. É previsto um ato vinculado, e não discricionário, exercido de acordo com condições estabelecidas na lei, relacionadas, principalmente, com a representatividade da entidade.

Já que a legislação ordinária, como veremos a seguir, manteve um sistema de liberdade sindical restrita, com a possibilidade do sindicato único, dito *exclusivo*, a obrigação de reconhecimento da personalidade pelo Estado é indispensável. Já vimos como o misto de unicidade e liberdade termina. Mas, mesmo num ambiente de liberdade sindical, porém, num sistema que atribui inúmeras garantias, privilégios e prerrogativas às entidades sindicais e a seus dirigentes, estipuladas em lei, como é o que está em gestação, não é incoerente a previsão do reconhecimento da personalidade sindical pelo Estado, mediante ato vinculado, para que aqueles não sejam exercidos com abuso.

O grande problema desta PEC e, aliás, o maior dessa proposta de reforma como um todo, é que não há nela previsão de transição. A Emenda acaba com a unicidade, a vinculação por categorias (e o mínimo limite por município) e o imposto sindical. Mas no momento de sua promulgação não poderá estar, também, aprovada a legislação ordinária que institui o novo sistema, já que esta só pode avançar em sua tramitação após a entrada em vigor da emenda. Assim, entraremos numa situação de vazio legislativo — caiu um sistema, mas, não há nada ainda no lugar —, em que se pode licitamente imaginar o caos, com o registro de qualquer tipo de sindicato, com as empresas se recusando a cobrar o imposto sindical (que na lei ordinária é extinto em parcelas), etc. ...

É impossível propor alterações do porte que têm aquelas que estão sendo apresentadas, sem incluir no projeto de emenda constitucional previsão transitória sobre como se portará o sistema no período que mediar entre sua revogação, pela entrada em vigor da própria emenda, e a aprovação da legislação ordinária que vai substituí-lo.

5.2.2. O projeto de lei

Denominado de Projeto de Lei de Relações Sindicais, trata-se de uma proposta ampla e abrangente, vertida em 238 artigos, criando, como já dissemos, verdadeiro Código Sindical. Dividido em 8 Títulos, além das Disposições Preliminares (Titulo I) e das Disposições Finais e Transitórias (Título VIII), trata sobre Organização Sindical; Representação dos Trabalhadores nos Locais de Trabalho; Diálogo Social, Negociação Coletiva e Contrato Coletivo de Trabalho; Direito de Greve; Conselho Nacional de Relações de Trabalho e Tutela Jurisdicional.

Sem entrar em seu mérito, ou na extensão de suas disposições, o projeto de lei açambarca todas as matérias que elencamos como fundamentais numa Reforma Sindical. Exsurge claramente, pois, que o objetivo do projeto é constituir um sistema completamente novo, substituindo integralmente aquele hoje vigente, optando por fazê-lo num só texto legal, com exceção das matérias relativas aos servidores públicos, que aguardam lei específica. Os temas relativos aos servidores públicos não foram incluídos no projeto.

O projeto dá seqüência à reforma iniciada na Emenda n. 45, regulamentando e explicitando os dispositivos que foram lá introduzidos no art. 114, que inclusive tiveram modificada sua redação na PEC, para melhor se integrarem com os termos da legislação ordinária.

É claro que as disposições sobre Organização Sindical abrem e ancoram o texto do projeto de lei, porque se trata do pilar sobre o qual tudo se constrói. Embora a proposta aponte para um sistema de liberdade e pluralidade sindicais, o resultado é uma obra-prima da engenharia política brasileira.

O projeto de lei de fato possibilita a pluralidade, mas mantém, igualmente, a possibilidade do sindicato único, agora dito *exclusivo*. Com isso, buscou-se compatibilizar os dois sistemas cujas defesas polarizam o debate sindical, de forma a reduzir a resistência à reforma. O avanço do projeto em relação à atual conformação da unicidade é exigir, para que o sindicato possa ser exclusivo, a implementação de índices objetivos de representatividade e a estipulação de direitos democráticos mínimos de organização interna. O sindicato pode ser único, mas não pode ser artificial, cartorial.

O sistema em gestação aponta para sindicatos por ramo e para centrais fortes, atuantes, e permite a unicidade inclusive no ramo, através da fusão de sindicatos exclusivos. Isso demonstra que, para o projeto ora em exame, a contradição central do sindicalismo brasileiro não é a oposição *unicidade x pluralidade*, mas sim a oposição *sindicato representativo x sindicato cartorial*. Para impulsionar a associação por ramos e setores de produção, superando a fragmentação na base, e incentivar a organização e atuação intersindical, via estrutura de centrais, o projeto acata a unicidade. Exige, apenas, que, para gozar de tal privilégio a entidade exista de verdade, tenha "bala na agulha", não seja propriedade privada de sua direção.

Os sindicatos cartoriais recebem um golpe, também, com a alteração do sistema de custeio. A eliminação do imposto sindical e a construção de uma estrutura de arrecadação fundada na participação da entidade na negociação coletiva, vincula a sobrevivência do sindicato à sua real atuação. O projeto detalha essa estrutura de arrecadação, impõe limites, exige aprovação expressa e prestação de contas; mas, mantém a abrangência geral a toda a base, impede a oposição e obriga a patronal a recolher e repassar os valores.

O projeto cria a OLT. Foi o único ponto em relação ao qual não houve qualquer tipo de consenso no FNT. A patronal manteve sua intransigente oposição a esse instituto, e o governo Lula bancou sua proposição ao Congresso. Em face desta resistência, foi estruturada uma OLT bastante tímida em sua composição numérica e ancorada em cauteloso processo de transição. Foi dotada de alguma autonomia em relação ao sindicato, integrando o sistema sindical, todavia, com atribuições próprias. Como forma de reduzir as resistências, o projeto opta por uma longa e detalhada regulamentação de todas as facetas da formação e atuação da OLT.

A regulamentação da negociação coletiva aponta para um regime razoavelmente amplo e versátil, que atinge toda a base e não apenas os sócios. É organizado de forma articulada e hierarquizada, incentivando a negociação nas estruturas das centrais;

entretanto, prevê uma porta de saída para os sindicatos de base que rejeitem os termos da negociação em nível superior. Num ambiente de pluralidade, impõe a participação de todas as entidades na mesa de negociação.

Nesse Título, porém, verificam-se alguns dos problemas mais graves do projeto. Não fica clara a possibilidade e a forma das negociações diretas com empresas, havendo até uma limitação para a abrangência do contrato coletivo ao nível municipal, em contradição com outras disposições, o que pode gerar inaceitável retrocesso. E em caso de impasse, permite-se a celebração do contrato coletivo por qualquer das entidades participantes, o que é a pior solução possível.

Por sua importância, a regulamentação da greve ocupa um Título específico do projeto, que conserta as piores atrocidades da Lei n. 7.783/89, onde esta contraria frontalmente o art. 9º da Constituição. A nova regulamentação retira os entraves à motivação e à oportunidade da greve e impede o julgamento de seu mérito, liberando-a, por fim, como instrumento, inclusive político, da classe trabalhadora, mas em relação à dinâmica do movimento, sua aprovação e condições, reproduz na essência a atual legislação.

O Conselho Nacional de Relações de Trabalho — CNRT seria, potencialmente, um instituto muito importante no projeto. Caracterizamo-nos, como já vimos antes, por ser um *modelo legislado* de relações de trabalho, e a proposição de um Código com centenas de artigos não contribui propriamente para mitigar essa característica, o que seria positivo para o sistema como um todo. Partindo, porém, de uma legislação tão detalhada, seria correto incentivar um sistema de auto-regulamentação, evitando a proliferação de novos diplomas legais. Esse é o sentido de um órgão como o CNRT. O resultado, porém, ficou muito aquém do desejado. As decisões ainda estão muito centralizadas no Ministro do Trabalho, e as atribuições do CNRT são em sua maior parte opinativas e consultivas.

O Título VII, relativo à Tutela Jurisdicional, é um dos pontos fortes do projeto. Longo e detalhado, com 78 artigos, prevê e regulamenta a competência, as condições, o procedimento e os efeitos de vários tipos de ações que o sistema adota, bem como disciplina instrumentos de solução dos conflitos. Há especial preocupação com a eficácia da prestação jurisdicional, sua rapidez e alcance, mas incentiva a solução dos conflitos fora do Poder Judiciário.

O Poder Normativo residual é regulado como forma de arbitragem pública, solucionando a dúvida que surge com a Emenda n. 45, e é esvaziada a competência atribuída ao Ministério Público no § 3º do art. 114.

Diferentemente da PEC, a transição ganha regulamentação expressa no projeto de lei, o que torna ainda mais incompreensível a ausência desta na Emenda Constitucional. Há óbvia intenção de regrar a transição da forma mais tranqüila e, mesmo, demorada possível, não se impondo o sistema como um fato consumado imediato e criando condições plenas de adaptação. Por que não consta da PEC?

Em conclusão, vemos que o projeto de lei, que se busca factível, aprovável, faz muitas concessões ao atual sistema, particularmente quanto à organização sindical. É o preço que paga para tornar-se viável e, mesmo assim, sofre severa oposição. Por ser extenso e detalhado, contém inúmeras imperfeições, e também alguns erros graves, principalmente na negociação coletiva e na definição do papel do Estado, que devem ser corrigidos em sua eventual tramitação legislativa.

Não há dúvidas, entretanto, de que trafega na direção correta, que incentiva a formatação de um movimento sindical representativo e mais potente e que cria as condições, se aprovado, para um salto de qualidade na luta sindical em nosso país.

5.3. O "PACOTINHO" DE MAIO DE 2006

A profunda crise política que se instalou no Brasil após as denúncias de corrupção na Empresa Brasileira de Correios e Telégrafos/ECT — abalou a dinâmica do Governo *Lula* e alterou a agenda dos partidos políticos. Desde fins do primeiro semestre de 2005, o País vive quase que integralmente ao redor da crise, e o Congresso Nacional abandonou qualquer pauta legislativa de longo curso.

Isso levou, na prática, ao arquivamento da proposta de Reforma Sindical elaborada pelo FNT e encaminhada pelo governo *Lula* ao Congresso. Tratava-se, de qualquer ponto de vista, de um tema bastante delicado e sua tramitação dependia necessariamente do interesse e da força do Executivo. *Lula* tem buscado apoiar-se nos movimentos sociais para resistir ao brutal ataque da oposição e não pode se dar ao luxo de alienar parte desse apoio ao insistir, neste momento, numa reforma que encontra resistências mesmo dentro do movimento sindical.

Houve iniciativas de alguns parlamentares de transformá-la num miniprojeto, açambarcando meia dúzia de pontos que fossem menos polêmicos, mas igualmente não frutificaram.

Como conseqüência, em meio de 2006, o Governo *Lula* editou duas medidas provisórias, uma reconhecendo as centrais sindicais e outra criando o Conselho Nacional de Relações de Trabalho, e enviou um projeto de lei ao Congresso para regulamentar o tema das cooperativas de trabalho. Este "pacotinho" sindical e trabalhista haverá de ser entendido dentro do esforço pela reeleição de *Lula* e como sinal de que o tema destas reformas não foi abandonado por completo. Muito embora, às vésperas de sua edição, a imprensa especulasse com mais medidas significativas, como a ratificação da Convenção n. 87 da OIT sobre liberdade sindical, ou pela intervenção em temas candentes, como a regulamentação dos direitos trabalhistas dos terceirizados, o Governo optou pelo caminho menos polêmico. Anunciou-se, ainda, a possibilidade de sua complementação posterior, com a ratificação da Convenção n. 151, sobre negociação e greve no serviço público, e a regulação da participação dos servidores na direção das estatais.

O teor das medidas provisórias é tímido, ficando bem aquém das necessidades do movimento sindical e mesmo das expectativas criadas. A MP n. 293 reconhece as centrais sindicais "para os fins que especifica", e estes são muito restritos. Concede-lhes a representação dos trabalhadores "por meio das organizações sindicais a ela filiadas" e assegura-lhes a participação em "fóruns de diálogo social de composição tripartite". Tais restrições pouco auxiliam no impulso a um processo mais amplo de negociação coletiva que poderia advir do reconhecimento das centrais sindicais. A MP n. 294 institui o CNRT, com poucas atribuições efetivas e deliberativas. É quase um órgão de mero assessoramento do Ministério do Trabalho e Emprego.

Há de se admitir, contudo, que, apesar de tímidos, são avanços importantes. As centrais são agora positivadas como entes sindicais, e, portanto, passarão a dispor, mesmo que parcialmente, dos privilégios e prerrogativas inerentes a essa natureza de associações. Isto, sem dúvida alguma, deflagra um processo que, mais cedo ou mais tarde, levará à plena atividade sindical das centrais. Rompeu-se o dique de mais de 70 anos de idade que impedia a representação geral dos trabalhadores. O CNRT, mesmo limitado, inaugura um fórum social plural e representativo para o debate dos temas sindicais e trabalhistas. Da mesma forma que o reconhecimento das centrais, tende a dar início a um processo que imporá um fortalecimento de suas atribuições, eis que vem ocupar um espaço que há muito se fazia necessário.

Ao optar pelo caminho cauteloso, que visa agregar apoios no processo eleitoral que se inicia, o Governo enviou um projeto de lei ao Congresso para regulamentar as cooperativas de trabalho. Sabedor do grau de polêmica do debate, não utilizou-se de medida provisória. Embora a proposta tenha como um de seus objetivos "proibir o uso de cooperativas para intermediação de mão-de-obra subordinada", o que viria a impedir as *coopergatos*, já nasceu sob ataque tanto dos sindicatos como das organizações representativas das cooperativas. Este projeto de lei haverá de ser entendido como um símbolo de que o Governo busca coibir fraudes e proteger o emprego, e na atual conjuntura tem poucas chances efetivas de prosperar no Congresso.

Este "pacotinho" de maio, portanto, dá continuidade à Reforma Sindical inaugurada pela Emenda Constitucional n. 45, mas o faz de forma muito lenta e, mesmo, insuficiente. Tem o mérito, porém, de não permitir a paralisação completa do processo, mantendo o tema em pauta.

CAPÍTULO 6

QUAL REFORMA?

A Reforma Sindical, contudo, não pode sair de perspectiva no Brasil. Em primeiro lugar, porque não é uma necessidade conjuntural, relativa à momentânea correlação de forças de algum período histórico. Todo este trabalho é uma pequena colaboração no esforço de demonstrar que os motivos que fundamentam uma Reforma Sindical têm caráter estrutural e duradouro. A manutenção da atual formatação da organização sindical brasileira significará sua crescente fragilização e incapacidade de responder aos novos desafios que se apresentam.

Em segundo lugar, a reforma já começou, através das alterações introduzidas pela Emenda n. 45, a Reforma do Judiciário, que impulsiona forças em direção a um novo arcabouço jurídico, que todavia não existe. A edição de um conjunto de normas de caráter constitucional, desacompanhadas de uma regulamentação mais precisa, mormente num ambiente normativo muito antigo e solidificado, faz o ordenamento jurídico tornar-se instável, suscetível a pressões de toda ordem, que podem terminar, repita-se, por frustrar a intenção do legislador e por criar um novo Frankenstein jurídico, que amplie os problemas do movimento sindical.

Necessário, é, portanto, continuar a discutir a Reforma Sindical, a enfrentar seu conceito, debater sua abrangência, suas características e seus institutos. Os sobressaltos conjunturais podem acelerá-la ou retardá-la, mas não há como retirá-la de pauta.

6.1. O CONCEITO DA REFORMA

O conceito de uma reforma desse porte, com os amplos propósitos que vimos defendendo, não nasce pronto, mas se constrói aos poucos, durante o debate de sua formatação e, mesmo depois de aprovada, durante sua implementação prática. Se é uma verdade que a aplicação da Lei é uma questão de correlação de forças na sociedade, em nenhum campo do Direito isso será mais verdadeiro que no Direito Sindical, o ramo jurídico que busca normatizar o conflito de classes.

Seria artificial e equivocado, porém, não levando a lugar algum, afirmar que uma reforma dessas seria mero aperfeiçoamento democrático e simples adequação aos novos tempos produtivos e tecnológicos. Em primeiro lugar, o rompimento de padrões jurídicos e culturais antigos e consolidados em geral cria uma situação confusa e caótica, que tende a beneficiar os atores sociais mais organizados e poderosos naquele momento histórico. Ao tocar-se, portanto, no arcabouço jurídico da organização e dos direitos dos trabalhadores, não se pode abrir uma temporada de estraçalhamento sindical e destruição de conquistas históricas fundamentais. Em segundo lugar, há de se verificar que a adequação do mundo do trabalho aos novos modos produtivos e tecnológicos não tem sido feita, até hoje, em lugar algum de forma que amplie os benefícios dos trabalhadores. É preciso, portanto, bastante cautela e reflexão. O açodamento poderá levar a resultados distintos, senão contrários, do que se quer atingir.

Já possuímos, contudo, acúmulo suficiente para definir quais os elementos fundantes de um conceito de reforma sindical para o Brasil do início do século XXI, vários dos quais já antecipados no curso deste trabalho.

A reforma sindical deve objetivar dotar a classe trabalhadora de instrumentos, garantias e condições necessárias a que se integre num processo efetivo de negociação com a patronal e de disputa política na sociedade, capaz de produzir resultantes normativas e novas relações de poder que não sejam a subordinação aos desígnios "irreversíveis e inelutáveis" da globalização neoliberal. Para sua formatação, deve levar em conta a intensa concentração de poder e de recursos, com a conseqüente fragilização do processo democrático, que resultou dos últimos vinte anos, construindo-se um contraponto que seja capaz de atuar em tal ambiente.

A nova estrutura sindical haverá de ser formatada como contraponto, também, à pressão excludente da administração do capital em seu atual estágio e à lógica de fragmentação da classe trabalhadora e de seus interesses. Deverá a reforma, portanto, ter um caráter inclusivo, em termos sociais e econômicos.

Será este o momento, igualmente, de resolver o papel do Estado nas relações de trabalho e sindicais, superando o caráter tutelar da Era Vargas e descartando as tensões para seu completo afastamento, típicas do período neoliberal. Numa sociedade cada vez mais complexa, com relações produtivas e sociais cada vez mais intrincadas, o Estado, por qualquer de seus órgãos, não mais tem condições de apropriar-se da totalidade das características de qualquer setor econômico. Não é mais possível, pois, que o Estado substitua as partes na tomada de decisões, independentemente de modelo. O papel do Estado haverá de ser reunir as partes envolvidas, assegurar que as negociações entre elas se desenvolvam de forma equilibrada, na relativa igualdade que é possível no sistema capitalista, e assegurar a efetivação de seus resultados. O papel do Estado nas relações trabalhistas e sindicais pós-neoliberais é, portanto, ser o animador e o garante das negociações e seus resultados. O Estado deverá, também, realizar a conexão entre o todo e as partes, introduzindo no debate corporativo, particularista, quando necessário, as preocupações gerais da sociedade. Não se pode negar ao Estado seu papel universalizante.

A Reforma Sindical deverá resolver, ainda, a questão do sindicalismo do setor público. A especificidade do tema fez com que não tenha sido um objeto mais detido do presente trabalho — que se fixa nos temas mais gerais do sindicalismo contemporâneo —, e deve fazer com que seja debatido em paralelo, em foro próprio, mas, conjuntamente com a formatação da proposta de reforma sindical, cujos princípios e institutos gerais devem ser aplicáveis também ao setor público.

A possibilidade de sindicalização dos servidores públicos foi um dos avanços da Carta de 1988, que previu, também, sua possibilidade de greve, mas remetendo sua regulação para a legislação infraconstitucional. O período histórico posterior à nova Carta foi caracterizado por forte crescimento do sindicalismo público, que hoje é uma das pontas de lança do movimento sindical brasileiro. A Carta Cidadã, porém, restou capenga neste tema ... Permitiu a sindicalização e a greve, mas, não regulou a possibilidade de negociação coletiva. E o Congresso Nacional jamais regulamentou a greve dos servidores públicos! A situação hoje é insustentável. Conflitos entres servidores e administrações são corriqueiros e cotidianos e são levados, geridos e algumas vezes até solucionados à margem de qualquer regulação legal.

Não se pode admitir a interpretação conservadora de alguns juristas os quais afirmam que os princípios administrativistas tradicionais (reserva legal, orçamentação, etc.) impedem a regulamentação da negociação coletiva do setor público e seus resultados em nosso ordenamento jurídico. Há de se avançar, dentro de uma concepção democrática do Estado, e, portanto, das relações entre este e seus servidores, nos instrumentos e obrigações de negociação, sem que isso signifique eliminar a necessidade de aprovação de reajustes salariais no parlamento, ou de sua inclusão nos orçamentos.

A greve no serviço público também tem suas especificidades, justificando que seja regulada de forma diversa daquela da esfera privada. Não pode, porém, ser uma regulação impeditiva de greve, como quis fazer o governo FHC; mas, sim o regramento da possibilidade real de sua realização, com formas de manutenção dos serviços que são indispensáveis à população.

A definição da base sindical no serviço público também traz problemas específicos e particulares a serem resolvidos. Este trabalho defende a sindicalização por ramo de produção, como formato de organização capaz de romper a fragmentação da ação sindical. Há de se definir a adaptação do conceito de ramo de produção ao setor público, de modo a impedir a tendência de fracionamento, que também aí existe, mas não impor a existência de um só sindicato por ente da federação ou Poder, como ainda hoje entendem setores do Ministério do Trabalho.

A reforma deve se expressar na constituição de uma nova legalidade coerente e completa, com a apresentação simultânea das alterações constitucionais e infraconstitucionais necessárias, evitando-se a procrastinação da regulação de novos conceitos e instrumentos, que já devem nascer tão prontos quanto possível para sua aplicação, sob pena de ampliarem-se desnecessariamente os riscos de seu fracasso. A estrutura sindical originada de Getúlio Vargas era complexa e coerente entre si, regulando extensivamente todos os setores da vida sindical. Não pode ser substituída por um conjunto de incertezas ou de lacunas a serem supridas sabe-se-lá-quando. A Reforma terá de ser ampla e abrangente, criando um novo ordenamento que consiga ser no século XXI tão amplo e harmonioso como o sistema que ora se quer substituir.

E em face tanto da diversidade brasileira, como da solidez e antigüidade das instituições em reforma, a nova legalidade deve prever de forma mais clara possível os passos de transição necessários a que não se mergulhe numa situação de caos que, repita-se igualmente, somente prejudica os trabalhadores.

6.2. OS EIXOS DA REFORMA

Uma reforma que se proponha ampla e abrangente deve prever alterações em todos os aspectos da regulação da vida sindical, em todos os setores onde deva estar regrada a organização e a atuação das entidades sindicais. Para efeitos de apresentação lógica dos conceitos que defendemos, dividimo-los em 5 temas:

a) liberdade e autonomia sindicais;

b) regime de ampla negociação coletiva;

c) solução dos conflito sindicais e trabalhistas;

d) legislação de sustento;

e) direito e Justiça do Trabalho.

6.2.1. Liberdade e autonomia sindicais

Já nos apresentamos como defensores do princípio da liberdade sindical. Defendemos, ainda, que ele se dá na prática através da ratificação pelo Brasil da Convenção n. 87 da OIT. A Convenção sobre a Liberdade Sindical e a Proteção do Direito Sindical foi adotada em 1948, na esteira do fim da Segunda Guerra, e está em vigor desde julho de 1950. Foi uma proposta defendida pelas esquerdas, produto das perseguições e restrições ao sindicalismo nas décadas de 30 e 40, principalmente, e já foi ratificada por mais de 140 países. Os Estados Unidos se encontram ao lado do Brasil entre os que não a ratificaram ... Ela garante o direito de livre organização, sem necessidade de prévia autorização do Estado e sem mais obrigações do que respeitar seus estatutos, livremente estabelecidos; proíbe a ingerência do Estado, mesmo indireta, sob a forma de medidas restritivas que impeçam a prática dos direitos sindicais; garante a filiação em entidades de nível superior, inclusive internacionais; assegura a liberdade de escolha dos dirigentes e representantes e proíbe a suspensão ou dissolução das entidades por autoridade administrativa, dentre outras disposições.

Já dissemos, todavia, igualmente, não basta afirmar a liberdade de organização. Ninguém se organiza *livremente*, todos se organizam de *alguma forma* ... A estrutura sindical mais adequada a este novo século nos parece que haverá de ser erigida sobre o tripé *organização por local de trabalho/sindicatos por ramo de produção/ centrais fortes.*

Os sindicatos por ramo de produção são hábeis a romper com a fragmentação da divisão por *categorias*. Esse sempre foi um conceito fluido, apesar da pretensa cientificidade do teor do art. 511 da CLT. Na prática, as categorias eram o que o Ministério do Trabalho queria que fossem. Com o advento do Frankenstein 88 e a retirada das atribuições do Ministério, o conceito de categoria dissolveu-se. O liame das "atividades idênticas, similares ou conexas" de que trata o § 1º do art. 511 foi reduzido à expressão da vontade de qualquer subgrupo social interessado em constituir uma entidade sindical e com isso se beneficiar dos privilégios legalmente assegurados do monopólio de representação e da arrecadação garantida. A competência da Justiça Comum para dirimir os conflitos entre sindicatos nas disputas de representação e de base agravou esse cenário, porque a falta de vivência sindical e trabalhista daquela fez consagrar os conceitos mais frágeis e fluidos, inclusive quanto aos critérios processuais e às exigências de efetiva representatividade de quem propõe uma nova entidade. Quase todo absurdo foi aceito pelo Judiciário. Assim, uma poderosa categoria como a dos Comerciários, pode vir a ser dividida em Trabalhadores em Farmácias, Trabalhadores no Varejo, no Atacado, Empregados em lojas de *Shoppings*, etc., em geral pela vontade e ação de uma meia dúzia de "gatos pingados". E nada impede que o futuro Sindicato dos Trabalhadores em Farmácias logo ali sofra a divisão do Sindicato dos Trabalhadores em Farmácias de Manipulação, e assim por diante, quase sem limites. Qualquer dirigente sindical tem pelo menos uma história triste para contar sobre o fracionamento de categorias outrora fortes e sua conseqüente perda de poder e representatividade. O folclore sindical já açambarca Sindicatos de Metalúrgicos de 2 Rodas, Sindicato de Costureiras de Roupa Branca, e mesmo tentativas eminentemente fraudulentas, como um Sindicato dos Condôminos, para "representar e defender" quem vive a pagar aluguel ...

Engana-se, entretanto, quem pensa que a volta a alguma forma de regulação do conceito de categoria poderia resolver o problema da perda de representatividade das entidades.

O parâmetro produtivo microeletrônico é por si só um poderoso fator de estraçalhamento das categorias, reduzindo-as, dividindo-as e diluindo-as de tal forma que não há futuro no conceito de sindicato por categoria, por melhor que se possa juridicamente defini-lo.

A automação microeletrônica já reduziu enormemente os quadros da maior parte das categorias, tomadas individualmente; a terceirização trouxe outro enorme contingente de baixas; a instabilidade produtiva extingue e cria categorias em velocidade fantástica. Um hoje potencialmente grande Sindicato dos Trabalhadores em Locadoras de Vídeo e DVDs poderá não mais existir em, digamos, 10 anos, por completa falta de base.

O processo de fragmentação e diluição da classe trabalhadora, portanto, não é apenas a expressão da vontade de alguns de seus dirigentes, o que poderia ser politicamente enfrentado. É, antes, o resultado da alteração do parâmetro produtivo. A forma de enfrentar esse processo é incentivar a organização dos trabalhadores num nível em que se unifiquem de forma suficiente a poder contrapor-se de maneira eficaz à nova disposição econômica do capital, levando em conta, inclusive, a mobilidade deste.

A organização por *ramo de produção* é a que nos parece mais adequada. No conceito de ramo de produção cabe a amplitude suficiente para que se possam integrar na mesma entidade todos os que prestam trabalho às empresas, inclusive os terceirizados, as antigas *categorias diferenciadas* (que não devem ter futuro sindical) e os informais de toda ordem. Ao mesmo tempo, é preciso o suficiente para que haja uma identidade mínima de realidades e de interesses que dê unidade à base sindical que daí advém. O ramo de produção é uma realidade econômica palpável — o que categoria não mais é —, e corresponde a uma parcela da organização da vida econômica moderna que não sofrerá diluição nos próximos tempos.

Atuando no ramo de produção, a entidade sindical pode reaver potência, representando não só um número expressivo de trabalhadores, mas superando a fragmentação ao voltar a representar a totalidade dos envolvidos com a empresa. O fim das negociações com duas dúzias ou mais de sindicatos diferentes na mesa só pode trazer benefícios ao movimento e ao trabalhador.

Num ambiente de liberdade sindical, portanto, a legislação reguladora deverá *incentivar* a adoção de sindicatos por ramo de produção como forma de organização.

A *organização por local de trabalho (OLT)* é a segunda ponta do tripé sindical básico.

É uma velha reivindicação do movimento sindical, furiosamente negada pela patronal. Poucas são as categorias que conseguem Comissões de Fábrica ou de empresa, ou mesmo a figura mais débil do delegado sindical, forma embrionária de OLT. A luta por transformar as Comissões Internas de Prevenção de Acidentes — CIPAs numa forma de OLT quase nunca conseguiu ser bem-sucedida. As CIPAs ficaram, na enorme maioria das vezes, sob hegemonia e controle patronal.

Levar a consciência e a luta sindical para dentro da unidade econômica, para o cotidiano da prestação do trabalho, é, de fato, um salto de qualidade para atuação das entidades. Mas, se a pretensão do sindicato for realizar a pauta da gestão democrática do trabalho e da construção de soluções tecnológicas desalienantes, a OLT é mais do que isso, é absolutamente indispensável.

Do ponto de vista dos trabalhadores, a OLT é o instrumento totalizante dentro da unidade econômica das diversas formas de organização do trabalho que se darão num ambiente de gestão democrática. Todo o esforço desalienante iria por água abaixo se permitida for a fragmentação interna.

Mesmo do ponto de vista da empresa que busque obter os ganhos de produtividade da forma como já apontamos, não há como envolver o empregado nos seus interesses estratégicos se este não for reconhecido como um ente dotado de seus próprios interesses, em muitos casos distintos, e se não for permitido a ele expressar essa identidade própria em organismos de representação, que, por óbvio, não são as assembléias de acionistas.

A OLT, pois, é a *conditio sine qua non* para que o sindicalismo possa chegar a seus novos patamares. E enquanto este lá não chegar, atuará como o vetor da relação sindicato/empresa, por efetivar os interesses do primeiro na segunda e levar a realidade da segunda ao primeiro.

Ao se falar em OLT, sempre se questiona qual deva ser o grau de sua ligação, ou autonomia, em relação ao sindicato. A resposta há de ser a clássica adoção do meio-termo.

Se a OLT for completamente autônoma do sindicato, perde toda capacidade de representar os interesses mais estratégicos e gerais de sua base, tendendo a se tornar mero instrumento de interlocução com os patrões, sem força de gerar conseqüências positivas em relação à realidade laboral da empresa. Se for uma delegação do sindicato, não conseguirá representar os interesses que os empregados têm em relação especificamente a seu empregador, à prestação do trabalho, tendendo a tornar-se simplesmente a lendária *correia de transmissão* da diretoria da entidade.

A regulação da OLT, portanto, deverá incluir a participação e a atuação do sindicato em sua formação e funcionamento, além de estabelecer atribuições próprias e autônomas que a distinguam da entidade sindical. Ela será, porém, um organismo dos trabalhadores da unidade econômica e não do sidicato. Assim, num ambiente de pluralidade sindical, continuará a ser única, escolhida com a participação e o acompanhamento das diversas entidades.

E, por fim, a OLT deverá ser regrada em número razoável, proporcional ao tamanho das empresas, e a seus membros devem ser asseguradas as prerrogativas e imunidades de dirigente sindical. Sem esse caráter protetivo sindical, não há sequer sentido em pensar-se em tal instituto.

A terceira ponta do tripé organizativo básico é o reconhecimento e o fortalecimento das *Centrais Sindicais*. Talvez para muitos passe despercebido, mas até hoje as Centrais não são sequer reconhecidas como entes de caráter sindical, sendo apenas associações civis. Getúlio Vargas morreu há mais de 50 anos, mas seu legado é de fato resistente: os trabalhadores brasileiros ainda não têm uma entidade sindical horizontal. Quando este trabalho encontrava-se já em revisão para publicação, foi editada a MP n. 293, de 8.5.2006, que reconhece, com restrições, as centrais sindicais. Ver item 5.3, que comenta tal medida.

A realidade de concentração e fragmentação do capitalismo pós-neoliberal demanda que os trabalhadores construam entes de atuação intersindical com capacidade de simultaneamente totalizar suas ações e fornecer apoio, estrutura e suporte políticos para as pontas. Sindicatos independentes não serão capazes de enfrentar eficazmente a luta com empresas que não são mais independentes, mas partes de gigantescos grupos econômicos, ou, pelo menos, peças de uma engrenagem de interesses e de poder muito maior e mais ampla. O grau de inter-relacionamento da economia capitalista moderna cobra, por mínima simetria, a intensa atuação intersindical dos trabalhadores. Essa realidade é o substrato do atual processo de fusão que está em andamento entre duas das maiores organizações sindicais internacionais. A CIOSL e a CMT estão deixando de lado décadas de rivalidade e querelas, tão comuns no movimento sindical, e aprofundando uma aproximação que visa à constituição de uma nova organização sindical mundial, buscando, ainda, atrair nesse processo outras entidades gerais como a Confederação Européia de Sindicatos e a Confederação Internacional de Sindicatos Árabes.

As Centrais, portanto, com suas estruturas verticais de federações e confederações, são instrumento indispensável para a luta sindical deste século. Reconhecer-lhes natureza sindical é conceder-lhes direito de negociação e contratação, assegurar a seus dirigentes as prerrogativas e imunidades próprias, garantir-lhes os meios sindicais de sustento, dar-lhes legitimidade ativa em ações judiciais coletivas, tudo em seu âmbito específico.

É debate secundário, embora em geral muito polêmico, se o direito de negociação e contratação coletiva será originário ou derivado, por delegação dos sindicatos de base. Como a filiação a uma central haverá de ser completamente voluntária, o eventual abuso na utilização do direito de contratação significaria a desfiliação das entidades de base e a conseqüente perda de eficácia da negociação da central. Mas, admita-se, é salutar assegurar ao sindicato de base o direito à contratação, regrando a delegação deste para os níveis de grau superior na estrutura da central, o que trará mais equilíbrio na relação entre os membros desse ente complexo.

Se definido um ambiente de completa liberdade sindical, na esteira da Convenção n. 87, não há muito que se falar em regramento em relação à organização interna das entidades. A liberdade de organizar-se pressupõe a liberdade de estabelecer seus estatutos. Quem não concordar com a forma de organizar-se uma determinada entidade, tem o direito de procurar outra, ou de participar do movimento pela criação de outra, mais acorde a seus princípios.

Se, contudo, houver no ordenamento jurídico algum tipo de restrição à criação das entidades sindicais, não obrigatoriamente a unicidade hoje vigente, mas qualquer outro tipo de regulação que na prática possa limitar a criação de entidades sindicais, surge o debate da adoção de *pressupostos democráticos mínimos*, como garantia de pluralidade nas entidades. É razoável, ainda, a adoção desses pressupostos democráticos mínimos sempre que a legislação estipular privilégios e prerrogativas no exercício de atividade sindical, cuja regulação envolva não apenas os entes sindicais, mas direitos de terceiros e da sociedade.

Hoje já são inúmeros os exemplos de abusos estatutários, fundados na interpretação distorcida da liberdade sindical assegurada na Carta Magna, num ambiente de sindicato único imposto por lei. Mandatos com 10 anos de duração; eleição da diretoria futura pela diretoria atual; realização das eleições poucos meses após a posse da atual direção, para tomar a sua posse dali a 4 ou 5 anos, são alguns dos vários exemplos verificados para que grupos de interesse venham a adonar-se das entidades sindicais.

Num ambiente de restrição à criação de entidades é viável e necessário o estabelecimento de pressupostos democráticos para a criação e funcionamento das entidades sindicais, ou seja, a previsão na legislação de regras e condições a serem obrigatoriamente seguidas, oriundas dos princípios gerais da organização democrática. São exemplos: a necessidade de assembléias ou plebiscitos gerais para sua criação, fusão, extinção; a limitação de tempo de mandato; a obrigatoriedade da eleição da direção pelo voto universal, direto e secreto, etc.

A exigência desses pressupostos democráticos, reconhecidos pela sociedade, caracteriza interferência na liberdade de organização sindical? É um debate que certamente não tem uma resposta simples e que agrade a todos. Entendemos que, dentro de certos limites, os quais hão de ser encontrados no processo de discussão da reforma, a resposta é não. A lei concederá aos sindicatos inúmeros direitos e prerrogativas, reconhecendo-os, portanto, como parte integrante da sociedade democrática, que rege e regula o conflito. Não é demasia, por conseguinte, exigir-se das entidades que gozarão desses privilégios que cumpram com alguns pressupostos democráticos mínimos para não se tornarem entes falsos, a serviço de verdadeiros "proprietários", ou para evitar que deles abusem em detrimento da sociedade.

A questão democrática haverá de ser trazida para dentro do próprio movimento sindical. Quem não se organizar de forma plural e democrática, quem não tiver uma organização permeável às diferenças e à crítica, não será capaz de construir uma sociedade que seja plural e democrática. Isso é particularmente verdadeiro não só nas exigências democráticas nas organizações de base, como também na estrutura das centrais. Estas devem ser organizadas de forma que permitam fluir as diferenças regionais e de porte entre os setores econômicos, ainda mais em país tão heterogêneo como o Brasil. Só a permeabilidade das estruturas de comando da central aos interesses dos pequenos setores e das regiões menos favorecidas permitirá que estas realizem os interesses gerais dos trabalhadores e não apenas de seus setores mais avançados.

6.2.2. Regime de ampla negociação coletiva

Coerente com um sindicalismo fracionado e atrelado, nosso ordenamento jurídico estabelece um regime de negociação e contratação coletiva severamente limitado, restringido em sua forma, periodicidade, conteúdo e alcance.

A negociação começa por ser imposta em seu caráter fragmentado. Não há como o sindicato romper a camisa-de-força de seu (pequeno) monopólio e buscar ampliação ou parceria. Não existe qualquer consideração à real dinâmica do movimento, preso à database legalmente definida. Os prazos de duração dos acordos são limitados ao mínimo aceitável, pois nenhum ganho pode correr o risco de se estender muito. E muito pouco pode ser discutido, porque todo o sistema aponta para a supremacia do contrato individual, "livremente" negociado a partir da legislação onipresente.

Numa época de um modo de acumulação homogêneo, já se disse que tal sistema poderia funcionar. Hoje em dia é um estorvo para a conquista dos ganhos de produtividade que poderão vir a dar suporte a um novo período de crescimento e distribuição de riqueza.

Necessitamos de um sistema de negociação versátil, que permita variações no tempo, no espaço e na forma, e que possibilite maior conteúdo de contratação coletiva. As entidades devem ser incentivadas a manter mecanismos permanentes de negociação e a estabelecer canais regulares de normatização e de solução de conflitos com a patronal.

Num mundo de produção flexível e concorrência internacionalizada, a regulação do modo de trabalho não tem como ser feita apenas de fora e de longe, sem a participação dos trabalhadores e de suas entidades de base. Mas, deixar apenas para estes o peso da negociação implica expô-los a toda a força de pressão de patronais já interligadas e inter-relacionadas. A contratação articulada, ou seja, um sistema de relações de negociação que inclui os entes de grau superior da central, cada qual em seu nível, estabelecendo cláusulas próprias, descendo no grau de especificidade, permitirá dar equilíbrio ao sistema, ampliando a potência de enfrentamento pelo lado dos trabalhadores e superando o binômio legislação externa/contrato individual, hoje existente.

Isso não significa a "prevalência do negociado sobre o legislado", um dos debates mais acirrados do mundo sindical quando se trata de uma reforma ...

Ampliar o alcance e os temas que podem ser objeto de uma negociação e contratação coletiva não significa tornar possível qualquer cláusula nem revogar a legislação. É de fato um tema delicado e difícil, e custará muito esforço definir o que pode ser negociado, quais temas podem ser objeto de contratação. Mas, a legislação há de continuar existindo, com algum grau de detalhamento, por duas razões óbvias: a primeira é que a lei estabelecerá um padrão, que será o referencial para que cada sindicato possa visualizar o que é genericamente determinado, tendo a base para optar por esta ou aquela solução diversa, em troca desta ou daquela contrapartida. E em segundo lugar, porque a inexistência de contratação deve garantir a prevalência plena da legislação. Não se pode permitir a existência de um vazio normativo a ser obrigatoriamente preenchido pela contratação. O ordenamento jurídico assegura uma determinada formatação do direito. Os sindicatos devem ter o poder de alterar algumas dessas disposições, mas na ausência de alteração, repita-se, há de se dar a plena previsão legal.

Exemplos clássicos, e polêmicos, deste dilema, são a divisão das férias, ou o parcelamento do 13º salário. A lei estabelece rígidas normas nestes temas: proibidos períodos de férias inferiores a dez dias; parcelamento da gratificação em apenas duas vezes. O quanto e em que condições poderiam vir a ser modificadas em contrato coletivo?

De toda sorte, dados quaisquer limites de alcance de negociação, a contratação de direitos trabalhistas não é um assunto interno da entidade, e a legislação poderá e deverá impor aqui também pressupostos democráticos mínimos para aprovação de acordos: *quorum* de assembléia, publicidade das propostas, etc.

Outro debate que surgirá, como corolário dessa proposta, é, num regime de liberdade de organização sindical, quem vai contratar? Há diversos regimes possíveis e não se pretende, no atual momento, tomar posição definitiva sobre qualquer um deles. Se fosse acatado o sistema de que cada entidade representa apenas seus associados, tal problema estaria resolvido, porque todos contratam, em benefício de seus associados. Mas, essa não é a tradição brasileira, que concede às entidades representação de toda a base. Nesse caso deverá surgir o debate de como definir a entidade mais representativa para contratar, ou do estabelecimento de mesas plurais de negociação, com suas regras para superação de impasses. A solução desse quebra-cabeça é um dos aspectos mais complexos da reforma.

Vindos de um regime de unicidade que prevalece há décadas, nossa tradição parece indicar um sistema de mesas plurais, com a participação obrigatória e regrada de todos os sindicatos e a definição da entidade mais representativa (como forma de solução de impasses) através do número de filiados, ou num processo de votação regular na base.

6.2.3. A solução dos conflitos sindicais e trabalhistas

O Direito Sindical é o regramento do conflito entre o capital e o trabalho na sociedade democrática. Reconhece-se que é um conflito real e legítimo e se estabelecem regras para contê-lo dentro dos limites da democracia. Mesmo reconhecendo que o conflito enquanto tal é permanente, a legislação deve incentivar a solução de cada confronto em particular.

O sistema haverá de prever, portanto, formas e instrumentos de solução dos conflitos. O ordenamento jurídico construído a partir de Getúlio Vargas entregou exclusivamente ao Estado a solução dos conflitos, terminando por delegar tal tarefa ao Poder Judiciário. Em termos individuais, a solução dos conflitos era a reclamatória trabalhista; em termos coletivos, o Poder Normativo. Todo o mais era ficção científica, só existindo nos livros ...

Como já vimos, nos anos 90 a Justiça do Trabalho auto-extinguiu seu Poder Normativo. Cuida-se agora, no máximo, de debater se deve retornar, voltar a existir. Seria mera ficção afirmar que, após a Instrução Normativa n. 4/93, havia Poder Normativo eficaz no país. A Emenda Constitucional n. 45, a Reforma do Poder Judiciário, formalizou a restrição do Poder Normativo. É uma solução que nos parece adequada e inteligente. Mesmo com suas limitações no âmbito coletivo, a Justiça do Trabalho adquiriu respeitabilidade e prestígio, fundada na imparcialidade expressa num corpo de juízes de carreira, menos sujeitos a pressões de cunho profissional ou político, não havendo porque ser excluída totalmente do sistema. Há de se encontrar o local preciso para sua atuação.

No âmbito individual, a Justiça do Trabalho está à beira da falência, sobrecarregada com milhões de ações, que geralmente duram vários e vários anos. Tornou-se uma justiça dos desempregados e dos empregados públicos, estes sendo os únicos que, em alguns casos, conseguem reclamar no curso do contrato do trabalho. O sistema vigente nunca tomou medidas reais para ampliar as hipóteses de solução dos conflitos individuais. Mesmo propostas como as Comissões de Conciliação Prévias, se analisadas com vagar, ao se apresentarem como obrigatórias ou imporem a "eficácia liberatória geral" (parágrafo único do art. 625-E da CLT), na verdade são pensadas como formas de reduzir o custo das demandas judiciais, e não de efetivamente ser uma alternativa a elas.

A Reforma Sindical deve incentivar a construção de mecanismos diretos de composição dos conflitos entre patrões e empregados, reduzindo a presença do Estado nessa seara. A construção das OLT's dará ensejo a um debate mais aprofundado sobre as formas de comissões de conciliação para conflitos no curso do contrato de trabalho. Mecanismos regulares de negociação entre sindicatos e empresas por si sós já tornarão mais fácil a solução dos conflitos do cotidiano da produção, o que não é possível de ser atingido com o regime de quatro ou cinco reuniões anuais por ocasião do dissídio.

A autocomposição não é uma panacéia, mas é a tendência para onde deve rumar a estruturação do movimento. O Estado, repita-se uma vez mais, não há de ser afastado das relações do trabalho, mas deve ter seu papel reduzido, deixando de monopolizar a intermediação e a solução dos conflitos do trabalho. A dinâmica das relações de produção do novo parâmetro tecnológico demanda uma composição de conflitos cotidiana, ao passo de suas exigências, que poderá ser exercida com mais eficácia por aqueles envolvidos diretamente com ela.

6.2.4. A legislação de sustento

Se a liberdade de organização sindical, a adoção de um amplo regime de negociação e contratação coletivas e a construção de mecanismos eficazes de solução dos conflitos são os pilares de uma reforma sindical em nosso país, a existência de uma Legislação de Sustento, que garanta aos sindicatos as condições de atuarem com força e potência, é sua viga mestra.

A legislação oriunda da Reforma deve prever as garantias e condições da atuação sindical, sem as quais as entidades não terão como negociar com as empresas e organizações patronais, ou como disputar suas reivindicações na sociedade. Devemos recordar que a Reforma, proposta, é óbvio, dentro dos limites do capitalismo, há de reconhecer que nesse regime a posição dos trabalhadores, mesmo em termos coletivos, é de vulnerabilidade e hipossuficiência em relação aos detentores dos meios de produção.

Uma Legislação de Sustento deve abranger os seguintes temas:

6.2.4.1. Direito à informação

Para que funcione um sistema de ampla negociação, em que se pretenda conceder aos trabalhadores o poder de adaptar seus direitos às necessidades da produção, é óbvio que há de se conceder a eles o acesso às informações da empresa que forem necessárias para que possam definir suas posições. Na ausência dessas informações, a negociação tornar-se-ia uma sucessão de chantagens dos patrões, que bancariam suas posições em face de pressupostos produtivos que restariam secretos.

É igualmente necessário, porém, que a regulação das negociações defina as informações que são públicas ou publicáveis, distinguindo-as daquelas que devem permanecer reservadas, sob pena inclusive de responsabilização dos sindicatos e seus dirigentes, em face do regime concorrencial.

6.2.4.2. Proteção contra os atos anti-sindicais

A experiência de luta da classe trabalhadora demonstra que há inúmeras formas através da quais os patrões, ou mesmo agentes políticos do Estado, podem interferir, prejudicar ou conter a atividade sindical legítima. Os atos anti-sindicais são, portanto, exatamente aqueles pelos quais se busca impedir o exercício da liberdade de ação sindical. Estabelecer uma proteção efetiva é conceder-lhes definição e enumeração jurídica e atribuir aos sindicatos a legitimidade ativa para tomar medidas judiciais, que devem ser rápidas e eficazes. É claro que qualquer enumeração não poderá ter caráter *numerus clausus*, sendo sempre exemplificativa, porque ilimitada é a imaginação e a criatividade humanas quando se trata de prejudicar o direito do próximo. É salutar, porém, que os atos mais comumente verificados sejam descritos e tipificados, ao lado da definição mais geral que possa dar sustento à proibição de práticas inovatórias, já que a positivação sempre é fator de aceleração da prestação jurisdicional.

6.2.4.3. Estabilidade e imunidade dos dirigentes

Esse é outro princípio já existente em nosso Direito, mas que a Justiça do Trabalho, como visto *supra*, vem restringindo e relativizando. Não há como existir vida sindical sem que seus dirigentes tenham essas garantias. O modelo de ampla liberdade de organização, porém, faz que seja necessário regrar o princípio da razoabilidade no estabelecimento do número de dirigentes e de sua extensão a delegados, representantes de base, etc. Mais uma vez, cabe o princípio do estabelecimento de pressupostos democráticos básicos, já que, se a legislação vai atribuir aos dirigentes uma série de garantias e prerrogativas que o trabalhador comum não tem, pode estabelecer fórmulas de limitação numérica, para evitar abusos, desde que satisfaçam uma proporção razoável em relação ao número de representados.

6.2.4.4. Sustentação financeira das entidades

O arcabouço do sistema brasileiro é até hoje a contribuição sindical compulsória, o "imposto sindical". Tal contribuição, por desvinculada de qualquer serviço, benefício ou trabalho sindical, tem caráter nitidamente cartorial e preserva a existência de entidades-fantasma. Há de ser extinta, talvez gradualmente, dentro da Legislação de Transição.

O financiamento das entidades, com o regramento das condições para tanto (aprovação em assembléias, princípio da razoabilidade ou limitação máxima de valor, etc.), contudo, deve ser assegurado pela legislação, que deve prever a obrigatoriedade de as empresas efetuarem o recolhimento dos valores fixados de acordo com a legislação.

Como o Direito Sindical, repita-se, regra o conflito entre capital e trabalho, e a existência de qualquer ente organizativo dos seres humanos depende de sustentação financeira, não há justificativa para que não seja assegurada legalmente a sobrevivência econômica dos sindicatos. É a realização de seu direito de existir. O que não se pode admitir é a existência de formas de sustentação que sejam desvinculadas da ação sindical, permitindo, ao contrário do que se quer, que existam entidades não representativas.

Há aqui, ainda, um debate vinculado àquele da amplitude da representação, se apenas dos associados, ou de toda uma base mais ampla. Mesmo se não for acatada a solução da amplitude da representação, a tradição jurídica brasileira aponta no sentido da possibilidade de impor-se contribuição a todos aqueles que são beneficiados pelas ações sindicais.

6.2.4.5. Ultratividade dos contratos

Esse é um princípio basilar para que progrida o sistema de livre e ampla negociação. Na ausência de novo contrato, o anterior tem sua validade prorrogada por certo período. Dessa forma, a recusa à negociação deixa de ser uma forma de pressão para a renúncia de direitos.

Lembremos que o principal instrumento usado pelo TST para impor aos trabalhadores as perdas da década de 90 foi exatamente o de extinguir os dissídios coletivos, fazendo que as entidades sindicais ou aceitassem a proposta patronal, ou não tivessem nada.

A "garantia da retaguarda" é a garantia da efetiva liberdade e possibilidade de contratação. Os donos do meios de produção já dispõem de um arsenal incrível de poderes, fortes em sua superioridade econômica. Não é necessário nem positivo para a democracia agregar a chantagem às armas da luta sindical.

6.2.4.6. Direito de greve

O direito à greve é o magno direito coletivo dos trabalhadores, aquele que mais demonstra o caráter de reconhecimento do conflito que há de ser a essência do Direito Sindical. É, porém, sempre polêmico, sempre apaixonante. Pesquisa publicada na Revista Veja, em fins de 2002, após a eleição de Lula, mostrou que 38% dos brasileiros achavam que as greves deviam ser sempre proibidas, em qualquer situação ...

Em tese, a situação estaria praticamente solucionada pela Constituição. O art. 9º assegura o direito de greve, atribuindo aos trabalhadores o poder de administrá-lo. Somente a greve nas atividades essenciais e os abusos em seu exercício é que seriam regrados. Na verdade, não é assim. A Lei de Greve hoje em vigor, Lei n. 7.783/89, tem inúmeros dispositivos claramente inconstitucionais e foi redigida de forma a tornar praticamente impossível uma greve legal.

Há de se regulamentar a Carta de 1988 ... De fato, as greves em serviços essenciais hão de estar regradas com especificidades, porque vivemos num país de precária situação social, onde a cessação pura e simples de serviços indispensáveis à população poderia criar um prejuízo social inaceitável. Definir o que se constitui e como coibir os abusos no exercício do direito de greve é um desafio numa reforma democrática; mas, que há de ser aceito. Ainda caberá, igualmente, a definição dos pressupostos democráticos da deflagração e do exercício da greve, por assembléias, sob responsabilidade dos sindicatos, etc.

Muito embora situado no contexto da legislação de sustento, a importância e a verdadeira dramatização deste debate fazem com que seja possível inclusive tratar-se o tema em texto legal específico.

6.2.5. O Direito e a Justiça do Trabalho

Uma reforma há de se preocupar igualmente em criar e aperfeiçoar institutos no Direito do Trabalho e em reforçar a Justiça do Trabalho. Como já dito e repetido, não se trata de aceitar uma situação de redução das proteções do trabalhador, mas, de regular a adaptação a novos tempos, necessitando que se modernizem essas proteções.

A forma como evoluiu o debate desses temas em nosso país separou a Reforma Sindical da Reforma Trabalhista, invertendo o que vinha sendo feito no governo FHC, que começou por precarizar o Direito do Trabalho e no fim iniciava o processo em relação às instituições sindicais. Esse trabalho se fixa fundamentalmente na Reforma Sindical, entendendo que de fato ela deva preceder a uma eventual Reforma Trabalhista, pelo que não se enfrentarão com a calma e o conteúdo que merecem os desafios desta última.

Quando a Reforma Trabalhista vier, porém, não deverá se limitar a fazer a "faxina na CLT", expurgando-a de regras obsoletas, como tem aparecido na imprensa. Há de evoluir para uma nova consolidação do Direito Individual, que seja capaz de açambarcar e regrar as novas formas de contratação que vêm surgindo. Muito embora estas em geral tenham aparecido como mecanismos de precarização ou mesmo de fraude de direitos trabalhistas, não há perspectiva no curto prazo de dispensar os contratos por tempo parcial, a terceirização, o compartilhamento de empregados (via "condomínio de empregadores"), o trabalho a domicílio e outros, que deverão ser objeto de regulação. O novo Direito do Trabalho deverá, também, responder ao desafio de estipular o que poderá e o que não poderá ser objeto de contratação coletiva, separando a estipulação essencial de direitos de regras acessórias modificáveis.

Será então, igualmente, a oportunidade de regrar a proteção ao emprego prevista na Carta de 1988, que até hoje se mantém em sua forma "provisória" da indenização de 40% do FGTS. Não se tratará de impor a estabilidade, em sua forma sindical, mas sim de desenvolver mecanismos que impeçam, ou pelo menos dificultem e restrinjam, a despedida arbitrária, ou seja, aquela desprovida de motivação técnica, financeira ou disciplinar.

As dúvidas que podem surgir, ou ser fabricadas, a partir de uma reforma dessa natureza, demandam que se pense na positivação de princípios tradicionais do Direito do Trabalho, como a proteção ao hipossuficiente, a interpretação protetiva ao obreiro, a primazia da realidade, a prevalência da norma mais benéfica, etc., que, embora presentes na doutrina e na jurisprudência, em geral não se encontram em texto legal.

Outro item importante será por fim estabelecer a criminalização de delitos trabalhistas. Num ambiente de tal responsabilidade como o que agora se exigirá dos sindicatos, trabalhadores e patrões, há toda uma série de delitos e infrações que devem ser alçados à esfera criminal, mesmo que não se exagere na estipulação de tipos penais.

A Reforma Trabalhista, contudo, não está aqui em debate, e a Reforma Sindical de toda maneira demanda que desde agora se faça toda uma série de alterações no Direito e na Justiça do Trabalho.

Urge a imediata regulação das ações coletivas. O Direito as conhece há décadas, particularmente o Direito do Trabalho, mas é apenas mais recentemente, com a crescente complexidade da moderna vida em sociedade e com a crescente crise de eficácia da prestação jurisdicional, que elas passaram a ganhar importância.

O marco fundamental para explosão das ações coletivas no Brasil é, sem dúvida, a Constituição Federal de 1988, que as prevê expressamente no art. 8º, III e no art. 5º, XXI. Mais, pode-se afirmar que a Constituição Cidadã preocupou-se não só em prever direitos, mas também em criar formas de torná-los eficazes.

Bem antes, o Direito do Trabalho já reconhecia a legitimação ativa do sindicato para defender direitos, como substituto processual de seus associados, em situações restritas, como a do § 2º do art. 195 da CLT, em relação à insalubridade ou periculosidade, ou como a do art. 872, em relação aos salários estipulados em decisão normativa. Nessa época, o Direito Civil ainda vivia sob o império do princípio que se expressou no art. 6º do Código de Processo, infinitamente mais restritivo que o restritivo ordenamento jurídico trabalhista.

Já em meados da década de 80, a Lei da Ação Civil Pública começa a alterar o panorama no processo civil, o que ganhou ainda mais velocidade com a edição do Código de Defesa do Consumidor, em 1990. Crescendo a importância e a utilização das ações coletivas no campo do direito civil, poder-se-ia prever que ganhassem ainda mais destaque no Direito do Trabalho, que já há muito tempo com elas convivia. Mas, o que vimos foi o Enunciado n. 310 e a destruição de milhares de ações, com o virtual sepultamento do instituto da substituição processual no direito do trabalho.

A situação tornou-se, aos poucos, insustentável. No Direito Civil, que se funda na igualdade entre todos os cidadãos, prosperava um sistema de utilização de ações coletivas, açambarcando uma gama cada vez maior de direitos a serem protegidos. No Direito do Trabalho, que se funda na hipossuficiência do obreiro e na necessidade de sua organização em sindicatos como condição de minorar tal situação, as ações coletivas definhavam em direção à morte por inanição.

A revogação do Enunciado n. 310 pelo TST recoloca o debate das ações coletivas no direito do trabalho na ordem do dia. Não há sentido em conviver-se com uma Justiça do Trabalho abarrotada de processos e com uma sistemática violação de direitos trabalhistas, negando-se às entidades sindicais de trabalhadores a utilização do instrumento jurídico mais adequado a atacar essa situação.

As ações coletivas podem devolver eficácia à Justiça trabalhista e servir como instrumento de pressão para o cumprimento de direitos sistematicamente violados. Registre-se, ainda, que num contexto de instabilidade das relações de emprego e de redução, mesmo que setorial, dos postos de trabalho, amplia-se a importância das ações coletivas como forma de acesso à Justiça, evitando-se as retaliações patronais[(1)].

A falta de regulação, porém, sem dúvida facilita uma interpretação conservadora dos tribunais, que passam a impor inúmeros obstáculos e criar diversas exigências de caráter formal, que têm como objetivo, na verdade, restringir sua utilização ao máximo. Não se pode construir um sistema eficaz de proteção trabalhista através de ações coletivas apenas a partir dos termos do art. 8º, III da Constituição.

Alguns institutos específicos devem ser criados para o ambiente de ampliação da negociação coletiva. É aconselhável uma legislação semelhante à ação civil pública para a anulação, total ou parcial, de contratos negociados com dolo, conluio, ou sob falsas

---

(1) VIANA, Márcio Túlio. *A nova competência, as lides sindicais e o projeto de reforma*, retirado do portal www.otrabalho.com.br, em 4.5.2005.

informações ou pressupostos errôneos. Não se tratará de debater o conteúdo das negociações, mas, sim de coibir com ação própria e eficaz as deturpações do processo negocial.

Outra medida que se impõe de forma imediata é a regulação da ampliação da competência da Justiça do Trabalho, que começou com a Emenda Constitucional n. 45, para que atinja todas as relações de trabalho, seja a celetista, estatutária, prestadora de serviço, informal, etc. Há de se concentrar nessa justiça especializada a aplicação do ordenamento jurídico a todas as formas de inserção dos indivíduos no mundo laboral, com objetivo econômico. A Justiça do Trabalho desenvolveu um universo conceitual protetivo, cuja extensão é necessária num ambiente de novas formas de contratação e novos modos mais difusos e diluídos de prestar trabalho. A universalização de conceitos que possivelmente daí advirá será importante passo na construção de uma nova rede de proteção ao trabalhador, adaptada aos novos modos de produção. A ampliação da competência da Justiça do Trabalho, portanto, é parte essencial na construção de uma regulação mais protetiva no mundo dos novos parâmetros produtivos. Da mesma forma, a concentração da competência em matéria sindical possibilitará o desenvolvimento muito mais harmônico de um sistema de relações de trabalho.

Isto não significa, todavia, retomar o Poder Normativo em seu antigo esplendor, que já se foi em boa hora. Participar do universo protetivo aos direitos dos trabalhadores não implica substituí-los no processo de sua contratação.

Temos de entender que há de ser construído um sistema, completo e coerente, que substituirá outro sistema hoje em vigor, que em seus conceitos, já dissemos, é completo e coerente. Não há sentido em pinçar um ou outro instituto que defendemos para a reforma sindical e lançá-lo num universo normativo distinto. Não se pode ampliar o regime de contratação e não conceder uma legislação de sustento que permita às entidades manterem o confronto, se necessário. Não há lógica em criar instrumentos de solução expedita de conflitos e incluí-los numa organização sindical fragmentada e fragilizada. Há toda uma estrutura por mudar, e se faz necessária uma *reforma*, mas não um *remendo*.

CAPÍTULO 7

O CONTRATO SOCIAL DO NOVO SÉCULO

Todo o incrível conjunto de transformações tecnológicas, econômicas e sociais que verificamos nos últimos tempos não tem, porém, o condão de retirar dos trabalhadores um papel central na construção de um mundo melhor.

Finda a Segunda Grande Guerra, consolidou-se o modelo de desenvolvimento fordista, que valorizava sobremaneira o papel e a intervenção do Estado na promoção do desenvolvimento. A esse período corresponde um paradigma tecnológico herdado da Segunda Revolução Industrial, fundado sobre a automação dita *dedicada* e caracterizado pela produção em massa de produtos homogêneos. Foi uma época de longos anos de crescimento contínuo da produtividade, o que possibilitou notáveis conquistas das classes subalternas, com a construção de um Estado que não era mera garantia da reprodução do capital, mas produto de um pacto político, o *Estado do Bem-estar social*.

Inúmeros fatores contribuíram, em maior ou menor grau, para o esfacelamento desse modelo, da instabilidade gerada pelo fim do padrão-ouro à explosão dos custos gerada pelos choques do petróleo. Não foi nosso objetivo identificá-los com precisão ou determinar sua hierarquia. O que efetivamente importa é verificar que as elites reagiram à queda de seus lucros e à perda de poder e partiram para uma ofensiva política e ideológica para impor uma nova hegemonia, uma nova forma de Estado e novas relações econômicas e sociais. Para tanto, valeram-se da captura de uma revolução tecnológica que então engatinhava e que, ao possibilitar uma automação flexível, através do desenvolvimento da microeletrônica, permitiu a estruturação de novo padrão de acumulação muito mais eficiente que o *fordista*.

Após 20 anos de hegemonia neoliberal, expandiu-se a Revolução Tecnológica Microeletrônica e estabeleceram-se novas relações de poder, concentradas, internacionalizadas e subordinadas ao Norte. Para garantir o crescimento de alguns setores e regiões, destruíram-se proteções sociais eficientes e desconstituíram-se os regulamentos que controlavam os conflitos de interesses. Consolidou-se o fenômeno denominado de *globalização*.

Se, entretanto, de fato a produção explodiu, e as perspectivas tecnológicas são incríveis, as conseqüências sociais foram desastrosas: desemprego, concentração de renda, desigualdade, pauperização extensiva. Como projeto de desenvolvimento para a Humanidade, o neoliberalismo fracassou.

Cresce a percepção de que, se a globalização, como internacionalização das relações econômicas e sociais e a RTME são de fato irreversíveis, não são, porém, sinônimos de neoliberalismo. A globalização está em disputa. O fracasso neoliberal abriu a oportunidade para buscar um novo equilíbrio nas relações econômicas e sociais e uma nova regulação para os conflitos de interesse do século XXI. E essas novas formas de regulação da economia e da sociedade devem contar com a participação direta e permanente da população organizada. A forma atual do Estado já é insuficiente para administrar os conflitos de interesse oriundos do novo padrão de acumulação e das novas relações sociais. A questão democrática é a chave para a superação do neoliberalismo.

E se é verdade que a globalização neoliberal e a RTME impactaram todas as esferas da vida humana e da civilização, é ainda mais verdade que em nenhum outro setor esse impacto foi tão expressivo como no mundo do trabalho, na forma como se organiza e se presta o trabalho humano.

A automação de base flexível impulsionou a substituição do trabalho humano e permitiu o atingimento de níveis antes impensados de velocidade, precisão e variação na produção. Esse processo foi acompanhado de uma redução dos postos de trabalho e de uma concentração empresarial muito intensa. Os postos que sobraram foram, muitas vezes, precarizados. As relações de trabalho ficaram mais instáveis. Surgiram novas formas de contratação, aumentou a informalidade e a eventualidade e transformou-se o antigo emprego subordinado. O novo cenário produtivo, impulsionado por uma competição exacerbada em nível global, demanda uma produção muito flexível, com constantes alterações no produto, de forma muito diferente da antiga homogeneidade da produção fordista.

O avanço das novas tecnologias, contudo, parece estar recompondo os antigos níveis de ocupação, embora deslocado para outros setores. O trabalho em si é potencialmente mais recompensador para o ser humano, proporcionando uma participação ativa, criativa e decisória do trabalhador.

As profundas alterações no trabalho e na produção, que alicerçaram não menos profundas alterações nas relações de poder na sociedade, demandam novas formas de atuação do movimento sindical. O sindicalismo somente pode ser entendido dentro do momento histórico por que passa a nação. Suas formas de organização e atuação estão vinculadas ao panorama econômico e político, em nosso caso, do Brasil, a cada época de sua história.

No período Collor/FHC implantou-se o programa neoliberal em nosso país, e dele o movimento sindical saiu extremamente abalado e modificado. Há uma profunda crise de representatividade em seu mais amplo sentido. As categorias diminuíram, os laços de solidariedade diluíram-se, as relações de trabalho tornaram-se instáveis. O processo de fracionamento das entidades, impulsionado pela regulação oriunda da Carta Constitucional de 1988, fragmentou a ação sindical de forma impactante, comprometendo sua eficiência.

O movimento sindical deve aperceber-se dos novos tempos e entrar na disputa dos rumos da globalização e do potencial da RTME. Há de agregar uma nova agenda (o que não significa abandonar a pauta tradicional de reivindicações nem a pauta da inclusão social) que responda ao novo momento histórico por que passa a humanidade. Há de apropriar-se da questão tecnológica, da forma de prestação e da organização do trabalho, que pode ganhar nova qualidade para os seres humanos envolvidos, num processo desalienante e libertador. E há de intervir no estabelecimento de novas relações de poder, com o aprofundamento da Democracia, sob crescente controle direto da sociedade organizada e do desenvolvimento de novas regulações pró-social.

O movimento sindical é um protagonista fundamental nessas lutas porque, num mundo fragmentado e em constante mutação, é uma instituição sólida, antiga, que ocupa uma posição estratégica na organização social e que congrega as pessoas por aquela que ainda é a fonte primária da identificação do indivíduo com o mundo que o cerca: o seu trabalho.

O movimento sindical, para que possa renovar com eficácia sua agenda e atingir seus novos objetivos, deve construir instituições que sejam adequadas a esses tempos, que lhe concedam potência, capacidade real de enfrentar os conflitos do mundo pós-neoliberal.

Nossa estrutura sindical atual é oriunda do governo Vargas, do desenvolvimento da industrialização fordista e do modo taylorista de administração do trabalho. Deu origem a um sindicalismo fracionado e fragilizado, incapaz de responder às novas formas de acumulação prevalentes. Há de se construir uma estrutura sobre o tripé *organizações por local de trabalho/sindicatos por ramo de produção/centrais fortes*, à qual seja concedida reais condições de negociar, reivindicar e lutar, através de uma legislação de sustento eficaz.

O debate sobre a necessidade e os termos de uma Reforma Sindical no Brasil é antigo. Foi ressuscitado pela CUT e ganhou substância com a eleição de Lula à presidência da República. O amplo processo de debate do FNT foi uma tentativa de aparar as diferenças e construir os necessários consensos; mas, suas ambigüidades, bem como a confusa conjuntura política, não permitiram atingir esse objetivo. De todo modo, a Reforma Sindical teve início com a Emenda Constitucional n. 45 e não pode parar no meio do caminho.

Os trabalhadores, após duas décadas de neoliberalismo, se encontram numa situação muito delicada. Por um lado, esboroou-se o *Welfare State* e sua rede de proteção e segurança e por outro, não parece haver sequer perspectiva de superação do capitalismo. Um novo parâmetro tecnológico alterou as formas de prestar e de organizar a prestação do trabalho de maneira profunda e definitiva.

O *Welfare State*, fruto do contrato social levado a cabo pela social-democracia no século XX, permitiu sensível elevação do nível e da qualidade de vida dos trabalhadores e das massas assalariadas. Reduziu os efeitos mais danosos do capitalismo e construiu uma sociedade razoavelmente livre para se viver, deixando saudades até naqueles que mais o combateram, acusando-o de ser uma forma de anestesiamento da classe trabalhadora. Mas, a estrutura do *Welfare State* esfumaçou-se tão facilmente porque foi erigida em cima de dois pressupostos frágeis, muito mais frágeis do que pareciam.

No nível da produção, em troca da construção de uma razoavelmente extensa rede de proteção e segurança, os trabalhadores aquiesceram submeter-se ao taylorismo/fordismo e sua gestão perversa e desumana do trabalho, abdicando, portanto, de crescer e afirmar-se como seres humanos produtivos. Na situação de instrumentos do processo de produção, sem nele ocupar qualquer posto fundamental, não detinham os trabalhadores nenhuma capacidade estratégica de resistir ao desmantelamento daquele estado.

E no nível institucional, a social-democracia fez funcionar o estado burguês liberal, consolidando instituições democráticas, garantindo o direito de organização e manifestação, obtendo uma justiça razoavelmente imparcial. Mas, não criou alternativas, novas instituições, não fez qualquer esforço significativo de transformá-lo, de ampliar suas estreitas fronteiras políticas, de forma a tornar possível resistir à sua captura quase integral pelas elites neoliberais.

Não foi pequeno, repita-se, o significado do contrato social social-democrata. Contudo sua fragilidade restou comprovada na primeira grande crise após os Trinta Anos Gloriosos, e não foi difícil para as elites dominantes arrancar de volta os benefícios tão duramente conquistados, que pareciam sólidos e irrevogáveis.

A globalização, entretanto, está em disputa, e o fracasso do neoliberalismo em alcançar o que anunciava deslegitima-o, em processo aprofundado pelo grau de exclusão social que promoveu. Cabe à classe trabalhadora retomar a ofensiva, na perspectiva da construção de um novo Contrato Social, que permita não só reverter o processo de exclusão neoliberal, como lançar as bases de um novo período de crescimento econômico continuado, com distribuição de renda. Este novo Contrato Social deve-se apresentar com pelo menos duas grandes distinções em relação ao *Welfare State* social-democrata.

No nível da produção, deve estabelecer a ampliação do controle do processo produtivo pelos trabalhadores, o que os tornará seres humanos mais completos e mais soberanos de sua vida e os colocará em posição estratégica na produção.

E no nível institucional, deve propor a radical democratização do estado, instituindo formas de controle social direto que são a única salvaguarda eficaz contra a captura das instituições públicas pelos interesses privados.

Um Contrato Social desta ordem, portanto, não terá a fragilidade verificada no *Welfare State*.

A realização dessa agenda demanda que o movimento sindical organize-se e atue com força e potência; que disponha dos instrumentos de mobilização e ação adequados, e que desenvolva relações, com sua base e com outras entidades, inclusive de outros países, de forma permanente e articulada. No Brasil isso significa necessariamente alterar de forma profunda a estrutura sindical vigente, ainda produto da Revolução de 30 e do modelo taylorista/fordista.

A pauta de um novo Contrato Social não implica o abandono de nossas utopias. O socialismo, como projeto de superação do capitalismo, igualitário e fraterno, não morreu. Mas, não podemos mais acreditar que exista um modelo único, que inexoravelmente virá. Nessa crença reside boa parte da tragédia da esquerda no século XX.

O socialismo não virá automaticamente nem será o resultado necessário de coisa alguma. O mundo poderá vir a ser socialista, se assim o desejarem os seres humanos e, se o for, terá sido o fruto de um processo de lutas sociais voluntárias e conscientes. A construção do socialismo do século XXI está por ser feita. O marxismo será um instrumental muito importante neste processo, talvez, até, ainda o mais importante, tomado individualmente. Mas, como Teoria da Revolução, este extinguiu-se com a 2ª Revolução Industrial que o viu crescer.

Os trabalhadores, portanto, têm a oportunidade histórica de construir um Contrato Social que permita melhorar a qualidade de vida das amplas massas do planeta, com o resgate e a afirmação dos valores da fraternidade, solidariedade e igualdade e que, ao mesmo tempo, libere forças sociais na direção da superação do capitalismo, porque, se não sabemos ainda como será o socialismo do século XXI, ele certamente não se fará sem o controle da produção pelos trabalhadores e sem o controle do Estado pela sociedade organizada.

BIBLIOGRAFIA

ANTUNES, Ricardo. *O novo sindicalismo no Brasil*. Pontes, Campinas, 1995.

_________. *Trabalho, reestruturação produtiva e algumas repercussões no sindicalismo brasileiro. In:* ANTUNES, Ricardo (org.). Neoliberalismo, trabalho e sindicatos — reestruturação produtiva no Brasil e na Inglaterra. Boitempo, 2ª ed., 1ª reimpressão, São Paulo, 2002.

ARAÚJO, João Carlos de. *Ação Coletiva do Trabalho*. LTr, São Paulo, 1993.

AROUCA, José Carlos. *O sindicato em um mundo globalizado*. LTr, São Paulo, 2003.

ASSMAN, Walter. *Balanço de nossa pesquisa. In:* SIQUEIRA, Ethevaldo. 2015 — como viveremos. Saraiva, 2ª ed., São Paulo, 2004.

BAEZ, Victor. *O movimento sindical e os processos de integração e abertura comercial. In:* DIEESE (org.), Emprego e Desenvolvimento Tecnológico: processos de integração regional. DIEESE, São Paulo, 1999, vol. III.

BARRETTO PRADO, Roberto. *Curso de Direito Sindical*. LTr, 3ª ed., São Paulo, 1991.

BATALHA, Wilson de Souza C. de & BATALHA, Sílvia Marina L. *Sindicatos, sindicalismo*. LTr, 2ª ed., São Paulo, 1994.

BAYLOS, Antonio. *Democracia política e sistema sindical. In:* Revista Democracia e Mundo do Trabalho, Nota Dez, Porto Alegre, ano I, n. 1, jan./jun.2005.

BELUZZO, Luiz G. A economia do império e o império da economia no limar do século XXI. *In: Revista Princípios,* São Paulo, 2004.

BENITES, Flávio. Autocomposição dos conflitos coletivos e poder normativo da Justiça do Trabalho. *In: Cadernos da CUT — Jurídico e Relações Sindicais*, vol. 6, jul./set./1991.

BENYON, Huw. *As práticas do trabalho em mutação. In:* ANTUNES, Ricardo (org.). Neoliberalismo, trabalho e sindicatos — reestruturação produtiva no Brasil e na Inglaterra. Boitempo, 2ª ed., 1ª reimpressão, São Paulo, 2002.

BERNARDO, João. *Transnacionalização do capital e fragmentação dos trabalhadores. Ainda há lugar para os sindicatos?* Boitempo, São Paulo, 2000.

BOITO JR., Armando. *A crise do sindicalismo. In:* SANTANA, Marco Aurélio & RAMALHO, José Ricardo (orgs.). Além da fábrica — trabalhadores, sindicatos e a nova questão social. Boitempo, São Paulo, 2003.

________. *A presença do sindicalismo na História Política do Brasil. In:* www.apropucsp.org.br, retirado do portal em 15.4.2004.

BORTOLOTTO, Rudimar Roberto. *Os aspectos da representatividade no atual Direito Sindical brasileiro.* LTr, São Paulo, 2001.

BRAGA, Douglas Gerson. Estratégias para superação do modelo sindical corporativo. *In: Cadernos da CUT — Jurídico e Relações Sindicais*, vol. 5, jan./mar./1991.

________. Proposta de projeto de lei sobre contratação coletiva de trabalho. *In: Cadernos da CUT — Jurídico e Relações Sindicais*, vol. 4, jul./set./1990.

________. Proposta de lei de garantia da organização sindical brasileira. *In: Cadernos da CUT — Jurídico e Relações Sindicais*, vol. 2, ago./1989.

BRAGA, Ruy. *A nostalgia do fordismo — modernização e crise na teoria da sociedade salarial.* Xamã, São Paulo, 2003.

BRESCIANI, Luis Paulo. Trabalhadores, empresários e mudanças tecnológicas nos anos 80. *In: Cadernos da CUT — Jurídico e Relações Sindicais*, vol. 3, jan./1990.

BRESCIANI, Luis Paulo & BENITES, Flávio. *Negociações tripartites na Itália e no Brasil.* LTr, São Paulo, 1995.

CACCIAMALI, Maria Cristina. Prefácio. *In:* MORAES NETO, Benedito de. *Século XX e trabalho industrial — taylorismo/fordismo, ohnoísmo e automação em debate.* Xamã, São Paulo, 2003.

CANO, Wilson. *O cerco da globalização financeira e da dependência econômica. In:* DIEESE (org.), Emprego e Desenvolvimento Tecnológico: processos de integração regional. DIEESE, São Paulo, 1999, vol. III.

CARDOSO, Adalberto Moreira. *A década neoliberal — e a crise dos sindicatos no Brasil.* Boitempo, São Paulo, 2003.

CARDOSO, Sidnéia R. & GUEDES, Cezar. *Emprego e inovações tecnológicas no pensamento econômico. In:* DIEESE (org.), Emprego e Desenvolvimento Tecnológico: artigo dos pesquisadores. DIEESE, São Paulo, 1999, vol. II.

CARVALHO, Vinicius Marques de. *Regulação de serviços públicos e intervenção estatal na economia. In:* FARIA, José Eduardo (org.), Regulação, Direito e Democracia. Fundação Perseu Abramo, São Paulo, 2002.

COLLOR, Lindolfo. *Exposição de motivos. In:* Origens da Legislação Trabalhista Brasileira. Fundação Paulo do Couto e Silva, Porto Alegre, 1990.

COSTA, Luiz Flávio Carvalho. *Sindicalismo Rural Brasileiro em Construção.* Forense Universitária, Rio de Janeiro, 1996.

COUTINHO, Diogo R. *Privatização, regulação e o desafio da universalização do serviço público no Brasil. In:* FARIA, José Eduardo (org.), Regulação, Direito e Democracia. Fundação Perseu Abramo, São Paulo, 2002.

DALAZEN, João Oreste. A Reforma do Judiciário e os novos marcos da competência material da Justiça do Trabalho no Brasil. *In: Revista LTr*, LTr, São Paulo, ano 69, n. 03, mar./2005.

DELGADO, Lucilia de Almeida Neves. *O Comando Geral dos Trabalhadores no Brasil — 1961-1964.* Vozes, Petrópolis, 1986.

DRUCK, Maria da Graça. *Terceirização: (des)fordizando a fábrica.* Boitempo, 1ª ed., 1ª reimpressão, São Paulo, 2001.

DUPAS, Gilberto. O emprego em crise. *In: Revista Teoria e Debate*, n. 33, São Paulo, nov./dez./1996.

DURAFFOURG, Jacques. *Um robô, o trabalho e os queijos: algumas reflexões sobre o ponto de vista do trabalho. In:* DIEESE (org.), Emprego e Desenvolvimento Tecnológico: Brasil e contexto internacional. DIEESE, São Paulo, 1998, vol. I.

FARIA, José Eduardo. Introdução. *In:* FARIA, José Eduardo (org.), *Regulação, Direito e Democracia.* Fundação Perseu Abramo, São Paulo, 2002.

FARIA, Luiz Augusto & WINKLER, Carlos. *O andar do crustáceo. In:* O Estado do Rio Grande do Sul nos anos 80, Fundação de Economia e Estatística, Porto Alegre, 1994.

FAUSTO, Boris. *História do Brasil.* Ministério da Educação, Brasília, 2002.

FELÍCIO, João. *A reforma possível na estrutura sindical. In:* BORGES, Altamiro. (org). A reforma sindical e trabalhista no governo Lula. Ed. Anita Garibaldi, São Paulo, 2004.

FREYSSINET, Jacques. *Mudanças tecnológicas e relações profissionais: experiências sindicais na Europa Ocidental. In:* DIEESE (org.), Emprego e Desenvolvimento Tecnológico: Brasil e contexto internacional. DIEESE, São Paulo, 1998, vol. I.

GACEK, Stanley Arthur. *Sistema de relações de trabalho — exame dos modelos Brasil-Estados Unidos.* LTr, São Paulo, 1994.

GALVÃO, Andréia & TRINDADE, Edi A. *Sistemas de relações de trabalho nos países avançados: características e mudanças recentes. In:* DIEESE (org.), Emprego e Desenvolvimento Tecnológico: artigo dos pesquisadores. DIEESE, São Paulo, 1999, vol. II.

GASPARI, Élio. *A ditadura envergonhada.* Companhia das Letras, São Paulo, 2002.

GELLER, Lúcio. *Mudança tecnológica e emprego. In:* DIEESE (org.), Emprego e Desenvolvimento Tecnológico: Brasil e contexto internacional. DIEESE, São Paulo, 1998, vol. I.

GENRO, Tarso. *O futuro por armar — democracia e socialismo na era globalitária.* Vozes, Petrópolis, 1999.

________. *Contribuição à crítica do Direito Coletivo do Trabalho.* Síntese, Porto Alegre, 1983.

GIUGNI, Gino. *Direito Sindical.* LTr, São Paulo, 1991.

GOMES, Ângela Castro. *Empresariado e legislação social. In:* Simpósio sobre a Revolução de 30. ERUS, Porto Alegre, 1983.

GUSMÃO, Paulo. *Desemprego, crescimento econômico e inovações tecnológicas nos países avançados: as abordagens da OIT e OCDE. In:* DIEESE (org.), Emprego e Desenvolvimento Tecnológico: artigo dos pesquisadores. DIEESE, São Paulo, 1999, vol. II.

HIRANO, Sedi. *Terceira Revolução Industrial e desemprego tecnológico. In:* DIEESE (org.), Emprego e Desenvolvimento Tecnológico: processos de integração regional. DIEESE, São Paulo, 1999, vol. III.

KREIN, José Dari. *Reforma no sistema de relações de trabalho no Brasil. In:* DIEESE (org.), Emprego e Desenvolvimento Tecnológico: artigo dos pesquisadores. DIEESE, São Paulo, 1999, vol. II.

LE ROUX, Serge. *Desemprego estrutural, desemprego tecnológico: categorias a revisitar à luz da imaterialização da atividade econômica. In:* DIEESE (org.), Emprego e Desenvolvimento Tecnológico: Brasil e contexto internacional. DIEESE, São Paulo, 1998, vol. I.

LESSA MATTOS, Paulo Todescan. *Regulamentação econômica e democracia: contexto e perspectivas na compreensão das agências de regulação no Brasil*. *In:* FARIA, José Eduardo (org.), Regulação, Direito e Democracia. Fundação Perseu Abramo, São Paulo, 2002.

LIMA LAURINO, Salvador Franco de. A competência da Justiça do Trabalho: o significado da expressão "relação de trabalho" no art. 114 da Constituição e as relações de consumo. *In: Revista LTr,* LTr, São Paulo, ano 69, n. 05, maio/2005.

LOPES DE ANDRADE, Everaldo Gaspar. *Direito do Trabalho — ensaios filosóficos*, vol. I, LTr, São Paulo, 1995.

LOYOLA, Maria Andréa. *Os sindicatos e o PTB*. Vozes, Petrópolis, 1980.

MACHADO DA SILVA, Luis Antonio. *Mercado de trabalho ontem e hoje: informalidade e empregabilidade como categorias de entendimento*. *In:* SANTANA, Marco Aurélio & RAMALHO, José Ricardo (orgs.). Além da fábrica — trabalhadores, sindicatos e a nova questão social. Boitempo, São Paulo, 2003.

MANZANO, Marcelo Prado Ferrari. *Financeirização e desemprego: os males do Brasil insano*. *In:* DIEESE (org.), Emprego e Desenvolvimento Tecnológico: artigo dos pesquisadores. DIEESE, São Paulo, 1999, vol. II.

MARTINS, Sérgio Pinto. *Flexibilização das condições de trabalho*. Atlas, São Paulo, 2000.

MARX, Karl. *O Capital*. Civilização Brasileira, 3ª ed., Rio de Janeiro, 1975.

________ . *Salário, Preço e Lucro*. *In:* Os Pensadores, Abril Cultural, 2ª ed., São Paulo, 1978.

MATOS GONÇALVES, Antonio Fabrício de. *Flexibilização Trabalhista*. Mandamentos, Belo Horizonte, 2004.

MELO FRANCO, Afonso Arinos. *Rodrigues Alves. Apogeu e declínio do presidencialismo*. Senado Federal, Brasília, 2001.

MELMAN, Seymour. *Depois do capitalismo*. Futura, São Paulo, 2002.

MENEZES, Cláudio Armando C. de. Os novos contornos das relações de trabalho e de emprego — Direito do trabalho e a nova competência trabalhista estabelecida pela Emenda n. 45/04. *In: Revista LTr*, LTr, São Paulo, ano 69, n. 05, maio/2005.

MENEZES, Mauro de Azevedo. *Constituição e Reforma Trabalhista no Brasil*. LTr, São Paulo, 2004.

MORAES NETO, Benedito de. *Século XX e trabalho industrial — taylorismo/fordismo, ohnoísmo e automação em debate*. Xamã, São Paulo, 2003.

MUNHOZ, Sidnei J. *Ecos da emergência da guerra fria. In:* www.dhi.uem.br.

NAIDOO, Ravi. *A globalização neoliberal e seu impacto no emprego e desenvolvimento tecnológico: construindo uma resposta do movimento sindical. In:* DIEESE (org.), Emprego e Desenvolvimento Tecnológico: processos de integração regional. DIEESE, São Paulo, 1999, vol. III.

NASCIMENTO, Amauri Mascaro. *Compêndio de Direito Sindical*. LTr, 3ª ed., São Paulo, 2003.

NAVARRO, Heguiberto. *O desafio da modernização das relações do trabalho. In:* BORGES, Altamiro. (org). A reforma sindical e trabalhista no governo Lula. Ed. Anita Garibaldi, São Paulo, 2004.

NOGUEIRA BATISTA, Paulo. *Cláusula social e comércio internacional: uma antiga questão sob nova roupagem. In:* www.política externa.com.br, retirado do portal em 23.3.2005.

OLIVEIRA, Francisco Antonio de. Emenda Constitucional n. 45/04 — uma ligeira visão. *In: Revista LTr*, LTr, São Paulo, ano 69, n. 03, mar./2005.

OLIVEIRA, Isabel Ribeiro de. *Trabalho e Política — As origens do Partido dos Trabalhadores*. Vozes, Petrópolis, 1988.

OLIVEIRA, José Olívio Miranda de. Contrato coletivo e organização sindical. *In: Cadernos da CUT — Jurídico e Relações Sindicais*, vol. 5, jan./mar.1991.

OLIVEIRA SILVA, José Antonio R. de. Relação de trabalho — em busca de um critério científico para a definição das relações de trabalho abrangidas pela nova competência da justiça especializada. *In: Revista LTr*, LTr, São Paulo, ano 69, n. 03, mar./2005.

PASSARINHO, Jarbas. *Um híbrido fértil*. Expressão e Cultura, 3ª ed., Rio de Janeiro, 1996.

PAULINO, Ana Yara & MARCOLINO, Adriana Márcia. *A busca de novos espaços de negociações sindicais frente à reestruturação produtiva: o caso da Mercedes Benz do Brasil de São Bernardo do Campo. In:* DIEESE (org.), Emprego e Desenvolvimento Tecnológico: artigo dos pesquisadores. DIEESE, São Paulo, 1999, vol. II.

POCHMANN, Márcio. *E-trabalho*. Publisher Brasil, São Paulo, 2002.

________. *Um projeto nacional para a valorização do trabalho. In:* BORGES, Altamiro. (org). A reforma sindical e trabalhista no governo Lula. Ed. Anita Garibaldi, São Paulo, 2004.

PRADO, Antonio. *Globalização e desemprego nos anos 90. In:* DIEESE (org.), Emprego e Desenvolvimento Tecnológico: artigo dos pesquisadores. DIEESE, São Paulo, 1999, vol. II.

________. *A controvérsia da crise do fordismo e a transição pós-fordista: algumas reflexões sobre o caso brasileiro. In:* DIEESE (org.), Emprego e Desenvolvimento Tecnológico: processos de integração regional. DIEESE, São Paulo, 1999, vol. III.

RAMOS FILHO, Wilson. A superação do modelo corporativo, a construção da autonomia sindical e o contrato coletivo. *In: Cadernos da CUT — Jurídico e Relações Sindicais*, vol. 5, jan./mar./1991.

RANDS, Maurício. Reforma Sindical: em qual direção. *In: Revista Democracia e Mundo do Trabalho*, Nota Dez, Porto Alegre, ano I, n. 1, jan./jun./2005.

RODRIGUES, Iram Jácome. Mudanças no padrão de ação sindical dos metalúrgicos do ABC. *In: Revista Democracia e Mundo do Trabalho*, Nota Dez, Porto Alegre, ano I, n. 1, jan./jun./2005.

________. *Sindicalismo, emprego e relações de trabalho na indústria automobilística. In:* ANTUNES, Ricardo (org.). Neoliberalismo, trabalho e sindicatos — reestruturação produtiva no Brasil e na Inglaterra. Boitempo, 2ª ed., 1ª reimpressão, São Paulo, 2002.

RODRIGUES PINTO, José Augusto. A Emenda Constitucional n. 45/04 e a Justiça do Trabalho: reflexos, inovações e impactos. *In: Revista LTr*, LTr, São Paulo, ano 69, n. 05, maio/2005.

ROMITA, Arion Sayão. *Direito Sindical brasileiro.* Ed. Brasília/Rio, Rio de Janeiro, 1976.

ROSANDISKI, Eliane Navarro & SILVA, Ricardo Andrés C. *Mudanças no perfil do emprego no Brasil nos anos 90. In:* DIEESE (org.), Emprego e Desenvolvimento Tecnológico: artigo dos pesquisadores. DIEESE, São Paulo, 1999, vol. II.

SALM, Cláudio L. & FOGAÇA, Azuete. *Tecnologia, emprego e qualificação: lições do século XIX. In:* DIEESE (org.), Emprego e Desenvolvimento Tecnológico: Brasil e contexto internacional. DIEESE, São Paulo, 1998, vol. I.

SEGATTO, José Antonio (org). *PCB, 1922-1982, memória fotográfica.* Brasiliense, São Paulo, 1982.

SILVA, Jorge E. *O nascimento da organização sindical no Brasil e as primeiras lutas operárias. In:* www.agrorede.org.br, retirado do portal em 16.4.2004.

SIQUEIRA, Ethevaldo. *2015 — como viveremos.* Saraiva, 2ª ed., São Paulo, 2004.

SIQUEIRA NETO, José Francisco. *Contrato Coletivo de Trabalho.* LTr, São Paulo, 1991.

_______. Contratação coletiva. *In: Cadernos da CUT — Jurídico e Relações Sindicais*, vol. 2, ago./1989.

SIMÃO, Azis. *Sindicato e Estado.* Dominus, São Paulo, 1966.

STANDING, Guy. *Em busca da igualdade de segurança na era da globalização. In:* DIEESE (org.), Emprego e Desenvolvimento Tecnológico: Brasil e contexto internacional. DIEESE, São Paulo, 1998, vol. I.

STIGLITZ, Joseph E. *Os exuberantes anos 90.* Companhia das Letras, São Paulo, 2003.

SÜSSEKIND, Arnaldo & LACERDA, Dorval & SEGADAS VIANNA, J. *Direito Brasileiro do Trabalho*, Noite, Rio de Janeiro, 1943.

SÜSSEKIND, Arnaldo & MARANHÃO, Délio & SEGADAS VIANNA, J. & TEIXEIRA LIMA. *Instituições de Direito do Trabalho.* LTr, 17ª ed., São Paulo, 1997.

TADASHI ODA, Nilson & BRESCIANI, Luis Paulo. Reforma Sindical, desenvolvimento e trabalho. *In: Revista Democracia e Mundo do Trabalho*, Nota Dez, Porto Alegre, ano I, n. 1, jan./jun./2005.

TAVARES, Maria Hermínia. *A Revolução de 30 e a questão sindical. In:* Simpósio sobre a Revolução de 30. ERUS, Porto Alegre, 1983.

VARGAS, Getúlio. *Diário.* Siciliano/FGV, Rio de Janeiro, 1995.

VARGAS, Luiz Alberto & FRAGA, Ricardo Carvalho. Relações coletivas e sindicais — novas competências após a EC n. 45, *in Justiça do Trabalho: competência ampliada*, LTr, São Paulo, 2005.

VEIGA DA ROCHA, Jean Paul C. *Regulação financeira, Direito e democracia. In:* FARIA, José Eduardo (org.), Regulação, Direito e Democracia. Fundação Perseu Abramo, São Paulo, 2002.

VIANA, Márcio Túlio. *Direito de Resistência.* LTr, São Paulo, 1996.

_______. *A nova competência, as lide sindicais e o projeto da reforma. In:* www.otrabalho.com.br, retirado do portal em 4.5.2005.

VIANNA, Francisco José de Oliveira. *Direito do trabalho e democracia social.* José Olympio, Rio de Janeiro, 1951.

VILLA, Marco Antonio. *Jango, um perfil (1945-1964)*. Globo, São Paulo, 2003.

WACQUANT, Loïc. *A penalização da miséria e o avanço do neoliberalismo*. *In:* SANTANA, Marco Aurélio & RAMALHO, José Ricardo (orgs.). Além da fábrica — trabalhadores, sindicatos e a nova questão social. Boitempo, São Paulo, 2003.

ZABALA, Guillermo Sala. *Desemprego estrutural, desemprego tecnológico: análises e reflexões para o debate*. *In:* DIEESE (org.), Emprego e Desenvolvimento Tecnológico: Brasil e contexto internacional. DIEESE, São Paulo, 1998, vol. I

ZAPATA, Francisco. *Estado-nação, livre comércio e integração econômica na América Latina*. *In:* DIEESE (org.), Emprego e Desenvolvimento Tecnológico: processos de integração regional. DIEESE, São Paulo, 1999, vol. III.